住房和城乡建设领域"十四五"热点培训教材

大跨度隧道管廊共坑施工与数字化建造技术

北京市政路桥股份有限公司　编著

中国建筑工业出版社

图书在版编目（CIP）数据

大跨度隧道管廊共坑施工与数字化建造技术/北京市政路桥股份有限公司编著. —北京：中国建筑工业出版社，2022.6

住房和城乡建设领域"十四五"热点培训教材

ISBN 978-7-112-27034-7

Ⅰ.①大… Ⅱ.①北… Ⅲ.①数字技术-应用-大跨度结构-隧道工程-工程施工-教材 Ⅳ.①U455-39

中国版本图书馆CIP数据核字（2021）第269942号

目前大型明挖隧道工程建设技术已比较成熟，但在隧道管廊共坑建造时面临着跨度增大、断面变化多样的现状。大型工程建设对质量、进度、安全等方面的要求越来越高，给管理带来巨大挑战。在BIM、物联网、人工智能等新一代信息技术的支持下，我国的工程建设正在逐步迈向数字化、智能化。

本书共分为7章，介绍了横江大道建设工程SG2标环境特点和建设概况、施工关键技术及科技攻关、BIM技术和智能建造技术的应用、品质工程创建等内容。

本书对横江大道建设工程SG2标施工和数字化建造进行了系统、全面的总结和阐述，依托实际工程，突出实用性。本书可作为工程技术人员和高校土木类专业的培训教材，也可供工程人员、科研人员借鉴和参考。

责任编辑：聂　伟
责任校对：李美娜

住房和城乡建设领域"十四五"热点培训教材
大跨度隧道管廊共坑施工与数字化建造技术
北京市政路桥股份有限公司　编著
*
中国建筑工业出版社出版、发行（北京海淀三里河路9号）
各地新华书店、建筑书店经销
北京科地亚盟排版公司制版
北京云浩印刷有限责任公司印刷
*

开本：787毫米×1092毫米　1/16　印张：20　字数：499千字
2022年8月第一版　2022年8月第一次印刷
定价：**60.00**元（附数字资源）
ISBN 978-7-112-27034-7
（38827）

版权所有　翻印必究
如有印装质量问题，可寄本社图书出版中心退换
（邮政编码 100037）

本书编委会

主　　编：孙西濛　翟相飞　叶锦华

副主编：王　涛　曹艳辉　郝　钢　马　瑞

编　　委：李　昊　王利伟　王梦筱　邓　博　张文博
　　　　　王　博　曹宝俊　徐国明　焦万里　张　涛
　　　　　贾惠文　王丽群　谷文元　李　会　高　飞
　　　　　王　煦　刘　伟　张　博　李晓罡　王宗辉
　　　　　侯国典　韩国辉　孙晓明　黄朱盛　李鑫蒙
　　　　　苏丽丽　王洋洋　贾卫国　甄弘扬

前　言

改革开放以来，我国公路交通建设事业发展迅速。《2020 年交通运输行业发展统计公报》表明：2020 年末全国公路总里程 519.81 万 km，位居世界第一。中国的基础设施建设总体水平已居世界前列，但我国交通建设事业的发展还不够平衡和充分，在内涵上还需要进一步提升，要变革生产方式，推动转型升级，实现高质量发展。伴随着时代的变化、世界的变化、中国的变化，推动工程建设行业转型升级，促进其高质量发展具有重要意义。

随着时代的发展，工程项目复杂程度逐渐提升，对工程建设者提出了更大的挑战。同时，智能技术的发展也推动了建筑技术变革，智能建造技术在工程建设中的作用也越来越大。

横江大道建设工程 SG2 标是北京市政路桥股份有限公司承建的国内较为少见的大型隧道管廊共坑施工工程，隧道跨度大、地处淤泥质土层是工程建设面临的重大技术难点，同时建设工期短，施工质量要求高是工程建设管理的重大挑战。通过关键施工技术分析、科技攻关、智能建造技术应用和品质工程创建等关键环节的实施，工程建设存在的技术和管理难题得以顺利解决。

本书由参与横江大道建设工程 SG2 标的一线技术人员编写，其中第 1 章由孙西濛、翟相飞、叶锦华、王涛、马瑞、曹艳辉、郝钢、张文博、王利伟、王梦筱等编写；第 2 章由曹艳辉、郝钢、李昊、王梦筱、王利伟、王博等编写；第 3 章由王涛、郝钢、李昊、张文博等编写；第 4 章由孙西濛、叶锦华、曹艳辉、马瑞等编写；第 5 章由叶锦华、王利伟、邓博等编写；第 6 章由叶锦华、王梦筱、邓博等编写；第 7 章由马瑞、曹艳辉、王博等编写。本书由王贵和、高文学、邓洪亮、陈仁东、黄峰审定。

限于作者水平以及认识的局限性，书中难免有不妥之处，恳请读者批评指正。

目 录

1 绪论 ··· 1
  1.1 引言 ··· 1
    1.1.1 横江大道缘起 ·· 1
    1.1.2 长江漫滩地及其特点 ·· 1
    1.1.3 横江大道建设意义 ··· 7
    1.1.4 横江大道建设工程 SG2 标简介 ··· 7
  1.2 横江大道建设工程 SG2 标建设特点 ·· 11
    1.2.1 横江大道建设工程 SG2 标的建设环境特点 ···························· 11
    1.2.2 横江大道建设工程 SG2 标的基本特点 ································· 23
    1.2.3 我国大跨度共坑隧道管廊建造综述 ······································ 24
  1.3 数字化驱动智能建造发展综述 ··· 31
    1.3.1 基本概念 ·· 31
    1.3.2 国内外 BIM 应用现状 ·· 31
    1.3.3 信息化技术应用现状 ··· 41
    1.3.4 信息技术融合促进智能建造发展 ··· 46
  1.4 品质工程创建 ··· 48
    1.4.1 品质工程原则与内涵 ··· 48
    1.4.2 品质工程目标与举措 ··· 49
    1.4.3 品质工程实践与发展 ··· 50

2 工程技术难点与总体筹划 ·· 52
  2.1 工程概述及目标 ··· 52
  2.2 工程建设面临的难点与挑战 ·· 54
  2.3 施工总平面设计 ··· 54
    2.3.1 现场平面布置 ··· 54
    2.3.2 项目经理部 ·· 55
    2.3.3 工人生活区 ·· 56
    2.3.4 钢筋加工场 ·· 57
    2.3.5 混凝土拌合站 ··· 58
    2.3.6 临时用电 ··· 59
    2.3.7 给水排水 ··· 59
    2.3.8 临时交通 ··· 61
  2.4 施工进度筹划 ··· 63
    2.4.1 工程总体部署 ··· 63

2.4.2　工期总安排 …………………………………………… 63
2.5　施工资源的需求及计划 ………………………………………… 64
　　2.5.1　主要施工人员配备 …………………………………… 64
　　2.5.2　施工装备 ……………………………………………… 66
2.6　基坑开挖方法筹划 ……………………………………………… 71
　　2.6.1　明挖基坑概况 ………………………………………… 71
　　2.6.2　地基加固 ……………………………………………… 71
　　2.6.3　基坑围护结构 ………………………………………… 72
　　2.6.4　基坑降水 ……………………………………………… 73
　　2.6.5　基坑开挖部署 ………………………………………… 74
　　2.6.6　基坑开挖顺序 ………………………………………… 75
2.7　科技攻关筹划 …………………………………………………… 75
2.8　BIM 工作筹划 …………………………………………………… 76
2.9　智慧工地建设筹划 ……………………………………………… 76
2.10　品质工程创建筹划 ……………………………………………… 77

3　隧道管廊共坑施工技术 …………………………………………… 78
3.1　共坑施工关键控制技术 ………………………………………… 78
　　3.1.1　概述 …………………………………………………… 78
　　3.1.2　深浅坑地基加固 ……………………………………… 78
　　3.1.3　共坑结构施工工序 …………………………………… 79
3.2　地基加固技术 …………………………………………………… 82
　　3.2.1　概述 …………………………………………………… 82
　　3.2.2　三轴搅拌桩 …………………………………………… 82
　　3.2.3　水泥双向搅拌桩 ……………………………………… 84
　　3.2.4　PHC 管桩 ……………………………………………… 87
3.3　支护结构施工技术 ……………………………………………… 89
　　3.3.1　概述 …………………………………………………… 89
　　3.3.2　SMW 工法桩 …………………………………………… 89
　　3.3.3　钻孔灌注桩 …………………………………………… 92
　　3.3.4　高压旋喷桩 …………………………………………… 94
　　3.3.5　混凝土支撑 …………………………………………… 95
　　3.3.6　钢支撑 ………………………………………………… 96
3.4　地下水控制技术 ………………………………………………… 96
　　3.4.1　概述 …………………………………………………… 96
　　3.4.2　止水帷幕施工 ………………………………………… 97
　　3.4.3　降水 …………………………………………………… 97
3.5　土方开挖及回填技术 …………………………………………… 98
　　3.5.1　概述 …………………………………………………… 98
　　3.5.2　基坑开挖 ……………………………………………… 99

		3.5.3 基坑回填	99
3.6	主体结构施工技术		100
	3.6.1	概述	100
	3.6.2	施工准备	100
	3.6.3	素混凝土垫层施工	100
	3.6.4	防水施工	101
	3.6.5	底板施工	107
	3.6.6	中侧墙施工	107
	3.6.7	顶板施工	107
	3.6.8	主体结构施工注意事项	108
	3.6.9	主要工序施工方法	108
3.7	施工监测与风险控制		116
	3.7.1	地面控制网测量	116
	3.7.2	高程控制测量	116
	3.7.3	基坑监测	117

4 淤泥质土层大跨度变断面基坑施工关键技术研究

4.1	淤泥质土物理特性研究		124
	4.1.1	室内实验	124
	4.1.2	室内蠕变实验	129
	4.1.3	蠕变模型	133
	4.1.4	小结	134
4.2	淤泥质土基坑基本工作性状及分段作业划分		134
	4.2.1	基坑抽条加固	135
	4.2.2	长距离基坑分段长度划分	143
	4.2.3	小结	150
4.3	淤泥质土层大跨度基坑开挖关键技术		150
	4.3.1	不同开挖方法基坑支护结构变形特性	150
	4.3.2	两种开挖方法对比	157
	4.3.3	支撑架设完成时间对支护结构的影响	157
4.4	基坑关键节点加固关键技术		161
	4.4.1	基坑阳角加固技术	161
	4.4.2	深浅坑交界处加固技术	163
	4.4.3	淤泥质基坑变截面基坑开挖方法	164
	4.4.4	小结	167
4.5	隧道管廊共坑施工换撑关键技术		168
	4.5.1	管廊拆换撑技术	168
	4.5.2	隧道管廊共坑施工拆换撑技术	171
	4.5.3	小结	172
4.6	SMW工法桩型钢高效减阻技术		172

		4.6.1 新型减摩剂研制	172
		4.6.2 试验方法	173
		4.6.3 型钢减阻材料性能现场试验	182
		4.6.4 小结	183
5	**基于 BIM 的公路隧道管廊建模与应用技术**		**184**
	5.1	参数化 BIM 建模	184
		5.1.1 BIM 建模与工艺标准	184
		5.1.2 工程参数化 BIM 模型搭建	186
	5.2	BIM 应用点	199
		5.2.1 图纸审查	199
		5.2.2 场站标准化建设	201
		5.2.3 大型隧道管廊基坑开挖仿真	202
		5.2.4 主体结构与支撑体系施工协同优化	205
		5.2.5 标准化安全设施多阶段动态资源配置	208
		5.2.6 二维码多样化应用	210
		5.2.7 有限空间顶管施工路线角度优化	212
		5.2.8 精细化进度管控	214
		5.2.9 质量、安全协同管理	216
		5.2.10 资料协同审批管理	218
	5.3	本章总结	220
6	**公路工程智慧工地建设与应用**		**221**
	6.1	数字工地平台	221
		6.1.1 BI 平台	221
		6.1.2 横江大道建设工程 SG2 标智慧工地平台	221
		6.1.3 智慧工地平台模块	222
	6.2	劳务管理	224
		6.2.1 管理目标与建设思路	224
		6.2.2 软硬件设置	225
		6.2.3 管理实现路径	226
		6.2.4 数据分析与决策	228
		6.2.5 应用效果与总结	230
	6.3	物资管理	230
		6.3.1 管理目标与建设思路	230
		6.3.2 软硬件设置	231
		6.3.3 管理实现路径	231
		6.3.4 数据分析与决策	234
		6.3.5 应用效果与总结	235
	6.4	环境监测	236
		6.4.1 管理目标与建设思路	236

  6.4.2　软硬件设置 ………………………………………………………………… 237
  6.4.3　应用与分析决策 …………………………………………………………… 238
  6.4.4　应用效果与总结 …………………………………………………………… 239
 6.5　视频监控 …………………………………………………………………………… 239
  6.5.1　管理目标与建设思路 ……………………………………………………… 239
  6.5.2　软硬件设置 ………………………………………………………………… 239
  6.5.3　应用与决策 ………………………………………………………………… 240
  6.5.4　应用效果与总结 …………………………………………………………… 241
 6.6　车辆管理 …………………………………………………………………………… 241
  6.6.1　管理目标与建设思路 ……………………………………………………… 241
  6.6.2　软硬件设置 ………………………………………………………………… 241
  6.6.3　应用与决策 ………………………………………………………………… 242
  6.6.4　应用效果与总结 …………………………………………………………… 243
 6.7　BIM＋智慧工地 …………………………………………………………………… 243
  6.7.1　模型管理 …………………………………………………………………… 243
  6.7.2　可视化交底 ………………………………………………………………… 244
  6.7.3　VR安全体验 ………………………………………………………………… 244
 6.8　智慧工地应用总结与展望 ………………………………………………………… 245

7　公路品质工程创建实践 …………………………………………………………………… 248
 7.1　品质工程创建方案 ………………………………………………………………… 248
  7.1.1　整体进度安排 ……………………………………………………………… 248
  7.1.2　任务分解 …………………………………………………………………… 248
 7.2　工程管理 …………………………………………………………………………… 248
  7.2.1　理念提升 …………………………………………………………………… 248
  7.2.2　横江大道品质管理 ………………………………………………………… 250
  7.2.3　品质管理实践 ……………………………………………………………… 251
  7.2.4　制度汇编 …………………………………………………………………… 256
 7.3　工程质量 …………………………………………………………………………… 257
  7.3.1　品质工程质量管理理念及体系 …………………………………………… 257
  7.3.2　质量过程控制 ……………………………………………………………… 258
  7.3.3　质量提升措施 ……………………………………………………………… 262
 7.4　科技创新 …………………………………………………………………………… 266
  7.4.1　背景 ………………………………………………………………………… 266
  7.4.2　创新理念 …………………………………………………………………… 267
  7.4.3　创新体系与模式 …………………………………………………………… 268
  7.4.4　四新技术与应用 …………………………………………………………… 269
  7.4.5　科研支撑和专题研究 ……………………………………………………… 270
 7.5　安全保障 …………………………………………………………………………… 270
  7.5.1　安全理念 …………………………………………………………………… 270

		7.5.2 管理理念	271
		7.5.3 制度建设	271
		7.5.4 责任落实	272
		7.5.5 风险管控	272
		7.5.6 隐患排查	272
		7.5.7 应急管理	274
		7.5.8 教育培训	276
		7.5.9 平安工地建设	277
		7.5.10 安全服务水平	278
		7.5.11 费用管理	283
	7.6 绿色环保		285
		7.6.1 背景及建设思路	285
		7.6.2 绿色提升	285
		7.6.3 生态环保	286
		7.6.4 资源节约	289
		7.6.5 节能减排	289
	7.7 软实力		291
		7.7.1 素质提升	291
		7.7.2 培育品质工程文化	293
附录1			297
附录2			300
参考文献			304

绪 论

1.1 引言

1.1.1 横江大道缘起

南京市江北新区作为国家级新区，是长江经济带与东部沿海经济带的重要交汇节点，长三角辐射中西部地区的综合门户，南京是北上连接中西部的重要区域。江北新区位于南京市长江以北，处在东部发达地区与中西部地区的交汇处，属亚热带季风气候。2015年6月27日，国务院正式批复同意设立南京江北新区，自此，南京江北新区建设上升为国家战略，成为中国第十三个、江苏省唯一的国家级新区。

为了完善新区的基础设施构造，规划并开展了大规模新区基建工作。横江大道是南京市江北新区规划的一条重要的轴向快速路，由东北向西南贯穿六合、浦口两区，是江北新区城市发展的轴线（图1-1）。江北新区核心区南邻长江滨水岸线，紧邻主城区，区位优势明显，是新区率先重点打造的一个片区，未来将融合商业商务、文化休闲、健康医疗和生态宜居等多种功能，其内外交通需求也将快速增长。横江大道建成后，核心区可通过横江大道和三桥互通联系绕城高速公路网络，实现与主城区东南方向的快速联系。

1.1.2 长江漫滩地及其特点

1.1.2.1 气象和水文条件

（1）气象条件

本项目位于江苏省南京市浦口区，本区域属于北亚热带季风气候区，四季分明，由于三面环山、一面邻水的地形制约，小气候特征明显，夏季炎热、多雨，冬季寒冷、干燥，春秋季短暂，以干燥、凉爽天气为主。多年平均气温14.4℃，年平均最高气温20.4℃，平均最低气温11.6℃，极端最高温43℃，极端最低气温－14℃；年平均降水量1026mm，日最大降水量198.5mm，降水主要集中在6～8月，约占全年降水量的60%；全年无霜期达200～300d。

南京的灾害性天气主要有台风、寒潮、冰雹和高温。南京平均每年受1～2次台风影响，多在6～10月，其中8月最多；入侵南京的寒潮（即24h内气温下降10℃以上，最低气温降至5℃以下的天气），平均每年5.5次，以12月份出现次数最多；南京市冰雹在3月和5月出现的概率最高；南京日最高气温大于等于35℃的高温天气从6月上旬至9月中旬均可能出现，并以7月中旬至8月下旬居多。

图 1-1　项目区域地理位置示意图

(2) 水文条件 (图 1-2)

南京属长江下游滨江城市，市域内河流、湖泊较多。长江是区内最大的河流，近北东向流经本区。长江最低枯水位 1.58m，平水期水位 4.43m，潮差约 1m。长江两岸陆域地势平坦，皆为长江低漫滩平原，江北多为鱼塘和林地、芦苇滩，长江汛期被水淹。

横江大道属于团结圩片区。与横江大道雨水排放紧密相关的水系有十里长河、团结河、和平河、五里河以及中心湖河。

十里长河南起高旺路，北至团结河，规划清淤，河道总长度约 7.3km。汇水面积约 5.35km^2。河道规划流量为 62.8m^3/s，规划河道上口宽为 20m。

团结河西起雨山河，东至长江，规划拓宽、清淤，河道总长度约 4.26km。汇水面积约 3.45km^2。河道规划流量为 42.06m^3/s，规划河道上口宽为 20m。

五里河西起芝麻河，东至长江，规划拓宽、清淤，河道总长度约 2.46km。汇水面积约 1.53km^2。河道规划流量为 21.03m^3/s，规划河道上口宽为 30m。

和平河西起湾梗河，东至长江，规划拓宽、清淤，河道总长度约 1.4km。汇水面积约 1.75km^2。河道规划流量为 21.05m^3/s，规划河道上口宽为 30m。

中心湖河西起十里长河，东至长江，规划为新建河道，河道总长度约 1.46km。汇水面积约 0.84km^2。河道规划流量为 14.9m^3/s，规划河道上口宽为 21~40m。

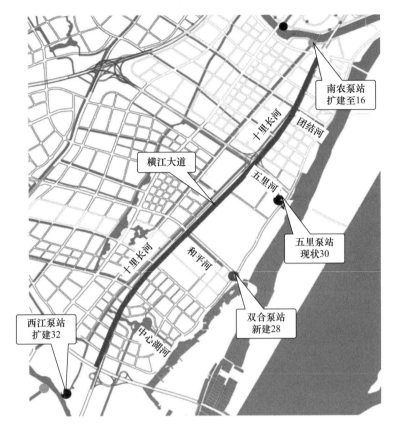

图 1-2 项目水文情况示意图

1.1.2.2 地形地貌及环境条件

(1) 地形地貌

南京市地处长江下游的宁镇丘陵山区，北纬 $31°14'\sim32°37'$、东经 $118°45'\sim119°14'$ 之间，总面积 $6597km^2$。南京东连富饶的长江三角洲，西靠皖南丘陵，南接太湖水网，北接辽阔的江淮平原；距长江入海口 $380km$，"黄金水道"长江穿越境域，江宽水深，万吨海轮可终年畅通，是一个天然的河、海良港。南京市区位条件十分优越，是位于东中部交界并与长江交汇的唯一省会城市，也是我国东西、南北交通大动脉交汇点上重要的交通枢纽城市，五种交通方式齐全，辐射腹地深远。

浦口区地处南京江北地区，与雨花台区、江宁区隔江相望，北部、西部分别与安徽来安、滁州、全椒及和县等地毗邻。境内地质基础为震旦系变质岩，地貌多姿，集低山、丘陵、平原、岗地、大江、大河为一体；区域属于宁、镇、扬丘陵山地西北边缘地带，地势中部高，南北低。老山山脉由东向西横亘中部，山地两侧为岗、塝、冲相间的波状岗地，临江、沿途为低平的沙洲、河谷平原。

(2) 环境条件（图 1-3）

横江大道建设工程隧道和管廊主体结构分为 SG1 标、SG2 标、SG3 标三个标段，SG2 标段起止桩号为 $K15+170\sim K16+760$，周围多为农田苗木，周围几乎没有建构筑物和管线，分布有少量的池塘，紧邻十里长河。

图 1-3 项目周围环境情况

1.1.2.3 区域地质条件

（1）区域地层

工程所在场地属下扬子地层区，宁镇~江浦地层小区。揭露地层为第四系全新统（Q_4^{al}）、第四系上更新统（Q_3^{al}）、白垩系上统浦口组（K_2P）。地层剖面见图1-4。

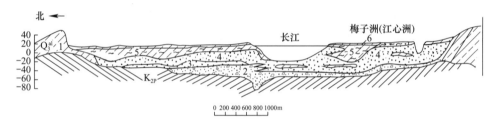

图 1-4 项目地层剖面示意图

K_2P：白垩系上统浦口组。上更新统冲积层（Q_3^{al}）：1. 黄褐色粉质黏土，有的底部含砾；2. 砾砂、砾石层区；3. 灰色中粗砂。全新统冲积物（Q_4^{al}）：4. 灰色粉细砂；5. 灰黄色粉质黏土夹灰褐色淤泥质土；6. 褐黄色粉质黏土。

1）第四系全新统（Q_4^{al}）

全新统地层以冲积类型为主，兼有河湖相沉积，分布于长江河谷地带，组成了宽广的河漫滩平原，岩性以粉质黏土、淤泥质粉质黏土、粉细砂为主，黄色、灰色。全新统细分为上、中、下三段。

上段：以粉质黏土、淤泥质粉质黏土为主，局部粉土，反映全新统晚期湖沼相沉积环境，顶部黏土、粉质黏土为"硬壳层"，灰黄色，其下以灰、灰褐色为主。长江两岸分布，江中缺失。

中段：为厚层松散~稍密状粉细砂，灰色，颗粒级配较差，属河床~滨河浅滩相，分布较稳定，江南较薄，长江深泓区缺失，向北厚度较大。

下段：为厚层稍密~中密状粉细砂，灰、绿灰色，属河床~滨河浅滩相，内夹透镜体状粉质黏土，且交错层理，分选性较好，颗粒级配较差，分布多且较稳定。

2）第四系上更新统（Q_3^{al}）

该层以粗颗粒的中粗砂、砾砂及卵砾石为主，属河床相，为长江古河道沉积。卵砾石成分主要为石英岩、硅质岩、灰岩，次为燧石、砂岩，分选性差，颗粒级配良好，最大粒径大于10cm。卵砾石层主要分布于长江河道区及北侧。该层顶板较平稳，覆盖于基岩面上，厚度主要受基岩面起伏控制。

3）白垩系上统浦口组（K_2p）

该层岩性以泥岩为主，棕褐色～棕红色，内夹数层灰绿色泥质粉砂岩薄层透镜体，倾向南东。可分全风化、强风化、中等风化、微风化四个风化级别，岩石裂隙不发育。粉砂质泥质结构，主要由黏土矿物、粉砂、碎屑组成，部分含凝灰质、钙质，加HCl反应强烈。砂岩夹层具泥质粉砂结构，充填式胶结，也含钙质。

(2) 区域地质构造

近场区规模较大的主要断裂有6条，分别是施官集断裂（F1）、南京—湖熟断裂（F2）、滁河断裂（F3）、江浦—六合断裂（F4）、幕府山—焦山断裂（F5）和方山—小丹阳断裂（F6）。此外，还有一些规模较小的一般断层，它们分别是杨坊山—长林村断层（f1）（简称杨长断层）、定淮门—马群断层（f2）、西善桥—雨花台断层（f3）、板桥—谷里断层（f4）等。拟建通道场地范围内无全新活动断裂通过，也无6级以上的破坏性地震发生的记载，因此可认为本场地相对稳定，适宜本工程建设。

1）施官集断裂（F1）

在近场区内施官集断裂大致顺滁河入江方向，从六合县程桥、龙池经瓜埠、玉带延伸到龙袍附近，断裂走向北西，倾向南西，横穿六合—全椒坳陷，对北西向的自来桥—八百里桥上新世—早更新世断坳的形成和发展有重要的控制作用，沿断裂带喷溢出了大规模的玄武岩（N_2-Q_1）。玄武岩中见大量橄榄石团块和晶体，说明岩浆来源很深。在灵岩山、黄岗等地，见到切穿上新统（N_2）的断层，方向也为北西向。沿该断裂有一些小地震活动，如1980年3月在六合瓜埠镇发生了一次小震群，计18次小震，最大震级为ML2.1级。六合竹镇1968年3月发生了一次3.75级地震。综合分析，推断施官集断裂属早第四纪断裂。

2）南京—湖熟断裂（F2）

南京—湖熟断裂大致由汊河镇向南东方向延伸，经老山北缘、浦口，过长江进入南京市区，沿中山北路、鼓楼、光华门、上坊、湖熟一带分布。断裂走向北40°～50°西，倾向南西，倾角较陡，为宁芜断陷盆地的东北边界。该断裂是由多条相互平行的断裂组成的隐伏断裂带，且断裂宽度可达50～350m。南京—湖熟断裂是一条规模较大的断裂，活动历史长，在第四纪中更新世有明显活动。因此推断南京—湖熟断裂为第四纪中更新世断裂。

3）滁河断裂（F3）

滁河断裂在近场区内经汤泉镇、花旗营、永丰镇至六合龙池乡附近，其北端被北西向施官集断裂截切平移后，继续向东北延伸到天长南，向西南则经巢湖延伸至郯庐断裂带附近。该断裂走向北东，倾向北西，倾角较陡，属正断层。根据地质、地貌特征和卫星遥感等资料分析，推断滁河断裂为第四纪早、中更新世断裂。

4）江浦—六合断裂（F4）

江浦—六合断裂从江浦桥林镇向北东方向延伸，经建设、珠江、顶山、泰山、大厂镇至长芦附近，后被北西向施官集断裂截断终止。断裂总体走向呈北东30°方向展延，倾向南东，倾角60°～70°。断裂带内见宽达20～30m的破碎带和片理、碎裂岩、角砾岩和少量断层泥、擦痕、褶曲等特征，为一左旋张性正断层。该断裂是老山凸起与宁芜断陷盆地的重要边界断裂,在断裂下盘形成了一个深凹,堆积了大量侏罗纪火山岩（$J_{1-2}+J_3$）和部分白垩系红层（K_{2P}）,中生代地层厚度最大约5000m。以后又沉积了新生代（N+Q）地层。该断裂在燕山运动时曾有强烈活动,到喜山运动时已逐渐减弱。由于断裂活动造成了断裂两侧第四系厚度的明显差异,表明该断裂第四纪以来仍有活动,推断江浦—六合断裂为早第四纪断裂。

5）幕府山—焦山断裂（F5）

幕府山—焦山断裂从幕府山经燕子矶、栖霞山、龙潭延伸至镇江焦山,总体走向近东西向,断面倾向北,断裂南侧为宁镇山脉,北侧为沿江凹陷及扬州低岗平原。由于幕府山—焦山断裂的长期活动作用,造成了幕府山、栖霞山等复式背斜的北半部发生了大幅度断陷,形成了江北的仪征断陷盆地（为沿江凹陷的一部分）和江南的宁镇断块隆起,二者沿断裂发生了显著的断块差异升降运动。长江在该段的分布位置与断裂走向相吻合。探测表明：断裂错断了基岩面,造成了基岩反射波组不连续,断裂表现为北盘下降、南盘相对上升的正断层性质,视断距为6～12m,倾向北,视倾角约60°,断错层位为第四系中、下部位。推断幕府山—焦山断裂是一条隐伏的在中更新世晚期曾有活动的早第四纪断裂。

6）方山—小丹阳断裂（F6）

在近场区内方山—小丹阳断裂沿上坊、方山、凤凰山、陶吴、横溪分布,北端在江宁上坊附近,被北西向的南京—湖熟断裂截断。该断裂是宁芜断陷盆地之东界断裂,走向北东,倾向南东,倾角约65°,为逆冲断层。该断裂错断了上白垩统赤山组红层（K_{2c}）,第四系覆盖层底部层位存在不同程度的扰动迹象,表现为西北侧上升、东南侧下降的逆断层,视断距1～2m,视倾角约65°。方山—小丹阳断裂部分控制了秦淮河水系的发育,沿断裂小地震活动比较密集,推断该断裂是一条隐伏的早第四纪断裂。

7）杨长断层（f1）

杨坊山—长林村断层位于金华山—巢凤山复式背斜北翼,该断层可分为三段,在近场区内为其西段,该段自南京市区经大红山、小红山、杨坊山、长林村往东延伸至龙潭西,长约30km,走向为北东东,略呈反S形。断层倾向南东,倾角30°～50°,局部地段略陡。断层上盘为周冲村组（T_{2z}）角砾状灰岩,下盘以象山群（J_{1-2xn}）砂岩为主,断层带宽约数米,局部达10余米,带内岩层受挤压破碎,硅化强烈,砂岩普遍褪色。该断层表现为南东侧下降、北西侧上升,倾向SE的正断层特征,总体走向约NE60°,视断距约2～4m,视倾角约55°,推断该断层为前第四纪断层。

8）定淮门—马群断层（f2）

定淮门—马群断层走向近东西,倾向南,倾角约50°,西端起自定淮门,穿越鼓楼广场,从北极阁、鸡鸣寺、九华山南侧通过,经琵琶湖北侧、梅花山延伸至马群附近,长度约15km。在定淮门外中下侏罗统含砾长石砂岩中见10m宽的劈理带,使长石砂岩呈现片理化。钻孔资料揭示,断层两侧基岩多处显示为不同时代的地层。此外自鼓楼到琵琶湖、梅花山,沿断裂经过地带多处有水量较为充沛的地下水供水井,且都是自流井,表现为潜水层。该断层表现为南侧下降、北侧上升的正断层特征。该断裂总体走向近东西向,视断距约2～4m,视倾角约60°,推断该断层为前第四纪断层。

9）西善桥—雨花台断层（f3）

西善桥—雨花台断层走向北东,倾向北西,沿宁芜断陷盆地东缘分布。浅层人工地震勘探探测显示，该断层为正断层，倾向北西，视倾角约50°，位于板桥北侧的五胜村至邓府圩之间，基岩反射波组不连续，特征显示为正断层，视断距2～3m，倾向北西，视倾角约60°。据P1波组同相轴连续等特征分析，可判断西善桥—雨花台断层（f3）为基岩中的前第四纪不活动断层。

10）板桥—谷里断层（f4）

板桥—谷里断层在地貌上无线形构造反映，断层未切错第四系。探测显示断裂处基岩反射波组不连续，显示为正断层，倾向北东，视倾角约50°，最新断点位于基岩地层中。沿断层小地震活动也很稀少。综合分析，推断该断层为前第四纪断层。

1.1.3 横江大道建设意义

横江大道与长江三桥设置西江互通，横江大道西江互通至纬七路段是西江互通连接线的重要组成部分。本项目建成后将实现横江大道南北的贯通，将大大改善区域的出行条件，同时串联新区多个组团，能够直接服务于江北新区的开发建设，引导沿线城镇的统筹发展，拉动沿江产业的快速集聚，对于整个江北地区的经济社会发展起到关键的支撑和引导作用。

本工程与南京长江五桥衔接，建成后，将完善区域骨干路网，进一步推动长江经济带发展，完善国家干线公路和长江下游地区过江通道布局。同时对缓解过江交通压力，加快南京江北新区建设，加快推进"拥江、跨江发展"战略，提升南京城市综合实力和扩展城市空间，推进南京都市圈、宁扬镇都市圈的一体化发展具有重要意义。

1.1.4 横江大道建设工程SG2标简介

(1) 基本资料

1) 可行性研究报告
2) 地勘报告
3) 施工图设计
4) 施工方案

(2) 设计概要

1) 主要技术标准

① 公路等级：一级公路兼城市快速路

② 设计速度：主路80km/h，辅路40km/h

③ 车道数：主路双向六车道，辅路双向四车道

④ 主路车道宽度：2×(3.5+3.75+3.75)m，辅路车道宽度：2×(3.5+3.5)m

⑤ 左右两侧余宽：0.5m

⑥ 公路最小平曲线半径：3000m（不设超高）

⑦ 最大纵坡：不超过4%

⑧ 竖曲线最小半径：3000m（凹形），4700m（凸形）

⑨ 抗震设防：烈度Ⅶ度

⑩ 汽车荷载：公路—Ⅰ级（兼顾城市-A级）

⑪ 公路路面：沥青混凝土路面

2）线路设计

横江大道建设工程起点桩号为K12+169.774，沿规划线位向南，下穿长江五桥北接线后，止于西江路，终点桩号为K19+276.923。主路止于跨西江路高架桥北侧，顺接356省道（浦口西江路至苏皖省界段）工程，终点桩号为K18+927.153；辅路终点处与西江路平面交叉，终点桩号为K19+276.923，其中SG2标段桩号为K15+170.000～K16+760.000。

3）隧道建设规模

横江大道建设规模和标段划分情况见表1-1。

横江大道建设规模和标段划分　　　　表1-1

标段名称	起点桩号	终点桩号	标段长度（km）	主要节点	备注
SG1	K12+169.774	K15+170.000	约3.00	团结路隧道、团结河改河、沿线涉河桥涵	
SG2	K15+170.000	K16+760.000	1.59	行知路隧道、和平河改河	
SG3	K16+760.000	K19+276.923	约2.52	紫创璐隧道、园腾路隧道、中心湖河桥	

横江大道SG2标行知路隧道规模见表1-2。

横江大道SG2标行知路隧道规模　　　　表1-2

名称			敞开段		暗埋段		敞开段		合计（m）
行知路隧道	主线	桩号	K15+220	K15+470	K15+470	K16+320	K16+320	K16+550	1330
		长度（m）	250		850		230		
	Y匝道	桩号	接主线		K15+750.5	K15+840	K15+840	K16+020	269.5
		长度（m）			89.5		180		
	Z匝道	桩号	K16+070	K15+900	K15+900	K15+809.5	接主线		260.5
		长度（m）	170		90.5				

4）主体结构设计

隧道暗埋段采用箱形框架结构，敞开段采用U形框架结构，均采用明挖法施工。采用SMW工法桩与高压旋喷桩进行围护，基坑支撑形式为钢筋混凝土撑与钢支撑，地基加固形式为三轴搅拌桩抽条和裙边加固。

5）机电系统设计

为满足隧道的正常运营及防灾等的需要，隧道暗埋段设置有通风、给水排水与消防、供电及照明等设备设施。

6）施工工期

本工程工期为19个月。工程计划工期为2019年5月15日至2020年11月15日。

（3）施工概况

1）总体施工方案

通过对本工程分析，结合同类工程施工经验，为优质、安全、快速、经济地完成整个工程施工，根据工程施工阶段，将全部施工任务划分为4个工区，各工区区段划分如表1-3所示。

1 绪论

各工区区段划分　　　　　　　　　　　　　表 1-3

工区名称	里程桩号	长度（m）
一工区	K15+170～K15+770	600
二工区	K15+770～K16+010	240
三工区	K16+010～K16+350	340
四工区	K16+350～K16+760	310

2）建设工期安排

本工程计划工期共 18 个月，各主要工程施工进度指标如表 1-4 所示。

主要节点工期计划表　　　　　　　　　　　表 1-4

项目名称	日历天	开始时间	完成时间
一、隧道工程（含管廊）	398	2019-5-15	2020-6-15
1. 地基加固、SMW 工法桩	170	2019-5-15	2019-10-31
2. 冠梁、第一道支撑	198	2019-6-1	2019-12-15
3. 第二道支撑及土方开挖	216	2019-7-1	2020-2-1
4. 褥垫层、混凝土垫层	207	2019-7-12	2020-2-3
5. 底板（含防水层）	219	2019-7-14	2020-2-15
6. 侧墙	227	2019-8-2	2020-5-15
7. 顶板（含防水层）	269	2019-8-21	2020-5-15
二、南农地下通道	212	2019-11-1	2020-5-30
三、路基工程	442	2019-6-1	2020-8-15
四、桥涵工程	255	2019-10-5	2020-6-15
五、路面工程	295	2019-10-26	2020-8-15
六、附属工程	260	2020-2-15	2020-10-31
七、交工验收	15	2020-11-1	2020-11-15

3）工程主要工序示意图（图 1-5）

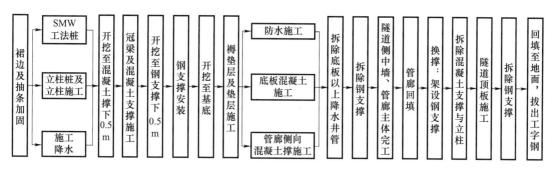

图 1-5　工程主要工序示意图

(4) 主要科研工作

基于横江大道建设工程 SG2 标这一大跨度隧道管廊工程，北京市政路桥股份有限公司、中国地质大学（北京）及东南大学联合开展科研课题《淤泥质土层大跨度变断面基坑施工关键技术研究》的工作。

主要研究目标包括：

1）淤泥质土力学特性研究。通过室内试验，获得淤泥质土蠕变基本特征。

2）淤泥质土层大跨度长距离基坑开挖及变形控制方法。通过数值模拟及理论计算方法，得到基坑在时空效应作用下的变形规律，提出基坑整体分段流水作业施工技术。

评估断面尺寸变化、结构转换关键部位及阳角土体的稳定性，得到支护结构受力及变形规律。

3）工法桩高效减阻技术研究。针对工法桩插拔难题，基于材料复配试验研究，开发一种性能稳定、环保的新型润滑材料及其配套工艺。

4）培养高水平的技术和管理人才，为我国淤泥质土层大跨度变断面基坑施工提供坚实的技术基础。

（5）BIM 技术应用简介

BIM 技术是当下行业热点，是把标准体系融入建筑的虚拟建造过程中，用信息技术系统地管控建筑全生命周期的每一个环节的关键手段。根据住房和城乡建设部《2016—2020 年建筑业信息化发展纲要》和《交通运输部办公厅关于推进公路水运工程 BIM 技术应用的指导意见》，基于公司自身 BIM 推广应用战略，结合项目实际 BIM 应用需求，本项目在开工前即完成 BIM 团队的组建、配备满足 BIM 技术应用的软硬件设施、根据工程特点制定《BIM 技术实施方案》以及进行人员任务分工等工作，同时 BIM 团队按照实施方案在工程实施的各个阶段结合实际开展具体的应用。旨在通过 BIM 技术的深入应用，解决工程中的重难点技术、管理等问题，提高项目整体管理水平，节约成本，保障工期，并形成经验，为后期同类型工程中的 BIM 应用提供借鉴。

（6）智慧工地建设简介

2018 年 12 月 4 日，南京市城乡建设委员会发布《南京市工地视频监控和环保在线监测信息系统建设实施方案》，该方案要求本市行政区域范围内建设工期的 6 个月以上达到一定条件的工程在施工期间应当安装环保在线监测和视频监控信息系统，并将相关数据传输至全市"智慧工地"平台。2019 年 2 月 18 日，南京市城乡建设委员会发布的《全市房屋建筑和市政基础设施工地差别化管理实施细则》指出，各施工单位应按要求完成信息监测系统安装并完成调试和数据对接，不按照相关规定安装环保在线监测和视频监控信息系统并接入全市智慧工地监管平台的项目，不予推荐各类工地评优、不予认定"扬尘污染防治增加费"造价、不予实施差别化工地政策支持、对建筑市场信用分扣分，此外不允许渣土外出。

南京市范围内的"智慧工地"监管平台于 2018 年底上线，将所有在建工程的现场施工、车辆管理以及建筑垃圾的收运处理纳入统一管辖范围，既可促进南京市城市高质量建设与运营，也能提升政府部门管理效率、降低管理成本，形成智慧建设"南京模式"。"智慧工地"监管平台实时采集施工现场的扬尘、噪声、视频等数据，并传输至平台数据库，实现实时远程报警、监控和通知，满足市住房城乡建设委、市生态环境局、市城管局等政府部门的不同诉求，同时，预警模式也让项目自我监管更加主动、前置。

根据相关要求，项目在进场前完成智慧工地实施方案的策划，安装环保在线监测、自动降尘、视频监控（扬尘污染区域全覆盖）等相关模块，主要包括在线监测设备、视频监测设备、车辆未冲洗抓拍设备、自动降尘设备等设施，相关数据接入南京市统一的"智慧工地"监管平台。

在满足南京市智慧工地统一管理的要求下，为进一步提升工地现场智慧化管理水平，根据工程监管和实施的重难点分别上线了物料、人员及设备监控等方面智慧施工的模块，实时接收现场物联网智能设备采集的数据，达到统计、分析、预警、决策、处置的高效管控，与BIM技术结合，实现人员、机械、智能设备的定位和数据快速调用，此部分会在第6章节做详细介绍。

（7）品质工程创建简介

为全面贯彻落实党的十九大提出的"建设交通强国、质量强国重大决策部署"和交通运输部"关于开展公路水运品质工程创建的决策部署"，践行"创新、协调、绿色、开放、共享"的发展理念，结合《交通强国江苏方案》和南京市公共工程建设中心的要求，对标"世界一流"工程，建设南京市最美隧道管廊，围绕公路水运品质工程的内涵，全面深化和推进现代工程建设的新理念，打造品质工程。

为确保本项目"品质工程"工作顺利推进，横江大道施工项目成立了"品质工程"创建活动领导小组，成立以项目经理为组长，全员参与的组织机构，全面开展"品质工程"建设管理工作。经过一年多的建设和实践，品质工程这个理念在项目部得到了非常好的贯彻落实，通过新技术研究应用和精细化管理，使得工程质量耐久性、绿色环保水平、工程科技创新、精细化管理水平显著提升。

1.2 横江大道建设工程SG2标建设特点

1.2.1 横江大道建设工程SG2标的建设环境特点

1.2.1.1 水体类型及分布特征

1. 地表水

地表水主要为鱼塘水，受大气降水和地表汇流补给，水位受季节性和人为控制而变化。水位3.65~4.21m，水深0.50~1.50m，塘底淤泥厚0.50~2.00m。

2. 地下水

场区地形地貌复杂、地层类型多、变化大，水文地质条件较复杂。依据地下水的埋藏条件和赋存条件，可分为上层滞水、松散岩类孔隙潜水、松散岩类孔隙承压水。

（1）松散岩类孔隙潜水在长江漫滩平原区广泛分布，均匀，该土层的大孔隙往往成为地下水的赋存空间；全新世沉积②-2层淤泥质粉质黏土饱含地下水，但富水性弱，透水性弱。其渗透性和富水性差，水量贫乏，单井出水量一般小于$50m^3/d$。

（2）松散岩类微承压水沿线广泛分布，其沉积物多呈二元或多元结构，上细下粗，含水层岩性由粉砂、粉细砂、中粗砂、含卵砾石中粗砂组成，砂层厚度一般在50~55m。该层总体厚度大，渗透性和富水性良好，单井涌水量在500~$1000m^3/d$，近长江处水位随江水位变化明显。根据场地地层结构特征，该层主要含水层为②-3层粉砂夹粉土、②-5层粉细砂、③-1层粉细砂、③-2层粉细砂。

3. 地下水补给、径流、排泄条件

孔隙潜水主要补给来源为大气降水、地表水入渗、灌溉水回渗，因场区内地势平坦，地下水径流比较滞缓，水力坡度仅在千分之几至万分之几，排泄方式以自然蒸发、向长江等地表水体排泄以及少量的人工开采为主。微承压水主要补给来源为上部孔隙潜水下渗和长江水的侧向渗流，与长江水有一定水力联系，排泄方式以径流及向长江水体侧向渗流为主。

4. 地下水位

地下水位与地形地貌、地层岩性、裂隙状况、地表水系密切相关。孔隙潜水主要分布于浅部厚层填土层及②-2、②-2a层土体中。实测场地孔隙潜水初见水位埋深0.60～4.47m（水位2.90～3.83m），稳定水位埋深0.40～4.30m（水位3.05～4.03m）。潜水水位受季节及气候影响明显，还受到长江水、附近沟渠的水位影响，降雨后水位上升，干旱时水位下降。

5. 土层透水性评价

根据室内渗透系数测试并结合地区实践，主要土层渗透性详见表1-5。

土层渗透性参数　　　　　　　　　表1-5

层号	地层名称	室内试验		渗透系数建议值	渗透性评价
		垂直渗透系数 K_r(cm/s)	水平渗透系数 K_h(cm/s)	K(cm/s)	
①-1	杂填土	—	—	5×10^{-4}	弱透水，局部中等透水，各向异性
①-2	素填土	5.13×10^{-7}	5.70×10^{-7}	3×10^{-4}	弱透水，各向异性
①-a	淤泥	—	—	4×10^{-4}	弱透水，各向异性
②-1	粉质黏土	7.49×10^{-7}	7.56×10^{-7}	3×10^{-6}	微透水，非均质
②-2	淤泥质粉质黏土	8.09×10^{-7}	8.18×10^{-7}	5×10^{-6}	微透水，非均质
②-2a	粉砂夹粉土	1.43×10^{-3}	3.59×10^{-3}	3×10^{-3}	中等透水
②-3	粉砂夹粉土	2.78×10^{-3}	5.74×10^{-3}	5×10^{-3}	中等透水
②-4	淤泥质粉质黏土夹粉土	5.12×10^{-7}	2.79×10^{-6}	3×10^{-5}	弱透水
②-4a	粉土夹粉砂	2.22×10^{-3}	2.30×10^{-3}	3×10^{-3}	中等透水
②-5	粉细砂	2.61×10^{-3}	2.49×10^{-3}	6×10^{-3}	中等透水
②-5a	淤泥质粉质黏土夹粉土	2.16×10^{-6}	9.33×10^{-6}	3×10^{-5}	弱透水
③-1	粉细砂	4.25×10^{-3}	2.78×10^{-3}	8×10^{-3}	中等透水

注：透水性评价参考江苏省工程建设标准《岩土工程勘察规范》DGJ32/TJ 208—2016划分：$K<1.2\times10^{-6}$ 为不透水；$K=1.2\times10^{-6}\sim1.2\times10^{-5}$ 为微透水；$K=1.2\times10^{-5}\sim1.2\times10^{-3}$ 为弱透水；$K=1.2\times10^{-3}\sim1.2\times10^{-2}$ 为中等透水；$K=1.2\times10^{-2}\sim2.3\times10^{-1}$ 为强透水；$K>2.3\times10^{-1}$ 为特强透水（K的单位为"cm/s"）。

1.2.1.2　水质、土分析与评价

1. 环境水化学指标

本次水样检测，沿线共采取地下水样6组，地表水样3组。根据场地所取地下水和地表水的水质分析检测报告，场地地下水以离子含量大于25%作为水化学类型定名界限值，鉴于本场地周边无明显污染源存在，试验检测结果具有典型代表性。场地地表水、地下水

水质类型详见表 1-6。

场地地表水、地下水水质分析成果一览表　　　　表 1-6

取水点	离子								矿化度 (mg/L)	侵蚀性 CO_2 (mg/L)	pH	地下水类型
	阳离子（mg/L）					阴离子（mg/L）						
	Ca^{2+}	Mg^{2+}	NH_4^+	Na^+	K^+	Cl^-	SO_4^{2-}	HCO_3^-				
十里长沟地表水	54.1	14.6	<0.04	38.6	1.0	54.9	72.0	158.7	315	0.0	8.0	$HCO_3 \cdot Cl \cdot SO_4 - Ca$
十里长沟地表水	52.1	11.6	<0.04	35.2	1.0	53.2	60.0	146.4	286	0.6	7.9	$HCO_3 \cdot Cl - Ca \cdot Na$
XZSDZ3（潜水）	57.2	14.0	<0.04	37.2	1.0	54.9	69.6	161.7	315	0.4	8.0	$HCO_3 \cdot Cl \cdot SO_4 - Ca \cdot Na$
XZSDZ13（潜水）	55.1	15.2	<0.04	35.8	1.0	54.9	69.6	158.7	311	0.0	8.0	$HCO_3 \cdot Cl \cdot SO_4 - Ca \cdot Na$
XZSDZ25（潜水）	55.1	14.6	<0.04	40.0	1.0	54.9	76.8	158.7	322	0.0	8.0	$HCO_3 \cdot SO_4 \cdot Cl - Ca \cdot Na$
XZSDZ16（承压）	55.1	13.4	<0.04	40.0	1.0	54.9	72.0	158.7	316	0.0	8.0	$HCO_3 \cdot Cl \cdot SO_4 - Ca \cdot Na$
XZSDZ17（承压水）	55.1	14.6	<0.04	40.0	1.0	54.9	76.8	158.7	322	0.0	8.1	$HCO_3 \cdot SO_4 \cdot Cl - Ca \cdot Na$
XZSDZ22（承压水）	55.1	14.6	<0.04	36.4	1.0	54.9	72.0	155.6	312	0.0	8.1	$HCO_3 \cdot Cl \cdot SO_4 - Ca \cdot Na$
XZSDZ25（承压水）	54.1	13.4	<0.04	38.0	1.0	54.9	67.2	155.6	306	0.0	8.0	$HCO_3 \cdot Cl \cdot SO_4 - Ca \cdot Na$

2. 土质化学指标

本次土样检测，共采取沿线地下土土样 4 组。场地地下土主要离子含量详见表 1-7。

场地地下土主要离子含量一览表　　　　表 1-7

取土点	Cl^- mg/kg	SO_4^{2-} mg/kg	HCO_3^- mg/kg	Ca^{2+} mg/kg	Mg^{2+} mg/kg	NH_4^+ mg/kg	$Na^+ + K^+$ mg/kg	OH^- mg/kg	易溶盐 mg/kg	水浸提液 pH 值
GDZK15	35.45	48.03	262.39	100.2	12.16	<0.02	6.5	0.00	464.73	7.6
LJZ15	26.59	48.03	268.49	90.18	18.24	<0.2	2.0	0.00	453.53	7.6
LJZ18	6.59	48.03	250.18	0.18	12.16	<0.2	7.5	0.00	434.64	7.8
LJZ22	5.45	48.03	158.65	60.12	18.24	<0.2	2.5	0.00	322.99	7.3

3. 地下水、土腐蚀性评价

按《公路工程地质勘察规范》JTG C20—2011 附录 K，场地属Ⅱ类环境，经调查，场地及周边无污染源。根据本工程水质分析报告，场地沿线各河水水样、地下水水质分析结果判别，地下水对混凝土结构具微腐蚀，对钢筋混凝土结构中的钢筋具微腐蚀。根据本工程土壤易溶盐检测报告，结合水质分析资料和近邻施工经验，土对混凝土具微腐蚀，对钢

13

筋混凝土结构中的钢筋具微腐蚀。

1.2.1.3 地下水的不良作用

1. 流砂、管涌

本工程隧道暗埋段上部主要为弱透水性的淤泥质粉质黏土，下部为强透水性的粉细砂承压含水层，沿线基坑开挖深度一般在 7.0～10.4m 之间，坑底部分位于粉细砂中，现场地下水丰富。当支护结构不嵌入隔水层、采用坑内集水明排降水时，由于基坑内外存在较大地下水水头差，坑外地下水在动水压力作用下沿支护结构底部向坑内渗流，土体细颗粒被水携带冲走，致使土体缝隙不断扩大，进而产生更大的渗透水流，土体较粗颗粒也可随之被水流带走，最终形成管道状渗流通道，即为管涌，也称翻砂鼓水。在较大动水压力产生的动水力坡度大于土体的极限水力坡度时，土体颗粒所受到向上的渗透力大于或等于其自重，使颗粒处于悬浮状态，在水的动力作用下形成流砂现象，此时基底土完全丧失承载能力。

本工程施工过程中可能遇到的流砂或管涌情况如下：

① 轻微涌砂：由于本工程基坑围护结构采用 SMW 工法桩，当围护结构施工控制不当时，如工法桩垂直度偏差过大或注浆速率不均匀等，导致围护结构产生缝隙，此时在外部水压力作用下，一部分粉细砂随地下水穿过缝隙流入基坑内，造成坑底积水，污染隧道施工环境。

② 中等涌砂：此状况往往出现在基坑底部，当基坑开挖深度过大时，基坑底薄弱部分土体在水头差压力作用下产生流砂或管涌现象，造成基底积水，基底土承载力降低。

③ 重度涌砂：在出现涌砂且未及时处理时，冒水处经过长时间水流冲刷，涌砂口逐渐扩大，大量土体流失，造成土体坍塌。

流砂、管涌的防治措施如下：

① 管涌、流砂造成基坑变形、地面沉降，并对周边环境产生不利影响，对此可采取增加基坑支护结构的插入深度等措施，增加地下水的渗流路径长度，以减少水力坡度，减少地下水渗流带来的不利影响。

② 为保证基坑不发生渗透破坏，可采用降低坑外地下水水位或增加支护嵌入深度的措施，使坑底水位降至可能产生流砂的土层以下。当采用坑内管井降水时，应注意降水井进水段滤料粒度、滤网目数应与粉细砂颗粒级配相适宜，以形成有效的反滤层，防止从管井水中带土、带砂（与管涌类似）。

③ 当施工过程中出现流砂、管涌等情况时，可采用回灌水或抛入重石，提高水力平衡和上覆土压力，后续可采取在涌水口及其周边土体注射喷浆的方式，使土体板结，提高土体抗渗和承压能力。

2. 地下水的浮托作用

本工程隧道、地道基底埋深一般为 7.0～10.4m，地下水对基坑及地下结构有浮托作用，当地下水浮力大于地下室自重及顶板堆载等永久荷载之和时，如不采取抗浮措施，将产生不均匀上浮，从而基坑及地下结构破坏。

根据基底结构、场地条件、地质条件及主体结构的情况，本工程采用钻孔灌注桩作为抗浮桩，此时由于桩体承受永久上拔力，应进行桩身抗拉承载力与抗裂的验算和试验。基坑抗浮设计水位可按自然地面以下 0.00m 考虑。当不能满足抗浮稳定验算时，应采取相应的抗浮措施，其方法包括增设抗拔桩或利用基坑侧壁支护结构抗浮等。

1.2.1.4 **基坑降水**

1. 隧道基坑降水方式

基坑开挖范围内上层为淤泥质粉质黏土，透水性差，且场地周边存在大量鱼塘，地下水位较高，降水与土方开挖施工前可采取明排等方式辅助降水，疏干地表水，以免造成开挖过程中含水土体流动塌陷。下层土多为粉砂夹粉土，中透水性，此时严禁开挖深度超过降水水位深度，避免开挖过程中饱和土受人为施工振动，引起土壤液化，产生流砂、管涌或地面塌陷等情况。

由于本工程隧道、管廊基坑围护结构主要为SMW工法桩、钻孔灌注桩+止水桩形成的止水帷幕，桩底深度一般为19～26m，未隔断含水层，只具有绕流阻水作用，支护结构嵌入深度无法满足抗渗流稳定，因此不能采用坑内集水明排降水。工程紧邻长江，地下水资源丰富，水位偏高，涌水量大，轻型井点降水无法满足降水要求。综合以上考虑，本工程基坑降水宜采用坑内管井井点降水的方式，可辅以坑外管井作为补充，降低坑外地下水位，减小坑内管井降水难度。

2. 基坑降水的影响

基坑降水使地下水位下降，土的有效应力增加，从而易引起地面沉降；突涌、管涌等渗透使土体结构破坏，引发基坑坍塌、地基土开裂。当基坑变形量过大甚至破坏时，会使地表及其周围建筑物产生沉降、开裂和倾斜，地下管线发生侧移、沉降和开裂。

为减少基坑变形对周边建筑、构筑物及地下管线影响，本工程采用以下措施：

① 采用以变形控制为主要目标的SMW工法桩加钢支撑和混凝土支撑的基坑支护形式，支撑体系稳定性好、刚度大，将基坑分为若干个小基坑，基坑之间设置隔断桩或隔断墙，提高基坑整体稳定性。

② 进行基坑内三轴搅拌桩地基加固处理，以提高基坑底土体的抗变形能力。

③ 施工时尽量减少基坑坑底的暴露时间，尽快浇筑垫层和底板混凝土。

④ 支护结构或隔水帷幕进入土层较大深度，并采用坑内降水，相比坑外降水可减少基坑降水量，使坑外保持较高地下水位（必要时可采用回灌），减少降水产生的地面沉降。

⑤ 当采用止水帷幕+坑内降水时，应重视止水帷幕的施工质量，采用五轴搅拌桩机代替三轴搅拌桩机进行止水帷幕SMW工法施工，有效减少了帷幕搭接，加强止水帷幕整体抗渗能力，防止坑外地下水与砂土从帷幕缝隙中流入基坑内，造成地层损坏而引起地面沉降。

⑥ 提高降水井成井质量，选用与粉细砂颗粒级配相适宜的滤料粒度与滤网目数，防止井管进水段滤料、滤网选择不当或施工质量差时出现的水中带砂（类似管涌），从而引起的地层损坏及地面沉降。

⑦ 对基坑及周围建筑物等进行沉降及水平位移监测，基坑支撑处埋设应力应变仪，如发现异常变形、应力突变等情况，及时分析原因，调整开挖速度，必要时对局部进行加固处理。

⑧ 施工前对降水方案进行专家评审，优化降水方案，使降水措施更加科学、合理、可行，将其对周边环境的不利影响降到最低。

1.2.1.5 **特殊岩土及不良地质条件**

1. 特殊岩土

（1）填土

①-1层杂填土：杂色，由黏性土夹较多碎石等组成。该层土物质组成杂乱无序，结构

紊乱，均匀性差，压实度低，工程地质特性差，为近期堆填。

①-2层素填土：灰黄～灰色，软塑，由黏性土夹少量碎石子组成，局部为耕植土，局部底部含淤泥质素填土。该层土压实度不均，工程地质特性差。

①-a淤泥：灰黑色，流塑，含有少量有机质，具淤臭味，主要分布于沿线沟塘、河流底部，工程地质特性差。

①层总体不均匀，透水性相当好，抗剪强度低，开挖时易坍塌。

填土成分复杂，素填土以黏性素填土为主，杂填土主要由建筑垃圾、生活垃圾、碎块石、砖瓦片、黏性土等组成，碎块石大小混杂，均一性差。土层性质很不均匀、变形大，有失陷性、自重压密性及低强度，高压缩性，孔隙大且渗透性不均匀。由于组成物质的复杂多样性，填土的力学性质差异较大，稳定性差、水量丰富、渗透性大，对施工等均能产生不利影响，施工时应予以处理。

（2）软土

线路浅部分布有②-2层淤泥质粉质黏土、②-4层淤泥质粉质黏土夹粉土、②-5层淤泥质粉质黏土夹粉土：灰色，流塑为主，夹粉土、粉砂，含水量较高，高压缩性，低强度，中～高灵敏度（$st=2.79～4.25$），在发生人为工程活动、破坏原有应力状态时，易产生触变，发生不均匀沉降等灾害。路基持力层下的软弱下卧层，易导致路基产生较大沉降和失稳。设计时应注意对路基的影响，不利于基坑、围岩稳定，应采取必要的加固措施。软土分布范围见表1-8。

软土分布范围表　　　　表1-8

层号	软土分布里程	长度（m）	软土厚度（m）
②-2	K15+170.000～K16+550.000	1590.00	0.40～14.70
②-4	K15+170.00～K15+520.000；K15+940.000～K16+340.000	750.00	0.30～12.00
②-5a	K170.00～K15+450.000；K1460.000～K15+590.000 全线断续分布	410.00	0.40～11.10

根据有机质含量试验结果，拟建场地软弱黏性土层有机质含量0.7%～1.1%，小于5%，为无机土。

2. 不良地质

线路沿线主要不良地质为地面沉降和砂土液化。可液化土层在振动条件下将降低强度、易失稳，对工程的地基稳定和桥梁桩基础易造成不利影响。

（1）近年来南京漫滩地区区域性地面沉降明显，由于线路沿线普遍分布软弱黏性土，其具有高压缩性、中偏高灵敏性。一方面因工程建设、施工降水，地基土有效应力反复变化产生固结变形；另一方面挤土桩挤土效应、基坑开挖等因素导致土体扰动，降低强度，产生地表变形。

（2）地震液化：场地隶属长江漫滩地貌单元，浅部普遍分布全新统冲积砂性土，且厚度较大，拟建工点地震动峰值加速度为0.10g，判别拟建场地为轻微液化场地。

1.2.1.6　分段地质条件评价

行知路隧道全长1330m，其中K15+220～K15+470和K16+320～K16+550为敞开段，K15+470～K16+320为暗埋段。综合管廊全长1606m。地质概况：上段以粉质黏土、淤泥质粉质黏土为主，局部粉土，顶部黏土，粉质黏土为"硬壳层"，灰黄色，其下以灰、灰褐色为主;中段为厚层松散～稍密状粉细砂,灰色,颗粒级配较差;下段为厚层稍密～中密状粉细砂,灰、绿灰色,内夹透镜体状粉质黏土,具交错层理。

1. 隧道敞开段 K15+220～K15+470

此段典型地质剖面如图 1-6 所示。

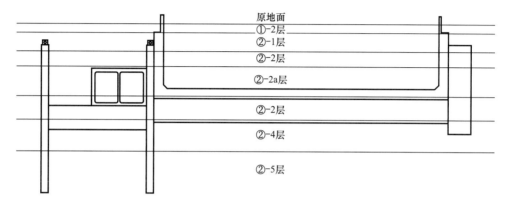

图 1-6　隧道敞开段 K15+220～K15+470 典型地质剖面图

(1) 地基土分布

隧道进口敞开段全长 250m,基坑最大开挖深度 8.64m。本路段共完成勘探点 21 个,土层分布空间呈现层状,土层起伏状况和厚度较稳定,本路段地基土层厚、槽顶标高及土层性状见表 1-9。

隧道敞开段 K15+220～K15+470 地基土分布表　　　表 1-9

层号	土层名称	土层性状	分布情况	层厚 (m)	槽顶标高 (m)
①-2	素填土	黄灰～灰色,结构松散,欠均匀,不可直接利用	普遍分布	0.80～1.60	4.93～6.67
②-1	粉质黏土	灰黄～黄灰色,可塑～软塑,欠均匀,高压缩性	沿线断续分布	0.60～2.40	4.13～5.57
②-2	淤泥质粉质黏土	灰色,流塑,欠均匀,高压缩性	普遍分布	1.80～3.60	3.17～4.42
②-2a	粉砂夹粉土	灰色,松散,呈"透镜状"分布,中压缩性	零星分布	1.30～3.80	0.43～1.37
②-2	淤泥质粉质黏土	灰色,流塑,欠均匀,高压缩性	普遍分布	1.00～5.40	-2.51～0.50
②-4	淤泥质粉质黏土夹粉土	灰色,流塑,欠均匀,高压缩性	普遍分布	0.00～4.00	-9.81～-5.43
②-5	粉细砂	青灰色,稍密～中密,欠均匀,中压缩性	普遍分布	3.40～9.70	-12.28～-8.20

(2) 地基土物理力学性质指标的选用

根据勘探揭露及室内土工试验结果,通过计算修正,并结合地区经验确定地基土物理力学性质。对评价岩土性状的指标(如常规物理指标天然重度等)和正常使用极限状态计算需要的岩土指标(如渗透系数等),以统计结果的平均值作为设计参数,对于承载能力极限状态计算需要的岩土参数应以标准值作为设计参数。表 1-10 为隧道敞开段 K15+220～K15+470 地基承载力及基坑设计参数推荐指标。

隧道敞开段 K15+220～K15+470 承载力及基坑设计参数表　　　表 1-10

层号	岩土名称	重度 $\gamma(kN/m^3)$	固结快剪 C(kPa)	固结快剪 $\varphi(°)$	渗透系数 K(cm/s)	基床系数 水平 MPa/m	基床系数 垂直 MPa/m	侧压力系数 K_0	泊松比 μ	土的水平抗力系数的比例系数 $m(MN/m^4)$	钻孔灌注桩桩侧土摩阻力标准值 q_{ik} (kPa)	深搅桩桩周土侧阻力特征值 q_{si} (kPa)	抗拔系数 λ	基底摩擦系数 μ
②-1	粉质黏土	18.4	17.5	9.9	3×10^{-6}	15	12	0.70	0.41	6	26	12	0.70	0.20
②-2	淤泥质粉质黏土	17.5	10.3	11.8	5×10^{-6}	8	6	0.72	0.42	3	18	8	0.70	0.15
②-2a	粉砂夹粉土	18.9	2.5	30.5	2×10^{-3}	12	10	0.63	0.39	5	22	10	0.60	0.20
②-4	淤泥质粉质黏土夹粉土	17.4	5.1	11.8	3×10^{-5}	8	8	0.72	0.42	3	20	9	0.70	0.15
②-5	粉细砂	18.6	2.1	32.4	6×10^{-3}	22	25	0.39	0.28	15	35	16	0.64	0.32

(3) 基础方案分析与评价

隧道敞开段 K15+220～K15+470 开挖深度为渐变式，从 0m 逐渐过渡到 8.64m。开挖土层主要为②-2 层，属"软土类"，具高灵敏度、高压缩性、低承载力的特点，开挖土体稳定性差，易产生塑性坍塌及蠕动破坏。由于基坑左侧为 SMW 工法桩止水帷幕，右侧为三轴搅拌桩重力式挡墙，此段为基坑最后开挖段，采用阶梯式分层开挖的方式由小桩号里程向大桩号里程隧道暗埋段方向开挖。由于开挖终点即隧道暗埋段起点基坑支护结构已经施工完毕，敞开段两侧的重力式挡墙和止水帷幕已提供足够基坑侧壁支撑力，故本段基坑采用无支撑开挖，具体如下：

基坑深度 0～2m 段：采用直接放坡开挖，去除表层不可直接利用杂填土和素填土；

基坑深度 2～10.4m 段：先施工一侧 SMW 工法桩和另一侧三轴搅拌桩重力式挡墙围护结构及基底地基加固，再进行降水施工，然后由敞开段起点阶梯式分层分段开挖至敞开段最深处。

根据本次勘探试验分析，开挖范围内土体有机质含量为 0.7‰～1.1‰，为无机土，适宜水泥搅拌桩施工，敞开段局部基坑围护结构和地基加固可采用深搅桩，部分可采用内插型钢的 SMW 工法。

隧道敞开段 K15+220～K15+470 下层土体为中透水性，涌水量大，且地下水水位较高，降水方式为管井井点降水。

随着基坑挖深不断增大，基坑开挖造成基底土卸荷，土体竖向应力减小，使基坑底部产生一定量的回弹变形，因此，基坑开挖前应充分考虑土体卸荷的时空效应，提前加固基坑底土层，控制施工质量保证基底土的抗变形能力，开挖后及时施工隧道底板结构，增加上覆压力。

（4）软土路基处理及注意事项

① 基坑边界应有排水挡水设施，尤其是隧道敞开段入口处，应设置排水沟，防止雨水流入坑内，避免基底土受水流冲刷。

② 敞开段处路基均属软土路基，因开挖土体深度不同及道路路面坡度和路面荷载差异，路基易产生不均匀沉降，应对软土路基进行处理，处理方法为在基底土范围内进行水泥搅拌桩地基抽条加固处理，搅拌桩间距和深度均为3m。

③ 基坑周边严禁堆载，严禁在周边架设大型起重机械，同时加强基坑变形和沉降监测工作。

④ 本敞开段处路基为软基路段，应采用分层阶梯式开挖，层高不宜超过1m，每层阶梯宽度不应小于10m。施工时应尽量避免因人工扰动影响基坑土体原始结构强度。

2. 隧道暗埋段K15+470～K16+320

此段典型地质剖面如图1-7所示。

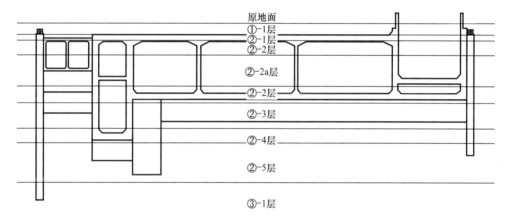

图1-7 隧道暗埋段K15+470～K16+320典型地质剖面图

（1）地基土分布

隧道暗埋段全长850m，一般开挖深度为10m左右，泵房最大开挖深度16.17m。本路段共完成勘探点51个，土层分布空间呈现层状，土层起伏状况和厚度较稳定，本路段地基土层厚、顶板标高及土层性状见表1-11。

隧道暗埋段K15+470～K16+320地基土分布表　　　表1-11

层号	土层名称	土层性状	分布情况	层厚（m）	顶板标高（m）
①-1	杂填土	杂色，松散，欠均匀	局部分布	0.80～1.70	4.51～7.26
②-1	粉质黏土	灰黄～黄灰色，可塑～软塑，欠均匀，高压缩性	沿线断续分布	0.60～1.70	3.78～4.78
②-2	淤泥质粉质黏土	灰色，流塑，欠均匀，高压缩性	普遍分布	0.80～4.10	1.68～4.78
②-2a	粉砂夹粉土	灰色，松散，呈"透镜状"分布，中压缩性	零星分布	1.00～4.70	−1.68～2.43
②-2	淤泥质粉质黏土	灰色，流塑，欠均匀，高压缩性	普遍分布	1.10～5.80	−3.04～1.23

续表

层号	土层名称	土层性状	分布情况	层厚（m）	顶板标高（m）
②-3	粉砂夹粉土	灰色～青灰色，松散～稍密，欠均匀，中压缩性	松散～稍密	2.90～6.10	−6.94～−2.49
②-4	淤泥质粉质黏土夹粉土	灰色，流塑，欠均匀，高压缩性	普遍分布	0.00～2.90	−9.84～−7.49
②-5	粉细砂	青灰色，稍密～中密，欠均匀，中压缩性	普遍分布	0.80～7.50	−12.34～−7.52
③-1	粉细砂	青灰色，中密，欠均匀，中压缩性	普遍分布	3.70～10.50	−19.67～−14.14

(2) 地基土物理力学性质指标的选用

表 1-12 为隧道暗埋段 K15＋470～K16＋320 地基承载力及基坑设计参数推荐指标。

隧道暗埋段 K15＋470～K16＋320 承载力及基坑设计参数表　　表 1-12

层号	岩土名称	重度 γ(kN/m³)	固结快剪 C(kPa)	固结快剪 φ(°)	渗透系数 K(cm/s)	基床系数 水平 (MPa/m)	基床系数 垂直 (MPa/m)	侧压力系数 K_0	泊松比 μ	土的水平抗力系数的比例系数 m(MN/m⁴)	钻孔灌注桩桩侧土摩阻力标准值 q_{ik}(kPa)	深搅桩桩周土侧阻力特征值 q_{si}(kPa)	抗拔系数 λ	基底摩擦系数 μ
②-1	粉质黏土	18.4	17.5	9.9	3×10⁻⁶	15	12	0.70	0.41	6	26	12	0.70	0.20
②-2	淤泥质粉质黏土	17.5	10.3	11.8	5×10⁻⁶	8	6	0.72	0.42	3	18	8	0.70	0.15
②-2a	粉砂夹粉土	18.9	2.5	30.5	2×10⁻³	12	10	0.63	0.39	5	22	10	0.60	0.20
②-3	粉砂夹粉土	18.8	2.2	32.6	5×10⁻³	18	20	0.43	0.30	10	30	13	0.62	0.30
②-4	淤泥质粉质黏土夹粉土	17.4	5.1	11.8	3×10⁻⁵	8	8	0.72	0.42	3	20	9	0.70	0.15
②-5	粉细砂	18.6	2.1	32.4	6×10⁻³	22	25	0.39	0.28	15	35	16	0.64	0.32
③-1	粉细砂	19.0	2.1	33.3	8×10⁻³	28	30	0.38	0.28	25	43	18	0.65	0.35

(3) 基础方案分析与评价

隧道暗埋段 K15＋470～K16＋320 开挖深度为 10～11m。开挖土层主要为①-1 层、②-2 层和②-2a 层，该土层具有以下特点：

1) ①-1 层为表层杂填土，透水性差，为保证开挖前降水质量，应先将此类土挖除。

2) ②-2 层和②-2a 层属"软土类"，具高灵敏度、高压缩性、低承载力的特点，开挖土体稳定性差，易产生塑性坍塌及蠕动破坏，涌水量大。施工时应注意控制分层开挖厚度和阶梯状放坡宽度,保证土层稳定性。

基坑采用四周 SMW 工法桩和钻孔灌注桩相结合的止水帷幕形式,采用上层混凝土支撑、下层钢支撑的双层支撑形式对基坑坑壁进行支护,用以提供足够的基坑侧壁支撑力。由于隧道暗埋段开挖深度较深,结构物所受浮力较大,故在基坑内设置钻孔灌注桩抗拔桩以增强隧道抗浮能力。隧道暗埋段基坑按照先撑后挖的原则,采用阶梯式分层开挖,具体如下:

基坑深度 0～2m 段:采用直接放坡开挖,去除表层不可直接利用杂填土和素填土;

基坑深度 2～6m 段:先施工 SMW 工法桩加三轴搅拌桩围护结构、基底地基加固和管井降水后,再进行第一道支撑混凝土支撑施工,由基坑一端阶梯式分层分段开挖至第二道支撑顶。

基坑深度 6～11m 段:进行第二道支撑钢支撑施工,再按照上一阶段顺序阶梯式分层分段开挖至基坑底,每层开挖深度不宜过大,开挖时及时监测基坑变形和地下水位情况,防止基坑支护结构变形过大。

随着基坑开挖深度不断增大,在提前进行基坑底土层地基加固的同时,应控制降水水位高度,降水、排水使基坑周边土层进一步排水固结,局部地段降水产生土体颗粒流失,引起地面沉降,造成基坑变形,施工过程中应加强过程控制和环境保护措施,防止水土流失和二次水污染。

(4) 软土路基处理及注意事项

① 基坑开挖范围内存在大量水塘,施工前宜疏干地表水,对水塘内淤泥进行开挖换填处理后方可进行大面积开挖。

② 开挖土层多为饱和粉、砂性土,在饱水情况下易受人工机械振动造成土壤液化等不良现象,影响施工安全。

③ 基坑止水帷幕未进入隔水层,仅起到止水的作用,施工时应控制降水深度,特别是泵房开挖最深处,可增设管井数量,提高降水效果,防止可能发生的流砂、管涌现象。

④ 严禁坑外侧堆载,同时加强基坑监测,做到智能化、信息化管理。

3. 隧道敞开段 K16+320～K16+550

此段典型地质剖面如图 1-8 所示。

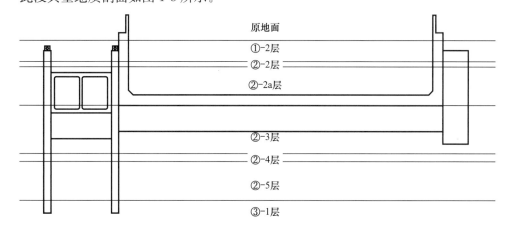

图 1-8 隧道敞开段 K16+320～K16+550 典型地质剖面图

(1) 地基土分布

隧道出口敞开段全长230m，最大开挖深度约8.64m。本路段共完成勘探点24个，土层分布空间呈现层状，土层起伏状况和厚度较稳定，本路段地基土层厚、槽顶标高及土层性状见表1-13。

隧道敞开段 K16+320～K16+550 地基土分布表　　　　表1-13

层号	土层名称	土层性状	分布情况	层厚（m）	槽顶标高（m）
①-2	素填土	黄灰～灰色，结构松散，欠均匀，不可直接利用	普遍分布	1.30～3.90	4.32～7.33
②-2	淤泥质粉质黏土	灰色，流塑，欠均匀，高压缩性	普遍分布	0.60～2.80	2.12～3.66
②-2a	粉砂夹粉土	灰色，松散，呈"透镜状"分布，中压缩性	零星分布	0～4.40	1.42～2.11
②-3	粉砂夹粉土	灰色～青灰色，松散～稍密，欠均匀，中压缩性	松散～稍密	2.30～5.70	−2.29～1.66
②-4	淤泥质粉质黏土夹粉土	灰色，流塑，欠均匀，高压缩性	普遍分布	0.90	−7.99
②-5	粉细砂	青灰色，稍密～中密，欠均匀，中压缩性	普遍分布	4.50～9.60	−3.68～−8.89
③-1	粉细砂	青灰色，中密，欠均匀，中压缩性	普遍分布	8.80～10.70	−13.28～−14.39

(2) 地基土物理力学性质指标的选用

表1-14为隧道敞开段 K16+320～K16+550 地基承载力及基坑设计参数推荐指标。

隧道敞开段 K16+320～K16+550 承载力及基坑设计参数表　　　　表1-14

层号	岩土名称	重度 γ(kN/m³)	固结快剪 C(kPa)	固结快剪 φ(°)	渗透系数 K(cm/s)	基床系数 水平 (MPa/m)	基床系数 垂直 (MPa/m)	侧压力系数 K_0	泊松比 μ	土的水平抗力系数的比例系数 m(MN/m⁴)	钻孔灌注桩桩侧土摩阻力标准值 q_{ik}(kPa)	深搅桩桩周土侧阻力特征值 q_{si}(kPa)	抗拔系数 λ	基底摩擦系数 μ
②-2	淤泥质粉质黏土	17.5	10.3	11.8	5×10⁻⁶	8	6	0.72	0.42	3	18	8	0.70	0.15
②-2a	粉砂夹粉土	18.9	2.5	30.5	2×10⁻³	12	10	0.63	0.39	5	22	10	0.60	0.20
②-3	粉砂夹粉土	18.8	2.2	32.6	5×10⁻³	18	20	0.43	0.30	10	30	13	0.62	0.30
②-4	淤泥质粉质黏土夹粉土	17.4	5.1	11.8	3×10⁻⁵	8	8	0.72	0.42	3	20	9	0.70	0.15
②-5	粉细砂	18.6	2.1	32.4	6×10⁻³	22	25	0.39	0.28	15	35	16	0.64	0.32
③-1	粉细砂	19.0	2.1	33.3	8×10⁻³	28	30	0.38	0.28	25	43	18	0.65	0.35

(3) 基础方案分析与评价

隧道敞开段 K16+320～K16+550 开挖深度为 0～8.64m。开挖土层主要为②-2a 层，属"软土类"，具高灵敏度、高压缩性、低承载力的特点，开挖土体稳定性差，易产生塑性坍塌及蠕动破坏。由于基坑左侧为 SMW 工法桩止水帷幕，右侧为三轴搅拌桩重力式挡墙，此段为基坑最后开挖段，开挖时由隧道出口向内放坡开挖，开挖前进方向为隧道主体结构，已提供足够基坑侧壁支撑力，故本段基坑采用阶梯式分层开挖，开挖方式为无支护开挖，具体如下：

基坑深度 0～3m 段：采用直接放坡开挖。根据地勘报告要求，施工时应先去除表层素填土后方可进行地基开挖与处理，故先将埋深大多为 0～3m 的素填土挖除。

基坑深度 3～8.64m 段：先施工一侧 SMW 工法桩和另一侧三轴搅拌桩重力式挡土墙围护结构、基底地基加固，再进行降水施工，然后由敞开段起点阶梯式分层分段开挖至敞开段最深处。

根据本次勘探试验分析，开挖范围内土体有机质含量为 0.7%～1.1%，为无机土，适宜水泥搅拌桩施工，敞开段局部基坑围护结构和地基加固可采用深搅桩，部分可采用内插型钢的 SMW 工法。

隧道敞开段 K16+320～K16+550 下层土体主要为粉砂夹粉土，中透水性，涌水量大，且地下水水位较高，降水方式为管井井点降水。

随着基坑挖深不断增大，基坑开挖造成基底土卸荷，土体竖向应力减小，使基坑底部产生一定量的回弹变形，因此，基坑开挖前应充分考虑土体卸荷的时空效应，提前加固基坑底土层，控制施工质量，保证基底土的抗变形能力，开挖后及时施工隧道底板结构，增加上覆压力。

(4) 软土路基处理及注意事项

① 基坑边界应有排水、挡水设施，尤其是隧道敞开段入口处，应设置排水沟，防止雨水流入坑内，避免基底土受水流冲刷。

② 敞开段处路基均属软土路基，因开挖土体深度不同及道路路面坡度和路面荷载差异，路基易产生不均匀沉降，应对软土路基进行处理，处理方式为在基底土范围内进行水泥搅拌桩地基抽条加固处理，搅拌桩间距和深度均为 3m。

③ 基坑周边严禁堆载，严禁在周边架设大型起重机械，同时加强基坑变形和沉降监测工作。

④ 本敞开段处路基为软基路段，应采用分层阶梯式开挖，层高不宜超过 1m，每层阶梯宽度不应小于 10m。施工时应尽量避免因人工扰动影响基坑土体原始结构强度。

1.2.1.7 周边环境

行知路隧道自北向南连续下穿行知路、五合路、绿水湾路，全长 1330m，采用明挖法施工，隧道主体基坑开挖深度最大 11.00m，泵房位置开挖深度最大 16.17m。隧道四周场地开阔、空旷，以农田、水塘为主，仅有少量电力杆线，无其他建构筑物。地表主要以填土为主，填土成分主要为建筑垃圾。

1.2.2 横江大道建设工程 SG2 标的基本特点

(1) 建设意义重大

横江大道是南京市江北新区规划的一条重要的轴向快速路，由东北向西南贯穿六合、浦口两区,是江北新区城市发展的轴线。横江大道与长江三桥设置西江互通,与长江五桥设置临江路互通。本项目建成后将实现横江大道南北的贯通,将大大改善区域的出行条件,同时串联新区多个组团,能够直接服务于江北新区的开发建设,引导沿线城镇的统筹发展,拉动沿江产业的快速集聚,对于整个江北地区的经济社会发展起到关键的支撑和引导作用。

(2) 工程规模大,工期紧,质量要求高。

本标段全长1590m,主要工程包含主线下穿隧道1330m、综合管廊1606m、人行过街通道1座、河道改移1300m、路基工程、雨水污水工程等,工程造价9.7979亿元,计划总工期19.5个月。本工程要创建江苏省交通建设优质工程,创建市级"公路品质工程",争创国家优质工程,打造世界一流桥隧工程。

(3) 环境保护要求高

长江南京段岸线总长275km,作为长江经济带建设的重镇,南京市相继出台了《南京市滨江生态环境保护要点》《南京市长江经济带生态环境保护实施方案》等文件,要着力构建长江绿色生态廊道,为生态环境画红线、设防线,实现在发展中保护、在保护中发展。为此,在工程实施的全过程要加强"智慧工地建设",采取降低施工噪声、扬尘和大气污染,对工地污水、泥浆及固体废弃物进行处理、处置等控制措施。

(4) 河流较多,地下水位变化大

主要干流河有长江南京段,支流河有城南河、十里长河、和平河等。汛期主要受梅雨及台风影响,受洪水、长江顶托影响,当雨水集中并且入江河道受长江水位顶托时,易形成内涝灾害。同时地下水位变化大,给基坑降水带来困难。

(5) 跨度大、隧道管廊共坑

本工程基坑最大跨度约63m,在淤泥质土层基坑施工中如此跨度较为罕见,隧道和管廊共坑施工建造,存在多个基坑断面变化处,围护结构受力变化复杂。

1.2.3 我国大跨度共坑隧道管廊建造综述

经过多年的发展,公路隧道工程施工工艺由传统的明挖法、盖挖法扩展到新奥法、盾构法,也已经建成一大批著名工程,包括上海长江公路隧道、南京长江隧道、武汉长江隧道等工程。目前,明挖法由于工艺成熟、工程造价低仍是当前隧道和管廊施工最常用的工法,跨径也随着交通量要求不断增加,目前建成了大量大跨度隧道,但在软土地区修建大跨度隧道较少,由于软土蠕变特性,目前施工经验不足,对于施工安全性的控制仍需要进一步研究。为了节约城市地下空间,交通隧道和城市综合管廊可同时进行规划,但目前此应用实例较少,技术尚不成熟,有待开展进一步研究。

1.2.3.1 大跨度公路隧道建设情况

(1) 成都博览城综合交通枢纽工程18号线暗挖隧道

2019年建成的成都博览城综合交通枢纽工程18号线福州路站南段YDK30+461~YDK30+531为暗挖段(长度70m),其中纵向34m范围穿越既有厦门路市政隧道。新建暗挖隧道开挖横断面近似望远镜,尺寸为28m×12.386m,如图1-9所示。隧道开挖面积达347m²,隧道跨度28m,为国内跨度最大的轨道交通隧道工程,采用C形平顶网格法,分10步间隔开挖,相当于10个单洞单线马蹄形隧道断面大小。

(2) 苏州金鸡湖隧道（图 1-10）

在建的金鸡湖隧道的道路规模为双向六车道，湖中段跨度 38.9m，采用围堰明挖法施工。全长约 6.04km，主线长约 5.4km。其中，隧道段长约 5.345km。湖西陆域段长 1.045km，湖中水域段长 3km，湖东陆域段长 1.3km。

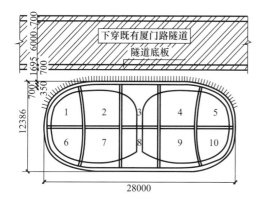

图 1-9 暗挖隧道开挖横断面（单位：mm）　　图 1-10 金鸡湖隧道

金鸡湖隧道是国内首条穿越 5A 级湖泊景区的公轨共建超长明挖法隧道，道路隧道和轨道交通空间平面相邻。一次性开挖两个隧道，采用"四孔一管廊"的方式，四个独立仓位结构空间完全独立，较大程度上减少了隧道在湖底所占用的面积和对生态环境的影响，也节省了造价。

金鸡湖隧道于 2019 年 2 月 13 日开工建设，预计 2022 年底建成通车。

(3) 长江路南延工程（图 1-11）

长江路南延工程位于苏州市吴中区，路线全长约 6.428km，其中隧道长 6.18km（属特长市政隧道），七子山南北两侧约 1.6km 采用明挖法施工。隧道设计标准为 60km/h 的双向 6 车道城市主干路，设置 2 对进出口匝道。明挖法隧道标准横断面按照单箱双室结构形式设计，主线设计标准为双向 6 车道，行车孔结构净宽为 13.6m，主线之间设置地下变电所，宽 5.0m，匝道净宽 10.1m，隧道结构形式如图 1-12 所示，最大跨度约 52m。

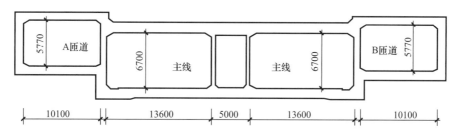

图 1-11 主线匝道汇合段结构横断面（单位：mm）

(4) 北京新机场临空经济区市政交通配套工程

北京新机场临空经济区市政交通配套工程——永兴河北路综合管廊下穿 G106 国道暗挖工程，拱顶覆土深度为 6.66~7.88m，属于典型的超浅埋大跨度综合管廊隧道。该段管廊隧道由 5 跨主线管廊隧道和其下方的 4 跨支线管廊隧道接口段组成（图 1-12），全部采用暗挖法施工，开挖跨度达到 22m。

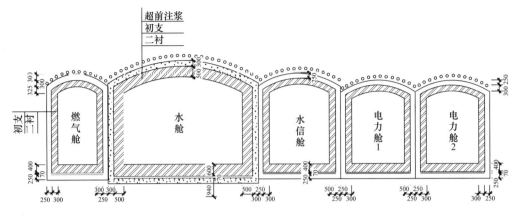

图 1-12 各舱室结构独立并列形成综合管廊（单位：mm）

(5) 广州新白云国际机场第二高速北段工程（图 1-13）

2019 年建成的广州新白云国际机场第二高速公路北段工程为双向 8 车道，最大跨径 40.6m，设计速度为 100km/h，工程设置了 2 座明挖现浇隧道。机场北隧道全长 3012m，其中暗埋段 2512m，为单箱双室浅埋隧道，隧道断面单室净宽 18.6m，因隧道需从机场排洪渠和大沙河河道下穿越，纵断面受限河道底标高，隧道最大埋深达 7m。机场南隧道全长 1100m，其中暗埋段长 825m，因隧道出口与立交距离较近，需在隧道内设置进出口车道及合汇流车道，隧道断面单室净跨最大达 31.25m，跨度为当时同类隧道之最，加宽段隧道结构顶覆土厚 1.5~2.5m。

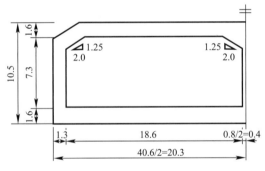

图 1-13 断面形式（单位：m）

(6) 南宁市五象新区平乐大道隧道段（图 1-14）

南宁市五象新区平乐大道 K1+300~K1+850 段，全长 550m，为浅埋式现浇隧道，隧道结构共分为 22 个节段，每个节段长 25m。隧道断面采用全封闭的四孔矩形截面，主体结构设计宽 49.5m，高 9.1m。其设计宽度为国内罕见。区域内地层主要由素填土、淤泥、淤泥质土、耕植土、黏土、圆砾、泥岩、粉砂岩、硅质泥岩组成。

(7) 方兴湖隧道

方兴湖隧道位于安徽省合肥市滨湖新区方兴大道上，按双向八车道设计，里程为 K1+170~K1+990，长度 820m，设计时速为 60km/h。隧道横断面为三跨单层结构，左、右跨为单洞单向行驶断面，中跨为管廊。隧道左、右跨断面净宽 16.45m，中跨断面净宽 2.2m，断面净高 5.15m。最大跨度分别为 38.5m。其隧道横断面如图 1-15 所示。

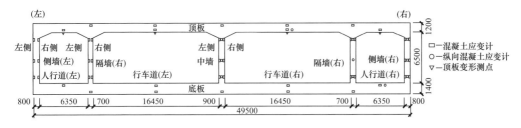

图 1-14 隧道设计断面与测点布置（单位：mm）

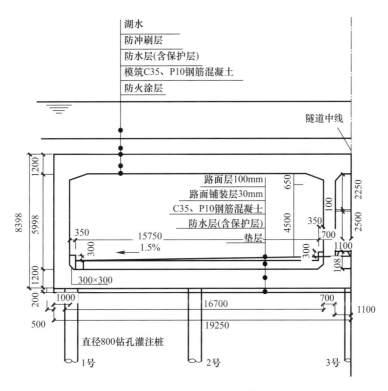

图 1-15 隧道横断面左半部（单位：mm）

方兴湖隧道采用围堰明挖法施工，从 2011 年 10 月底进场，2013 年 5 月隧道主体完工，历时约 19 个月，是当时国内跨度最大的框架式明挖暗埋湖底隧道。

1.2.3.2 大跨度基坑工程建设情况

（1）徐州市彭城广场站基坑

地铁彭城广场站位于徐州市最为繁华的商业中心区域，周围建筑十分密集，如图 1-16 所示。该车站为徐州地铁 1 号线与 2 号线的超大型换乘车站，1 号线车站沿东西向布置，由明挖基坑及暗挖隧道群组成。其中，1 号线车站明挖基坑南侧长为 141.55m，北侧长为 100.55m，标准段宽度为 58.15m。2 号线车站沿南北向布置，车站基坑长 160.8m，标准段宽度为 22.9m，位于彭城路正下方。

基坑围护结构采用"地下连续墙＋内支撑"形式。1 号线车站基坑为坑中坑形式，共设有五道混凝土支撑，外坑开挖深度约为 23m，内坑采用 1：0.2 放坡开挖，最终开挖深度约 31m；2 号线车站基坑共设有四道支撑，第一道为混凝土支撑，其余为钢支撑，基坑开挖深度约为 23m。1 号线车站基坑采用明挖施工；2 号线车站基坑位于彭城路正下方，为保证施工过程中交通畅通，选用半盖挖顺做法施工，即第一道支撑浇筑完成并达到预期强度后，在其上安装预制盖板，而后向下继续开挖。

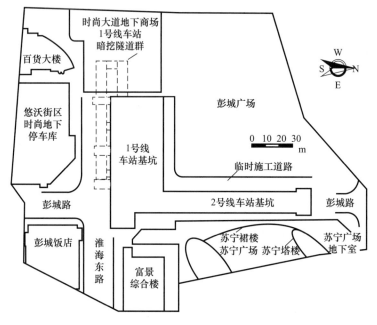

图 1-16　徐州市彭城广场站

（2）杭州市望江隧道基坑

杭州市望江隧道北起上城区规划秋涛高架与望江东路的接地点附近，南至滨江区江晖路与江南大道交叉口附近，隧道在钱塘江下方穿越。隧道总长 3.24km，下穿钱塘江采用盾构法施工，盾构段长 1.83km，两岸局部采用明挖法施工。其中望江隧道明挖段工程平面位于江北富春江路与望江路路口。

望江隧道明挖段主要采用四车道＋中间管线廊道的横断面，四车道分别为隧道主线左线、右线及两侧的 A、B 匝道。明挖段开挖深度约 13.1～16.5m，开挖宽度约 41m（主线与两侧 A、B 匝道总宽约 41m），如图 1-17 所示。

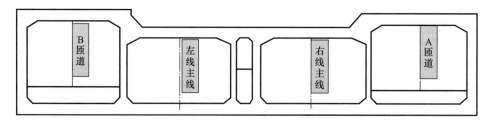

图 1-17　杭州市望江隧道

（3）明珠隧道基坑

明珠隧道位于广州市从化区，该地区属于南亚热带海洋气候。隧道穿越地层为第 4 系冲洪积层（$Q_4^{al}+pl$）粉质黏土、淤泥质土、中粗砂、卵石土、全-中风化粗粒花岗石。隧道进出口段土层一般厚度为 18.0～22.0m，其具有孔隙较大，遇水易软化、崩解，水理性质较差，黏性较差的特点。明珠隧道工程所在地区属多台风暴雨区，在暴雨季节，因雨淋或表水冲刷，易产生边坡表层局部坍滑、崩塌现象。隧道洞身围岩多为土层，局部裂隙发育，岩体破碎。

隧道总长 1220m，设计起止桩号范围 K169+780～K171+000。隧道按主体结构形式主要分成 3 个段，即两端为 U 形槽结构，中间部位为整体式明挖暗埋微拱框架。

隧道基坑工程采用全放坡方式开挖，边坡采用喷锚支护。隧道基坑线路长、横断面大、影响范围广，其中 K170+270～K170+400 段基坑深度最大，采用 3 级放坡方式开挖。以 K170+300 横断面为例，基坑设计采用 3 级放坡，深度达 24m，横断面开口宽度 125m，见图 1-18。

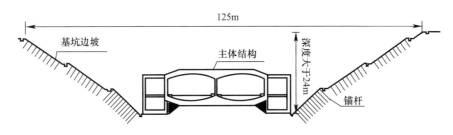

图 1-18　明珠隧道基坑 K170+300 断面示意

(4) 西宁火车站综合改造项目

西宁火车站综合改造项目西起共和路以西 360m（K0+902.00），东至勤奋巷（K2+342.00），南起七一路，北至兰西高速公路南辅道，施工需对多个相邻地块同步进行大面积开挖，因地处闹市区，各地块工期要求十分紧迫。一期基坑工程包含湟水河暗涵工程、地下空间工程、隧道交通工程、地铁西宁站工程 4 个同步建设项目，除湟水河暗涵工程外均进行深基坑支护。开挖深度为 9～26m，开挖面积约为 8 万 m^2。

二期基坑工程包括火车站商业、办公综合安置区和滨河南路、建国路地下商业及停车场工程。西宁火车站商业、办公综合安置区位于一期基坑工程祁连路-互助路隧道两侧，由 11 栋高层及其附属裙楼组成，总用地面积约 5 万 m^2，开挖宽度 45～64m，主体结构基坑挖深为 12.5m。

1.2.3.3　隧道管廊共坑施工典型工程

(1) 沈阳市南北快速干道工程

南北快速干道工程是沈阳"四环、两横、两纵、十八射"高快速路网规划中的首条南北"纵贯线"。为缓解青年大街、南北二干线沿线拥堵问题，2015 年初沈阳市政府决定在南北二干线沿线修建快速路，因考虑城市形象，原定方案为北段（朱尔屯收费站-团结路）为高架，中段（团结路-南乐郊路）为隧道，南段（南乐郊路-五爱立交桥）为高架。后因沈阳市第七中学、沈阳市第二中学及沿线商铺反对，南段被迫改为隧道。

沈阳市南北快速干道工程南段隧道为双向四车道城市公路隧道，长 3192m，其中隧道顶部与综合管廊合建长度为 2400m，地下隧道与综合管廊一体化建设正是本工程大胆创新、亮点所在。该工程位于城市中心繁华区，沿线地面现状道路为双向八车道，交通繁忙，道路总宽度为 33～42m，沿线道路两侧建筑物之间的距离仅有 41～

45m。道路西侧有现状电力隧道3.83m(高)×3.62m(宽),隧道边线距离道路中心线12~13m。隧道标准段结构宽度21.1m,同时沿线需设置紧急停车带及设备用房等断面加宽段,加宽段边线距现状房屋外墙最近处仅6m。同时,道路东侧需迁DN508次高压燃气管道。因此共同建设的管廊与隧道总宽度受到较多因素限制。经过技术比较,南北快速干道综合管廊和城市隧道宜采用上下垂直结合的方式——"上廊下隧",如图1-19所示。

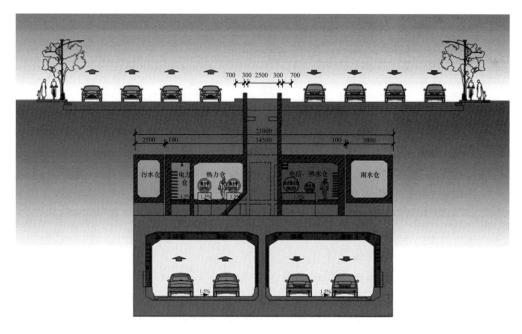

图1-19 隧道与管廊合建断面图（单位：mm）

工程于2015年9月开工建设,已于2017年12月投入运营,目前效果良好。

(2) 天津滨海新区中央大道工程

天津滨海新区中央大道工程是天津滨海新区的一条现代化的、具有较高景观要求的城市道路（图1-20）。该路贯穿新区南北方向,连接大港、塘沽和汉沽三个城区,全长约54km。

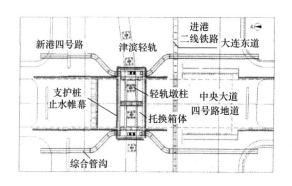

图1-20 综合管沟平面布置

其重要节点之一"新港四号路地道"贯穿开发区和塘沽区两个行政区域,下穿新港四号路、津滨轻轨、进港二线铁路、大连东道等道路。其中在下穿津滨轻轨时,需对津滨轻轨高架桥的基础进行托换,托换后在地道的东、西两侧各有一个净空为 4m×6m×16m 的箱体。

在确定综合管沟的断面尺寸与形式时,应综合考虑需容纳的管线种类与数量,以及安装、检修所需空间等各种因素。因施工工期短,并考虑工程投资,设计采用直径为 3m 的预应力钢筒混凝土(PCCP)管材,断面总面积为 7.06m², 其中可利用面积为 5.2m², 如图 1-21 所示。

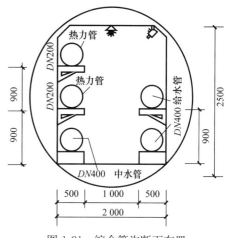

图 1-21 综合管沟断面布置

在天津滨海新区中央大道工程新港四号路地道综合管沟的设计中,尝试使用大直径($DN3000$)预应力钢筒混凝土管道(PCCP)作为综合管沟的载体,同时依托中央大道地道修建,利用津滨轻轨托换的工艺箱体对管沟进行连接。在合理控制工程投资的条件下,改善了该区域的市政建设水平,为综合管沟的设计积累了经验。

1.3 数字化驱动智能建造发展综述

1.3.1 基本概念

互联网时代,数字化催生着各个行业的变革与创新,建筑行业也不例外。智能是高级动物所特有的能力,一般包含感知、识别、传递、分析、决策、控制、行动等。如果系统具备以上各方面的能力,系统就具有智能。智能建造指在建造过程中充分利用智能技术和相关技术,通过应用智能化系统,提高建造过程的智能化水平,减少对人的依赖,达到安全建造的目的,提高建筑的性价比和可靠性。这个定义涵盖了 3 个方面:①智能建造的目的,即提高建造过程的智能化水平;②智能建造的手段,即充分利用智能技术和相关技术;③智能建造的表现形式,即应用智能化系统。

智能建造是解决建筑行业低效率、高污染、高能耗的有效途径之一,已在很多工程中被提出并实践,因此有必要对智能建造的特征进行归纳。智能建造涵盖建设工程的设计、生产和施工 3 个阶段,借助物联网、大数据、BIM 等先进的信息技术,实现全产业链数据集成,为全生命周期管理提供支持。

1.3.2 国内外 BIM 应用现状

建筑信息模型(Building Information Modeling)是以建筑工程项目的各项相关信息数据作为基础,建立建筑模型,并通过数字信息仿真模拟建筑物所具有的真实信息。但它并不是简单地将数字信息进行集成,而是一种数字信息的应用,并可以用于设计、建造、管理的数字化方法。这种方法支持建筑工程的集成管理环境,可以使建筑工程在其整个进程中的效率显著提高、风险大量减少,能够使项目参与各方在一个平台上,共享同一建筑信息模型，实现协同管理的目的。基于BIM的三维数据模型，BIM一般具有以下特性：

（1）可视化（Visualization）

可视化是BIM的一个本质属性，BIM的可视化是将传统表达建筑物的二维线条转化为用三维几何信息去表征的具体形态，再在建筑物的构件中赋予其属性信息和规则信息。建筑物越复杂，可视化的优势就越明显。通过可视化，复杂的项目更容易被人理解。基于BIM技术实现的可视化绝不是仅在项目汇报时用来进行虚拟化展示，而是使可视化这一特性贯穿于整个项目，使项目在设计、施工以及运营过程都在可视化环境下进行，不同项目参与方的交流、讨论、协调、决策也都是在可视化环境中完成。可视化与否，是检验BIM是否是真正BIM的第一个标准。

（2）协同（Coordination）

协同设计是BIM的另一大特征，一个项目的完成需要各个参与方的协调、配合。无论是计算机辅助设计时代，还是即将进入的BIM时代，协同配合都是必不可少的，但是具体操作方法不同。在当下的实际项目中，项目一旦遇到问题，普遍的解决方法是将项目各环节相关人员组织起来开会，通过查阅施工图纸来寻找问题，再对方案进行讨论并修改，进行变更，修改图纸，再指导施工。这种事后解决问题的办法用时较长，对项目的工期造成影响，并非高效和经济的解决问题方法。所以，寻求事前解决问题的方法而不是事后解决一直是困扰项目建设者的难题。BIM的出现，带来了生产方式的变革，恰好可以有效解决困扰项目涉及的有关多方协调的问题。基于BIM技术，建立起整个建筑物的BIM模型，通过4D施工模拟，就可以在项目前期解决后期可能发生的问题，并且有利于项目参与方之间的协调。比如施工过程中钢筋碰撞的问题等。此外，它还可以协调地下排水布置与预埋件布置，市政工程中的各种净空要求。所以，协调功能可以作为检验BIM的第2个标准。

（3）模拟（Simulation）

模拟和分析相辅相成，是发现问题、解决问题的手段。对建筑物涉及的相关问题进行专业的原理研究称为分析，而模拟通常是基于分析结论的一种形象生动的表达，没有BIM也是可以做模拟的，就像没有BIM依然可以建房子、建桥梁一样。目前市场也存在相关人员专门对建筑物进行模拟，然而这种模拟只是起到了一种可视化的效果，只是对建筑物实体的一种表达方式，却与建筑物的实际发展变化脱节。而基于BIM的模拟可以表达建筑物的实际发展情况。因为它集成了"设计—分析—模拟"三个阶段，一旦设计发生改变时，就会针对产生改变之后的相关设计进行各个专业的分析研究，在分析研究的基础上模拟出结果，这样业主就可以根据分析结果进行科学的决策。只有基于设计和分析基础上的模拟才是科学的，才能反映出建筑的实际动态变化，从而为业主决策提供有力证据。基于BIM的模拟目前已经分别在项目的各个阶段都得以应用。因此，模拟可以作为检验BIM的第3个标准。

（4）优化（Optimization）

对于一个建筑物或者项目而言，整个设计、施工、运营的过程就是一个不断优化的过程，而优化又受三个因素的约束，第一个是信息，没有准确的信息难以做出合适的调整从而获得优化的结果，而BIM模型提供了建筑物的实际存在（几何信息、物理信息、规则信息）以及包括变化以后的实际存在。第二个是复杂程度，一旦事物复杂到一定程度，人类本身的能力就无法掌握所有的信息，必须借助技术和设备的帮助，现代建筑物的复杂程度大多超过了人类能力的极限，而 BIM 及与之配套的各种优化工具使得对复杂项目进行优化成为可能。第三个是时间，虽然前人突破了时间的限制，创造了诸如金字塔、泰姬陵等复杂的建筑奇迹，但是这并不意味着设计师可以罔顾时间的限制，实际上恰恰相反，在经济时代，时间往往是一个项目考虑的最重要的因素之一。BIM 技术可以帮助实现实时的优化，基于 BIM 可以实现项目方案优化，特殊设计优化，还有施工方案优化等，所以，优化是检验 BIM 的第 4 个标准。

（5）出图（Documentation）

这里所指的出图并不是普遍意义上的设计院出的施工图或者承包商出的深化图、加工图，而是基于 BIM 对建筑物进行了协调、模拟、优化以后出的图纸，是经过了碰撞检查和设计修改的，这些图纸作为 BIM 技术的主要成果之一，是检验 BIM 的第 5 个标准。

BIM（建筑信息模型）不是简单地将数字信息进行集成，而是一种数字信息的应用，并可以用于设计、建造、管理的数字化方法。这种方法支持建筑工程的集成管理环境，可以使建筑工程在其整个进程中显著提高效率、大量减少风险，能够使项目参与各方在一个平台上，共享同一建筑信息模型，实现协同管理的目的。

1. 国外 BIM 应用现状

BIM 技术起源于美国，在 2003 年，美国总务管理局（General Services Administration）通过公共建筑服务所（PBS）下属的总建筑师办公室（OCA），发布了国家 3D-4D-BIM 计划项目，并成立了 BIM 工作组，BIM 技术开始真正进入公众视野。在 2000 年 GSA 编写的《公共建筑设备管理手册》（编号 P-100）中明确指出："在 2006 年财政年时使用 BIM 技术来提高项目的设计水平和施工交付是 GSA 的一个长期目标。"从 2007 年开始，GSA 给予其所有对外招标的重点项目以资金支持，来大力推动 BIM 技术的发展，并鼓励所有的项目按照《3D-4D-BIM 指导手册》来执行。

在美国 BIM 技术的推广应用多是自发行为，而且与其他国家不同，美国国家层面没有出台相关的 BIM 政策，其目前的 BIM 相关政策多是企业和机构制定的，例如美国陆军工程兵团于 2006 年发布的 15 年（2006—2020 年）BIM 路线图、美国陆军工程兵团项目 BIM 要求；美国海军设施工程司令部于 2014 年发布的美国海军设施工程司令部 BIM 阶段性实施计划。美国地方州政府除了俄亥俄州在 2011 年单独发布的《俄亥俄州 BIM 草案》外，其他州没有单独发布 BIM 相关政策，而是在相应的标准中提出了要求。例如威斯康星州 2009 发布了《BIM 指南和标准》（BIM Guidelines and Standards）、德克萨斯州 2009 年发布了《指南标准》（Guidelines-Standards）、马萨诸塞州 2015 年发布了《设计和施工 BIM 指南》（BIM Guidelines for Design and Construction）等。其中威斯康星州在其 BIM 导则中提出，自 2009 年 7 月 1 日开始，州政府内预算在 500 万美元以上的所有项目、预算在 250 万美元以上的施工项目及预算在 250 万美元以上、新增成本占 50% 及以上的扩建/改造项目，都需要从设计开始应用 BIM 技术。美国在参考、吸收企业和机构 BIM 标准的基础上，于 2007 年编写了美国国家 BIM 标准（NBIMS），随即于 2012 年、2015 年分别对标准内容进行了修订，即第二版、第三版。根据调研，2007 年美国 BIM 项目应用率为 28%，2009 年增长为 49%。截至 2012 年，美国 BIM 项目应用率已达到 71%，到 2016 年有超过四分之三的人对全面应用 BIM 技术表示赞同。

在英国是由其政府来牵头和推动 BIM 技术，与美国 BIM 技术自下而上推广的特点不同。最为著名的是英国内阁办公室在 2011 年发布的《政府工程建设行业战略 2011》，这是第一个政府层面的 BIM 政策文件，其中介绍了 BIM 技术，并要求到 2016 年，政府投资的项目要求强制全面应用 3D BIM，并将全部的文件以信息化管理，实现 BIM Level 2。在继《政府工程建设行业战略 2011》纲领性政策文件之后，英国政府先后颁布了《建设 2025》《建设环境 2050：数字化未来报告》《数字建造不列颠》《政府建设战略 2016—2020》等系列 BIM 相关政策。其中《数字建造不列颠》中提出政府 BIM 工作从 BIM Level 2 向 Level 3 政策制定过渡，《政府建设战略 2016—2020》中提出政府 BIM 工作从 BIM Level 2 转向 Level 3。

北欧包括丹麦、瑞典、芬兰及挪威，在国家层面并没有 BIM 相关政策，由于早期政府支持力度大、发展时间长以及先进建筑信息技术软件的推动，使得 BIM 技术的应用程度非常高，而且根据调研，IFC 标准的应用率和支持率也为全球最高，北欧属于全球应用 BIM 的第一梯队。据统计，截至 2020 年，瑞典建筑行业自发应用 BIM 进行三维设计，在施项目 95％以上拥有 BIM 模型。

新加坡建筑工程局（Building and Construction Authority，简称 BCA）在 2001 年推动的电子送审平台 e-Submission，是亚洲国家应用 BIM 进行建筑法规检讨及设计审核最早的国家之一，并于 2010 年制定了第一个 BIM 路线图，且为了鼓励早期 BIM 应用，成立了一个 BIM 基金项目，任何企业都可以进行申请。随后于 2011 年开始，BCA 陆续发布了《新加坡 BIM 发展路线规划》《政府工程建设行业战略 2011》《BIM 基本指南之执行计划》《综合数字交付实施计划》等政策，新加坡将面向全新建筑行业发布完整的计划、流程及其他 BIM 相关文件。

日本软件业较发达，在建筑信息技术方面业拥有较多的国产软件，BIM 应用技术也比较超前，但日本是从 2009 年起才真正大规模推广 BIM 技术。韩国在运用 BIM 技术上十分领先，多个政府部门都制定了 BIM 标准，尤其韩国公共采购中心于 2010 年发布了 BIM 路线图，其中制定了 BIM 短期、中期及长期的发展目标，并着力构建 4D 设计预算管理系统，从此路线图制定之后，韩国大型的建筑公司都开始积极的应用 BIM 技术。国际上 BIM 技术的应用已成为建筑企业生存的必须技能，是设计和施工企业承接项目的必要能力。它在国外不仅被应用到建设项目全生命周期的各个阶段，并且正逐步取代传统的设计、建造和管理模式。

2. 国内 BIM 应用现状

在我国，BIM 技术的应用仍然处于发展过程中，还远没有达到普及应用的程度，无论是 BIM 相关标准，还是 BIM 人才储备，或是 BIM 技术应用模式都有很多问题需要不断完善。同时，在过去几年的时间里 BIM 技术在工程建设领域的发展速度迅猛，BIM 技术的研究、BIM 标准的制定以及 BIM 工程的实践不断增多，无不反映了 BIM 技术经历着从概念到快速发展乃至广泛应用的过程。

2011 年住房和城乡建设部颁布了《2011—2015 年建筑业信息化发展纲要》，纲要中进一步指出在"十二五"期间，基本实现建筑企业信息系统的普及应用，加快建筑信息模型（BIM）、基于网络的协同工作等新技术在工程中的应用，推动信息化标准建设，促进具有自主知识产权软件的产业化，形成一批信息技术应用达到国际水平的建筑企业，此纲要是我国国家层面第一项BIM技术政策，也是我国BIM技术起步的政策。也是首次在国内使BIM技术从理论阶段转向工程应用阶段，从而在国内掀起了BIM标准研究与工程探索应用的高潮。

2012年1月，住房和城乡建设部在《关于印发2012年工程建设标准规范制订修订计划的通知》中宣告了中国BIM标准制定工作的正式启动，其中包含5项BIM相关标准：《建筑工程信息模型应用统一标准》《建筑工程信息模型存储标准》《建筑工程信息模型交付标准》《建筑工程信息模型分类和编码标准》《制造工业工程设计信息模型应用标准》。其中，《建筑工程信息模型应用统一标准》的编制采取"千人千标准"的模式，邀请行业内相关软件厂商、设计院、施工单位、科研院所等近百家单位参与标准研究项目/课题/子课题的研究。至此，工程建设行业的BIM热度日益高涨。

在结合住房和城乡建设部《2011—2015年建筑业信息化发展纲要》的要求上，2013年4月由中国建筑业协会工程建设质量管理分会承担的住房和城乡建设部课题《关于推进BIM技术在建筑领域内应用的指导意见》开始了研究工作，并在意见中明确提出在建筑领域内推进、应用BIM技术的近期、中长期发展目标，对建筑领域内相关方如何推进、应用BIM技术要提出基本要求。此指导意见将是住房和城乡建设部在建筑领域内推进BIM技术应用的纲领性指导文件。

随后2015年住房和城乡建设部印发了《关于推进建筑信息模型应用的指导意见》，指出2020年末，建筑业甲级勘察、设计单位以及特级、一级房屋建筑工程施工企业应掌握并应用BIM与企业管理系统和其他信息技术的一体化集成应用，以国有投资为主的项目BIM应用比率达90%以上。

同时2015年交通运输部也印发了《交通运输重大技术方向和技术政策》，其中建筑信息模型（BIM）技术为核心内容之一。2016年住房和城乡建设部发布了《2016—2020年建筑业信息化发展纲要》，纲要中确定了"十三五"时期的发展目标，要全面提高建筑业信息化水平，着力增强BIM、大数据、智能化、移动通信、云计算、物联网等信息技术集成应用能力，建筑业数字化、网络化、智能化取得突破性进展，初步建成一体化行业监管和服务平台，数据资源利用水平和信息服务能力明显提升，形成一批具有较强信息技术创新能力和信息化应用达到国际先进水平的建筑企业及具有关键自主知识产权的建筑业信息技术企业。2017年12月交通运输部办公厅印发的《关于推进公路水运工程BIM技术应用的指导意见》中提出了BIM发展的总体要求，确定了发展目标，指出到2020年相关标准体系初步建立，示范项目取得明显成果，公路水运行业BIM技术应用深度、广度明显提升。2020年7月住房和城乡建设部等13部委联合印发了《关于推动智能建造与建筑工业化协同发展的指导意见》，明确了下一步重点工作任务：加快推动新一代信息技术与建筑工业化技术协同发展，在建造全过程加大建筑信息模型（BIM）、互联网、物联网、大数据、云计算、移动通信、人工智能、区块链等新技术的集成与创新应用。同年8月住房和城乡建设部等九部委联合发布了《关于加快新型建筑工业化发展的若干意见》，提出要加快推进BIM技术在新型建筑工业化全生命期的一体化集成应用，充分利用社会资源，共同建立、维护基于BIM技术的标准化部品部件库，实现设计、采购、生产、建造、交付、运行维护等阶段的信息互联通和交互共享。试点推进BIM报建审批和施工图BIM审图模式，推进与城市信息模型（CIM）平台的融通联动，提高信息化监管能力，提高建筑行业全产业链资源配置效率。

我国国家和行业的主要 BIM 相关政策见表 1-15。

国家和行业 BIM 政策　　　　　　　　　　　　表 1-15

序号	政策名称	发布单位	发布时间
1	《2011—2015 年建筑业信息化发展纲要》（建质〔2011〕67 号）	住房和城乡建设部	2011 年 5 月
2	《关于印发 2012 年工程建设标准规范制定修订计划的通知》（建标〔2012〕5 号）	住房和城乡建设部	2012 年 1 月
3	《关于推进 BIM 技术在建筑领域内应用的指导意见》	住房和城乡建设部	2014 年 7 月
4	《关于推进建筑信息模型应用的指导意见》（建质函〔2015〕159 号）	住房和城乡建设部	2015 年 6 月
5	《2016—2020 年建筑业信息化发展纲要》（建质函〔2016〕183 号）	住房和城乡建设部	2016 年 8 月
6	《关于促进建筑业持续健康发展的意见》（国办发〔2017〕19 号）	国务院办公厅	2017 年 2 月
7	《关于加强建筑信息模型应用示范工程管理的通知》（京建发〔2018〕222 号）	北京市住房和城乡建设委员会	2018 年 5 月
8	《关于推动智能建造与建筑工业化协同发展的指导意见》（建市〔2020〕60 号）	住房和城乡建设部等十三个部委	2020 年 7 月
9	《关于加快推进国有企业数字化转型工作的通知》	国务院国资委	2020 年 8 月
10	《关于加快新型建筑工业化发展的若干意见》（建标规〔2020〕8 号）	住房和城乡建设部等九部委	2020 年 8 月

在国家和行业积极推广应用 BIM 技术的浪潮下，各省市及地方政府大多在参考《关于推进建筑信息模型应用的指导意见》（建质函〔2015〕159 号）文件的要求下，相继发布了适合各地方的 BIM 相关政策和 BIM 标准。部分地方 BIM 政策与标准见表 1-16。

地方 BIM 政策（部分）　　　　　　　　　　　　表 1-16

序号	标准名称	发布单位	发布时间
1	《关于开展建筑信息模型 BIM 技术推广应用工作的通知》（粤建科函〔2014〕1652 号）	广东省住房和城乡建设厅	2014 年 9 月
2	《关于在本市推进建筑信息模型技术应用的指导意见》（沪府办发〔2014〕58 号）	上海市住房和城乡建设管理委员会	2014 年 10 月
3	《关于开展建筑信息模型应用工作的指导意见》（湘政办发〔2016〕7 号）	湖南省人民政府办公厅	2016 年 1 月
4	《关于推进我省建筑信息模型应用的指导意见》（黑建设〔2016〕1 号）	黑龙江省住房和城乡建设厅	2016 年 3 月
5	《关于加快推进建筑信息模型（BIM）技术应用的意见》（渝建发〔2016〕28 号）	重庆市住房和城乡建设委员会	2016 年 4 月
6	《关于推进建筑信息模型技术应用的实施意见》（云建设〔2016〕298 号）	云南省住房和城乡建设厅	2016 年 5 月
7	关于发布《天津市民用建筑信息模型（BIM）设计技术导则》的通知（津建科〔2016〕290 号）	天津市城乡建设委员会	2016 年 5 月
8	《关于下达重庆市建筑信息模型（BIM）应用技术体系建设任务的通知》（渝建〔2016〕284 号）	重庆市住房和城乡建设委员会	2016 年 7 月

1 绪论

续表

序号	标准名称	发布单位	发布时间
9	《关于在建设领域全面应用BIM技术的通知》（湘建设〔2016〕146号）	湖南省住房和城乡建设厅	2016年8月
10	《关于推进建筑信息模型（BIM）应用工作的指导意见》（鲁建发〔2016〕8号）	山东省住房和城乡建设厅	2016年12月
11	《关于推进建筑信息模型（BIM）技术应用的指导意见》（黔建设通〔2017〕100号）	贵州省住房和城乡建设厅	2017年3月
12	《关于进一步加强上海市建筑信息模型技术推广应用的通知》（沪建建管联〔2017〕326号）	上海市住房和城乡建设委员会	2017年4月
13	《关于印发〈安徽省勘察设计企业BIM建设指南〉的通知》（皖设协〔2017〕24号）	安徽省工程勘察设计协会	2017年5月
14	《关于加快推进全省建筑信息模型应用的指导意见》（吉建设〔2017〕7号）	吉林省住房和城乡建设厅	2017年6月
15	《关于印发〈江西省推进建筑信息模型（BIM）技术应用工作的指导意见〉的通知》（赣建科〔2017〕13号）	江西省住房和城乡建设厅	2017年6月
16	《关于加快推进全省建筑信息模型应用的指导意见》（吉建设〔2017〕7号）	吉林省住房和城乡建设厅	2017年6月
17	《关于印发推进建筑信息模型（BIM）技术应用工作的指导意见的通知》（豫建设标〔2017〕44号）	河南省住房和城乡建设厅	2017年7月
18	《关于发布陕西省工程建设标准〈陕西省建筑信息模型应用标准〉的通知》（陕建标发〔2017〕13号）	陕西省住房和城乡建设厅 陕西省质量技术监督局	2017年9月
19	《关于印发〈黑龙江省建筑信息模型（BIM）技术设计应用导则（试行）〉的通知》（黑建设〔2017〕2号）	黑龙江省住房和城乡建设厅	2017年11月
20	《关于印发〈山西省推进建筑信息模型（BIM）应用的指导意见〉的通知》（晋建质字〔2017〕259号）	山西省住房和城乡建设厅	2017年11月
21	《关于促进建筑业持续健康发展的实施意见》（闽政办〔2017〕136号）	福建省人民政府办公厅	2017年11月
22	《关于印发〈福建省建筑信息模型（BIM）技术应用指南〉的通知》（闽建科〔2017〕53号）	福建省住房和城乡建设厅	2017年12月
23	《关于开展2018年度建筑信息模型（BIM）技术应用示范工作的通知》（渝建〔2018〕169号）	重庆市住房和城乡建设委员会	2018年4月
24	《关于推进我市建筑信息模型（BIM）技术应用的指导意见》（津住建设〔2019〕2号）	天津市住房和城乡建设委	2019年2月
25	《关于印发〈河北省住房城乡建设行业三年（2019—2021）信息化工作方案〉的通知》（冀建办节科〔2019〕22号）	河北省住房和城乡建设厅	2019年3月
26	《关于印发〈山东省建筑信息模型（BIM）技术应用试点示范项目管理细则〉的通知》（鲁建设函〔2019〕19号）	山东省住房和城乡建设厅	2019年5月
27	《关于进一步加快推进我市建筑信息模型（BIM）技术应用的通知》（穗建CIM〔2019〕3号）	广州市住房和城乡建设局	2019年12月
28	《关于进一步推进建筑信息模型（BIM）技术应用的通知》（晋建科字〔2020〕91号）	山西省住房和城乡建设厅	2020年6月
29	《湖南省住房和城乡建设厅关于做好全省房屋建筑工程施工图BIM审查工作的通知》（湘建设〔2020〕111号）	湖南省住房和城乡建设厅	2020年7月

为了引导和规范 BIM 技术应用，在住房和城乡建设部发布《关于印发 2012 年工程建设标准规范制定修订计划的通知》（建标〔2012〕5 号）之后，并陆续发布了 5 项国家级标准（表 1-17），与此同时，各省市也相继制定了各地的 BIM 应用标准（表 1-18）。

BIM 国家标准　　　　　　　　　　　　　　　　　　　　　　　表 1-17

序号	标准名称	发布单位	发布时间
1	《建筑信息模型应用统一标准》GB/T 51212—2016	住房和城乡建设部	2016 年 12 月
2	《建筑信息模型施工应用标准》GB/T 51235—2017	住房和城乡建设部	2017 年 5 月
3	《建筑信息模型分类和编码标准》GB/T 51269—2017	住房和城乡建设部	2017 年 10 月
4	《建筑信息模型设计交付标准》GB/T 51301—2018	住房和城乡建设部	2018 年 12 月
5	《制造工业工程设计信息模型应用标准》GB/T 51362—2019	住房和城乡建设部	2019 年 5 月

BIM 地方标准（部分）　　　　　　　　　　　　　　　　　　　表 1-18

序号	标准名称	发布单位	发布时间
1	《民用建筑信息模型设计标准》DB11/T 1069—2014	北京市规划委员会、北京市质量技术监督局	2014 年 2 月
2	《建筑信息模型应用标准》DG/TJ 08—2201—2016	上海市住房和城乡建设管理委员会	2016 年 7 月
3	《人防工程设计信息模型交付标准》DG/TJ 08—2206—2016	上海市住房和城乡建设管理委员会	2016 年 10 月
4	《天津市民用建筑信息模型（BIM）设计技术导则》	天津市城乡建设委员会	2016 年 5 月
5	《建筑信息模型应用统一标准》DB13（J）/T 213—2016	河北省住房和城乡建设厅	2016 年 7 月
6	《民用建筑设计信息模型（D-BIM）交付标准》DB34/T 5064—2016	安徽省住房和城乡建设厅 安徽省质量技术监督局	2016 年 12 月
7	《安徽省勘察设计企业 BIM 建设指南》	安徽省工程勘察设计协会	2017 年 5 月
8	《上海市建筑信息模型技术应用指南》（2017 版）	上海市住房和城乡建设管理委员会	2017 年 6 月
9	《陕西省建筑信息模型应用标准》DBJ61/T 138—2017	陕西省住房和城乡建设厅	2017 年 9 月
10	《重庆市建筑工程信息模型交付技术导则》（渝建〔2017〕753 号）	重庆市住房和城乡建设委员会	2017 年 12 月
11	《安徽省建筑信息模型（BIM）技术应用指南》（2017 版）	安徽省住房和城乡建设厅	2017 年 12 月
12	《福建省建筑信息模型（BIM）技术应用指南》	福建省住房和城乡建设厅	2017 年 12 月
13	《建筑工程信息模型设计交付标准》DBJ50/T 281—2018	重庆市城乡建设委员会	2018 年 1 月
14	《建筑信息模型（BIM）应用统一标准》DB33/T1154—2018	浙江省住房和城乡建设厅	2018 年 6 月
15	《民用建筑信息模型（BIM）设计技术规范》DB4401/T 9—2018	广州市质量技术监督局 广州市住房和城乡建设委员会	2018 年 8 月
16	《建筑信息模型设计应用标准》DB13（J）/T 284—2018	河北省住房和城乡建设厅	2018 年 12 月
17	《建筑信息模型施工应用标准》DB13（J）/T 285—2018	河北省住房和城乡建设厅	2018 年 12 月
18	《建筑信息模型（BIM）工程应用评价导则》TCSPSTC 20—2019	中国科技产业化促进会	2019 年 3 月

续表

序号	标准名称	发布单位	发布时间
19	《建筑信息模型（BIM）与物联网（IOT）技术应用规范》T/CSPSTC 21—2019	中国科技产业化促进会	2019年3月
20	《湖南省建筑工程施工现场监管信息系统技术标准》DBJ43/T 102—2019	湖南省住房和城乡建设厅	2019年5月
21	《山东省建筑信息模型（BIM）技术应用试点示范项目管理细则》	山东省住房和城乡建设厅	2019年5月
22	《建筑信息模型（BIM）施工应用技术规范》DB4401/T 25—2019	广州市市场监督管理局 广州市住房和城乡建设局	2019年8月
23	《天津市民用建筑信息模型设计应用标准》DB/T 29—271—2019	天津市住房和城乡建设委员会	2019年10月

随着智慧交通、绿色施工的要求越来越高，BIM技术在交通基础设施建设领域取得了快速发展，为更好引导和推动行业BIM技术应用，交通运输部、住房和城乡建设部和各地行业主管部门近年来印发了一系列政策，见表1-19、表1-20。

基础设施领域BIM政策（部分）　　　　　表1-19

序号	政策名称	发布机构	发布时间
1	《关于发布2015年度城市轨道交通领域BIM技术标准制订计划的通知》（粤建科函〔2015〕2585号）	广东省住房和城乡建设厅	2015年11月
2	《关于推荐公路钢结构桥梁建设的指导意见》（交公路发〔2016〕115号）	交通运输部	2016年7月
3	《关于实施绿色公路建设的指导意见》（交办公路〔2016〕93号）	交通运输部	2016年7月
4	《关于印发推进智慧交通发展行动计划（2017—2020年）》	交通运输部办公厅	2017年1月
5	《关于开展公路BIM技术应用示范工程建设的通知》（交办公路函〔2017〕1283号）	交通运输部办公厅	2017年9月
6	《关于推进公路水运工程BIM技术应用的指导意见》（交办公路〔2017〕205号）	交通运输部办公厅	2017年12月
7	《关于保障城市轨道交通安全运行的意见》（国办发〔2018〕13号）	国务院办公厅	2018年3月
8	《关于发布广东省标准〈城市轨道交通基于建筑信息模型（BIM）的设备设施管理编码规范〉的公告》（粤建公告〔2019〕37号）	广东省住房和城乡建设厅	2019年8月
9	《关于发布广东省标准〈城市轨道交通建筑信息模型（BIM）建模与交付标准〉的公告》（粤建公告〔2019〕39号）	广东省住房和城乡建设厅	2019年8月
10	《关于印发〈推进综合交通运输大数据发展行动纲要〉（2020—2025年）》（交科技发〔2019〕161号）	交通运输部	2019年12月
11	《关于推动交通运输领域新型基础设施建设的指导意见》（交规划发〔2020〕75号）	交通运输部	2020年8月

基础设施领域 BIM 标准（部分）　　　　表 1-20

序号	标准名称	发布单位	发布时间
1	《市政给排水信息模型应用标准》DG/TJ 08—2205—2016	上海市住房和城乡建设管理委员会	2016 年 5 月
2	《城市轨道交通信息模型技术标准》DG/TJ 08—2202—2016	上海市住房和城乡建设管理委员会	2016 年 5 月
3	《城市轨道交通信息模型交付标准》DG/TJ 08—2203—2016	上海市住房和城乡建设管理委员会	2016 年 5 月
4	《城市轨道交通工程 BIM 应用指南》（建办质函〔2018〕274 号）	住房和城乡建设部办公厅	2018 年 5 月
5	《公路工程信息模型分类和编码规则》DB32/T 3503—2019	江苏省市场监督管理局	2019 年 1 月
6	《桥梁工程 BIM 技术应用指南》DB36/T 1137—2019	江西省市场监督管理局	2019 年 7 月
7	《城市轨道交通基于建筑信息模型（BIM）的设备设施管理编码规范》DBJ/T 15—161—2019	广东省住房和城乡建设厅	2019 年 8 月
8	《城市轨道交通建筑信息模型（BIM）建模与交付标准》DBJ/T 15—160—2019	广东省住房和城乡建设厅	2019 年 8 月
9	《天津市城市轨道交通管线综合 BIM 设计标准》DB/T 29—268—2019	天津市住房和城乡建设委员会	2019 年 9 月
10	《城市轨道交通 BIM 实施管理规范》T/CSPSTC 35—2019	中国科技产业化促进会	2019 年 12 月
11	《城市轨道交通 BIM 协同管理指南》T/CSPSTC 36—2019	中国科技产业化促进会	2019 年 12 月
12	《城市轨道交通 BIM 数据交付管理要求》T/CSPSTC 37—2019	中国科技产业化促进会	2019 年 12 月
13	《市政地下空间建筑信息模型应用标准》DG/TJ 08—2311—2019	上海市住房和城乡建设管理委员会	2020 年 1 月

随着各项政策和相关标准的颁布和实施，国内建设领域的相关企业积极响应国家号召，成立专门的 BIM 研究部门，开展 BIM 技术的研究工作。

如马智亮、娄喆从成本控制的角度进行分析研究，采用 IFC 标准控制表达所需信息，最后基于 IFC 标准的适用性，建立一般的成本控制数据模型。张建平、范喆等针对 BIM 技术与 4D 模拟结合，组建和开发施工相关资源的信息模型，现场施工过程统筹各类物资的动态管理和成本控制的动态监控。张文彬、韦文国总结归纳了 BIM 在工程项目管理中的应用流程，分为输入、分析资料、分享资料、同步分享资料、提供最佳的参考资料和在安全的环境中进行充分的合作阶段。张泳、付君等研究了基于 BIM 技术的全生命周期项目管理，认为 BIM 技术可以充分应用于创新项目管理模式，对施工阶段的 BIM 模型应用提供了解决方案：施工单位提供数据模型、利用共享的项目资料数据建立模型信息。王爱娟研究了工程进度的控制风险，利用 BIM 技术与既有项目进度控制软件结合，建立基于 BIM 技术的建设项目风险控制的进度分析模型，结合案例进一步分析了进度计划智能输出的问题，探讨了基于 BIM 的进度风险控制问题。孙悦将 BIM 技术应用分成三个层次：属于数据模型核心的数据层、数据成果展现的模型层和描述数据库构件属性的功能层。张剑涛等研究了 BIM 模型软件的数据接口如何对接 PKPM 软件。随着社会各界对 BIM 的重视，大学 BIM 人才的培养需求渐起。2012 年 4 月 27 日，首个 BIM 工程硕士班在华中科技大学开课，共有 25 名学生；随后广州大学、武汉大学也开设了专门的 BIM 工程硕士班。

在产业界，前期主要是设计院、施工单位、咨询单位等对 BIM 进行尝试。最近几年业主对 BIM 的认知度也在不断提升，SOHO 董事长潘石屹已将 BIM 作为 SOHO 未来三大核心竞争力之一；万达、龙湖等大型房产商也在积极探索应用 BIM；上海中心大厦、上海迪士尼等大型项目要求在全生命周期中使用 BIM，BIM 已经是企业参与项目的门槛；其他项目中也逐渐将 BIM 写入招标合同，或者将 BIM 作为技术标的重要亮点。

1.3.3 信息化技术应用现状

信息化的概念起源于 20 世纪 60 年代的日本，而后被译成英文传播到西方，西方社会普遍使用"信息社会"和"信息化"的概念是 20 世纪 70 年代后期才开始。信息化，是指社会经济的发展，从以物质与能源为经济结构的重心，向以信息为经济结构的重心转变的过程。信息化代表了一种信息技术被高度应用，信息资源被高度共享，从而使得人的智能潜力以及社会物质资源潜力被充分发挥，个人行为、组织决策和社会运行趋于合理化的理想状态。同时信息化也是 IT 产业发展与 IT 在社会经济各部门扩散的基础之上的，不断运用 IT 改造传统的经济、社会结构，从而通往如前所述的理想状态的一个持续的过程。

早在十多年前，建筑业特级资质就被要求使用并推广信息化技术，随着近年来智能建造技术的发展，各项信息化技术的应用深入，BIM、物联网、大数据、云计算、人工智能等新一代信息技术得到高速发展进一步提升了信息化技术的应用范围和价值。

(1) 大数据技术

大数据技术是指对海量、高增长和多样化信息资产进行采集、存储和关联分析，从中发现新知识、创造新价值、提升新能力的信息技术。近年来，信息技术与经济社会的交汇融合引发了数据迅猛增长，数据已成为国家基础性战略资源，大数据技术正日益对全球生产、流通、分配、消费活动以及经济运行机制、社会生活方式和国家治理能力产生重要影响。

大数据技术起源于互联网，首先是网站和网页的爆发式增长，搜索引擎公司最早感受到了海量数据带来的技术上的挑战，随后兴起的社交网络、视频网站、移动互联网的浪潮加剧了这一挑战。互联网企业发现新数据的增长量、多样性和对处理时效的要求是传统数据库、商业智能纵向扩展架构无法应对的。在此背景下，谷歌公司率先于 2004 年提出一套分布式数据处理的技术体系，即分布式文件系统谷歌文件系统（Google File System，GFS）、分布式计算系统 MapReduce 和分布式数据库 BigTabe，以较低成本很好地解决了大数据面临的困境，奠定了大数据技术发展的基础。受谷歌公司启发，ApacheHadoop 项目的分布式文件系统 HDFS、分布式计算系统 MapRcduce 和分布式数据库 HBase，UCBerkey 大学的 Spark、ApacheFlink 相继出现，经过 10 年左右的发展，大数据技术形成了以开源为主导、多种技术和架构并存的特点，2014 年之后大数据技术生态的发展进入了平稳期。随着互联网、物联网、云计算、人工智能等新兴信息技术的发展，以及企业数字化转型的驱动，全球数据量呈现出爆炸式的增长，大数据愈发受到重视。

建筑施工行业是信息密集的产业，有着海量数据的积累和沉淀。在建筑施工的各阶段，不仅涉及建筑产品本身的数据，还涉及相关的人、财、物、进度、成本、质量、安全等多方面的数据，包括项目的工程量数据、建材价格数据、设备产品数据、企业资质数据、产品质量评估数据等。随着建筑施工行业信息化的发展，特别是近年来BIM技术的应用，越来越多的信息被积累起来，这些信息如果能作为大数据加以利用，不仅可以提高建筑施工行业的监管和服务水平，也能够大大提高企业的管理水平，并带来显著的经济效益。施工大数据的主要用途包括以下几方面：

1）提升劳务管理水平

将大数据应用在劳务管理中，通过信息系统、物联网设备等技术手段，对工人信息进行有效采集，并对积累的数据进行分析和应用，将极大地提升企业劳务管理水平，构建用工诚信体系，从根本上提升项目精细管理水平。

2）提高机械设备利用率

在机械设备管理方面，很多企业面临设备、机械闲置的问题，包括设备闲置率高、内部的设备协同无法实现、无法透明化地在线交易、设备维护保养与项目的需求不对称、设备备件储备与实际需求不匹配、无法实现对社会上设备的再次使用等诸多问题。利用大数据技术，收集这些设备、机械的状态数据，结合行业知识，对大数据进行分析、治理与优化，可以有效地提高这些设备的利用率，从而节省企业设备购买及租用费用、物流成本等。

3）提高物料管理水平

物料管理涉及的范围较广泛，精细化物料管理是企业物料成本控制、产品品质保障、综合效益提升的关键。大数据技术，由于有丰富的历史资料的支持以及强大的自我学习能力，能从物料进场、半成品加工、现场耗用及工程实体核算的整个生命周期中，卡住各个环节的关键点，排除人为因素、堵塞管理漏洞，从粗放管理向精细化方向迈进，用真实、准确的业务数据来支撑管理决策，助力成本管控。

4）环境安全监测

通过对施工环境的安全隐患监测，包括有害气体检测、安全隐患如消防隐患、施工设施安全隐患排查等，汇总这些大数据进行展示、预警，可以减少事故发生，保证施工人员安全等。大数据利用智能远程技术手段，成本更低、效率更高，更有助于项目管理者形成准确的判断，因而可以提高自然环境保护、施工安全环境保护的质量和效率。

（2）物联网技术

物联网技术（Internet of Things，loT）是指通过无线传感、射频识别、红外感应器、全球定位、传感器等，按约定的协议，把物品与互联网连接起来，进行信息交换和通信，以实现智能化识别、定位、跟踪、监控和管理的一种网络技术。物联网给物体赋予智能，实现人与物体的沟通和对话，也可以实现物体与物体间的沟通和对话。

从技术的角度物联网技术发展分为四个阶段：第一阶段是单体互联，主要是射频识别（RFID）广泛应用于仓储物流、零售和制药领域；第二阶段是物体互联，无线传感网络技术成规模应用，主要是应用于恶劣环境、环保和农业等领域；第三阶段是半智能化，物体和物体之间实现初步互联，物体信息可以通过无线网络发送到手机或互联网等终端设备上，实现信息共享；第四阶段是物体进入全智能化，最终形成全球统一的"物联网"。

工程项目推进物联网技术在施工阶段应用，进行实时数据采集、监测、跟踪、记录，随时随地获取相关信息。其主要应用包括以下几个方面。

1）预制构件全过程信息管理

从预制构件深化设计开始，基于物联网技术记录构件加工、工厂堆放、道路运输、现场堆放、现场安装，直至运营维护。

2）塔式起重机监控

塔式起重机监控利用传感器技术、物联网终端设计技术、无线通信技术、大数据云储存技术，实时采集塔式起重机运行的载重、角度、高度、风速等安全指标数据，并将上述数据实时传输至系统，从而实现实时现场和远程超限报警、区域防碰撞及大数据分析功能。

3）施工升降机监控

施工升降机安全监控基于传感器技术、物联网终端设计技术、无线通信技术、大数据云储存技术等研发，高效率地完整实现施工升降机实时监控与声光预警报警、数据远传功能，并在司机违章操作发生预警、报警的同时，自动终止施工升降机危险动作，有效避免和减少安全事故的发生。

4）能耗监控

基于物联网技术，监管、监控供电侧和用电侧数据，并通过对数据的计算和处理来分析判断，实现用电安全专业化和统一管理，在发生预警和故障时，及时断电并通知平台，起到及时发现电气隐患和避免火灾等更大险情的作用。

5）安全监测

基于物联网技术，通过应变计、土压力盒、锚杆应力计、孔隙水压计、测斜仪等智能传感设备，实时监测在基坑开挖阶段、支护施工阶段、地下建筑施工阶段及竣工后周边相邻建筑物、附属设施的稳定情况，承担着对现场监测数据采集、复核、汇总、整理、分析与数据传送的职责，并对超警戒数据进行报警，为设计、施工提供可靠的数据支持。

6）环境监控

基于物联网技术，构建工程环境监控系统，可有效监控建筑工地扬尘污染和噪声。环境监测主要包括项目现场"PM2.5"、温度、噪声、风力等环境要素，并联动现场喷淋设备，实现自动喷淋。

（3）人工智能技术

人工智能（Artificial Intelligence，AI）是利用数字技术模拟、延伸和扩展人类智能，感知环境、获取知识并使用知识获得最佳结果的理论、方法、技术及应用系统。人工智能的概念诞生于1956年，在移动互联网、大数据、超级计算、传感网、脑科学等新理论、新技术以及经济社会发展强烈需求的共同驱动下，近年来加速发展，呈现出深度学习、跨界融合、人机协同、群智开放、自主操控等新特征。大数据驱动知识学习、跨媒体协同处理、人机协同增强智能、群体集成智能、自主智能系统成为人工智能的发展重点。2016年，由谷歌旗下人工智能公司DeepMind研发的计算机围棋程序"Alpha Go"，在围棋比赛中战胜了世界冠军李世石，人工智能再次引起公众关注，2016年也被称为人工智能新纪元的元年。

当然，人工智能将对建筑施工行业的转型升级起到重要的推动作用。人工智能可以解决或优化质量管理、项目进展管理、设备管理、施工安全等各方面的问题，例如：工地上有大量的物料需要清点，比如钢筋、水泥等，这些建筑材料的数量大、清点时间长、容易出错。应用 AI 技术，可以解决这类问题，可通过拍照识别材料数量，从而减轻人工作业的强度，并增加收料、发料的准确性。在安全隐患排查方面，可以通过 AI 算法实现视频的智能识别，智能化地发现安全隐患，包括指示牌不规范、消防及排水设施故障、工人没系安全带或没戴安全帽等常见的安全隐患，可以快速识别并进行提示，保障施工现场的安全。

（4）VR 技术

VR 是一种可以创建和体验虚拟世界的计算机仿真系统，作用于计算机生成一种模拟环境，通过多源信息融合、交互式的三维动态视景和实体行为的系统仿真，使用户沉浸到该环境中。VR 技术最早起源于 20 世纪 60 年代，通过三面显示屏来形成空间感，从而实现虚拟现实体验，互联网普及、计算能力、3D 建模等技术进步大幅提升了 VR 技术的体验，VR 商业化、平民化得以实现。硬件性能的跨越式提升和 3D 建模软件的发展等原有技术的快速提升带来了 VR 设备的轻量化、便捷化和精细化，从而大幅提升了 VR 设备的体验。其代表设备有：HTCVive，Oculus Rift，Playstation VR。

VR 技术的应用方式主要有漫游式 VR、交互式 VR、多人交互式协作 VR 和 VR 扩展应用。漫游式 VR 是一种不含触发、交互的 VR 体验。交互式 VR 体验是情景化的 VR 体验，制作难度较高。场景建设过程中，需要将模型通过特定接口进行转化，使之适应相关 VR 设计平台要求，然后制作成应用程序直接使用。多人交互协作 VR 体验是在交互式 VR 体验上的升级，分为多人 VR 交互（每个人都佩戴 VR 设备，在同一大场景中分别操作）和一带多形式（一人佩戴 VR 设备，其余人员通过屏幕观看）。多人 VR 交互需要 VR 设备数量多，对成本有一定要求，主要用于培训、工艺模拟等。

VR 在施工中的主要应用是安全教育培训。VR 技术应用于安全教育培训，是现阶段较为成熟的一种用于增强培训效果的数字化手段，它可基于交互式的 VR 培训平台，有针对性地根据特定需要创建虚拟体验场景，通过 VR 技术改变传统说教式安全教育方式为沉浸式安全体验教育方式。通过选择的安全体验场景内容，一般分为固定场景和动态场景，可体验施工阶段存在的六大伤害类型，例如：高处坠落、坍塌、物体打击、机械伤害、起重事故、触电等多项安全体验项目，甚至能够对火灾、飓风或地震等突发问题、处置进行体验，这在传统安全教育中是完全无法做到的。通过对事故过程的直观感受，让被教育者亲身感受事故发生的瞬间，提高体验者对安全事故的感性认识，这种方式可以增加项目管理人以及施工人员对安全教育学习的兴趣，并掌握相应的防范知识以及应急措施。通过部分取代传统体验区降低了项目的培训成本，改善了培训环境。

（5）5G 技术（表 1-21）

目前，无线通信技术已经开始向 5G 技术迈进，5G 技术在功效和实用性上实现了质的飞跃，将进一步改变我们的生活。无线通信技术的应用范围主要包括：移动互联网、移动多媒体和物联网技术。移动互联网是移动通信和互联网融合的产物；移动多媒体是计算机技术与视频、音频和通信等技术融为一体形成的新技术或新产品；移动通信与物联网之间相互包含、交互作用，是物联网技术的核心。移动通信基于无线通信网技术，随着无线通信技术信号强度上升到 800MHz，产生了第一代移动通信系统（1G）。

移动通信的发展　　　　　　　　　　　表 1-21

名称	1G	2G	3G	4G	5G
特点	模拟通信：模拟调制技术、小区制、硬切换、网络规划	数字通信：数字调制技术、数据压缩、软切换、差错控制、短信息、高质量语音业务	多媒体业务：分数据业务、动态无线资源管理	无处不在的业务环境：随时随地的无线接入、无缝业务提供、网络融合与重用、多媒体终端、基于全IP核心网	高可靠体验：超高清视频、车联网及工业4.0时代、物联网、海量连接
速度	—	9.6~14.4kb/s	0.14~0.6Mb/s	1.5~100Mb/s	可达10Gb/s

随着我国建筑业信息化的进步和飞速发展，移动通信技术在施工项目中的应用也越来越普遍，与移动互联网、移动多媒体和物联网技术深入融合，移动通信技术主要由移动端形式的应用场景紧紧围绕人、机、料、法、环等关键要素，提高了施工现场的生产效率、管理效率和决策能力，实现了信息化、精细化和智慧化的生产和管理。其主要用于劳务实名制管理、安全教育管理、人员定位管理、现场协同办公和施工现场管理移动端。

对施工项目而言，将移动通信技术和物联网技术相结合能够对项目施工的每一阶段进行有效的监控，不论是项目的进度、合同履行的程度，还是项目中人、机、料的使用成本，都可以通过信息技术进行实时的监督。采用移动通信技术，能实现任何人可以在任何时间、任何地方，以任何方式与任何人进行任何种类的通信，帮助项目解决跨组织、跨地点协作、沟通困难等问题，全面满足办公需求，提高业务管理效率。同时，移动通信技术通过和互联网、物联网等结合，提供了实时交换信息的途径，摆脱了数据交互过程中的空间和时间束缚的问题，促进了项目智能建造的快速发展。

（6）GIS

地理信息系统（Geographic Information System 或 Geo-Information System，GIS）又称为"地学信息系统"。它是一种特定的十分重要的空间信息系统。它是在计算机硬、软件系统支持下，对整个或部分地球表层（包括大气层）空间中的有关地理分布数据进行采集、储存、管理、运算、分析、显示和描述的技术系统。

GIS 技术主要运用于宏观角度的城市管理与规划设计，但随着城市规划建设要求的提高，城市空间的数据已经无法满足规划的精细化要求，对 BIM 的详细建筑数据进行系统化整合成为一种新的趋势。在当前的城市规划设计中，GIS 主要运用于以下三个方面：①基于 GIS 的规划数据管理。利用 GIS 的规划数据存储与管理功能，建立基于 GIS 的数据管理库，搭建综合信息管理平台，将各部门的管理系统与数据库相连接，实现多部门的协同管理。②基于 GIS 的数据分析。利用 GIS 的建设需求分析、景观视线分析、空间分析等定量化分析，得出较为科学的规划设计方法。③基于 GIS 的三维可视化。可用于具体建设的分析、环境与数据立体化展示。通过建立地面与地下空间环境的三维可视化模型，使规划设计和管理人员可以实时、交互地观察不同方案在环境中的效果，对不同方案进行比较。

（7）三维扫描

三维激光扫描技术是近年来发展起来了一门新技术，其被誉为"继 GPS 技术以来测绘领域的又一次技术革命"。该技术作为获取空间数据的有效手段，以其快速、精确、无接触测量等优势在众多领域发挥着越来越重要的作用。科学技术的创新推动了各个领域工作新方法的开展。

三维激光扫描技术又称"实景复制技术",能够完整并高精度地重建扫描实物及快速获得原始测绘数据。该技术可以真正做到直接从实物中进行快速的逆向三维数据采集及模型重构,无需进行任何实物表面处理,其激光点云中的每个三维数据都是直接采集目标的真实数据,使得后期处理的数据完全真实可靠。由于技术上突破了传统的单点测量方法,其最大特点就是精度高、速度快、逼近原形。传统的三维空间数据的采集是利用全站仪、三维坐标测量机、三维坐标跟踪仪和高精度的 GPS 等仪器设备采集空间离散单点三维坐标的方法,为了尽可能详细完整描述机构特征就需要采集大量的对象点产生海量的点云数据,单点的测量方法操作复杂困难,耗费时间长,效率低、效果差。三维激光扫描技术具有设备携带方便,可以全天候作业,扫描速度快,精度高,数据兼容性强等优点,该技术在考古文物修复、3D 数据仓库建设、建筑改造工程、监控量测、结构变化检测等传统测绘领域有着广泛的应用,在现阶段"工业 4.0"概念、智慧城市、企业信息化建设、虚拟现实技术拓展等领域三维激光扫描技术更是取得丰硕研究成果。

(8) 3D 打印技术

3D 打印 (3DP) 即快速成型技术的一种,又称增材制造,它是一种以数字模型文件为基础,运用粉末状金属或塑料等可粘合材料,通过逐层打印的方式来构造物体的技术。通常是采用数字技术材料打印机来实现。常在模具制造、工业设计等领域被用于制造模型,后逐渐用于一些产品的直接制造,已经有使用这种技术打印而成的零部件。该技术在珠宝、鞋类、工业设计、建筑、工程和施工 (AEC)、汽车、航空航天、牙科和医疗产业、教育、地理信息系统、土木工程、枪支以及其他领域都有所应用。我国对于 3D 打印建筑的研究起步较晚,研究水平与其他发达国家相比较为落后。在欧美国家,早在 20 世纪 70 年代就已经开始了自动化建筑的研究,建筑师但丁·比尼成功地用水泥浇筑出了一间方格房子,这就是 3D 打印技术的雏形。随后,相关学者通过运用建筑机器人、计算机数控等技术,对自动化建造进行了深入的研究,并取得了一定的成果。

目前,3D 技术在工程施工方面的应用主要有美国的"轮廓工艺"、英国的"D-shape"及英国的"混凝土打印"。建筑 3D 打印建造技术的研究还刚刚起步,尚存在许多问题,距离真正应用于房屋建筑的建造还有较大差距。而且,3D 打印技术在经济效益评价方面还处于空缺,还需在技术工艺发展成熟、机械材料成本得到有效控制后才能真正应用于各个领域。

1.3.4 信息技术融合促进智能建造发展

当前各项信息技术逐步走向融合与集成,进一步推动了智能建造发展,2018 年底,中央经济工作会议首次提出"加快 5G 商用步伐,加强人工智能、工业互联网、物联网等新型基础设施建设",新基建的概念由此产生,并被列入 2019 年政府工作报告;2019 年两会期间提出除了传统基建外,新型基建将承担更为重要的角色;2019 年 7 月中央政治局会议提出要加快推进新型基础设施建设;2020 是全面建成小康社会和"十三五"规划收官之年,原本处于经济结构转型和贸易战压力下的中国经济又遭受新型冠状病毒疫情的冲击,新基建作为重要的逆周期调节手段,在多次会议中被频繁提及。

根据国家统计局数据,2014—2019 年我国基础设施建设投资额不断上升,1996—2018 年,全国交通运输业投资年均增长 16.7%,全国形成了以铁路为骨干,公路、水运、航空等多种运输方式组成的综合交通运输网络。从 2011 年开始,各省市的基础设施建设逐渐向数字化施工、新基建过渡转型并相继出台了有关"BIM＋智慧工地"的政策和标准,主要涉及北京市、上海市、湖南省、江苏省、广东省、重庆市、河北省等地(表 1-22)。

各省市"BIM＋智慧工地"相关政策情况 表 1-22

序号	文件名	颁布	发布时间
1	《关于推动智能建造与建筑工业化协同发展的指导意见》建市〔2020〕60 号	住房和城乡建设部等十三个部委联合印发	2020 年 7 月
2	《关于加快推进国有企业数字化转型工作的通知》	国务院国资委	2020 年 8 月
3	《关于加快新型建筑工业化发展的若干意见》	住房和城乡建设部等九部委联合印发	2020 年 8 月
4	《关于促进本市建筑业持续健康发展的实施意见》沪府办〔2017〕57 号	上海市人民政府办公厅	2017 年 9 月
5	《关于征求〈智慧工地政府监管信息系统建设指南(征求意见稿)〉意见的函》	湖南省住房和城乡建设厅	2019 年 3 月
6	《2020 年"智慧住建"工作要点》	湖南省住房和城乡建设厅	2020 年 6 月
7	《关于推进智慧工地建设的指导意见》苏建质安〔2020〕78 号	江苏省住房和城乡建设厅	2020 年 5 月
8	《关于做好智慧工地监管平台接入前相关工作的通知》宁建质字〔2019〕147 号	南京市城乡建设委员会	2019 年 4 月
9	《关于进一步推进"建设工程智能监管平台"运用工作的通知》	深圳市住房和建设局	2019 年 10 月
10	《智慧工地建设技术标准》DB13(J)/T 8312—2019	河北省住房和城乡建设厅	2019 年 5 月
11	《关于印发"智慧工地"第一阶段建设技术标准的通知》渝建〔2017〕551 号	重庆市住房和城乡建设委员会	2017 年 9 月
12	《关于印发〈2018 年"智慧工地"建设技术标准〉与〈2018 年 600 个"智慧工地"建设目标任务分解清单〉的通知》渝建〔2018〕415 号	重庆市住房和城乡建设委员会	2018 年 8 月
13	《关于印发〈2019 年"智慧工地"建设技术标准〉与〈2019 年 1500 个"智慧工地"建设目标任务分解清单〉的通知》渝建〔2019〕242 号	重庆市住房和城乡建设委员会	2019 年 5 月
14	《关于再次征求〈智慧工地建设与评价标准(征求意见稿)〉意见的函》	重庆市住房和城乡建设委员会	2020 年 3 月
15	《关于印发〈重庆市 2020 年"智慧工地"建设工作方案〉的通知》渝建管〔2020〕38 号	重庆市住房和城乡建设委员会	2020 年 4 月

2020 年我国住房和城乡建设部陆续颁布关于推动智能建造等相关指导文件:2020 年 5 月 18 日,住房和城乡建设部办公厅印发的《施工现场建筑垃圾减量化指导手册(试行)》中提出:鼓励采用智慧工地管理平台,实现建筑垃圾减量化管理与施工现场各项管理的有机结合。

2020 年 7 月 3 日,住房和城乡建设部等十三个部委联合部门印发的《关于推动智能建造与建筑工业化协同发展的指导意见》中提出:到 2025 年,我国智能建造与建筑工业化协同发展的政策体系和产业体系基本建立,建筑工业化、数字化、智能化水平显著提高,建筑产业互联网平台初步建立,产业基础、技术装备、科技创新能力以及建筑安全质量水平全面提升,劳动生产率明显提高,能源资源消耗及污染排放大幅下降,环境保护效应显著。推动形成一批智能建造龙头企业,引领并带动广大中小企业向智能建造转型升级,打造"中国建造"升级版。到 2035 年，我国智能建造与建筑工业化协同发展取得显著进展，企业创新能力大幅提升，产业整体优势明显增强，"中国建造"核心竞争力世界领先，建筑工业化全面实现，迈入智能建造世界强国行列。大力推进先进制造设备、智能设备及智慧工地相关装备的研发、制造和推广应用，提升各类施工机具的性能和效率，提高机械化施工程度。

2020 年 8 月 28 日，住房和城乡建设部等九部门联合印发的《关于加快新型建筑工业化发展的若干意见》中提出：要大力推广建筑信息模型（BIM）技术，加快推进 BIM 技术在新型建筑工业化全生命期的一体化集成应用；推广应用物联网技术，推动传感器网络、低功耗广域网、5G、边缘计算、射频识别（RFID）及二维码识别等物联网技术在智慧工地的集成应用，发展可穿戴设备，提高建筑工人健康及安全监测能力，推动物联网技术在监控管理、节能减排和智能建筑中的应用。

2020 年 8 月 21 日，国务院国资委发布的《关于加快推进国有企业数字化转型工作的通知》提出：重点开展建筑信息模型、三维数字化协同设计、人工智能等技术的集成应用，提升施工项目数字化集成管理水平，推动数字化与建造全业务链的深度融合，助力智慧城市建设，着力提高 BIM 技术覆盖率，创新管理模式和手段，强化现场环境监测、智慧调度、物资监管、数字交付等能力，有效提高人均劳动效能。

上述文件对我国建筑业转型升级和高质量发展，以及工程项目的智慧化管理指明了发展方向。随着 BIM、大数据、物联网、云计算、5G、人工智能等信息技术的不断发展，现代信息技术与传统管理方式不断融合，工程项目对于施工现场人员、机械、视频监控、质量安全等方面的管理进行了大量智慧应用的探索，施工现场的信息化管理水平已经取得显著提升。但是目前智慧工地技术应用中企业与项目管理的信息关联度不高。此外，由于国内外智慧工地相关软硬件产品存在一定的数据壁垒，工程项目各管理环节采集的数据信息暂未得到充分挖掘和关联共享，数据集成应用深度有限，项目的智慧化管理程度有待提升，智慧工地仍处于初级应用阶段。

1.4 品质工程创建

1.4.1 品质工程原则与内涵

品质工程对进一步推动我国交通运输基础设施建设向强国迈进具有重要意义。具体表现为它是贯彻落实五大发展理念和建设"四个交通"的重要载体、是深化交通供给侧结构性改革的重要举措、是推动工程质量和安全提升的有效途径、是推进工程管理和技术创新升级的不竭动力。品质工程创建的原则可以概况为四个方面：①目标导向，创新驱动。把满足人民群众对高品质交通运输服务的需求作为目标，着力加强工程建设的理念创新、管理创新、技术创新，为打造品质工程注入动力。②功能提升，注重效益。立足功能的完善与提升，科学处理打造品质工程过程中建设与造价、功能与成本的关系，既着力提升工程品质，又避免盲目高成本、高投入，实现全生命周期成本最优，提高工程投资效益和社会效益。③政府引领，企业创建。充分发挥政府政策引导作用，完善项目建设评价体系，健全激励和约束机制，营造良好发展环境，激发参建各方创建品质工程的内生动力。④统筹推进，示范带动。坚持统筹规划，充分发挥示范带动作用，从实际需求出发，因地制宜、量力而行，注重专项攻关和重点突破，不盲目求高求全。及时总结经验，研究建立全面推进打造品质工程的管理机制。

品质工程的具体内涵是建设理念体现以人为本、本质安全、全生命周期管理、价值工程等理念；管理举措体现精益建造导向，突出责任落实和诚信塑造，深化人本化、专业化、标准化、信息化和精细化；技术进步展现科技创新与突破，先进技术理论和方法得以推广运用，包括先进适用的新技术、新工艺、新材料、新装备和新标准得探索与完善；质量管理以保障工程耐久性为基础，体现建设与运营维护相协调、工程与自然人文相和谐，工程实体质量、功能质量、外观质量和服务质量均衡协调发展；安全管理以追求工程本质安全和风险可控为目标，促进工程结构安全、施工安全和使用安全协调发展；工程建设坚持可持续发展，在生态环保、资源节约和节能减排等方面取得明显成效。

1.4.2　品质工程目标与举措

交通运输部提出打造品质工程，既是推动工程质量安全水平的跃升，更是一次理念、观念的转变。公路水运基础设施建设要把以人民为中心作为出发点，建设人民满意、人民有获得感的工程；要以建设交通强国为目标，对标国际先进，建设经得起历史检验的工程；要坚持可持续发展的道路，建设生态绿色工程；要培育和弘扬工匠精神，坚持安全第一，建设有人文关怀的工程。

打造品质工程是一项系统性工程，需要整体协调。当前实施的品质工程评价标准，从三个层面作了强调，助力质量安全水平全面提升。

① 系统性和重点性相结合。打造品质工程是涉及工程全生命周期的系统工程，工程建设阶段是基础和关键。评价标准，既要立足全生命周期的系统考虑，也要突出当前的实施重点，重点以建设阶段为主，力求率先突破；②目标引领和消除短板相结合。紧扣品质工程的内涵要求和主要措施，评价指标的选取既要考虑目标导向，注重理念、制度、管理、技术等创新引领，也要聚焦当前工程建设质量安全管理存在的薄弱环节，着力消除短板，引导工程推进质量安全水平全面提升；③基础性和引导性相结合。坚持从实际出发，量力而行，鼓励各地因地制宜重点突破。评价标准注重可操作性和引导性，既要涵盖工程品质提升的基本要求，也要引导各地结合实际确定主攻方向，鼓励重点攻关和创新突破，形成行业领先的经验。

要以建设"平安百年品质工程"为目标，全面推进交通基础设施建设高质量发展。一是坚持理念引领、科技引领和设计引领。要按照《交通强国建设纲要》的部署，聚焦安全可靠、质量耐久、经济环保，切实做到交通基础设施高质量发展。二是强化组织领导、统筹兼顾和创建示范。要尽快建立完善"平安百年品质工程"建设推进机制，推动将"平安百年品质工程"建设纳入各地交通强国建设试点和"十四五"规划。三是强化耐久性安全性提升、标准化建设和智慧发展。要充分利用数字化、信息化技术，促进管理方式转型与管理能力提升。四是强化安全生产工作。要尽快理顺本地区行业安全监管体制机制，加大监督检查频次，严肃查处违规违法行为，确保交通运输行业安全生产形势稳定。五是加强人才保障。要弘扬劳模精神和工匠精神，推动造就知识型、技能型、创新型劳动者大军。六是加强协同协作和体制机制保障。要顺应改革发展形势和数字化、智能化发展趋势，不断提升监管成效。

1.4.3 品质工程实践与发展

从20世纪80年代以来，我国交通基础设施建设经历了30多年的发展，建成了一批在世界范围内具有影响力的跨海（江）桥梁、长大隧道、大型沿海港口工程，也积累了大量工程建设和管理经验，推动我国公路水运工程建设质量和安全管理不断迈上新台阶。随着社会的发展，公路水运基础设施建设呈现"四个变化"：建设条件发生重大变化、管理模式日趋多样、项目要素约束趋紧和项目管理水平参差不齐，导致单纯的工程质量、安全、耐久、经济等标准已无法满足人民日益增长的需求，时代要求交通工程建设必须在提高内在质地的基础上，丰富内涵，提升品位，更好地服务于社会与人民，更好地传承行业精神。因此，2017年9月，《中共中央 国务院关于开展质量提升行动的指导意见》中明确指出，以提高发展质量和效益为中心，将质量强国战略放在更加突出的位置，开展质量提升行动，全面提升质量水平；开展高端品质认证，推动质量评价由追求"合格率"向追求"满意度"跃升。党的十九大报告明确指出，坚持质量第一、效益优先，突出关键共性技术、现代工程技术创新，在质量变革、效率变革、动力变革中推动高质量发展，为建设质量强国、交通强国等提供有力支撑。以上重要要求，从全局和战略高度指明了公路水运工程质量提升的主要目标和努力方向。

为深入贯彻落实习近平总书记建设"精品工程、样板工程、平安工程、廉洁工程"重要指示精神，加快建设交通强国，全面推进"品质工程"建设，打造一流交通基础设施，推进交通基础设施建设高质量发展。"十三五"以来，交通运输行业坚持以创新、协调、绿色、开放、共享新发展理念为引领、以供给侧结构性改革为主线，在体制机制、法规标准、技术手段等方面多点发力，交通基础设施建设领域取得长足进步。2015年10月，全国公路水运工程质量安全工作会议在交通运输部管理干部学院召开。时任交通运输部副部长冯正霖出席会议并强调，要以促进参建各方责任落实为重点，切实推行依法监管，完善工程质量安全监管机制，大力开展专项行动，重点打造"品质工程"，努力适应管理力度更大、标准需求更高、监管信息更透明等新常态，以求真务实的作风和真抓实干的精神，切实推动公路水运工程质量安全工作新发展。2015年12月，2016年全国交通运输工作会议召开。会议提出"要提升基础设施品质，推行现代工程管理，开展公路水运建设工程质量提升行动，努力打造'品质工程'"。2016年12月，交通运输部印发了《关于打造公路水运品质工程的指导意见》，明确将打造品质工程作为深化交通运输供给侧结构性改革和全面提升工程建设质量安全水平的重要举措；同时提出要研究建立品质工程评价体系，开展品质工程示范评估，构建工程质量安全提升发展新机制。2017年1月，交通运输部办公厅印发了《关于开展公路水运品质工程示范创建工作的通知》，决定开展为期三年的公路水运品质工程示范创建工作，重点培育一批部级示范创建项目。2017年2月28日至3月1日，全国公路水运品质工程现场推进会在浙江玉环召开。至此，全国各地纷纷开展了公路水运品质工程的创建工作。2018年1月，交通运输部印发了《公路水运品质工程评价标准（试行）》。2018年2月交通运输部办公厅印发《品质工程攻关行动试点方案（2018—2020)》，已将品质工程概念真正用于实践。2018年11月，交通运输部印发了《"平安百年品质工程"建设研究推进方案》。

随着品质工程创建活动逐渐深入，全国先进省份陆续形成优秀成果。广东省率先开展设计标准化创新，编制全省高速公路设计通用图和参考图共 255 册，制定设计标准化管理办法、指南、勘测管理规程、工程地质勘察管理规程等配套规范性文件；安徽省探索实践标准化施工向工业化建造转型升级，芜湖长江公路二桥实行工厂化生产与装配化拼装，规模位居全国第一；浙江省宁波舟山港主通道项目工程全覆盖运用 BIM 信息技术，实现安全管理智能化、工程进度可视化；山东省举办"全国公路改扩建技术交流暨济青高速公路绿色科技示范工程现场观摩会"，集中推广一批对行业具有较强辐射带动作用的科技成果；贵州省主办全国"品质公路"发展与创新论坛暨"品质贵州"实践经验交流观摩会，是行业内首个"以省为主"的品质工程实践案例路演式论坛。2017 年 6 月江苏省交通运输厅出台《江苏省品质工程创建行动计划》，明确江苏品质工程创建工作目标和重点任务，部署"设计品质提升、工程管理创新、工程质量控制、科技信息集成、绿色安全保障、发展环境优化"六大行动，引导全行业推进品质工程建设。同时，交通运输部持续深化品质工程创建，组织品质工程攻关行动，并进一步提出开展"平安百年品质工程"创建，把提升交通基础设施质量耐久性和使用寿命作为供给侧结构改革的重要举措，作为满足人民群众安全便捷出行的有效保障，作为推动交通运输基础设施高质量发展、建设交通强国的重要内容。

工程技术难点与总体筹划

2.1 工程概述及目标

(1) 工程特点

横江大道建设工程共包含 SG1、SG2 和 SG3 三个施工标段，本工程对于有效促进区域经济和交通的发展具有重要意义。其中横江大道建设工程 SG2 标（下文简称"横江大道 SG2 标"）全长 1.59km，隧道和管廊地处淤泥质土层，采用明挖顺作法共坑施工，本软土基坑具备"大、宽、深"三个特点。"大"——基坑开挖平面面积达到 9 万 m^2，在软土基坑工程中属于罕见规模；"宽"——基坑最大开挖跨度达到了 62m；"深"——基坑开挖深度多在 7~10m，最大开挖深度约 16m。

(2) 质量目标

横江大道工程投资规模大，建设要求高，以"标段工程交工验收的质量评定合格、竣工验收的质量评定合格、创市级品质工程"作为质量奋斗目标。

因此，以"严格管理施工行为，全面规划和提高安全、质量、文明施工等项目管理水平，提升企业核心竞争力"为指导思想，按照《南京市公共工程建设中心标准化工地建设规定（试行）》的要求，坚持北京市政路桥的质量方针和质量保证体系程序文件标准，横江大道 SG2 标项目经理部根据跨区域施工管理特点，结合北京市政路桥质量责任制的精神和要求，制定"建立健全激励机制，加强第一责任人的质量责任意识，确保年度质量目标的实现和年度质量计划的实施，追求质量卓越品牌"的质量管理责任制。具体做到以下四点：严格执行质量保证的各项管理制度；强化"谁承包谁负责"的原则；构建有序有效的工程质量保障体系；加强过程控制管理，掌控质量状态。

横江大道 SG2 标工程具有土质条件差、基坑开挖断面大、开挖长度大的特点，给现场监控和管理带来一定难度。鉴于工程特性，在"质量创优规划"过程中，施工单位应始终坚持"质量是整个工程施工管理最为重要的前提和基础，而质量标准化工地创建，既是门面形象工程，更是企业内在素质和整体管理水平的直接反映"的观点，并把工程质量达到优良级作为奋斗目标，针对具体工程和工序，制定出详细的标准化措施，超前规划质量标准化工作，为目标的实现打下坚实的基础。

(3) 安全目标

项目安全管理贯穿工程项目全过程，也是项目管理工作的重中之重。如何应对日益突出的安全事故，强化日常安全管理，是每一个项目管理人员需要高度重视的管理内容。横江大道 SG2 标施工作业庞大，技术复杂，做好施工现场的安全工作成为工程建设的第一大目标。

施工过程中认真贯彻执行《中华人民共和国建筑法》《建筑施工安全检查标准》JGJ 59—2011、《江苏省建筑安全生产管理条例》和上级安全生产管理的有关规定等，进一步做好安全生产工作，保障社会稳定和企业经济发展，确保人民生命和国家财产安全。

施工期间现场管理目标为：

1) 杜绝人身死亡、重伤事故；
2) 无重大的机械设备事故；
3) 无重大的交通和火灾事故；
4) 轻伤事故控制在 3‰ 以下；
5) 安全技术措施交底率 100%；
6) 重要作业安全监察到位率 100%；
7) 施工现场安全达标率 100%；
8) 标段创"平安工地"。

（4）工期目标

计划工期：计划开工日期 2019 年 5 月 15 日，计划交工日期 2020 年 11 月 15 日。

关键节点工期：2020 年 5 月 15 日前完成隧道（含管廊）主体工程；2020 年 8 月 15 日前完成全部主体工程。

（5）科技攻关目标

解决影响工程安全和施工进度的重难点问题，总结先进施工技术经验，为承接类似工程提供经验。

（6）BIM 技术应用目标

基于政府及行业的 BIM 推广应用战略，并结合横江大道 SG2 标工程实际，期望利用 BIM 技术攻克大型隧道管廊基坑高效开挖、支护，临时支撑受力体系转换频繁等工程关键性技术难题；并利用 BIM 技术的各项特点，模拟验证施工方案、综合评价施工方案的各项经济指标；其次通过利用 BIM 技术提前建立 BIM 安全设施标准化族库，进行安全标准化设施布置，多阶段动态调整安全设施设计方案，优化资源配置，指导施工；以及采用云平台结合 APP 的方式实现信息高效流通、推送，完成各项管理工作留痕，改善传统管理电话找人、资料丢失、管理信息无记录等弊端；最终通过 BIM 技术在本项目中的全方位应用，达到促进标准化落地、提升项目综合管理水平、确保工程保质按期完工，为项目打造品质工程和平安工地提供强有力的数据支撑。

总结 BIM 应用过程中的各项技术经验，形成隧道管廊共坑施工基础设施领域的 BIM 应用技术路线，将过程经验转化为指导文件，为后续工程创造价值。

（7）智慧工地建设目标

横江大道 SG2 标段通过智慧工地的建设，综合应用 BIM、云计算、大数据、互联网、移动设备和智能应用等现代化技术，让施工现场更加透彻，更加全面了解整个项目的重点、难点，对于管理人员分配工作人员和物料有很大的作用，避免资源浪费，而且能够通过视频监控内容，提前发现问题，及时处理问题，极大程度上阻止了工作滞后的发生。本项目上线智慧工地管控平台，给管理人员提供了一个全面、智能的监控和管理平台，有效地提高了现场管理人员、项目管理者、各层的协调和管理工作效率，同时也是对现场人、机、料、各环节的管控，对施工进度和成本的管控，减少人、物、财力的资源浪费。通过事前控制，极大地降低了安全事故发生的概率，也能规范质量安全检测、检查，从而保障施工质量和施工安全。

基于 BIM+智慧管理平台，实现了业主、监理、施工等各参建方在质量安全管理、资料审批管理等方面的协同，提高了工作效率，促进了精细化管控。满足了南京市智慧工地平台统一要求，实现了差别化管理，为创建年度江苏省"平安工地"、建设省级"示范工地"、打造品质工程提供了强有力的支持。

2.2 工程建设面临的难点与挑战

横江大道 SG2 标造价 9.79 亿元，工期 18 个月，项目位于南京市浦口区，建设场地为淤泥质土，具有含水量大、孔隙比大、强度低、压缩性高、渗透性低等特点，是基坑工程中典型的不利地质条件。在城市市区施工隧道和管廊共坑基坑较为少见，本项目基坑全长 1.59km，开挖宽度 39～62m，最大开挖深度 16.18m，根据文献报道，在淤泥质软土地区施工如此距离和跨度规模的基坑尚属首次，缺乏基础理论。同时品质工程创建目标和差别化管理的需要给施工带来了极大的挑战，综合分析得出以下工程建设难点。

（1）项目区域地下水位浅，以潜水和微承压水为主，土质以淤泥质黏土、淤泥质粉砂为主，淤泥质土层厚度 2.1～4m，局部达 13.3m，属于巨厚软土，含水率高、孔隙比大、压缩性高、蠕变性强，变形稳定时间较长。

（2）长距离、大跨度基坑时空效应明显，尤其在淤泥质土层条件下，划分施工区段、流水作业顺序以及开挖与支撑架设的关系是保证施工安全高效进行的重点问题，常规施工方法不适用于本工程，对土方开挖与支撑架设的方法提出了更高要求。

（3）基坑跨度大，形状不规则，截面尺寸变化多，边界条件复杂，支护结构体系种类多，结构转换频繁，在施工过程中支护结构受力情况复杂。

（4）本工程采用 SMW 工法桩作为围护结构，型钢总量为 6722 根、需拔出约 134956m，型钢拔出量巨大，拔出率偏低，造成大量经济损失。

（5）本标段工程规模大，工期紧，组织管理难度高。

（6）项目施工工艺复杂多样，施工技术交底难度大。

（7）标段路线全长约 1.59km，施工机械路径较为复杂，加大了项目在人、机、料、法、环的管控上的难度，智慧管控落地难。

（8）本工程基坑开挖跨度和深度大，同时标段要求创建南京市品质工程，对质量管理、科技创新、安全文明施工等要求高。

（9）南京市对于工地实施差别化管理，要求在线监测、自动降尘、视频监控系统必须有效运行，相关数据信息接入全市统一的"智慧工地"监管平台。

2.3 施工总平面设计

2.3.1 现场平面布置

横江大道建设工程 SG2 标总长 1.59km，线路右侧为现况十里长河，河对岸为现况市政道路,通过一座现况桥梁连接施工主便道,市政道路路边为农田。施工总平面布置如图 2-1 所示,租用农田用于临时设施场地,从北至南依次为:混凝土拌合站、钢筋加工场、工人生活区、项目经理部、监理驻地、材料周转场。在工程红线与十里长河之间修建一条通长沥青便道,满足材料转运和土方运输要求。基坑两侧各修建一条通长混凝土便道,满足现场施工需求。便道外侧修建一条通长排水沟,排水沟入河口设置三级沉淀池,所有降水井产生的地下水统一排入排水沟。生产生活区内设置排水沟网络,设置西高东低的排水横坡。为满足施工区域和生产办公区域供电,共安装 11 台变压器供电。全线均匀布置 3 座大门,四周使用围挡封闭,达到封闭施工的要求。

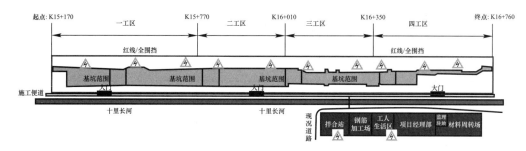

图 2-1　施工总平面布置图

2.3.2　项目经理部

根据标准化建设要求,项目部拟将驻地功能区划分为办公区和生活区,主要平面布置见图 2-2,包括以下几个部分:
① 施工管理人员现场办公区;
② 会议中心;
③ 停车场;
④ 职工住宿区和生活区。

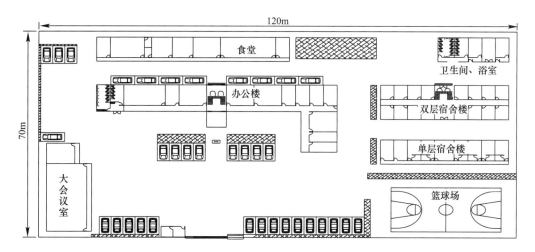

图 2-2　项目部平面布置图

(1) 办公区与生活区布置原则

项目经理部采用院落式封闭管理,考虑到场地因素,办公区与生活区分开布置。按照施工高峰期将会有 1400 名作业人员进场施工的计划,项目经理部建设规模按照满足 70 人办公和生活使用。

(2) 办公区域布置

办公区域共设置 1 幢双层办公楼、1 个大会议室和停车位若干,办公楼包括 30 间办公室和 1 个洗手间。办公区内主要建筑见表 2-1。

办公区主要建筑一览表　　　　　　　　　　表 2-1

序号	项目	结构形式	数量	占地面积（m²）	用途
1	办公楼	二层彩钢房	1 幢	570	办公
2	会议室	单层彩钢房	1 幢	286.6	会议
3	停车场	露天	35 个	630	停车

(3) 生活区布置

职工生活区主要包括职工宿舍、食堂、浴室、卫生间、篮球场等。按照住宿、就餐与卫生设施相间隔的原则进行布置,主要建筑见表 2-2。

生活区主要建筑一览表　　　　　　　　　　表 2-2

序号	项目	结构形式	数量	占地面积（m²）	用途
1	职工宿舍	二层彩钢房	2 幢	378	住宿
2	职工宿舍	单层彩钢房	1 幢	267	住宿
3	食堂	单层彩钢房	1 幢	396	就餐
4	浴室	单层彩钢房	2 间	59	洗漱
5	卫生间	单层彩钢房	2 间	59	厕所
6	篮球场	露天	1 座	420	娱乐健身

(4) 办公设备

在办公区和生活区设有三路 200M 电信光纤,联网电脑 70 台,打印机与传真机 30 台,采用路由器发射无线信号方式建立施工信息网络,用于通信和图文交流、办公使用,网络容量以能够满足正常办公、生活使用为准。

2.3.3　工人生活区

工人生活区按照功能划分为宿舍区、生活区和停车场,本着经济适用的原则,建设规划以满足常驻施工人员 1400 人生产、生活为准,用工高峰期可采用临时搭设或租用临建板房的方法保证施工人员住宿需求。主要平面布置见图 2-3。

(1) 工人生活区布置原则

工人生活区布置应满足施工人员日常生活所需,同时由于房屋建筑集中布设,应充分考虑消防要求,每幢楼房间距不应小于 7m。

(2) 工人生活区布置

工人生活区共设置 11 幢双层宿舍楼,每幢宿舍楼设有应急楼梯,宿舍楼长度应满足任何宿舍距离应急通道不大于25m，同时配备相应的食堂、卫生间、洗漱间等生活设施。工人生活区内主要建筑见表2-3。

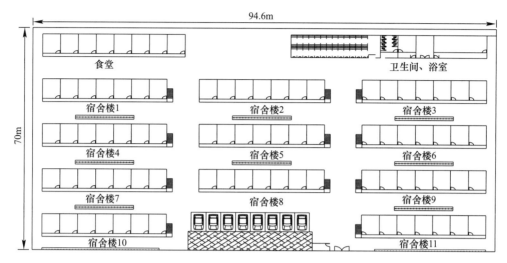

图2-3 工人生活区平面布置图

工人生活区主要建筑一览表　　表2-3

序号	项目	结构形式	数量	占地面积（m²）	用途
1	宿舍楼	二层彩钢房	11幢	2006	住宿
2	食堂	单层彩钢房	1幢	208	就餐
3	浴室	单层彩钢房	2间	52	洗漱
4	卫生间	单层彩钢房	8间	208	厕所
5	停车场	露天	8个	144	停车

项目经理部应充分考虑工人生活的安全、卫生、舒适、便利等要求，设置相应的食堂、卫生间等生活设施，并配备相应的生活用具，配置要求见表2-4。

工人生活区设施配置要求表　　表2-4

序号	设施	配置要求
1	宿舍	双层床铺、桌子、衣柜，人均使用面积不小于2.5m²，并设置烟感报警器
2	食堂	冷藏柜、消毒柜、生熟分离加工台、清洗池、储藏间、食品留样柜、电炊具、隔油池等
3	浴室	冷热水管和淋浴喷头，并配备储衣柜或挂衣架，照明必须采用防水型灯具和开关
4	卫生间	水冲式独立厕位、小便器、洗手池、强制通风设施、化粪池

2.3.4 钢筋加工场

钢筋加工场包括两个钢筋加工区和一个工人休息区，按照本工程资源配置需求，钢筋加工区布设应满足高峰期每日加工200t钢筋需求，钢筋加工场平面布置见图2-4。

钢筋加工场内主要建筑见表2-5。

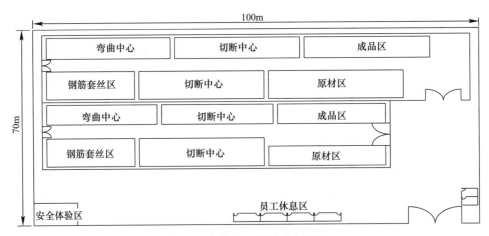

图 2-4 钢筋加工场平面布置图

钢筋加工场主要建筑一览表 表 2-5

序号	项目	结构形式	数量	占地面积（m²）	用途
1	加工棚一	单层彩钢房	1幢	2304	钢筋加工
2	加工棚二	单层彩钢房	1幢	1872	钢筋加工
3	员工休息室	单层彩钢房	2间	72	休息

2.3.5 混凝土拌合站

混凝土拌合站办公和生产设备按照高峰期每小时可生产 240m³ 混凝土配置，共划分为拌合站办公区、工地试验室、机组区和料仓。主要平面布置见图 2-5。

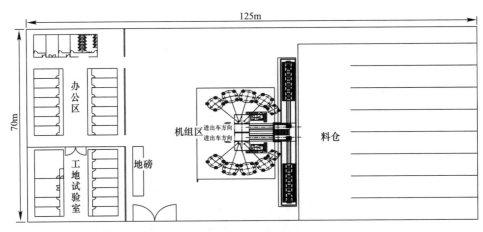

图 2-5 混凝土拌合站平面布置图

混凝土拌合站内主要建筑见表 2-6。

混凝土拌合站主要建筑一览表 表 2-6

序号	项目	结构形式	数量	占地面积（m²）	用途
1	办公室	单层彩钢房	7间	171	办公
2	工地试验室	单层彩钢房	14间	338	试验

续表

序号	项目	结构形式	数量	占地面积（m²）	用途
3	机组区	单层彩钢房	1幢	1164	生产
4	料仓	单层彩钢房	1幢	3456	存料

2.3.6 临时用电

2.3.6.1 强电

本工程共设11台630kVA箱式变压器，其中施工区域安装10台，生产办公区域安装1台，具体箱变参数与位置见表2-7。

具体箱变参数与位置　　表2-7

序号	名称	容量	安装位置（里程）	供电区域	备注
1	1号变压器	630kVA	K15+300	K15+170－K15+340	施工区域
2	2号变压器	630kVA	K15+490	K15+340－K15+510	施工区域
3	3号变压器	630kVA	K15+620	K15+510－K15+680	施工区域
4	4号变压器	630kVA	K15+770	K15+680－K15+850	施工区域
5	5号变压器	630kVA	K15+935	K15+850－K16+020	施工区域
6	6号变压器	630kVA	K16+130	K16+020－K16+190	施工区域
7	7号变压器	630kVA	K16+295	K16+190－K16+360	施工区域
8	8号变压器	630kVA	K16+465	K16+360－K16+530	施工区域
9	9号变压器	630kVA	K16+570	K16+530－K16+660	施工区域
10	10号变压器	630kVA	K16+660	K16+660－K16+760	施工区域
11	11号变压器	630kVA	项目部	项目部、拌合站、工人生活区、钢筋加工厂	生产、办公区

2.3.6.2 弱电

通信网络采用三路200M电信光纤：一路接入项目经理部，日常办公采用路由器发射无线信号方式，监控室和会议室单独使用网线从办公区接入；一路接入生活区，采用路由器发射无线信号方式；一路接入混凝土拌合站工地试验室，办公区采用路由器发射无线信号方式，试验室单独使用网线接入。

2.3.7 给水排水

2.3.7.1 给水

生产、办公用水从邻近供水管网引进自来水，供水系统管网随污水系统管网并间隔一定距离布设。

2.3.7.2 雨水排水

（1）项目经理部

建筑物周围设置宽×深为0.3m×0.3m的通长雨水沟，场内设2个监测井，2个雨水沉淀池，场地内雨水经排水沟、监测井，至沉淀池沉淀后排出场外。

（2）工人生活区

建筑物周围设置宽×深为0.3m×0.3m的通长雨水沟，场内设2个监测井，2个雨水沉淀池，场地内雨水经排水沟、监测井，至沉淀池沉淀后排出场外。

(3) 钢筋加工场

钢筋加工场周围设置宽×深为0.3m×0.3m的通长雨水沟，场内设1个监测井，1个雨水沉淀池，场地内雨水经排水沟、监测井，至沉淀池沉淀后排出场外。

(4) 混凝土拌合站

混凝土拌合站周围设置宽×深为0.3m×0.3m的通长雨水沟，场内设2个监测井，2个雨水沉淀池，1个洗车池，1个四级沉淀池，场地内雨水经排水沟、监测井，至沉淀池沉淀后排出场外。

2.3.7.3 污水排水

项目驻地内设置污水处理设备，设置雨水沉淀池、化粪池、检查井、监测井，保证雨污分离。

(1) 项目经理部

如图2-6所示，场内设置ϕ300污水管并连接至场地后的ϕ500通长总污水管，所有污水经总污水管收集至项目部污水处理设备内。管道转角处设置检查井，厨房设置隔油池，卫生间设置化粪池，污水流经过程如下：

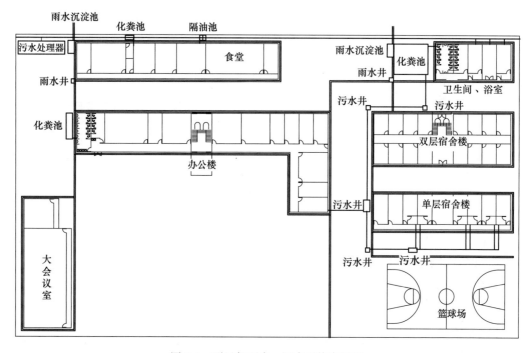

图2-6 项目部雨水、污水系统布置图

厨房—隔油池沉淀池—总污水管—污水处理设备；

卫生间—化粪池—总污水管—污水处理设备；

浴室—总污水管—污水处理设备。

(2) 工人生活区

如图2-7所示，管道转角处设置检查井，厨房设置隔油池，卫生间设置化粪池，污水流经过程如下：

厨房—隔油池沉淀池—总污水管—污水处理设备；

卫生间—化粪池—总污水管—污水处理设备；
浴室—总污水管—污水处理设备；
洗漱池—污水管—检查井—总污水管—污水处理设备。

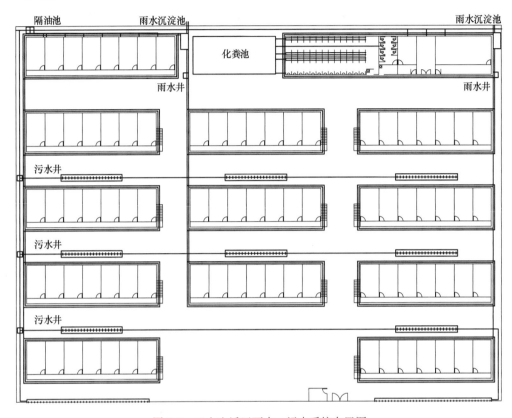

图 2-7　工人生活区雨水、污水系统布置图

（3）钢筋加工场

如图 2-8 所示，污水管道：钢筋加工场后的 $\phi500$ 通长总污水管。

（4）混凝土拌合站

如图 2-9 所示，在管道转角处设置检查井，厨房设置隔油池，卫生间设置化粪池，洗车池旁设置四级沉淀池，污水流经过程如下：

厨房—隔油池沉淀池—总污水管—污水处理设备；
卫生间—化粪池—总污水管—污水处理设备；
浴室—总污水管—污水处理设备；
洗车池—沉淀池—总污水管—污水处理设备；
试验室—污水管—总污水管—污水处理设备；
机组和料仓—总污水管—污水处理设备。

2.3.8　临时交通

2.3.8.1　场外沥青便道

本标段路线全长 1.59km，沥青便道地基采用部分原状混凝土路面及 50cm 砖渣换填，

18cm 厚水泥稳定碎石基层，路面面层为 6cm AC-20 式沥青混凝土＋4cm AC-13 式沥青混凝土上面层，便道宽度约 7.5m。

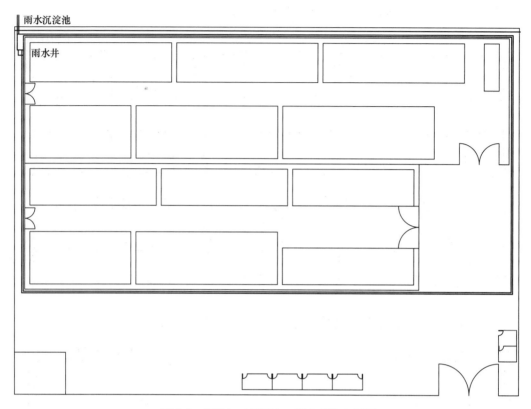

图 2-8　钢筋加工场雨水、污水系统布置图

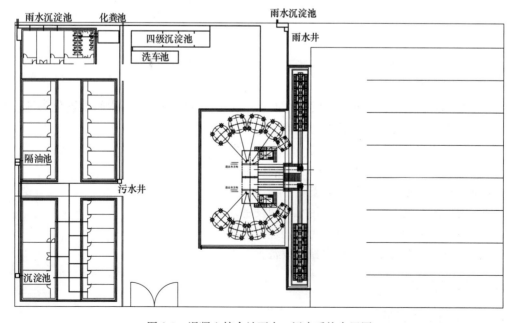

图 2-9　混凝土拌合站雨水、污水系统布置图

2.3.8.2 场内混凝土便道

场内混凝土便道边距基坑冠梁边1.5m，宽度8m，厚度0.2m，向外设置1.5%排水横坡，采用C20混凝土浇筑，内部设置直径8mm网格尺寸100mm×100mm钢筋网片，冠梁与便道间使用水泥砂浆抹面防止雨水冲刷，便道每50m埋设0.2m钢管供降水排水使用。

2.4 施工进度筹划

2.4.1 工程总体部署

本工程土建施工主要包括行知路隧道、综合管廊、人行地下通道、路基、雨污水管道、改河工程等。

(1) 本工程隧道管廊施工共分为两期三个阶段，隧道管廊主体结构分为三个主基坑：基坑A、基坑B、基坑C，隧道入口与出口分别划分为基坑D、基坑E。在五个主基坑之间分别间隔划分为四个转场基坑：基坑f、基坑g、基坑h、基坑i，基坑之间用一道SMW工法桩隔开，以便于创造作业面，展开流水施工。

第一期：1阶段——基坑A、B、C、f、g、h、i围护桩与地基加固，2阶段——进行基坑A、B、C开挖及主体施工、基坑D、E围护桩与地基加固，3阶段——基坑D、E开挖及主体施工。

第二期：基坑f、g、h、i开挖及主体施工。

(2) 路基工程分两阶段展开施工，第一阶段施工特殊路基处理；第二阶段施工路基、路床。

(3) 桥涵、路面排水工程与隧道（管廊）、路基工程交叉进行。

2.4.2 工期总安排

本工程计划2019年5月15日正式开工，2020年5月15日隧道（含管廊）主体完工，2020年8月15日前完成全部主体工程，2020年11月15日工程竣工。工程主要节点工期见表2-8。

主要节点工期计划表　　　　表2-8

项目名称	日历天	开始时间	完成时间	备注
一、隧道工程（含管廊）	398	2019-5-15	2020-6-15	
1. 地基加固、SMW工法桩	170	2019-5-15	2019-10-31	
2. 冠梁、第一道支撑	198	2019-6-1	2019-12-15	
3. 第二道支撑及土方开挖	216	2019-7-1	2020-2-1	
4. 褥垫层、混凝土垫层	207	2019-7-12	2020-2-3	
5. 底板（含防水层）	219	2019-7-14	2020-2-15	
6. 侧墙	227	2019-8-2	2020-5-15	
7. 顶板（含防水层）	269	2019-8-21	2020-5-15	
二、南农地下通道	212	2019-11-1	2020-5-30	
1. SMW工法桩	15	2019-11-1	2019-11-15	

续表

项目名称	日历天	开始时间	完成时间	备注
2. 冠梁、第一道支撑	30	2019-12-2	2019-12-31	
3. 第二道支撑	40	2019-12-20	2020-1-28	
4. 褥垫层、混凝土垫层	51	2020-1-1	2020-2-20	
5. 底板（含防水层）	66	2020-1-5	2020-3-10	
6. 主体结构（含防水层）	111	2020-1-21	2020-5-10	
7. 回填	93	2020-2-28	2020-5-30	
三、路基工程	442	2019-6-1	2020-8-15	
1. 清理与掘除	30	2019-6-1	2019-6-30	
2. PHC管桩施工	123	2019-7-1	2019-10-31	
3. 双向搅拌桩施工	92	2019-8-1	201-10-31	
4. 高压旋喷桩施工	62	2019-9-15	2019-11-15	
5. 路基填筑	345	2019-9-1	2020-8-10	
6. 改河工程	164	2019-3-5	2019-8-15	
四、桥涵工程	255	2019-10-5	2020-6-15	
1. 人行天桥	42	2019-10-5	2019-11-15	
2. 混凝土箱涵	228	2019-11-1	2020-6-15	
五、路面工程	295	2019-10-26	2020-8-15	
1. 明开排水管线施工	118	2019-10-26	2020-2-20	
2. 沉井施工	122	2020-3-1	2020-6-30	
3. 顶管施工	132	2020-4-6	2020-8-15	
六、附属工程	260	2020-2-15	2020-10-31	
七、交工验收	15	2020-11-1	2020-11-15	

2.5 施工资源的需求及计划

2.5.1 主要施工人员配备

（1）项目经理部人员配备（表2-9）

项目经理部管理人员配备表　　　　　表2-9

序号	岗位	人数	序号	岗位	人数
1	项目经理	1	11	会计、出纳	2
2	项目党支部书记	1	12	合同工程师	1
3	总工程师	1	13	合同员	4
4	安全总监	1	14	结构工程师	1
5	首席质量官	1	15	质检工程师	1
6	项目副经理	4	16	桥梁结构工程师	1
7	专职安全员	6	17	质检员	2
8	试验室主任	1	18	测量工程师	1
9	试验员	5	19	测量员	2
10	财务负责人	1	20	技术员	6

续表

序号	岗位	人数	序号	岗位	人数
21	施工员	8	24	物料员	3
22	办公室主任	1	25	后勤人员	2
23	办公室文员	3	合计		60

（2）不同施工阶段人员配备（表2-10）

本项目工程量大，劳动力需求多，但施工工作面有限，根据本工程总体施工部署和工程进度安排，合理组织、有计划地安排人员进退场，做到既满足生产又井然有序，在高峰期上场劳动力总人数1470人方可满足施工需要。

工程各施工阶段劳动力投入计划表　　　　表2-10

序号	工种	2019年			2020年			
		二季度	三季度	四季度	一季度	二季度	三季度	四季度
1	各工区管理人员	71	86	96	96	96	78	63
	小计	71	86	96	96	96	78	63
隧道（管廊）、农大地下通道施工								
1	钢筋工	50	120	150	130	110	50	30
2	架子工	0	100	110	100	80	30	10
3	模板工	50	70	90	80	75	55	20
4	防水工	0	50	65	60	50	10	0
5	混凝土工	50	100	120	95	60	15	0
6	降水工	50	55	60	50	30	10	0
7	电焊工	45	110	150	100	70	20	20
8	电工	10	10	10	10	10	10	10
9	起重工	20	25	30	30	20	15	10
10	机修工	20	20	20	15	15	10	5
11	机械司机	50	20	40	80	30	40	80
12	普工	80	100	150	80	60	40	20
13	其他人员	50	60	150	80	80	50	30
	小计	475	840	1145	910	690	355	235
道路路基、桥涵施工								
1	钢筋工	10	20	20	30	25	15	6
2	混凝土工	5	15	20	25	20	10	5
3	模板工	5	10	15	30	30	10	5
4	电焊工	5	10	15	30	30	20	5
5	起重工	6	10	10	10	6	5	5
6	机械司机	30	25	25	30	30	25	10
7	普工	20	20	20	20	20	20	20
8	其他人员	20	20	20	20	20	10	10
	小计	101	130	145	195	181	115	66
排水管线施工								
1	起重工	0	5	5	5	5	5	0

续表

序号	工种	2019年			2020年			
		二季度	三季度	四季度	一季度	二季度	三季度	四季度
2	机械司机	0	10	10	10	8	5	0
3	钢筋工	0	10	10	10	15	10	5
4	电焊工	0	8	8	8	8	8	8
5	混凝土工	0	5	5	5	5	5	5
6	模板工	0	6	6	6	6	6	6
7	普工	20	20	20	20	20	20	20
8	其他人员	10	15	20	10	10	10	10
	小计	30	74	84	74	77	69	54
	合计	677	1135	1470	1275	1044	617	418

2.5.2 施工装备

2.5.2.1 主要施工机械设备

本工程主要施工设备见表2-11～表2-22。

地基加固、SMW工法桩施工主要机械一览表　　表2-11

序号	名称	型号规格	单位	数量
1	搅拌桩机	三轴 BZ70SMW	台	8
2	水泥罐	30t	台	8
3	潜水泵	QDX6-18-0.75	台	1
4	灰浆搅拌机	JZC400	台	4
5	贮浆桶	—	台	4
6	注浆泵	BW320	台	4
7	空压机	ZLS04-400i	台	1
8	挖掘机	PC300	台	1
9	履带吊	50t	台	1
10	振动锤	YZPJ-100	台	1
11	千斤顶	YQ-50	台	1
12	水泥浆比重计	ANY-1	套	2
13	电箱	200A	只	8
14	发电机	300kW	台	1

钻孔灌注桩施工主要机械一览表　　表2-12

序号	名称	型号规格	单位	数量
1	钻机	SR280R、GF350	台	3
2	泥浆泵	CYB-1	台	3
3	排浆泵	100NL	台	1
4	电焊机	BX1-300A，500A	台	3
5	泥浆检测器	ANY-1	套	1

续表

序号	名称	型号规格	单位	数量
6	吊车	25t	台	3
7	导管	Φ258mm	米	40
8	泥浆固化机	XMZ600/1500	台	1
9	电箱	200A	只	6
10	发电机	300kW	台	1

PHC管桩施工主要机械一览表　　　　　表2-13

序号	名称	型号规格	单位	数量
1	静压桩机	山河1060	台	1
2	履带吊	50t	台	1
3	电焊机	AX400	台	1
4	挖掘机	PC300	台	1
5	电箱	200A	只	2
6	发电机	300kW	台	1

水泥双向搅拌桩施工主要机械一览表　　　　　表2-14

序号	名称	型号规格	单位	数量
1	搅拌桩机	SJB-2	台	6
2	水泥罐	30t	台	6
3	潜水泵	QDX6-18-0.75	台	1
4	灰浆搅拌机	JZC400	台	3
5	贮浆桶	—	台	3
6	注浆泵	BW320	台	3
7	空压机	ZLS04-400i	台	1
8	挖掘机	PC300	台	1
9	水泥浆比重计	ANY-1	套	1
10	电箱	200A	只	6
11	发电机	300kW	台	1

高压旋喷桩施工主要机械一览表　　　　　表2-15

序号	名称	型号规格	单位	数量
1	旋喷桩机	XP-30	台	2
2	水泥罐	30t	台	2
3	潜水泵	QDX6-18-0.75	台	1
4	灰浆搅拌机	JZC400	台	1
5	贮浆桶	—	台	1
6	注浆泵	BW320	台	1
7	空压机	ZLS04-400i	台	1
8	挖掘机	PC300	台	1
9	水泥浆比重计	ANY-1	套	1
10	电箱	200A	只	2
11	发电机	300kW	台	1

沉井、顶管主要机械一览表   表2-16

序号	名称	型号规格	单位	数量
1	双液变量注浆泵	SYB-60/5	台	10
2	泥水平衡顶管设备	NPD1500	套	2

基坑开挖与地下结构施工主要机械一览表   表2-17

序号	名称	型号规格	单位	数量	用途
1	反循环钻机	GF-200	台	2	
2	潜水泵	QDX6-18-0.75	台	260	井点降水
3	高压水泵	3DZ-SZ	台	10	
4	履带吊	80t	台	1	
5	挖掘机	PC320	台	5	
6	挖掘机	PC220	台	5	基坑挖土
7	挖掘机	PC65	台	10	
8	长臂挖掘机	PC400	台	16	
9	推土机	T220	台	5	场内倒土
10	自卸卡车	斯太尔	台	30	出土
11	组合千斤顶	200t	台	5	支撑结构安装
12	履带吊	80t	台	1	
13	空压机	W-2.5/5	台	5	
14	电焊机	AX400	台	20	
15	插入式振捣器	B-75	台	10	
16	插入式振捣器	BM800/Φ50	台	10	
17	混凝土湿喷机	TK-600	台	5	
18	泵车	60m	台	20	隧道、管廊地下结构施工
19	混凝土运输车	B40	台	3	
20	高空作业车	粤海	台	5	
21	液压小叉车	5t	台	5	
22	汽车吊	QY25	台	10	
23	升降平台	STY05-6	套	5	
24	发电机	GF200	台	2	应急备用

路基施工主要机械一览表   表2-18

序号	名称	型号规格	单位	数量
1	挖掘机	LS-200	台	10
2	装载机	ZL50	台	10
3	路拌机	雷创2000	台	4
4	自卸汽车	DF140	台	20
5	旋耕机	路北504	台	2
6	压路机	YZ26/2.5t	台	2
7	压路机	YZ26/12t	台	5
8	压路机	LS220/12t	台	5
9	推土机	T220	台	2
10	平地机	PY180	台	5

安全、文明施工机械设备一览表 表2-19

序号	名称	型号规格	单位	数量
1	洒水车	8000L	辆	2
2	水雾喷淋系统	3200m/500m	套	2
3	雾炮机	BCT-WP	台	10
4	扬尘监测系统	广联达	套	1
5	视频监控系统	广联达	套	1
6	水泵	QDX6-18-0.75	台	12
7	平板拖车	斯太尔 50t	台	5

主要监测设备一览表 表2-20

序号	名称	型号规格	单位	数量
1	轴力计	Gemho	台	1
2	焊接式应力计	Gemho	台	1
3	测斜仪	CX-06A	台	1
4	全站仪	Topcon ES-101	台	1
5	电子水准仪	Trimbledini03	台	1
6	水位计	SWJ01	台	1
7	频率仪	SS-Ⅱ	台	2

主要试验和检测仪器设备表 表2-21

序号	名称	规格	单位	数量
1	混凝土压力机	200t	套	2
2	钢筋万能试验机	配电脑,支持数据采集	套	2
3	水泥净浆搅拌机	NJ-160A	套	2
4	水泥胶砂搅拌机	NRJ4118	套	2
5	水泥雷氏沸煮箱	FZ-31A	套	2
6	水泥胶砂振动台	ZT-96	套	2
7	雷氏夹	LJ-175	套	1
8	水泥负压筛析仪	FYS-150B	套	1
9	水泥维卡仪	CIIN-1	套	1
10	水泥标准养护箱	YH-40B	套	10
11	标养室自动控制仪	BYS-Ⅱ（15-20m²）	套	5
12	混凝土振动台	HZJ-A	套	2
13	砂浆稠度仪	NLD-3	套	5
14	混凝土压力泌水仪	ST-2	套	3
15	混凝土贯入阻力仪	0~1200N	套	1
16	混凝土渗透仪	NS40	套	1
17	回弹仪	HT-20	套	5
18	钢筋保护层测定仪	HC-GY20	套	2
19	震击标准振筛机	ZBSX-92A	套	1
20	土工脱模机	—	套	1
21	混凝土试块脱模机	—	套	1
22	CBR测定仪	—	套	1
23	烘箱	101B-2	套	10
24	重型击实仪	DZY-Ⅱ	套	1

续表

序号	名称	规格	单位	数量
25	液塑限联合测定仪	LP-100	套	1
26	灌砂筒	φ150	套	2
27	环刀法仪器	—	套	1
28	水泥抗折抗压试验机	配电脑，支持数据采集	套	1
29	混凝土抗渗仪	HP4（数显）	套	1
30	方孔筛	φ300 冲框	套	4
31	针片状规准仪	ISO	套	1
32	压碎值测定仪	EP-33071	套	1
33	弯沉仪	PWD8000	套	1
34	电子天平	YP6001（6000g/0.1g）	套	2
35	干燥器	100～400mm	套	1
36	台秤	感量5g，称重15kg	套	1
37	天平	感量1g，称重1000g	套	1
38	胶砂抗压夹具	40mm×40mm	套	2
39	碎石标准筛	3～15mm	套	1
40	砂标准筛	0.15～4.75mm	套	1
41	李氏比重瓶	220～250ml	套	1
42	灰剂量测定设备	FJ2000	套	1
43	收敛仪	JSS30A	套	1

主要测量设备一览表　　　　　　　　　　　　　　表 2-22

序号	名称	规格	单位	数量
1	徕卡全站仪	TS09plus-1R500	台	5
2	徕卡电子水准仪	DNA03	台	5
3	测斜仪	CX-801E	台	3
4	测斜仪	CX-921H	台	3
5	频率读数仪	BP-35	台	1
6	频率读数仪	609A	台	1
7	钢钢尺	铟钢水准标尺	根	2
8	水位计	JTM—8090	台	5
9	激光测距仪	徕卡 DISTO-X310	台	5

2.5.2.2 主要施工机械设备管理

1. 机械设备配置原则

（1）抽调精良的施工设备，主要以新好设备为主，部分施工机械设备新购，数量足够并有富余量。

（2）对设备进行检测、维修与调试，保证其完好率，确保上场设备的机械性能完好、设备数量充足，以优良的状态投入到施工生产中，保证工程的施工，满足业主要求。

（3）对驾乘人员进行思想动员，宣传工程建设的重大意义，进一步了解机械性能、安全规则、交通法规，确保施工安全。

（4）主要设备仪器的选型配备，是按照施工总进度和月高峰强度确定的，同时考虑了特殊情况下的应急设备、备用设备，以确保施工工期和工程质量，满足工程施工的需要。

（5）考虑突发性事件所需的工程抢险应急设备，备好应急抢险设备。

2. 机械设备进场原则

对于机械设备依据施工进度和现场施工的要求进行动态管理。根据工程施工的先后顺序超前计划，按时供应，分期分批进场并留有备用量，既要确保满足施工需要，又不造成机械过多闲置。

3. 机械设备维护保养

（1）所有进场的机械设备都达到Ⅱ类机械设备的要求，并且状况良好，性能优良；

（2）所有机械设备的操作司机做到持证上岗，严格按机械操作规程操作；

（3）所有机械设备严格按照保养手册建立履历档案，按规定时间安排保养，并合理利用每月安排的机械整修时间保养检修，保证计划的有效实施；维修由专业人员完成。

2.6 基坑开挖方法筹划

2.6.1 明挖基坑概况

在城市发展中，都会面临土地紧张、交通拥堵、基础设施无法满足需求等问题，而开发新区是能有效解决这类问题的方法。在开发新区的时候往往会吸取老城区规划上的经验，例如提前规划综合管廊以减少后期新增管线时对人民生活的影响，采用立体式交通缓解交通压力。施工隧道是实现立体式交通的主要方式，主要施工方式有明挖法、盖挖法、浅埋暗挖法、盾构法，而对于城市新区，主要采用明挖施工法，其造价低、施工安全性高。

在建设初期，根据现场地质状况和当地人、机、料情况合理筹划主要施工方法，包括地基加固、基坑围护结构施工、基坑降水、基坑开挖等。

2.6.2 地基加固

本工程地层是以淤泥质粉质黏土为主，掺杂粉细砂的地质结构，地质条件差，需要进行基坑底地基加固。如图2-10、图2-11所示，地基加固形式为三轴搅拌桩抽条。裙边加

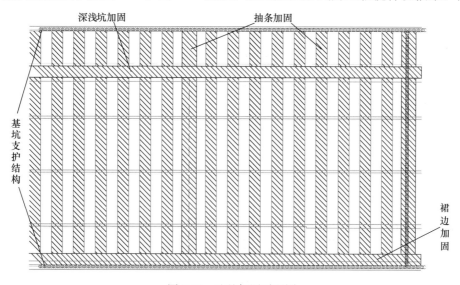

图 2-10 地基加固平面图

固,在围护桩内侧和隧道管廊基底高低差处进行裙边加固,各条裙边加固之间进行抽条加固,通过抽条加固和两侧的裙边加固形成的加固土体有效增加了基坑底被动土压力区的土体强度和侧向抗力,防止因基坑内侧隆起而造成的围护结构破坏。

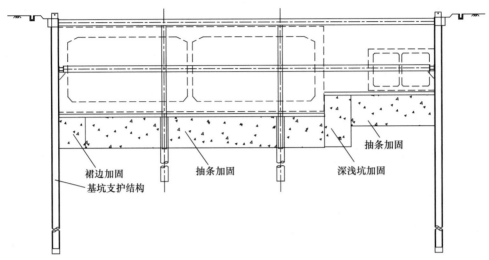

图 2-11 地基加固断面图

2.6.3 基坑围护结构

本工程位于长江北岸,与正在建设的长江第五大桥相连,是南京市江北新区路网的重要组成部分。该工程采用主路在下,辅路在上的立体交通模式,主路采用明挖隧道,明挖基坑重要部分就是基坑支护,明挖基坑主要采用的支护形式有:放坡喷锚支护、重力式挡墙支护、SMW工法桩支护、钻孔灌注桩支护、地下连续墙支护等。横江大道建设工程距离长江不足 2km,地下水位高,基坑围护结构的止水要求较高,综合考虑后采用 SMW 工法桩、混凝土灌注桩相结合的围护结构形式,内支撑采用钢筋混凝土支撑+钢管支撑的支护形式,如图 2-12~图 2-14 所示。SMW 工法桩兼顾支护和止水两方面作用,桩体施工与

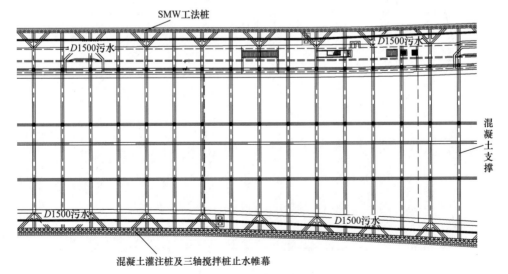

图 2-12 第一层混凝土支撑平面图

三轴搅拌桩相同,为水泥土搅拌桩,内插 H 型钢以获得足够的强度,是利用了水泥土的止水性和 H 型钢的承载力的复合式围护结构,采用套接一孔施工方式,H 型钢在插入前涂刷隔离剂,能够在基坑回填后拔除达到重复利用的效果。由于混凝土灌注桩没有止水效果,需要在基坑外侧另外增加一道三轴搅拌桩止水帷幕。

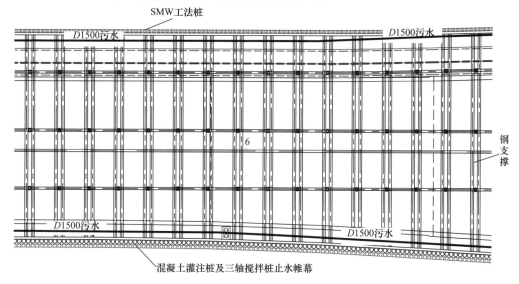

图 2-13 第二层钢支撑平面图

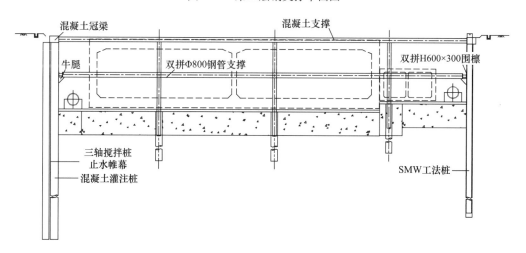

图 2-14 基坑围护结构断面图

2.6.4 基坑降水

基坑围护结构施工完毕后,整个基坑形成了一道悬挂式止水帷幕,仅需要在基坑内进行降水即可保证地下水位低于基坑底 0.5m 以上,采用井点降水,经过计算,降水井深度为 18~25m。井管为钢管,滤管外包锦纶滤网,滤料为中粗砂。针对不同部位和底层布置降水井,横向每隔 15~20m 布置一口降水井,顺向每隔 25~35m 布置一口降水井,在基坑端头附近阴角处增设降水井,并且在适当位置设置观察井。降水井布置时需考虑基坑开挖后便于维护，尽量设置在混凝土支撑附近，且不能进入墙体的施工范围，降水井布置可根据现场情况进行调整，降水井布置如图 2-15 所示。在基坑左侧设置一条通长排水沟，降水井抽出的地下水通过排水沟汇聚到沉淀池，经沉淀后方可排放。

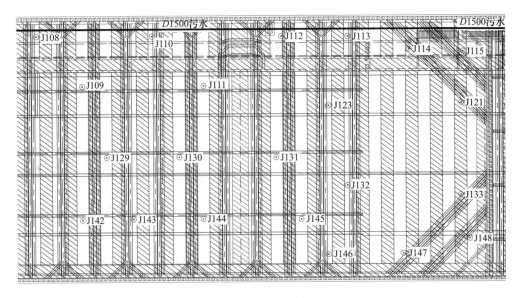

图 2-15 降水井平面布置图

2.6.5 基坑开挖部署

本工程地处长江漫滩地区，地层为以淤泥质粉质黏土为主，掺杂粉细砂。区域内河流、湖泊较多。地下水源丰富，基坑开挖时需要采取严格的隔水降水措施，而合同规定工期仅为 19.5 个月，如果将基坑的围护结构和隔水措施全部施工完毕后再进行开挖，无法保证按期完工。

根据本工程基坑狭长的特点，创造性地将基坑分为：A、B、C、D、E、f、g、h、i 共 9 个施工流水段，如图 2-16 所示，其中 A、B、C、D、E 5 个基坑为主基坑，长度 200～240m 不等，其中 D、E 为隧道出入口处 U 形槽基坑，f、g、h、i 4 个基坑为转场段，布置于前面 5 个基坑之间，从北向南基坑的顺序为：D、f、A、g、B、h、C、i、E。

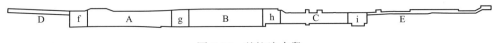

图 2-16 基坑流水段

将基坑分解后就可以根据基坑的施工难易程度安排流水施工。所有基坑主要分为两期，如图 2-17 所示，第一期施工 A、B、C、D、E 5 个主基坑，第二期施工 f、g、h、i 4 个基坑。

图 2-17 基坑施工顺序

基坑间采用一道 SMW 封堵墙分隔，采取流水作业施工，首先施工一期 5 个主基坑的地基加固和围护结构，在主基坑开始进行下一步施工时，开始二期 4 个基坑地基加固和围护结构。通过这种流水作业的方式有效缩短了工期，达到各工点同步施工互不干扰的效果。

2.6.6 基坑开挖顺序

明挖隧道开挖土方量大，并且在开挖过程中要及时架设钢支撑和钢系梁，第一层混凝土支撑和钢支撑之间的间距仅为 3～5m，受多层支撑体系空间位置影响，如图 2-18 所示。

常规的方案有两种。第一种，使用挖掘机开挖至钢支撑底面以下 500mm 后开始架设钢支撑和钢系梁，基坑两侧采用长臂挖掘机开挖，小型挖掘机配合将土方由中间向两边运送至长臂挖掘机开挖范围内。这种方式开挖速度慢，难以满足工期要求。第二种，预留运输车下基坑的坡道，坡道处的混凝土支撑先不施工，开挖至钢支撑底面以下 500mm，运输车由坡道行驶到第二层开挖面，将土方运出，此方案对基坑安全影响较大。

图 2-18 基坑支护图

最终通过几种方案的比对，采用两台阶倒退式整体开挖方法（图 2-19）。先开挖至钢支撑底面以下 500mm，立即架设钢支撑和钢系梁，将一台挖掘机移动到此平面上，由这台挖掘机将钢支撑以下的土方运至上层挖掘机的开挖范围内，由上层挖掘机将土方开挖并装车。这种开挖方式在保证基坑安全的前提下，提高了土方开挖速度，保证工程按期完工。

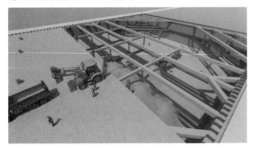

图 2-19 基坑开挖示意图

2.7 科技攻关筹划

本工程位于长江漫滩地区，土质为淤泥质土层，在工程建设中属于典型的软弱土层。施工区土体物理力学性质复杂，由极细的黏土颗粒、有机物、氧化物等固相物质组成，具有含水量高、孔隙比大、压缩性高、强度低、渗透性差、结构性差和流变性显著等特点。在开挖过程中基坑会产生较大变形，坑底易发生隆起，由于淤泥质土的蠕变特性，变形稳定时间长。项目基坑工程是长距离、大跨度、形状不规则、边界条件复杂的变断面基坑。基坑时空效应明显，分部、分序开挖，支护结构体系种类多、结构转换频繁，基坑群中各基坑的开挖深度和形状不同，界面相互交织，形成受力体系复杂的围护结构和支撑体系，基坑开挖和支护的技术难度大。依托横江大道 SG2 标基坑工程，开展淤泥质土大跨度变断面基坑施工关键技术研究，对于解决项目技术难题、掌握淤泥质土层深大基坑施工技术及大跨度变断面基坑受力变形规律具有重要的实际意义。

（1）研究淤泥质土蠕变特性对大跨度基坑性状的作用规律，为基坑结构设计、施工优化提供基础。

（2）研究时空效应下淤泥质土大跨度长距离基坑的工序组织、分段开挖、支撑架设等施工方法，保障基坑的顺利施工。

（3）研究淤泥质土基坑变断面及结构转换等关键节点的变形控制技术，解决基坑阳角等不稳定部位的支护加固难题。

（4）开展SMW工法桩型钢高效减阻技术研究，解决工法桩拔出困难、拔出率较低及回收利用问题。

（5）积累技术经验，培养高水平技术和管理人才，为公司类似工程项目提供技术储备和支撑。

2.8 BIM工作筹划

本工程是南京市江北新区的重点工程，也是我公司在隧道管廊共坑施工工程的BIM试点应用项目。在依据《关于建筑信息模型应用的指导意见》《2016—2020年建筑业信息化发展纲要》等政策文件、南京市政府及建设单位打造品质工程等方面的要求上，针对本项目特有的结构形式和工程体量大、难度高、工期紧、总体工程筹划管理难度极大等重难点问题，充分利用BIM技术的可视化、可模拟性、可优化性、可出图性等特点，编制了适用于本项目的《BIM技术实施方案》，确定了场站标准化建设、大型隧道管廊基坑开挖仿真、标准化安全设施多阶段动态资源配置等BIM应用点。为保障BIM应用顺利进行，在项目上组建了由建设单位牵头，形成保障层、管理层、实施层、操作层的四级BIM实施组织体系。其中建设单位和施工单位的管理者为项目BIM应用提供总体保障，另外以项目经理为组长，同时把劳务作业队伍纳入管理，形成全员参与的组织体系（分为管理层和实施层），并针对各责任部门，进行了细致的任务分工，确定了总体BIM应用的工作流程。同时配置了完善的硬件设施，并确定了主要以Autodesk平台和BIM＋智慧工地协同平台开展应用。通过在本项目上采用BIM技术，期望以BIM深度应用来解决工程重难点问题，提高项目管理水平，提升现场施工效率，保证工程进度、质量和安全，助力项目打造品质工程和平安工地，形成一套BIM技术在隧道管廊共坑工程中的应用体系，并为类似项目起到示范作用。

2.9 智慧工地建设筹划

本工程通过智慧工地的建设，基于BIM、云计算、大数据、互联网、移动设备和智能应用等先进的现代化技术的综合应用，将会让施工现场更加透彻，更加高效地解决整个项目的重点、难点；给管理人员提供了一个全面、智能的监控和管理平台，有效地提高了现场管理工作效率，同时也是对现场人、机、料、各环节的管控，对施工进度和成本的管控，减少人、物、财力的资源浪费。通过事前控制，极大地降低了安全事故发生的概率，也能规范质量安全检测、检查，从而保障施工质量和施工安全；避免资源浪费，而且能够通过视频监控内容，提前发现问题，及时处理问题，极大程度上阻止了工作滞后的情况发生。

实施智慧工地在本项目中的具体实施可分为 3 个阶段，分别是前期规划设计、中期施工管理及实施、后期总结与提高。坚持秉承技术适用、高效益的原则，确保智慧工地建设的科学性、合理性、针对性，以满足不同难点的不同需求，做到深研究、细规划、真落实。通过云计算、大数据、物联网、移动应用、智能建造＋BIM 等先进技术和综合应用，将施工过程中涉及的人、机、料、法、环等要素进行实时动态采集，有效支持现场作业人员、项目管理者提高施工质量、进度水平，减少成本，实现更准确及时的数据采集、更智能的数据挖掘和分析及更智慧的综合预测。实现了业主、监理、施工等各参建方在质量安全管理、资料审批管理等方面的协同，提高了工作效率，促进了精细化管控。以满足南京市智慧工地平台统一要求，实现差别化管理，为创建年度江苏省"平安工地"、建设省级"示范工地"、打造品质工程提供了强有力的支撑。

2.10　品质工程创建筹划

本项目服务于横江大道，是江北新区的重要通道，南京市重点工程。为打造"品质工程"，建设单位提出了高标准与高要求。工程设计定位为长效、环保、生态的快速通道，建设标准高，因此，创建全方位的"品质工程"是工程管理的必然趋势。本工程明确了创建品质工程的重点任务。

（1）提升工程管理水平

本项目开展了"专业化、标准化、精细化、信息化、规范化"的管理模式，完善了管理体系。

（2）提升工程科技创新能力

建立了运行有效的科技创新管理制度，制订了科技攻关计划，保障科研经费投入，建立四新技术清单。针对工程重难点问题，开展了淤泥质土层大跨度变断面基坑施工关键技术研究。

（3）提升工程质量水平

严格执行"三检制"及首件工程，确保质量形成过程记录真实完整，闭环可追溯。通过改进施工工艺，优选适用材料，改善施工条件，落实耐久性保障措施。

（4）提升工程安全环保水平

动态开展危险源辨识和风险评估，建立风险管控制度和隐患排查治理制度，开展应急演练和人员避险自救培训，提升安全管理水平。保障生态环保施工、节约资源、节能减排。

（5）提升打造品质工程的软实力

建立管理人员与工人岗位考核和培训机制，开展职业道德、专业技能培训等活动，举办知识竞赛和技能比武等活动，培育了一系列品质工程文化。

隧道管廊共坑施工技术

3.1 共坑施工关键控制技术

3.1.1 概述

随着我国经济的飞速发展，城市人口相对集中，城市道路交通拥堵成为制约城市发展的因素之一，修建地下工程将是解决城市交通拥堵的有效方案。在修建明挖地下隧道工程时统筹地下管廊一体化建设，将地上复杂交错管线统一埋设管理，同时节约重复开挖建设成本、简约规划，成为地下工程建设的优选方案。因此，本工程地下隧道与地下管廊的共坑施工实践，将为今后城市类似明挖共坑隧道的建设提供有力的支持。

3.1.2 深浅坑地基加固

3.1.2.1 深浅坑形成原因

在设计中存在两个以上结构物的共坑工程中，由于各结构物有其独立的使用功能，其外观尺寸、空间位置存在较大差异，导致同一基坑内不同结构物的底标高各不相同，反映到基坑内部即会呈现水平交错的深浅坑基底。本工程基坑为单错台深浅坑，结构形式见图 3-1。

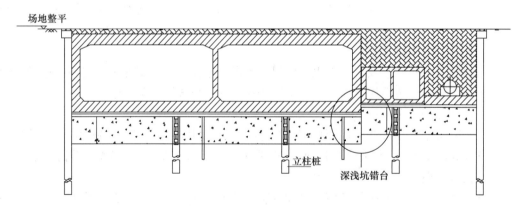

图 3-1 单错台深浅坑结构形式

3.1.2.2 深浅坑基底的处理方法

在有深浅坑结构的基坑内，若将浅坑放大，可将基坑整体看作普通单体结构深基坑，其中存在多个类似雨水泵房、电梯井等小基坑。因此，可在施作一般地基加固的前提下，对深浅坑分界高台处土体进行重点加固，以加强错台土体的承载和抗变形能力，提高结构施工过程中的安全稳定性。一般来说，对于地基土质性质较好，基底掺入水泥，成桩强度较高的,采用水泥土搅拌桩在深浅坑分界处全线做裙边地基加固;对于错台高差较大处,为保证其错台边缘承载能力,可采用承载和抗变形能力更强的钻孔灌注桩的地基加固形式。

3.1.2.3 深浅坑地基加固施作方法

(1) 水泥土搅拌桩地基加固

1) 选用水泥土搅拌桩地基加固

是否采用水泥土搅拌桩进行地基加固,应根据当地基坑土质成桩效果确定,其成桩承载力应满足设计要求,对于高差大于5m的深浅坑,建议采用钻孔灌注桩。

2) 水泥土搅拌桩的施工范围

① 对深浅坑分界线处采用裙边加固形式,加固宽度应与基坑抽条加固宽度基本相同。

② 抽条加固深度应考虑上部结构荷载和深浅坑高差,由设计计算确定,加固深度应高于高差,加固土体应与深坑地基加固相连。抽条加固深度可参照表3-1进行。

深浅坑水泥土搅拌桩地基加固深度表 表3-1

高差(d)	$d \leqslant 1m$	$1m < d \leqslant 2m$	$2m < d \leqslant 3m$	$3m < d \leqslant 4m$	$4m < d \leqslant 5m$	$d > 5m$
较抽条加固深度	可相同	+1m	+2m	+4m	+6.5m	需经计算确定

3) 地基加固水泥土搅拌桩的施工工艺与主要参数

其施工工艺及主要参数见3.2.2节。

4) 施工关键技术

① 为保证深浅坑分界处土体的强度,在进行搅拌桩施工时应严格控制桩位和垂直度偏差,使分界处土体均处于设计加固范围内。

② 控制搅拌桩的下沉搅拌和喷浆速率,合理把控成桩强度。

③ 基坑开挖至浅坑底标高后,应对深坑开挖范围进行测量放线,控制开挖宽度,以免对地基加固造成破坏,影响错台处土体结构强度。

④ 若有因高差较大而需进行内部支撑的边界处,可提前在浅坑边缘插入型钢,待挖至浅坑底部后,将多余型钢切断去除,再进行冠梁与内支撑施工。

(2) 钻孔灌注桩地基加固

1) 选用钻孔灌注桩地基加固

对于高差范围较大的深浅坑,可采用钻孔灌注桩进行地基加固。

2) 钻孔灌注桩的施工范围

桩位布置数量与桩身长度可根据周边结构荷载和内外高差计算确定。

3) 地基加固钻孔灌注桩的施工工艺与主要参数

钻孔灌注桩是一种十分成熟的桩基施工工艺,在地基加固中其施工工艺及主要参数与钻孔灌注桩围护结构相同。

3.1.3 共坑结构施工工序

3.1.3.1 共坑结构与非共坑结构施工差异

由于在共坑结构中,存在管线的多种结构物,与一般整体地下结构相比,不具备连续的横向受力结构。在共坑结构中增设了传递横向轴力的辅助结构,以保证结构施工中基坑换撑拆撑时基坑底部支护结构的安全稳定,因而造成施工工序上有所差异。辅助受力结构如图 3-2 所示。

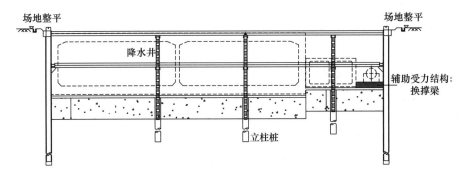

图 3-2 共坑结构中的辅助受力结构

3.1.3.2 共坑结构整体施工工序

本工程部分基坑内隧道、管廊和管道共坑,在埋设管道范围内仅有灰土用作缝隙填充,在埋设管道的底部设置间距 1m 混凝土换撑梁,连接管廊和基坑支护结构侧壁。施作顶板,拆除顶部混凝土支撑进行坑内换撑时,基坑两侧围护结构底部由连续的隧道底板、管廊底板和换撑梁承受基坑底侧壁土压力,以保持基坑围护框架结构的稳定性。

增设混凝土换撑梁时施工工序如下:

① 随基坑开挖进行围护结构施工,直至开挖至基坑底部,见图 3-3。

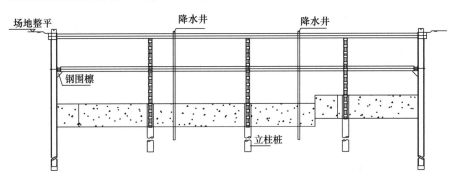

图 3-3 第一道工序

② 依次施作褥垫层、混凝土垫层、防水层、隧道结构底板、管廊结构底板及混凝土换撑梁,见图 3-4。

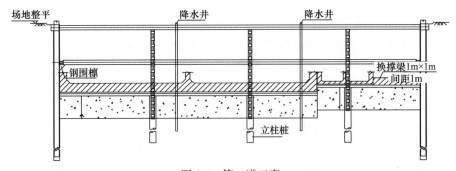

图 3-4 第二道工序

③ 当混凝土达到设计强度后，拆除下部钢支撑，施作隧道结构侧墙至顶部混凝土支撑下 0.5m 处，施作管廊主体结构及污水管，见图 3-5。

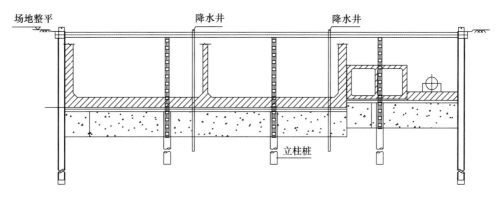

图 3-5 第三道工序

④ 当混凝土结构达到设计强度后，先施作管廊与管线处土方回填，然后施作钢支撑换撑，换撑完成后拆除最上部混凝土支撑，见图 3-6。

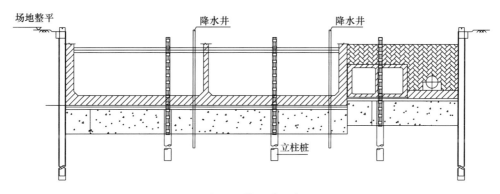

图 3-6 第四道工序

⑤ 施作隧道结构顶板，当混凝土达到设计强度后，拆除隧道内钢支撑换撑，见图 3-7。

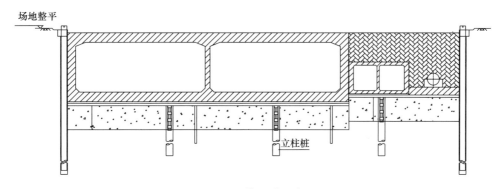

图 3-7 第五道工序

⑥ 拔除两侧围护结构内型钢，拔除后孔隙采用水泥浆封填，继续回填土方至地面标高，见图 3-8。

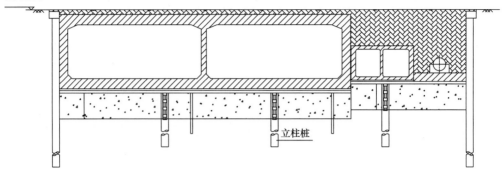

图 3-8 第六道工序

3.1.3.3 共坑结构施工注意要点

(1) 隧道、管廊、管线共坑段增设换撑板，是为了施作侧墙时使基坑底受力结构具有连续性，在后续顶板施工前换撑时，应注意先进行管线处土方回填，后进行换撑，这也是为了保证钢支撑换撑轴力传递的连续性。

(2) 隧道、管廊共坑段施工与上述工序类似，仅缺少换撑板施工工序。

3.2 地基加固技术

3.2.1 概述

横江大道工程距离长江不足 2km，长江两侧为冲积平原，地质条件差，无法直接修建大型基础设施和高等级道路，需要进行全断面地基加固。本节主要介绍三轴搅拌桩、水泥双向搅拌桩、PHC 管桩地基加固技术。

3.2.2 三轴搅拌桩

3.2.2.1 施工工艺概述

本工程隧道和管廊基底加固使用三轴搅拌桩机施工，其原理是利用搅拌桩机的三个中空叶片为工具，在地基土层中充填水泥浆并同时加入高压空气，同时钻机对水泥土进行充分搅拌，形成较为均一的水泥土，并置换出大量原状土。水泥土固化后，将形成具有一定强度和抗渗能力的水泥土桩体。用于地基抽条及裙边加固的水泥土搅拌桩，桩径 850mm 套接 250mm，包括空桩 21.7 万 m，实桩 13.5 万 m。其中实桩为基坑底标高以下的部分，空桩为基坑底标高以上的部分。其施工工艺见图 3-9、图 3-10。

3.2.2.2 三轴搅拌桩工艺特点

三轴搅拌桩本质为水泥土搅拌桩，在相同水泥掺入量的情况下不同的土质所形成的桩体强度也不同，为了达到更好的成桩效果，需针对不同地质情况采用不同的水泥掺入量、水灰比、喷浆速度、提升速度等参数，具体施工参数通过试桩的方式确定。

3.2.2.3 三轴搅拌桩参数确定

三轴搅拌桩空桩部分在后续施工中会挖除，故空桩部分不进行试桩。

3 隧道管廊共坑施工技术

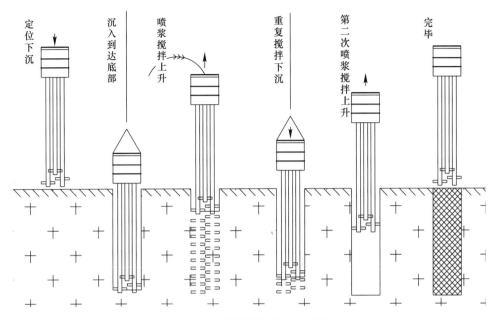

图 3-9 三轴搅拌桩施工示意图

决定三轴搅拌桩最终成桩质量的主要因素有水泥掺入量和水灰比，次要因素有下沉提升速度和喷浆速率。根据设计文件和类似工程经验设置 4 种水泥掺入量、2 种水灰比、2 种下沉提升速率，组合成 16 组试桩参数组合。每米桩所需浆液体积计算公式见式（3-1）。钻头下沉、上升时每分钟喷浆量的计算公式见式（3-2）、式（3-3）。

$$V = \frac{3x\rho_2 \pi r^2 (y\rho_1 + 1)}{\rho_1} \quad (3\text{-}1)$$

式中 V——每米桩所需浆液体积（m^3）；
x——水泥掺量（%）；
y——水灰比（一般取 1~1.5）；
ρ_1——水泥密度（kg/m^3）；
ρ_2——土密度（一般取 $1800kg/m^3$）；
r——三轴搅拌桩桩体半径（m）。

$$V_1 = \frac{V}{v_1 + v_2} \quad (3\text{-}2)$$

$$V_2 = \frac{V}{v_1 + v_2} \quad (3\text{-}3)$$

式中 V_1——钻头下沉时每分钟喷浆量（m^3/min）；
V_2——钻头上升时每分钟喷浆量（m^3/min）；
v_1——钻头下沉速度（一般取 0.5~1.0m/min）；
v_2——钻头上升速度（一般取 1.0~2.0m/min）。

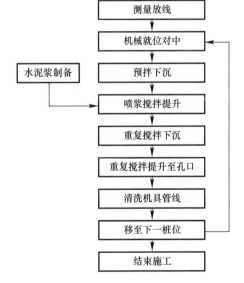

图 3-10 三轴搅拌桩施工工艺流程图

对试桩桩体进行钻芯取样送检，得到 16 种桩体的 28 天无侧限抗压强度，根据实验数据选取既满足设计要求又较为经济的施工参数。

3.2.2.4 三轴搅拌桩质量

三轴搅拌桩施工的主要质量控制项目有：桩位偏差、垂直度偏差、桩体强度。

（1）桩位偏差

根据设计文件要求的加固范围绘制桩位布置图（图 3-11），使用全站仪进行放样，开挖导沟，可以使用吊锤法在施工中控制桩位，在导沟边挂线，并在线上每一幅搅拌桩的中心做标记，控制横向水平位置。在机械钻头焊接三脚架并吊重锤控制顺向水平位置。

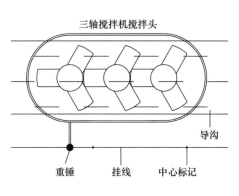

图 3-11 桩位偏差示意图

（2）垂直度偏差（图 3-12）

三轴搅拌桩机垂直度要求较高，主要采用桩基本身垂直度感应器测量，必要时可以采用全站仪测量，采用全站仪检测时需要分别从两个方向分别测量，测量视线夹角为 90°。

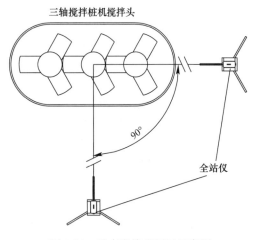

图 3-12 垂直度偏差测量示意图

（3）桩体强度

三轴搅拌桩质量的关键指标是桩体强度，采用相匹配的施工参数才能保证桩体强度达到设计要求。施工参数一般由试桩得出，当出现以下情况时需要进行试桩：工程开工前、同一工程但地质结构发生重大变化、地层出现大的断裂带。

3.2.3 水泥双向搅拌桩

3.2.3.1 施工工艺概述

水泥双向搅拌桩为水泥土搅拌桩。水泥土搅拌桩的施工工艺主要有：浆液搅拌法（即湿法）、粉体搅拌法（即干法）。水泥土搅拌桩就是利用专用的喷粉或喷浆搅拌钻机将水泥等粉体或浆液喷入软土地基中，并将原位软土与胶凝材料强制搅拌，使胶凝材料与原位软土形成具有一定强度的水泥桩体，使桩与土共同作用形成具有整体性、水稳定性和一定强度的复合地基的一种施工工艺。

水泥双向搅拌桩是在单向水泥搅拌桩的基础上改进而来,是一种全新的软基处理技术,被广泛用于软土路基的处理,以及房建地基的处理,可有效提高地基的承载力,减小地基的沉降,改善地质情况。其主要施工工艺见图 3-13、图 3-14。

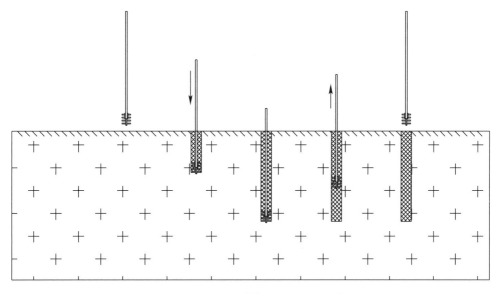

图 3-13 水泥双向搅拌桩施工工艺示意图

3.2.3.2 水泥双向搅拌桩工艺特点

水泥双向搅拌桩本质为水泥土搅拌桩,在相同水泥掺入量的情况下不同的土质所形成的桩体强度也不同,为了达到更好的成桩效果,同三轴搅拌桩一样具体施工参数通过试桩的方式确定。水泥双向搅拌桩宜采用 42.5 级普通硅酸盐水泥,并且根据工程需要适量加入早强、缓凝、减水、节省水泥等的外掺剂,通常采用添加石膏粉来控制水泥水化速度,并提高桩体的早期强度,掺入量宜取水泥用量的 2.0%~3.0%。

3.2.3.3 水泥双向搅拌桩参数确定

决定水泥双向搅拌桩最终成桩质量的主要因素有水泥掺入量和水灰比,次要因素有下沉提升速度和喷浆速率,石膏掺入量一般不需要进行试

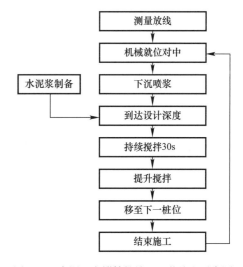

图 3-14 水泥双向搅拌桩施工工艺流程示意图

验。根据设计文件和类似工程经验设置 3 种水泥掺入量、2 种水灰比、2 种下沉提升速率参数,组合成 12 组试桩参数组合。每米桩所需浆液体积计算公式见式(3-4)。钻头下沉、上升时每分钟喷浆量的计算公式见式(3-5)、式(3-6)。

$$V = \frac{x\rho_2 \pi r^2 (y\rho_1 + 1)}{\rho_1} \tag{3-4}$$

式中 V——每米桩所需浆液体积(m^3);

x——水泥掺量(%);

y——水灰比（一般取 0.5～0.6）；
ρ_1——水泥密度（kg/m³）；
ρ_2——土密度（一般取 1800kg/m³）；
r——水泥双向搅拌桩桩体半径（m）。

$$V_1 = \frac{V}{v_1 + v_2} \quad (3\text{-}5)$$

$$V_2 = \frac{V}{v_1 + v_2} \quad (3\text{-}6)$$

式中 V_1——钻头下沉时每分钟喷浆量（m³/min）；
V_2——钻头上升时每分钟喷浆量（m³/min）；
v_1——钻头下沉速度（一般取 0.5～0.8m/min）；
v_2——钻头上升速度（一般取 0.7～1.0m/min）。

对试桩桩体进行钻芯取样送检，得到 12 种桩体的 28 天无侧限抗压强度，根据实验数据选取既满足设计要求又较为经济的施工参数。

3.2.3.4 水泥双向搅拌桩质量

水泥双向搅拌桩施工的主要质量控制项目有：桩位偏差、垂直度偏差、桩体长度、桩体强度。

（1）桩位偏差

水泥双向搅拌桩桩位偏差应小于 50mm，根据设计文件要求的加固范围绘制桩位布置图，桩位一般为梅花状布置，使用全站仪进行放样，使用小木棍或小竹板标记桩位中心点，采用人工目测对中。

（2）垂直度偏差（图 3-15）

水泥双向搅拌桩机垂直度要求较高，施工前需保证架体垂直，偏差不得大于 1%。可以采用全站仪测量，采用全站仪检测时需要分别从两个方向分别测量，测量视线夹角为 90°。

（3）桩体长度

水泥双向搅拌桩桩长是按打穿软土进入相对硬层 50cm 控制，采用设计桩长和电流变化双控原则，即以地勘资料和文件中的处理长度为基础，结合施工机械的电流变化，以确定是否打穿软土层，当电流发生突变，一般电流达到 60～70A，可认为已进入相对硬层，即可以停止下沉开始提升搅拌。在实际施工时可能会

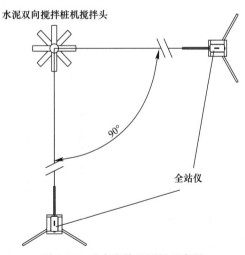

图 3-15 垂直度偏差测量示意图

出现未达到设计桩长电流就发生突变，此种情况就可以停止下沉。不同的施工机械存在差异，电流数值可相对变化，需根据现场实际情况进行调整。

（4）桩体强度

水泥双向搅拌桩质量的好坏关键指标是桩体强度，使用相匹配的施工参数才能保证桩体强度达到设计要求。施工参数一般由试桩得出，当出现以下情况时需要进行试桩：工程

开工前、同一工程但地质结构发生重大变化、地层出现大的断裂带。

当双向搅拌桩作为路基加固措施时，还应进行复合地基承载力检测。

3.2.4 PHC管桩

3.2.4.1 施工工艺概述

PHC管桩是采用离心和预应力工艺成型的圆环形截面的预应力混凝土桩，且桩身混凝土强度等级为C80及以上，由于PHC管桩桩身混凝土强度高，可打入密实的砂层、淤泥质土层和强风化岩层，PHC管桩是由侧阻力和端阻力共同承受上部荷载，由于挤压作用，可以大幅度提高原状土承载力，广泛应用于铁路、公路与桥梁、港口、码头、水利、市政等工程基础。

3.2.4.2 PHC管桩施工工艺特点

根据国家标准PHC管桩混凝土强度等级不低于C80，单桩承载力高，荷载通过桩帽传到桩体，可以充分发挥每根桩的承载能力。可以通过多根短桩接长组合成任意长度，方便运输，且不受施工机械能力和施工场地局限。成桩质量可靠，沉桩后桩长和桩身质量容易控制。其施工速度快。

3.2.4.3 PHC管桩施工工艺

PHC管桩施工方法主要有锤击和静压两种，锤击法沉桩的优点是施工简单、施工质量易控制、工期短、造价低等，但是噪声大，对桩体有一定的破坏。静压法沉桩的优点是完全避免了锤击打桩所产生的振动、噪声和污染，因此施工时具有对桩无破坏、施工无噪声、无振动、无冲击力、无污染等特点。静压法施工工艺与锤击法相比具有明显的优点，故本工程PHC管桩主要采用静压法沉桩。具体施工工艺见图3-16。

在PHC管桩压入前，应检查其长度规格

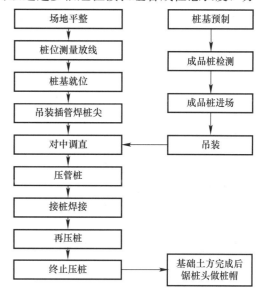

图3-16 PHC管桩施工工艺流程

和长度组合是否满足设计文件要求，压桩按"从内侧向外侧、每根桩先长桩后短桩"的顺序施工，在压后一排桩之前要检查前一排桩的偏位情况。

图3-17 PHC管桩桩帽施工

作为路基加固的PHC管桩沉桩完毕后即可施工桩帽，如图3-17所示，桩帽一般为钢筋混凝土结构，桩帽间及顶部宜回填级配碎石，并铺设土工格栅，在保证复合地基承载力的同时减少因不均匀沉降而造成的路面裂缝。

3.2.4.4 PHC管桩质量

PHC管桩施工的主要质量控制项目有：原材质量、桩位偏差、垂直度偏差、沉桩质量、接桩及焊接质量。

(1) 原材质量

管桩材料进场后,必须按进场批次由管桩厂家提供出厂合格证和材质试验报告。并根据相关规范对成品管桩原材料、构造要求、产品标识、外观质量、尺寸偏差、抗弯性能、混凝土抗压强度等进行检验。

(2) 桩位偏差

根据设计文件要求的施工范围绘制桩位布置图,如图 3-18 所示,使用全站仪进行放样,宜采用竹签或短钢筋头钉入地下,而且须稳固不松动,顶部露出地面 1cm 左右,采用喷涂红漆或系上红绳等方式进行标记,并沿桩轴线用白灰粉撒成网格状以便施工时查找桩位。然后按管桩规格尺寸,以将要施工的桩位为中心,画一个与管外径相等的正方形,桩管对中时,使管桩外径与正方形四边的边框线相切。PHC 管桩施工现场见图 3-19。

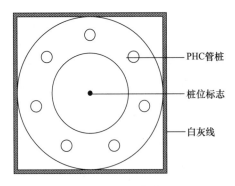

图 3-18 PHC 桩位布置图

图 3-19 PHC 管桩施工现场

(3) 垂直度偏差

PHC 管桩的垂直度偏差应小于 0.5%,控制桩的垂直度十分重要。第一节桩入土 30~50cm 后检查和校正垂直度,如果超差,在保证桩身不裂的情况下及时调整,必要时可慢慢拔出重插,不应采用强拔的方式进行快速纠偏,防止将桩身拉裂、折断。

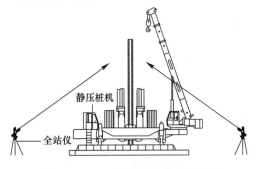

图 3-20 PHC 管桩垂直度偏差测量

在沉桩的过程中,可在桩机周围安全处呈 90°方向设置 2 台全站仪,如图 3-20 所示,测量导杆和桩管的垂直度,其偏差不超过 0.5%。

(4) 沉桩质量

根据设计文件中 PHC 管桩设计压桩力选择复合要求的静压桩基,沉桩速度不宜大于 2m/min,一次压桩行程 1.5~2.0m,压桩力由静压机自带经过标定的压力表确定,严格控制压桩力不超过桩基最大承载力,防止将管桩压裂。

PHC 管桩终止沉桩一般以设计桩长和压桩力进行双控,终压压桩力不小于设计压桩力,如果在沉桩过程中压桩力显著增加,达到最大压桩力,可以终止压桩。

(5) 接桩及焊接质量

PHC 管桩一般需要进行多次接桩,接桩时地下一节桩头应高出地面 1m 左右,接桩应保证桩体接直，错位偏差不应大于2mm，宜采用定位板。如图3-21所示，两节PHC管桩对正后需要将管口金属部分进行焊接，管桩焊接之前，上下端表面应用铁刷清理表面锈迹，直至其坡口处刷出金属光泽，焊接时分层焊接，焊接层数不得少于2层，在坡口四周先对称点焊6点，焊接应由两个焊工对称进行。焊接好的桩接头应自然冷却，并涂刷防锈漆。

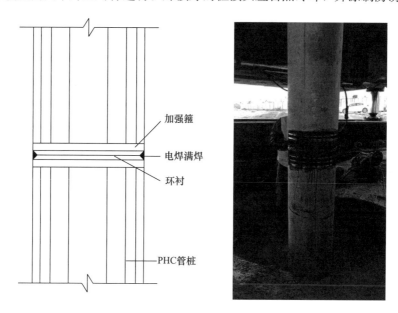

图3-21 PHC管桩接桩构造示意图

3.3 支护结构施工技术

3.3.1 概述

明挖隧道施工最重要的是支护结构的施工，其造价高、技术复杂、涉及范围广、变化因素多、事故频繁，是深基坑工程中的难点，基坑支护结构虽然是临时工程，但却是保证基坑安全的根本。基坑支护结构体系一般包括两个部分，即挡土结构和降水止水体系。在不同的地区、不同的地质条件下，基坑支护的形式也是不同的，城市内毗邻建筑较多，对基坑变形要求较高，郊区或新开地块则相对宽松。基坑支护结构工程是多种复杂因素交互影响的系统工程，需要统筹设计并选择安全、可靠、经济的支护结构。

3.3.2 SMW工法桩

3.3.2.1 施工工艺概述

SMW工法桩即型钢水泥土搅拌墙，是以多轴型钻掘搅拌机在现场向一定深度进行钻掘，同时在钻头处喷出水泥系胶凝材料而与地基土反复混合搅拌，在各施工单元之间则采取重叠搭接施工，然后在水泥土未凝固前插入H型钢作为其应力补强材料，水泥土凝固后，便形成一道具有一定强度和刚度的、连续完整的、无缝隔水的地下墙体。

3.3.2.2 SMW工法桩施工工艺特点

SMW工法桩常用的机械是三轴搅拌桩机，水泥搅拌桩施工方法同三轴水泥搅拌桩，套打一孔，如图 3-22 所示，在水泥土未凝结前插入 H 型钢，形成一种加劲复合围护结构。H 型钢提供围护结构所需要的刚度和强度，连续无缝的水泥土起到隔水的作用。

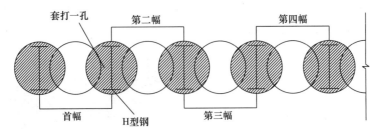

图 3-22　SMW 工法桩施工工序示意图

3.3.2.3　SMW 工法桩施工工艺

SMW 工法桩工艺流程如图 3-23、图 3-24 所示，SMW 工法桩本质为水泥土搅拌桩，在相同水泥掺入量的情况下不同的土质所形成的桩体强度也不同，SMW 工法桩施工参数通过试桩的方式确定。

因为 SMW 工法桩与三轴搅拌桩不同，需要套接一孔施工，首幅按 3 孔喷浆，后续幅按 2 孔喷浆。

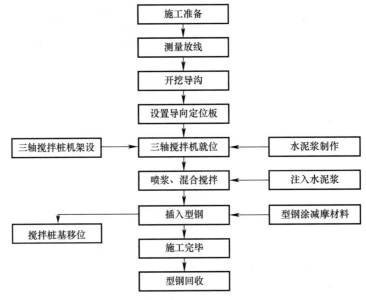

图 3-23　SMW 工法桩施工工艺流程图

首幅喷浆量按照式（3-1）计算。

后续幅喷浆量按式（3-7）计算：

$$V = \frac{2x\rho_2 \pi r^2 (y\rho_1 + 1)}{\rho_1} \tag{3-7}$$

式中　V——每米桩所需浆液体积（m³）；

　　　x——水泥掺量（%）；

　　　y——水灰比（一般取 1~1.5）；

　　　ρ_1——水泥密度（kg/m³）；

ρ_2——土密度（一般取 1800kg/m³）；

r——三轴搅拌桩桩体半径（m）。

钻头下沉、上升时每分钟喷浆量的计算见式（3-8）、式（3-9）。

$$V_1 = \frac{V}{v_1 + v_2} \tag{3-8}$$

$$V_2 = \frac{V}{v_1 + v_2} \tag{3-9}$$

式中 V_1——钻头下沉时每分钟喷浆量（m³/min）；

V_2——钻头上升时每分钟喷浆量（m³/min）；

v_1——钻头下沉速度（一般取 0.5～1.0m/min）；

v_2——钻头上升速度（一般取 1.0～2.0m/min）。

SMW 工法桩所用的 H 型钢采用焊接接长，插入地下前必须涂刷隔离剂（减摩剂），隔离剂种类多样，通常采用沥青基隔离剂，但是其对环境污染较大，横江大道建设工程 SG2 标主要采用的是自主研发的新型隔离剂。

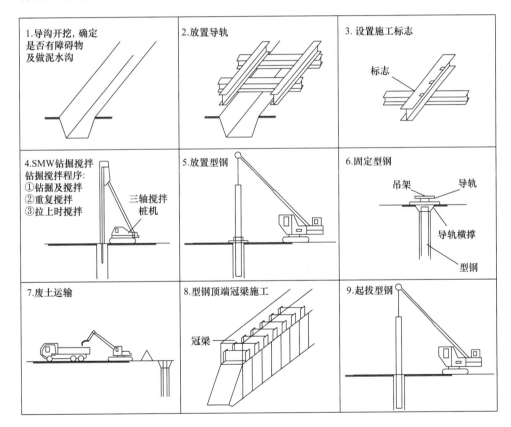

图 3-24 SMW 工法桩施工工艺示意图

3.3.2.4 SMW 工法桩质量

SMW 工法桩施工的主要质量控制项目有：桩位偏差、垂直度偏差、焊接质量。

（1）桩位偏差

根据设计文件要求的加固范围绘制桩位布置图，使用全站仪进行放样，开挖导沟，可以使用吊锤法在施工中控制桩位,在导沟边挂线,并在线上每一幅搅拌桩的中心做标记控制横向水平位置。在机械钻头焊接三脚架并吊重锤控制顺向水平位置。

(2)垂直度偏差

SMW工法桩垂直度分为水泥土搅拌桩垂直度和H型钢垂直度。

水泥土搅拌桩垂直度同三轴搅拌桩垂直度要求,主要采用桩机本身垂直度感应器测量,必要时可以采用全站仪测量,采用全站仪检测时需要分别从两个方向分别测量,测量视线夹角为90°。

如图3-25所示,H型钢垂直度偏差宜采用定位架控制,垂直度偏差应小于0.5%。

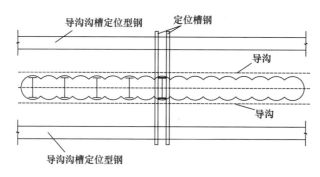

图3-25 H型钢垂直度偏差控制示意图

(3)焊接质量

SMW工法桩尽量使用整根H型钢,如果需要焊接接长应采用坡口焊等强焊接。单根型钢中焊接接头不宜超过2个,焊接接头的位置应避免设在支撑位置或者开挖面附近等型钢受力较大处。相邻型钢的接头竖向位置应相互错开,减少SMW工法桩挡墙的安全隐患。

3.3.3 钻孔灌注桩

3.3.3.1 施工工艺概述

钻孔灌注桩是在工程现场通过机械钻孔、钢管挤土或人力挖掘等手段在地基土中形成桩孔,并在其内放置钢筋笼、灌注混凝土而做成的桩。依据成孔方法不同可分为干作业成孔、泥浆护壁成孔、沉管成孔、人工挖孔及爆破成孔等。钻孔灌注桩的用途广泛,主要可以作为支护结构、基础结构、抗浮结构等。横江大道建设工程中的钻孔灌注桩采用泥浆护壁成孔,主要机械为旋挖钻机和正反循环钻机等。本工程中钻孔灌注桩主要用于基坑支护结构排桩、格构柱基础和明挖隧道U形槽抗浮的抗拔桩。

3.3.3.2 钻孔灌注桩施工工艺特点

钻孔灌注桩相比与其他的桩基础形式可以建造更大的桩,相比于锤击法沉桩噪声小。由于钻孔灌注桩多数为泥浆护壁成孔,在钻孔的过程中需要不断制备适合的泥浆,才能减少出现缩径、扩孔、塌孔等现象。混凝土灌注桩的混凝土灌注一般为水下作业,施工质量的好坏对桩的承载力影响很大,对施工人员的技术能力和经验有较高的要求。

3.3.3.3 钻孔灌注桩施工工艺

本工程地质主要为淤泥质土和粉细砂,采用正循环钻机成孔,同时大幅提高钻进过程中的泥浆相对密度，施工速度较慢，但可以减少塌孔的概率。

钻孔灌注桩施工工艺流程如图 3-26 所示，在钢筋加工场预制钢筋笼，由于支护结构排桩较长，钢筋笼需要分节制作，运输到现场后进行拼装。

混凝土浇筑采用水下混凝土浇筑，需提前检验导管的闭水性。

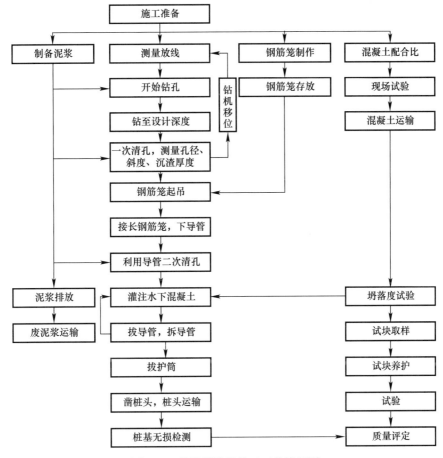

图 3-26　钻孔灌注桩施工工艺流程图

3.3.3.4 钻孔灌注桩质量

高压旋喷桩施工的主要质量控制项目有：桩位偏差、桩径偏差、钢筋笼连接质量、桩身完整性。

（1）桩位偏差

钻孔灌注桩开始钻进前需要埋设护筒，护筒的位置准确与否与最终桩位准确有着直接的关系。根据设计文件要求的桩位，使用全站仪进行放样，在护筒范围外打下钢筋头或小木棍，用线两两交叉连接呈十字，交叉点为桩位中心点，埋设护筒后通过两条线交叉点来判断护筒埋设偏差，如图 3-27 所示。

（2）桩径偏差

钻孔灌注桩在钻孔过程中都会出现一定程度的扩

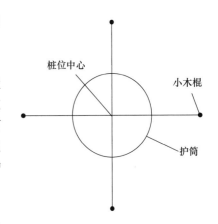

图 3-27　钻孔灌注桩桩位偏差控制

孔，扩孔后桩基直径会在扩孔的地方增大，正常情况下小范围的扩孔不会对桩质量产生影响。在有些情况下会出现缩径，出现缩径没有及时发现会造成桩直径变小，桩的承载力会大打折扣，所以在钻孔完毕后需要使用探孔器来检测孔径是否符合设计要求。

(3) 钢筋笼连接质量

钢筋笼一节的长度不宜过长，在桩基较长的情况就需要将钢筋笼分成几节制作，保证钢筋笼的连接质量十分重要。钢筋笼连接的方式主要为焊接和机械连接，由于焊接施工速度慢，对施工人员焊接技术要求较高，相比焊接机械连接则更加方便，近年来已经在很多工程上推广应用，效果良好。

(4) 桩身完整性

钻孔灌注桩的桩身完整性是判定桩基是否符合要求的决定性标准。桩基水下灌注混凝土的过程是否符合要求决定了桩身完整性是否合格。水下灌注混凝土需要采用导管法灌注，灌注过程中需要保证水下封底成功、拔导管时要严格测量混凝土面高度，防止导管拔出混凝土面，造成断桩。

3.3.4 高压旋喷桩

3.3.4.1 施工工艺概述

高压旋喷桩，是以高压旋转的喷嘴将水泥浆喷入土层与土体混合，形成连续搭接的水泥加固体。该工艺适用于处理淤泥、淤泥质土、流塑、软塑或可塑黏性土、粉土、砂土、黄土、素填土和碎石土等地基。其可分为单重管法、双重管法和三重管法，处理半径逐步增加。

3.3.4.2 高压旋喷桩施工工艺特点

高压喷射注浆法是利用高压泥浆泵等高压发生装置，通过安装在钻杆杆端的特殊喷嘴，向周围土体喷射浆液，同时钻杆以一定速度逐步向上提升，注入剂经过高压喷出后具有很大的动能，产生高速高压的喷射流，借助高压喷射流使一定范围内的土体结构遭到切削破坏，并使土体与喷射浆液混合、胶结、硬化，从而在地基中形成具有较高强度的水泥土桩，达到改良土质、增加地基强度、减少土体压缩变形的效果。其设备较简单、轻便，机械化程度高。该工法还可以用于 SMW 工法桩冷缝处理。

3.3.4.3 高压旋喷桩施工工艺

决定高压旋喷桩最终加固质量的主要因素有水泥掺入量和水灰比，配合以相应的提升速度和喷浆速度，由下而上单次喷浆。每米桩所需浆液体积计算公式见式 (3-10)。钻头上升时每分钟喷浆量的计算见式 (3-11)。

$$V = \frac{x\rho_2 \pi r^2 (y\rho_1 + 1)}{\rho_1} \tag{3-10}$$

式中 V——每米桩所需浆液体积 (m^3)；

x——水泥掺量 (%)；

y——水灰比 (一般取 1:1)；

ρ_1——水泥密度 (kg/m^3)；

ρ_2——土密度 (一般取 $1800kg/m^3$)；

r——水泥双向搅拌桩桩体半径 (m)。

$$V_2 = \frac{V}{v_2} \tag{3-11}$$

式中 V_2——钻头上升时每分钟喷浆量（m^3/min）；

v_2——钻头上升速度（一般取 0.1~0.2m/min）。

3.3.4.4 高压旋喷桩质量

高压旋喷桩施工的主要质量控制项目有：桩位偏差、桩体强度。

（1）桩位偏差

高压旋喷桩桩位偏差应小于 50mm，根据设计的加固范围绘制桩位布置图，使用全站仪进行放样，使用小木棍或小竹板标记桩位中心点，采用人工目测对中。当用于 SMW 工法桩冷缝处理时需要严格控制桩间距，保证搭接长度。

（2）桩体强度

高压旋喷桩质量的关键指标是桩体强度，使用相匹配的施工参数才能保证桩体强度达到设计要求。施工参数一般由试桩得出，当出现以下情况时需要进行试桩：工程开工前、同一工程但地质结构发生重大变化、地层出现大的断裂带。

当采用高压旋喷桩桩进行路基加固时，还应进行复合地基承载力检测。

3.3.5 混凝土支撑

3.3.5.1 概述

明挖基坑支护结构主要由挡墙和内支撑两部分组成。混凝土支撑是基坑支护结构内支撑的一种，其优点是：刚度大，整体性好，布置灵活，适应于不同形状的基坑，而且不会因节点松动而引起基坑位移，基坑的安全性有保证。但是施工周期长且施工完毕后不易拆除。所以混凝土支撑一般用于基坑的首层支撑。

3.3.5.2 混凝土支撑施工工艺

混凝土支撑施工工艺流程如图 3-28 所示，混凝土支撑通常在基坑开挖前施工，在基坑中采用全站仪进行放样，随后绑扎钢筋，在绑扎钢筋时宜预埋如轴力计等力学传感器，以便在开挖工程中对基坑进行监测。混凝土支撑浇筑完毕后要及时洒水养护。过长的混凝土支撑在中间会设置一根或多根格构柱，并垂直设置混凝土系梁。

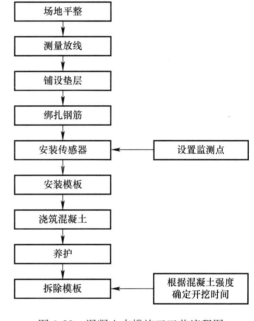

图 3-28 混凝土支撑施工工艺流程图

3.3.5.3 混凝土支撑质量

混凝土支撑施工的主要质量控制项目有：钢筋安装质量、混凝土强度。

（1）钢筋安装质量

钢筋混凝土支撑是限制基坑开挖过程变形的重要结构，要严格按照施工图纸所要求的钢筋等级、直径、间距进行加工和安装，并严格控制保护层厚度，每一个流水段的混凝土支撑绑扎完毕后，要经过自检和监理抽检后方可浇筑混凝土。

（2）混凝土强度

混凝土支撑的混凝土质量是保证基坑安全的关键，要按照申报的配合比设计生产合格的混凝土，对混凝土支撑同条件试块进行检测，达到设计要求的开挖强度后方可开挖基坑，当设计无要求时，达到混凝土设计强度的85%方可开挖基坑。

3.3.6 钢支撑

3.3.6.1 概述

钢支撑也是明挖基坑的常用内支撑，有着自重轻、安装和拆除方便、施工速度快、可以重复利用等优点。其安装后能立即发挥支撑作用，相比于混凝土支钢支撑更适合于用于第二层及下层支撑，可以随挖随安装，安装后即可继续开挖。但是由于钢支撑普遍模块化，用于形状复杂的基坑时节点构造和安装会相对比较复杂，施工质量和水平要求较高。

3.3.6.2 钢支撑施工工艺

钢支撑施工工艺流程如图3-29所示，钢支撑施工遵循随挖随撑的原则，在开挖至钢支撑底面以下0.5m后，即可开始安装钢支撑，钢支撑不能直接安装在挡墙上，一般需要采用围檩作为分配梁，将钢支撑安装到位后，需要按照设计要求对钢支撑施加预应力，以减小支撑不及时引起围护结构变形。

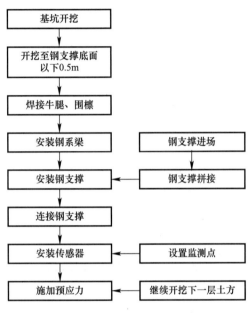

图3-29 钢支撑施工工艺流程图

3.3.6.3 钢支撑质量

钢支撑施工的主要质量控制项目有：钢支撑质量、预应力。

（1）钢支撑质量

严格按照施工图纸要求的钢材等级、直径、壁厚选用钢支撑，不宜采用螺旋钢管作为钢支撑。

（2）预应力

通过活络端微调钢支撑长度，采用标定过的成套的千斤顶和压力表进行预应力施加作业，严格按照设计要求施加预应力，预应力过小会造成围护结构变形过大，预应力过大可能会造成围护结构背后土体剪切破坏，出现地面隆起现象。

3.4 地下水控制技术

3.4.1 概述

在地下空间工程和深基坑工程中，地下水位通常会高于开挖底面，地下水会不断渗入坑内，造成边坡失稳、基础流砂、坑底隆起、坑底管涌和地基承载力下降等后果，为基坑安全埋下隐患。为了保证基坑能在干燥条件下施工，需要对基坑施工范围内的地下水进行控制。

基坑地下水控制主要包括隔水和降水两方面。隔水是利用止水帷幕将基坑内外分隔开,防止基坑外部的地下水流入基坑内,造成基坑内地下水难以疏干,或者毗邻建筑物因地下水位下降地面沉降造成损坏。

基坑降水的方式主要有:明沟加集水井降水、轻型井点降水、管井井点降水、喷射井点降水、电渗井点降水、深井井点降水等。

3.4.2 止水帷幕施工

3.4.2.1 概述

止水帷幕是工程主体围护结构止水隔水的重要结构,用于分隔或减少基坑侧壁及基坑底地下水流入基坑的连续结构。止水帷幕主要有:地下连续墙、SMW工法桩、连续咬合施工的单轴、双轴、多轴水泥土搅拌桩、连续重叠的高压旋喷桩、拉森钢板桩等。

横江大道建设工程基坑围护结构采用SMW工法桩和混凝土灌注桩,其中SMW工法桩本身即是止水帷幕,故不需要进行处理,但混凝土灌注桩的基坑外侧需要使用三轴搅拌桩施工一道连续止水帷幕。

3.4.2.2 施工工艺

三轴搅拌桩止水帷幕施工工艺同三轴搅拌桩抽条及裙边加固实桩部分。

3.4.3 降水

3.4.3.1 概述

基坑的降水方式很多,各种降水方法有其特点和适用情况不同,需要根据现场情况实际考虑。本工程主要使用管井井点降水。

管井井点降水适用于渗透系数大、地下水丰富的地层,基坑开挖前通过钻孔设备在原地面施工管井井点,将井点周围的地下水由潜水泵抽出。

3.4.3.2 降水井结构

根据《管井技术规范》GB 50296—2014,降水井的深度应根据经计算得出的设计动水位(压力水头)埋深、最下一个降水目标层的埋深、最下一段过滤器工作部分的长度和沉淀管的长度等综合确定。具体计算公式如下:

$$H_W = H_{W1} + H_{W2} + H_{W3} + H_{W6} \quad (3-12)$$
$$H_{W2} = ir_0 \quad (3-13)$$

式中 H_W——降水井深度(m);

H_{W1}——自地面算起至设计要求的动水位间的深度(基底下1m);

H_{W2}——ir_0,i 为水力坡度,在降水井分布范围内宜为 $1/15$~$1/10$;r_0 为降水井分布范围内的等效半径或降水井排间距的 $1/2$;

H_{W3}——从 H_{W2} 以下算起至最下部过滤器底端的长度(不小于6m);

H_{W6}——沉淀管长度(m),取1.0m。

通过计算确定管井的深度。管井具体井结构为:钢实管、滤管、滤网、滤料等,滤料宜使用中粗砂,管井具体结构见图3-30。

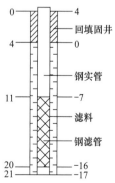

图3-30 管井结构示意图

3.4.3.3 降水井施工技术

根据计算结果绘制降水井平面图，并根据平面布置图进行现场放样，钻孔过程同钻孔灌注桩，主要工艺有：挖井眼、埋设护口管、安装钻机、制备泥浆、钻进成孔、下井管、投滤料、固井等。

井口高度应在地表0.2m以上，滤料必须高于滤管顶面。滤料回填后、上部井周边宜采用钻渣或现场泥土回填固井，防止井位偏斜。

降水井施工流程见图3-31。

3.4.3.4 降水井运行

降水井正常运转并将水位降低至基底以下0.5m后可以开始基坑开挖。基坑开挖过程中，定期通过观察井观察地下水位。也可以通过远程自动化水位监测系统进行水位观测。

降水工程必须有合理的用电保障以满足降水运行的需求。现场宜配备有两路电源，一路网电，一路发电机组供电。降水井运行中应保证网电停电后发电机组能及时供电，避免因地下水位上涨危害基坑安全。

抽取出的地下水宜用于冲洗车辆、绿化、厕所冲水、降尘、车辆冲洗、混凝土养护、砌筑抹灰、地面冲洗和消防用水等。

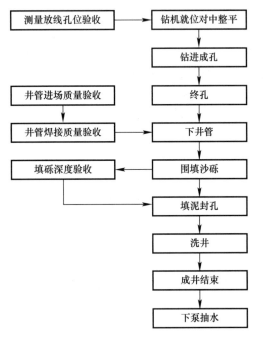

图3-31 降水井施工流程图

3.4.3.5 降水井施工质量

降水井施工的主要质量控制项目有：降水井深度、出水含砂量。

（1）降水井深度

根据地质勘查报告设计降水井深度，当观测降水在计算时间内还未达到规定降水深度时，应立即检查原因，对降水进行重新修正和计算，直到达到规定降水深度后才可进行下道工序施工。

（2）出水含砂量

抽水稳定后，出水含砂量满足规范要求：粗砂含量小于1/50000、中砂含量小于1/20000，细砂含量小于1/10000。

3.5 土方开挖及回填技术

3.5.1 概述

基坑土方开挖是指以人员和机械作业将基坑内的土体装卸运离施工区域，为后续施工提供工作面。开挖方式和基坑支护形式有关，本工程为明挖法施工，在深度较浅的基坑中，单台挖掘机可以从底面直接开挖至基础底面的基坑，可以采用由一端至另一端直接开挖，也可从两端同时开挖。在基坑深度较深时，单台挖掘机无法直接开挖至基础底面的基坑，需要采用分层开挖。本工程基坑开挖深度较深，需要分层开挖，本节主要介绍明挖法开挖及回填技术。

3.5.2 基坑开挖

基坑开挖的施工步骤为：施工第一层混凝土支撑或架设第一层钢支撑、开挖第一层土方、架设第二层支撑、开挖第二层土方、……、架设第 n 层支撑、开挖第 n 层土方、开挖至基坑底以上 200～300mm 时由人工开挖。

本工程全长 1.59km，其中暗埋段 880m，基坑开挖土方量大，由于工期紧张，需要分段同时施工，在基坑围护结构设计之初，在整个狭长基坑中采用多道 SMW 封堵墙分隔，创造性地将基坑分为：A、B、C、D、E、f、g、h、i 共 9 个独立的小基坑，达到各基坑同步施工互不干扰的效果。采用两期施工，第一期施工 A、B、C、D、E 共 5 个主基坑，长度为 240～276m，宽度为 37.3～63m，第二期施工 f、g、h、i 共 4 个基坑，长度 60m，宽度为 37.3～63m。

本工程开挖深度大，需要分层开挖，并且设置了两道支撑，基坑开挖遵循"先撑后挖，随挖随撑"的原则进行。第一道混凝土支撑在开挖前施工完毕，第二道钢支撑需要在开挖至钢支撑底面以下 500mm 进行架设，这样在开挖第二层土方的时候挖掘机工作面被钢支撑和钢系梁分隔，无法满足大型挖掘机的合理工作空间要求，只能选用小型挖掘机，但小型挖掘机工效较慢，无法满足进度要求。

最终采用两台阶倒退式整体开挖方法。以 B 基坑为例，B 基坑长度 240m，宽度 61.9m，支撑间距 8m。根据主体结构施工缝位置将基坑分为 8 个流水段，每个流水段 30m。每个流水段以支撑为界限分为 4 个开挖区域。在一个流水段内首先开挖第一个区域至钢支撑底面以下 500mm，立即架设与上一个施工区域交界处的钢支撑和钢系梁，将一台挖掘机移动到第一个开挖区域开挖面上，基坑顶部的挖掘机继续开挖第二个开挖区域，再由基坑下方的挖掘机将钢支撑以下的土方运至上层挖掘机的开挖范围内，由基坑顶部的挖掘机将土方开挖并装车，直至第一开挖区域开挖至基坑底部，之后基坑顶部挖掘机继续开挖第三开挖区域。用这种方式连续开挖，每完成 4 个开挖区域就可以开始一个流水段的下一步工序，施工现场如图 3-32 所示。

图 3-32 基坑开挖现场图景

这种方法在开挖过程中会增加支护结构对第一层混凝土支撑压力，需要密切监测第一层混凝土支撑轴力和支护结构顶端位移，保证基坑安全。

3.5.3 基坑回填

结构全部完成施工后可以进行基坑回填，本工程采用的是立体式交通，隧道管廊主体结构回填土上方有道路，对回填质量要求高。

首先回填结构物间的小块零散区域土方,宜采用混凝土或泡沫混凝土回填,防止上方路面不均匀沉降造成裂缝,隧道管廊顶部采用黏土回填,并且顶部1m范围内不得使用重型压实机械压实。在隧道管廊高低交界处需要设置土工格栅等,防止地面产生不均匀沉降,其余部分按照上方道路要求进行分层回填。

3.6 主体结构施工技术

3.6.1 概述

隧道与管廊主体结构如图3-33所示,包括钢筋混凝土底板、钢筋混凝土中侧墙、钢筋混凝土顶板、防水层等部分,底板下铺设素混凝土垫层,隧道主体结构与管廊主体结构之间、主体结构四周与土体接触面做防水处理。

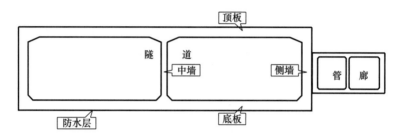

图3-33 隧道与管廊主体结构

3.6.2 施工准备

(1) 为保证坑内施工作业时基坑的稳定性,在开挖至基坑底后应对支护结构进行全面检查,确保支护结构沉降与侧移处于安全稳定状态,确保基坑内的钢支撑安装牢固,节点连接应符合设计要求。

(2) 为确保主体结构防水层和外侧墙质量,必须对围护结构进行清洗、凿毛,达到作为外衬墙的围护结构表面整体平整,使主体结构侧面防水层和围护结构紧密结合,从而保证结构外侧墙施工质量和墙体厚度。施工围护结构的凿毛、清洗工作随基坑开挖顺序进行。

(3) 开挖至基坑底后,应对基底进行平整,同时观察降水效果,基坑底不应有积水、浮浆,若基坑底条件不满足施工要求,可加大降水力度,增加降水措施,降低地下水水位。

(4) 底板底部须将同一平面内伸出的立柱桩和抗拔桩桩头凿除,露出主筋,主筋不满足伸出长度要求时可进行接长处理,底板施工时,抗拔桩与立柱桩主筋应伸入底板,以加强主体结构的整体稳定性和抗浮能力。

3.6.3 素混凝土垫层施工

(1) 基坑开挖至相应标高后,应在施作的基坑底褥垫层上浇筑素混凝土垫层,以确保底板下部防水层的施工质量,确保结构底板浇筑厚度整体一致。

(2) 素混凝土采用C20泵送混凝土,垫层厚度150mm,由混凝土泵车布料杆直接卸料至坑底，人工、机械配合铺平振实。

3.6.4 防水施工

地下结构的防水设计应遵循"以防为主、刚柔结合、多道防线、因地制宜、综合治理"的原则。确立钢筋混凝土结构自防水体系，即以结构自防水为根本，采取措施控制结构混凝土裂缝的开展，提高混凝土的抗渗性能；以施工缝、变形缝（包括诱导缝）、穿墙管、桩头等细部构造的防水为重点，同时在结构迎水面设置柔性全包防水层。

主体结构防水包含桩头防水、外包防水、变形缝防水、施工缝防水等，本工程属于水下环境隧道，防水施工质量的好坏，对本工程隧道结构物的使用寿命和安全、美观程度有着很大影响。隧道结构防水标准为二级（泵房段为一级）。

防水等级一级：不允许渗水，结构表面无湿渍。

防水等级二级：结构不允许漏水，结构表面可有少量湿渍；总湿渍面积不应大于总防水面积的2/1000；任意100m² 防水面积上的湿渍不超过3处，单个湿渍的最大面积不大于0.2m²；其中，盾构隧道及联络通道等附属结构工程平均渗水量不大于0.05L/(m²·d)，任意100m² 防水面积上的渗水量不大于0.15L/(m²·d)。

3.6.4.1 桩头防水施工

（1）钻孔灌注桩主筋内埋设钢管作为支撑梁的竖向受力承载结构，桩头外露后，应采用聚合物水泥基 M10 防水砂浆对桩头进行防水处理，厚度10mm，处理高度500～1000mm，防水砂浆与桩身主筋接缝处填充遇水膨胀止水胶。

（2）桩身与底板连接处、桩身周围应满涂水泥基渗透结晶防水涂料，底板防水卷材与防水涂料连接处采用防水砂浆作为中间搭接层，搭接长度大于300mm。

（3）桩身内埋钢管在底板范围内应焊接两道厚度10mm钢板止水带，止水钢板与钢管焊接采用不透水焊接，焊接应密实。具体防水做法见图3-34。

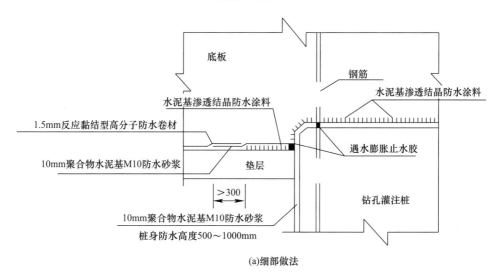

图 3-34 桩头防水做法（一）

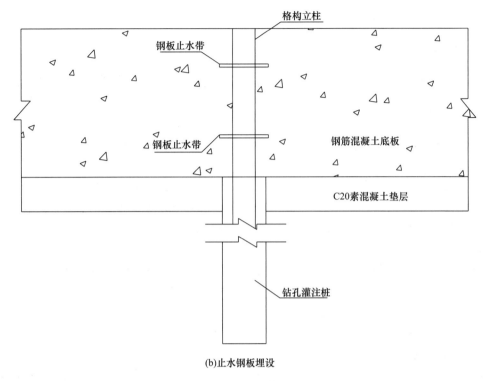

(b) 止水钢板埋设

图 3-34 桩头防水做法（二）

3.6.4.2 主体结构外包防水施工

（1）结构四周均用全包式 1.5mm 反应黏结型高分子防水卷材包裹，底板与顶板防水层施工完毕后需在防水层之上浇筑 C30 细石保护层，侧墙防水层与围护结构之间需铺设 2cm 厚发泡 PE 垫板，之后可直接进行侧墙结构施工。

（2）由于基坑内有隧道和管廊两个结构物，两结构物之间距离不定，近时相贴合，远时相距大于 3m，故两结构物外包防水分别施工，两结构物侧墙防水层之间采用相应材料填充，以确保地下结构物之间密实无空隙，填充方法见表 3-2。

隧道和管廊之间回填要求　　　　表 3-2

序号	填充宽度 B	填充方式
1	$B \leqslant 5\text{cm}$	发泡 PE 垫板填充
2	$5\text{cm} < B \leqslant 3\text{m}$	泡沫混凝土回填
3	$B > 3\text{m}$	灰土回填

（3）严格控制防水卷材的搭接顺序，使用专用搭接材料进行封口，搭接长度不应小于 100mm。应按照高处盖低处原则进行搭接，位于高处的防水卷材应置于迎水面，盖住低处的防水卷材。

（4）在平面和立面的转角处，防水卷材的接缝应位于平面上，距立面不应小于 1000mm。

（5）转角及特殊地方要增设 1~2 道加强防水卷材，底板阴角处 50mm×50mm 倒角采用 M7.5 水泥砂浆施作。

（6）隧道内集水池涂刷水泥基渗透结晶防水涂料进行防水，涂刷密度为 1.5kg/m²。具体防水做法见图 3-35。

（7）为防止操作机械不当损坏成品防水层，顶板以上 500mm 范围内应采用人工回填灰土并夯实。

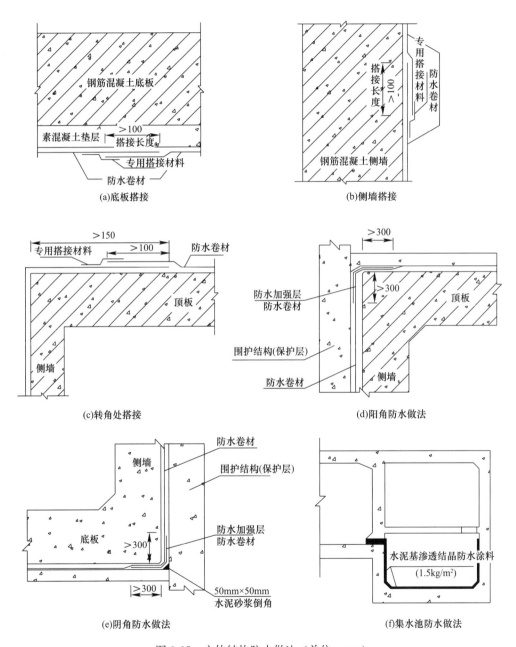

图 3-35 主体结构防水做法（单位：mm）

3.6.4.3 变形缝处防水施工

主体结构变形缝处防水从迎水面至结构内一般为以下结构：防水材料隔离层（底板为

C20素混凝土垫层；侧墙为发泡PE垫板；顶板为C30细石混凝土保护层）—防水卷材—防水材料加强层—C30细石混凝土保护层（仅底板）—背贴式橡胶止水带（仅底板、侧墙）—主体结构（内设中埋式钢边橡胶止水带）—聚硫双组分密封胶—不锈钢接水盒（仅侧墙、顶板），变形缝内填发泡PE垫板。

（1）外包防水卷材与背贴式橡胶止水带应进行黏结，防水卷材、背贴式止水带与基层的黏结必须采用与防水卷材及背贴式止水带均相容的胶粘剂。

（2）变形缝的迎水面设置宽度为320mm的背贴式橡胶止水带和350mm钢边橡胶止水带。背贴式橡胶止水带在底板与侧墙转角处的转弯半径为300mm，不应过小；钢边橡胶止水带在转角处做成转弯半径大于等于200mm的圆弧，在底板和顶板处埋设时，应由变形缝中心向两侧翘起，翘起角度范围在15°～20°之间，用以保证结构的防水效果。

（3）隧道敞开段变形缝的背贴式橡胶止水带至设计地面处应以聚硫双组分密封胶封闭。

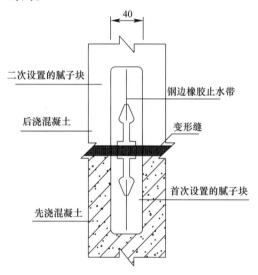

图3-36 中埋钢边橡胶止水带端部处理做法

（4）中埋钢边橡胶止水带端部的处理流程：在一侧混凝土浇筑前，以厚度为10mm的遇水膨胀腻子块包裹止水带端头的一半截面，腻子块超出钢边橡胶止水带端部5mm，然后浇筑混凝土；在另一侧混凝土浇筑前，以同样的遇水膨胀腻子块包裹余下的止水带端头截面，然后浇筑混凝土。具体处理做法见图3-36。

（5）顶板和侧墙内接水盒的搭接处应确保接水盒的搭接长度不小于100mm，并且下侧的接水盒包住上侧的接水盒，使水不能从接水盒流出，每节接水盒间必须焊接密实，顶板接水盒两端与侧墙接水盒须焊成一体，不得渗漏。每道接水盒至侧墙底部时防撞侧石内埋设的3根φ30PVC管引入路面侧沟内，最终汇入集水池后排出隧道。

（6）底板、侧墙和顶板具体防水做法见图3-37。

3.6.4.4 施工缝防水施工

在结构施工中，因结构底板、侧墙和顶板不能一次性浇筑成型，因此不可避免地会因为施工顺序，在底板与侧墙之间、侧墙与顶板之间留下水平施工缝，对此类缝隙也必须做防水处理，防水处理做法为：施工缝凿毛、清理后涂刷水泥基渗透结晶，涂刷密度不小于1.5kg/m²，在结构中部居中预埋长300mm、厚3mm的钢板止水带，钢板止水带和混凝土结构连接处填充规格为15mm×8mm的遇水膨胀止水条，具体防水做法见图3-38。

（1）横向垂直施工缝尽可能与变形缝结合设置，横向垂直施工缝和纵向水平施工缝尽可能减少，并采用钢板止水带和单组分聚氨酯膨胀密封胶来达到防水功效。钢板止水带需经电镀锌处理，电镀锌处理涂层厚度10μm，止水钢板安装方向应朝向迎水侧。

（2）涂刷水泥基渗透结晶防水涂料和安装遇水膨胀止水条前应对施工缝进行拉毛，控制拉毛质量，并清除碎石与浮土。安装遇水膨胀止水条时应注意安装质量，止水条相连接处应紧贴密实。

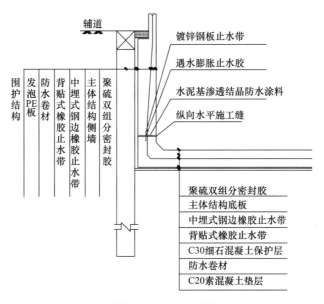

(a) 侧墙搭接敞开段变形缝防水做法

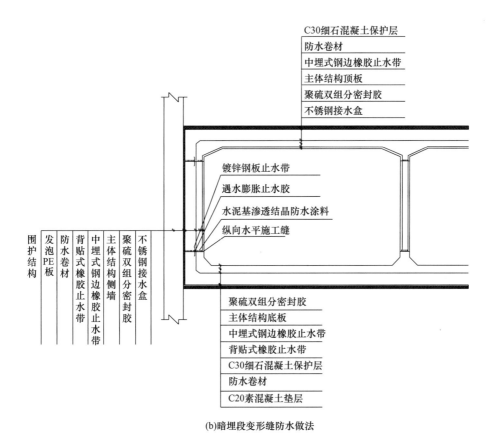

(b) 暗埋段变形缝防水做法

图 3-37 敞开段和暗埋段变形缝防水做法（一）

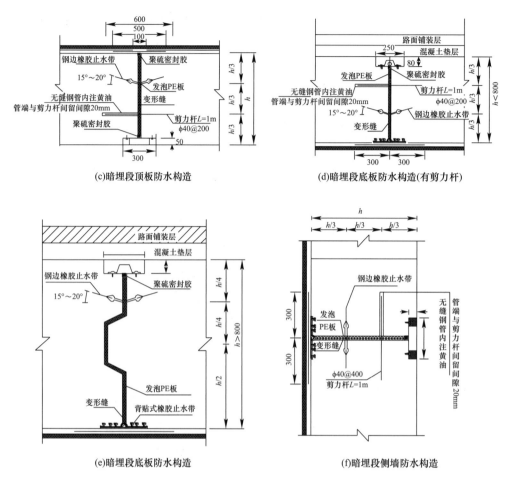

图 3-37 敞开段和暗埋段变形缝防水做法（二）

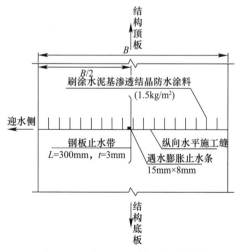

图 3-38 纵向水平施工缝防水做法

（3）结构施工中可根据实际情况，考虑施工便利，合理留置施工缝，施工缝与墙体上预留的孔洞边缘距离不宜小于 300mm。

3.6.4.5 穿墙管防水施工

除以上防水施工外，还应对穿墙管与结构连接处做防水处理，具体防水做法见图 3-39。

（1）穿墙管件（如接地电极或穿墙管）等穿过防水层的部位，采用止水法兰和遇水膨胀止水条进行加强防水处理，同时根据选用的不同防水材料对穿过防水板的部位采取相应的防水密封处理。

（2）预埋件洞口尺寸应比群管外包尺寸加大 100mm，背水面封口钢板浇筑的沥青应高于迎水面封口钢板 110mm。

（3）群管之间的空隙应大于 50mm，以便于焊接。

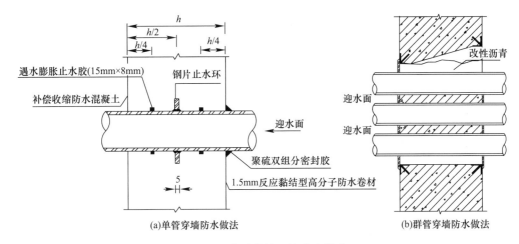

图 3-39 穿墙管施工缝防水做法

(4) 应采用无毒或者低毒的改性沥青,以减少污染。

(5) 金属构件安装前应先刷涂防锈漆一遍,外层结构应设有防腐措施,以降低地下水的腐蚀效果。

3.6.5 底板施工

(1) 深基坑挖到设计标高后,应尽快完成底板结构的施工,一般要求在 7 天内完成,用以支撑基坑底部,为坑底提供更多的横向支撑力,加大基坑的安全稳定系数,施工前要做好材料、机械设备、劳动力等各方面的准备工作。

(2) 施工过程中要对基坑的沉降和形变进行严格监测,及时预警。

(3) 基坑内材料吊装过程要严格把控,防止机械对坑内支护结构造成扰动。

3.6.6 中侧墙施工

(1) 施工外侧墙前,要确保基坑侧壁围护结构基本平整,并应进行凿毛、清理。若出现漏水、渗浆等现象,要及时进行堵漏,堵漏效果要满足施工和安全作业要求。

(2) 浇筑外侧墙前应保证外侧强防水的施工质量,防水材料与围护结构应黏贴牢固,无空鼓、脱落现象。

(3) 在中侧墙全部施工完毕,且结构满足支护要求时,应及时进行换撑施工。在中侧墙范围内假设一道钢支撑,用以承载后续顶板施工过程中拆除的第一道混凝土支撑轴力,保证基坑安全稳定性。钢支撑架设完成之前,严禁后续顶板及拆撑施工。

3.6.7 顶板施工

(1) 顶板浇筑前应对侧墙施工缝凿毛、清理,做好施工缝与变形缝的防水、防渗工作。

(2) 严格控制大体积混凝土的配合比,保证混凝土强度等级、抗渗等级和耐久性指标符合设计要求。

(3) 顶板混凝土的平整度要满足相关要求。

(4) 做好顶板上部和侧壁接缝处的防水工作,防水施工完毕后及时浇筑防水保护层。

（5）顶板未达到一定强度前，禁止拆除隧道内支架，施工过程中严禁加载、堆放重物。

（6）主体结构施工完毕初期，应关注顶板侧墙部位是否出现裂缝和渗漏现象，并及时进行处理。

3.6.8 主体结构施工注意事项

（1）钢筋规格、型号、布设、连接等要严格执行设计和规范要求。

（2）混凝土浇筑施工时应严格控制混凝土质量、浇筑顺序和养护过程，观察浇筑过程中模板是否走模、跑模，钢筋、预埋件等是否偏移、错位，发现问题及时加固、纠偏，做好大体积混凝土施工的质量控制。

（3）每次浇筑混凝土后，都必须预留施工缝，合理控制施工缝的留置位置，做好施工缝、变形缝的防水工作。

（4）全程做好基坑监测工作。

3.6.9 主要工序施工方法

3.6.9.1 支架

（1）支架搭设方法

盘扣式钢管支架从中间向两边分层、分段纵向搭设，搭设顺序为：测量放线→安放立杆底座（并固定）→安装立杆→安装底层（第一层）水平杆→安装斜杆→接头销紧→安装上层立杆→紧插销→安装水平杆，直到达到设计高度→安装顶杆→安装托座。

（2）支架搭设要求

① 盘扣式钢管支架应符合现行国家标准《低合金高强度结构钢》GB/T 1591、《碳素结构钢》GB/T 700 以及《一般工程用铸造碳钢件》GB/T 11352 中的规定。杆件焊接制作应在专用工艺设备上进行，各焊接部位应牢固可靠。

② 可调底座底板的钢板厚度不得小于 6.5mm，可调托撑钢板厚度不得小于 6.5mm。

③ 可调托座伸出顶层水平杆的悬臂长度严禁超过 650mm，且丝杆外漏长度严禁超过 400mm，可调托座插入立杆长度不得小于 150mm。

④ 受压杆件长细比不得大于 230，受拉杆件长细比不得大于 350。

⑤ 可调底座调节丝杆长度不应大于 300mm，作为扫地杆的最底层水平杆离地高度不应大于 550mm。当单肢立杆荷载设计值不大于 40kN 时，底层的水平杆步距按标准步距设置，且设置竖向斜杆；当单肢立杆荷载设计值大于 40kN 时，底层的水平杆步距应比标准步距缩小一个盘扣间距，且设置竖向斜杆。

⑥ 支架首层立杆需采用不同长度的立杆交错布置，错开立杆竖向距离不小于 500mm。

⑦ 模板支架立杆长细比不得大于 150，支架立杆长细比不得大于 210；其他杆件中的受压杆件长细比不得大于 230，受拉杆件长细比不得大于 350。

（3）支架的检查验收

对进入现场的盘扣式脚手架构配件的检查与验收应符合下列规定：

① 盘扣脚手架应有产品标识及产品质量合格证；

② 盘扣式脚手架应有产品的主要技术参数及产品使用说明书；
③ 当对盘扣脚手架质量有疑问时，应进行质量抽检和试验；

对搭设完成的脚手架，需经项目部自检合格，并报监理单位验收后方可使用，检查内容如下：

① 立杆与基础面的接触情况，底层水平杆设置情况；
② 插销锁紧情况；
③ 斜杆/剪刀撑、连墙件的设置情况；
④ 顶托、横托撑、底托插入程度、丝杆外漏长度、顶杆自由端高度；
⑤ 支架线形。

3.6.9.2 模板

(1) 模板设计

① 模板及其支架具有足够的刚度、强度及稳定性，能可靠的承受混凝土浇筑时的重量、侧压力及其他施工荷载。
② 模板要能保证本工程结构各部形状尺寸、标高、相互位置的准确，符合设计要求。
③ 模板构造简单，装拆方便，便于施工，拼接缝严密，符合混凝土施工的工艺要求。

(2) 模板安装

① 模板支搭前，对结构施工缝处已硬化的混凝土表面水泥薄膜、松散混凝土及其软弱层进行剔凿，全部凿出新槎，冲洗清理干净；受污染的钢筋要清刷干净，方可进行模板施工。
② 模板安装严格按照模板施工方案进行，模板拼缝处黏贴海绵条，不得突出模板面。侧墙、中隔墙墙体模板下口堵缝用海绵条黏在模板上，不得直接黏在混凝土表面。
③ 模板安装位置、轴线、标高、垂直度符合设计和相关规范标准要求；结构及构件尺寸准确，预埋件等位置、尺寸准确，固定牢固。
④ 合模前，最后检查钢筋、预埋件、预留洞口、穿墙套管是否遗漏，位置是否准确，安装是否牢固，发现问题及时处理。

(3) 模板拆除和成品保护

① 按施工程序进行拆模施工，禁止用大锤敲击，防止混凝土墙面及洞口等出现裂纹。
② 墙面与模板黏结时，或有其他连接件未拆除时，禁止用吊车吊拉模板。
③ 模板拆除时，严禁用撬棍乱撬和从高处向下乱抛，以防口角损坏。
④ 保持模板本身的整洁，标识清楚，堆放整齐，防止碰撞，保持板面不变形。注意对模板及其构配件进行保养。
⑤ 模板吊运就位时要平稳、准确，不得碰撞结构构件或其他物体，既保护施工完的结构构件，同时也保护大模板，防止造成安全事故。
⑥ 组装好后的模板，临时堆放时，用编织布临时遮盖；使用前，必须刷隔离剂。

施工中，严禁用利器或重物乱撞模板，以防模板损坏或变形。

⑦ 配制边角模板时，严禁切割整模板。配制木模板时，切割后的模板侧面刷封边漆，以利于模板的重复使用。
⑧ 侧墙、顶板模板支设完成以后，在其上面焊接或割除钢筋时，上垫铁板，以防烧伤模板。

3.6.9.3 钢筋

(1) 钢筋加工

1) 料场的准备

根据现场实际条件,在现场进行钢筋加工。钢筋堆放场地应做好固定的基础和平整场地,同时做好钢筋的防雨、防锈措施,统一码放,并设置标牌,统一进行管理。

2) 机械设备的准备

根据钢筋加工的工程量及需要,每个工区需安置两台套丝机、两台钢筋切断机、两台弯曲机和砂轮锯、两台钢筋调直用的调直机。

3) 钢筋加工一般要求

① 钢筋加工必须放样,钢筋班组长签字确认报项目部确认复核之后按钢筋图尺寸、型号准确加工,按不同部位码放整齐并做好标识牌。

② 钢筋加工过程中,如发现脆断、焊接性能不良或力学性能显著不正常等现象,需根据国家标准对该批钢筋进行化学成分检验或专项检验,如不合格严禁使用。

③ 当钢筋出现弯曲时,必须进行调直。

④ 从事直螺纹加工的操作工人、技术质量管理的人员应参加技术规程培训,操作工人应经考核后持证上岗。

4) 直螺纹钢筋接头套丝加工

① 钢筋下料:采用钢筋切断机进行下料(不得用气割下料),下完料的钢筋断面需垂直于钢筋轴线,端头不准挠曲,不得有马蹄形,端部不直应调直后下料。

② 钢筋套丝:加工钢筋套丝时,应采用水溶性切削润滑液,不得在不加润滑液的情况下套丝。钢筋丝头的螺纹应与连接套筒的螺纹相匹配。钢筋端部必须打磨平整。

③ 所采用的套筒表面应无裂纹和其他缺陷,套筒两端应加塑料密封盖。钢筋的规格和连接套的规格应一致,并确保丝头和连接套的丝扣干净、无损。

④ 检查丝头:对每种规格加工批量(不超过500个)随机抽检10%,且不得小于10个,如有一个丝头不合格,即应对该批全数检查,不合格的丝头应重新加工,经再次检查合格方可使用。

⑤ 已检查合格的丝头应加以保护,钢筋一端丝头戴上保护帽,另一端拧上连接套,并按规定分类堆放整齐。

⑥ 直螺纹连接套筒及钢筋丝头加工规格见表3-3。

直螺纹连接套筒及钢筋丝头规格　　　　表3-3

钢筋直径(mm)	套筒长度(mm)	螺距(mm)	剥肋长度(mm)	丝头完整有效扣数(mm)
20	50	2.5	25	10
22	55	2.5	27.5	11
25	60	3	30	10
28	65	3	32.5	10.5
32	70	3	35	11.5
36	80	3	40	13
40	85	3	42.5	14

5) 一般钢筋加工

① 箍筋两端头均需要加工成135°弯钩，平直部分长度为10d（d为钢筋直径）。

② 所有箍筋和拉筋，尺寸以内径计，弯起钢筋尺寸以外径计。

③ 钢筋加工验收允许偏差详见表3-4。

钢筋加工允许偏差　　　　表3-4

序号	项目名称	允许偏差值	检查方法	检查人	验收人
1	受力钢筋长度方向全长的净尺寸	±10mm	钢尺检查	技术员	技术主管
2	弯起钢筋的弯折位置	±20mm	钢尺检查	技术员	技术主管
3	弯起点高度	±5mm	钢尺检查	技术员	技术主管
4	箍筋内净尺寸	±5mm	钢尺检查	技术员	技术主管

6) 成品钢筋的保护

① 钢筋现场加工完毕后，应用2块9cm×9cm方木垫好，不同级别的钢筋分别码放，作好防雨措施。

② 钢筋丝头检查合格后，应尽快套上塑料保护帽，并应按规格分类堆放整齐，丝头在运输过程中，应妥善保护，避免雨淋、沾污、遭受机械损伤。雨期或长期堆放情况下，应对丝头进行覆盖防锈。

③ 钢筋绑扎之后，不准踩踏。

④ 顶板的弯起钢筋，负弯矩钢筋绑扎后，不准直接踩在上面行走，可铺设脚手板以便行走，在浇筑混凝土前保持原有形状，浇筑中派钢筋工专门负责修理。

⑤ 绑扎钢筋时禁止碰撞预埋件。

⑥ 钢模板内涂刷隔离剂时，不得污染钢筋。

⑦ 安装预埋套管时，不得任意切断和移动钢筋。

（2）钢筋连接

纵向受力钢筋接头优先采用机械连接或焊接接头。

1) 钢筋绑扎

① 钢筋的交叉点采用22号火烧丝扎牢。

② 绑扎接头搭接处，在中心和两端用火烧丝采用八字扣绑牢。

③ 钢筋接头的位置在结构受力最小部位。

2) 钢筋直螺纹连接

① 连接之前应回收丝头上的塑料保护套和套筒端头的塑料密封盖。

② 接头拼接时，把装好连接套筒的一端钢筋拧到被连接钢筋上，然后用管钳扳手拧紧，应使两个丝头在套筒中央位置相互顶紧。拧紧扭矩值应符合表3-5的要求。

钢筋直螺纹连接拧紧扭矩数值　　　　表3-5

钢筋直径（mm）	12～16	18～20	22～25	28～32	36～40
拧紧扭矩（N·m）	100	200	260	320	360

③ 机械连接时钢筋接头连接区段长度为35d，根据规范要求，钢筋连接接头面积百分率为50%（d为钢筋直径，下同）。

④ 钢筋直螺纹连接时所使用套筒，应符合表3-6要求。

直螺纹套筒最小尺寸参数（mm） 表3-6

适用钢筋强度级别	尺寸	12	14	16	18	20	22	25	28	32	36	40
≤400级	外径D	18.0	21.0	24.0	27.0	30.0	32.5	37.0	41.5	47.5	53.0	59.0
	长度L	28.0	32.0	36.0	41.0	45.0	49.0	56.0	62.0	70.0	78.0	86.0
适用钢筋强度级别	尺寸	12	14	16	18	20	22	25	28	32	36	40
500级	外径D	19.0	22.5	25.5	28.5	31.5	34.5	39.5	44.0	50.5	56.5	62.5
	长度L	32.0	36.0	40.0	46.0	50.0	54.0	62.0	68.0	76.0	84.0	92.0

3）钢筋焊接

① 钢筋焊接主要为搭接焊，焊工必须持证上岗。

② 所用焊条需符合设计要求且必须有合格证。

③ 在每批钢筋正式焊接之前，应进行现场条件下的焊接性能试验，合格后方可正式施焊；在施焊之前，应清除钢筋或钢板焊接部位和与电极接触的钢筋表面上的锈斑、油污、杂物等，钢筋端部有弯折、扭曲时，应予以矫直或切除。

④ 焊机应经常维护保养和定期检修，确保正常使用。

⑤ 搭接焊时，采用单面焊（$10d$）或双面焊（$5d$）。

⑥ 焊接时，引弧应在垫板或已形成的焊缝的部位进行，不得烧伤主筋，焊接地线与钢筋应接触紧密，在焊接过程中应及时清渣，焊缝表面应光滑，焊缝全高应平缓过渡，弧坑应填满，焊缝厚度 S 不应小于主筋直径的 0.3 倍，焊缝宽度 b 不应小于主筋直径的 0.7 倍，另外，焊接钢筋两端应预弯，应使两钢筋的轴线在一直线上，同时应用两点固定，而且定位焊缝与搭接端部的距离应大于或等于 20mm；在端部收弧前应填满弧坑，并使主焊缝与定位焊缝的始端和终端熔合。

⑦ 对于预埋件的角焊缝，焊角不得小于钢筋直径的 0.6 倍，施焊中不得出现钢筋咬边和烧伤。

4）钢筋绑扎质量控制表

钢筋绑扎接头施工时，应符合表3-7的要求。

钢筋安装允许偏差及检查验收 表3-7

项目		允许偏差（mm）	检查方法	检查人	验收人
绑扎骨架	宽、高	±5	尺量	质检员	质检负责人
	长	±10			
受力主筋	间距	±10	尺量		
	排距	±5			
	弯起点位置	20			
箍筋	间距	±10	尺量连续5个间距		
保护层厚度	基础	±10	尺量		
	柱、梁	±5			
	板、墙、壳	±3			
梁、板受力钢筋搭接锚固	伸入支座、节点搭接	+10、-5	尺量		
	伸入支座、节点锚固	±5			

(3) 各部位钢筋绑扎具体要求

1) 底板

① 根据设计图纸要求，钢筋绑扎方向，纵向分布筋在内侧，环向主筋在外侧。施工工艺流程：放线→铺设环向下筋→铺设纵向下筋→架立马凳筋（底板、顶板采用架立筋，中板采用马凳筋）→铺设纵向上筋→铺设环向上筋→加强带封堵与固定→墙插筋→设置镀锌钢板止水带→沉降观测点埋设及安装预埋件。

② 按施工图中墙位置在垫层上放出平面定位线，施工班组需根据主线及钢筋间距弹出细部控制线。

③ 铺设板筋时，需区分底板上下层钢筋的大小及间距和位置，确保绑扎准确。

④ 中板马凳筋采用 φ18 钢筋焊接而成，马凳高度＝顶、底板厚度－上、下层钢筋直径－钢筋保护层，高度应满足图纸上板的断面尺寸，需按要求进行布设，不得直接落于垫层上，需放置在板下筋的上层钢筋上，纵横间距为 1m。

⑤ 在绑扎双层钢筋网时，钢筋骨架以梅花状点焊，底板、顶板设置足够数量及强度的架立筋，保证钢筋位置准确。钢筋网片成形后不得在其上设置重物。各层板上钢筋沿板厚的位置控制采用 φ18 的螺纹钢架立筋，确保承受荷载不变形，架立筋间距不大于 1000mm，其高度结合板厚进行设计，确保保护层厚度。

⑥ 预埋件及预留孔洞，严格按照设计图纸对预埋件、预留孔洞定位放点，确保预埋件、预留孔洞位置准确，底板施工中每 $150m^2$ 范围内设置一泄水孔（可结合降水井设置），待顶板覆土回填后对泄水孔进行封堵。

2) 侧墙、中隔墙

① 施工工艺流程：绑扎外排竖向筋→绑扎外排横向筋→绑扎构造钢筋→绑扎内排横向筋→绑扎内排竖向钢筋→镀锌止水钢板安装→安装模板。

② 外排筋施工时：先立 2～4 根竖筋，与下层伸出的搭接筋连接牢固，画好水平筋的分档标志，在下部及齐胸处绑两根横筋定位，并在横筋上画好分档标志，接着绑扎其他竖筋，最后绑扎其他横筋，横筋放在内侧，竖筋放在外侧。

内排筋施工时：先立 2～4 根竖筋，在下部及齐胸处绑两根横筋定位，并在竖筋上画好分档标志，绑扎其他横筋；在横筋上画好分档标志，绑扎竖筋，横筋放在内侧，竖筋放在外侧。

③ 竖筋与伸出的搭接筋搭接处采用直螺纹连接。

④ 墙钢筋应逐点绑扎，双排钢筋之间绑拉筋和支撑筋，纵向受力主筋外皮绑扎垫块。

⑤ 放置镀锌止水钢板带。

⑥ 合模前，在模板上口以下 50mm 处绑扎梯形定位钢筋；合模后，对伸出的竖向钢筋进行修整，在钢筋搭接处绑一道横筋定位。浇筑混凝土时由专人看管，浇筑完后再次根据情况进行调整，以确保钢筋位置准确。

3) 顶板

① 工艺流程：清理模板→模板上画线→绑板下部钢筋→铺设预埋管件→绑上部负弯矩钢筋→绑扎分布筋。

② 清理模板上的刨花、锯末等杂物，用粉笔在模板上画好主筋和分布筋间距。

③ 按画好的间距，先放受力筋，后放分布筋，预埋件、电线管等及时配合安装。

④ 绑扎采用八字扣，双向板相交点须全部绑扎，两层钢筋垫好马凳，以确保上部钢

筋的位置。

⑤ 中板、顶板纵向筋在内侧，横向筋在外侧。

⑥ 板中开洞处钢筋加强布置，具体按设计图纸严格操作。

3.6.9.4 混凝土

（1）混凝土拌制

① 在混凝土的生产和使用过程中，应由具有相应资质的工地试验室全程控制混凝土质量，生产混凝土所用原材料须符合相关要求并经监理工程师验收。

② 宜采取措施减少混凝土收缩裂缝产生。合理控制配合比，限制胶凝材料的用量为 320~450kg/m³、水胶比小于等于 0.45，胶凝材料中氯离子的总量不应超过胶凝材料总量的 0.1%；每立方米防水混凝土中各类材料的总碱量（Na_2O 当量）不得大于 3kg，防止碱骨料反应发生。

（2）混凝土运输

① 应由搅拌站估测车辆在路途中行驶时间，加入外加剂调整初凝时间，混凝土运输车的搅动转速应保证为 2~4r/min，整个输送过程中拌桶的总转数控制在 300 转内。

② 混凝土运至浇筑地点，最高温度不得超过 35℃。

③ 检查混凝土运输过程中坍落度损失是否与试验室测定的相同，是否能满足现场施工需要。

④ 经常对混凝土运输线路进行检查，查看线路是否有变动导致运输时间增加，查看路况好坏，及时与混凝土拌合站沟通，确保供应。

⑤ 混凝土运输采用搅拌罐车，临近冬期时检查车辆保温措施是否满足要求。

（3）混凝土浇筑

1）浇筑

① 混凝土结构工程的施工质量不仅与混凝土自身性能有关，同样受到外部环境影响。如钢筋绑扎情况、模板支架稳定情况、浇筑顺序、振捣质量、天气状况等，混凝土浇筑前应对以上因素进行检查。

② 浇筑前将模板内的垃圾、泥土、木屑等杂物及油污清除干净，并确保钢筋的保护层垫块已垫好。待底板钢筋、模板、预埋件、止水钢板安装等完成并经现场质检员和监理验收合格后方可浇筑混凝土。

③ 控制入模坍落度与入模温度：夏季应低于大气日平均温度，且小于等于 28℃，并在混凝土初凝前采取降温措施；冬季应高于大气温度，且不低于 5℃，并在浇筑开始时采取保温措施。

④ 混凝土浇筑按段分层从低处向高处进行，混凝土浇筑总厚度为 1000~1400mm，按每节段 30m 长控制浇筑长度，每层浇筑厚度不大于 500mm，不应过大。

⑤ 混凝土自由下落高度不得大于 2m，超过 2m 须加导管或溜槽。

⑥ 混凝土浇筑应保持其连续性，不得停滞过长时间，导致下层混凝土初凝。

2）泵送混凝土

① 泵送混凝土前，应先泵送适量的水，以湿润混凝土泵的料斗及其他部位。经泵送水检查后，采用 1:2 水泥砂浆润管，润管砂浆严禁集中打入模板内。

② 坍落度偏差过大的混凝土不得进入料斗，严禁向料斗加水，混凝土泵进料斗上应

安置网筛并设专人监视喂料,以防粒径过大骨料或异物进入混凝土泵造成堵塞,泵送过程中混凝土质量应符合设计要求,并获得旁站监理工程师同意。

③泵送完毕后,应将管道内残留的混凝土及时排除,并对混凝土泵和输送管进行清洗。

(4) 混凝土振捣

①振捣工作从浇筑层的下端开始,逐渐上移以保证混凝土施工质量,用振捣棒要快插慢拔,插点均匀排列,逐点移动,每点的移动时间为20～30s,移动间距不大于60cm,按顺序进行,不得遗漏,做到均匀振实,但不宜过久振捣,以免造成混凝土离析。

②振捣上一层时插入下层5cm,以消除两层间的接缝,上下层混凝土覆盖时间间隔控制在2h以内。

③振捣前应将钢筋恢复到原位,不可随意撬动钢筋,振捣过程中应避免碰撞模板或预埋件等构件,与侧模应保持5～10cm的距离,不得通过振动模板达到间接振动混凝土目的。

④振捣到混凝土表面水不再明显下沉,不出现气泡,表面出现灰浆为准。

(5) 混凝土养护

混凝土养护一般要求:混凝土浇筑完毕12h内进行养护,由于本工程混凝土掺用了矿物掺合料,且抗渗要求不低于P8,因此养护时间不少于14d。

1) 底板、顶板混凝土养护措施

底板、顶板混凝土浇筑完成之后应及时对混凝土面进行收光、抹压,且应进行二次抹压处理,有利于抑制表面裂缝,提高表面质量。混凝土浇筑完毕后的12h内对混凝土进行养护:洒水养护、塑料薄膜覆盖养护或厚棉被蓄热保湿养护等。

①夏期时可在板面上洒水或蓄水进行养护。

②混凝土浇筑面,边浇筑成型边采用塑料薄膜覆盖保湿,有利于混凝土表面裂缝的控制。混凝土表面应覆盖严密,并应保持膜内有凝结水。

③冬期施工时在塑料薄膜覆盖基础上采用棉被蓄热保温。混凝土内部和表面的温差不超过25℃,表面与外界温差不大于20℃。冬期施工时混凝土强度达到设计强度等级的50%时,方可撤除养护措施。

2) 侧墙混凝土养护

对侧墙、中隔墙混凝土,拆模板前利用模板进行养护,从顶部设水管喷淋或用喷雾器喷射;拆模后用喷雾器将墙体表面淋湿,而后用湿麻袋或塑料布贴墙覆盖,并浇水养护,保持混凝土表面潮湿,养护时间不少于14d。

3) 结构施工质量标准

①结构裂缝宽度小于等于0.2mm,混凝土保护层厚度迎土侧为50mm,背土侧为40mm,抗拔桩为70mm。

②本工程为一类环境,环境作用等级I-C,混凝土结构的设计使用寿命为100年,隧道结构耐久性设计指标见表3-8。

③混凝土结构的允许偏差应符合相关规范要求。

耐久性设计 表3-8

工程部位	隧道
混凝土抗渗等级	C40,P8
耐久性措施	高性能混凝土;外表面采用全包防水

续表

工程部位		隧道
水泥及添加材料	材料	强度等级大于等于42.5MPa的普通硅酸盐水泥
	用量（kg/m³）	320～450
	水胶比	≤0.45
碱含量（kg/m³）		≤3
氯离子含量（%）		不超过凝胶材料质量的0.15
骨料		最大粒径为35mm，并应采用单粒级石子两级配或三级配投料

3.7 施工监测与风险控制

3.7.1 地面控制网测量

本工程平面控制网由设计交桩点和加密点组成。由于只有3个设计交桩点位，无法进行复测，因而由项目部预先埋设加密点，经指挥部测量监测中心统一测量，下发至项目部复核后作为本工程平面控制依据。经加密后控制点为双侧15个，路基单侧平均227m一个控制点，基本可以在不设临时点的情况下保证通视。控制点埋于隧道两侧，基坑开挖后测量难度较大。

因而拟采用全站仪测量方式完成地面平面与高程的测量工作。考虑到要保证地下隧道点位控制的精度要求，应将首段开挖基坑内联系测量的点位一同布设进平面控制网中，并将后续开挖段内的控制点逐步并入，最终形成工程整体平面控制网络。过程中可采用GPS静态测量方式作为补充和复核。

3.7.2 高程控制测量

高程控制测量可在指挥部测量监测中心提供的高程控制网络的基础上实施，高程控制测量必须依据《国家一、二等水准测量规范》GB 12897—2006按国家二等水准的标准进行测设。

（1）高程控制测量的相关技术要求

① 选择良好的观测条件，在标尺分划线成像清晰而稳定时进行观测。

② 设置测站时，必须保证视线长度小于等于50m，前后视距差小于等于1m，前后视距累计差小于等于3m，视线离地面最低高度为0.5m。

③ 往返观测照准标尺分划的顺序应符合规范要求，且按照测量方案进行。

④ 测站观测限差应该满足规范要求。

⑤ 高程控制网应满足表3-9的要求。

（2）基坑内外高程传递测量

本工程坑内外高差最大处大于10m，高程可采用全站仪进行传递，也可采用GPS辅助测量。

高程控制网的技术要求 表3-9

水准测量等级	每千米高差偶然中误差（mm）	每千米高差全中误差（mm）	附合路线长度或环线周长（km）	
			附合路线长度	环线周长
一等	≤0.45	≤1		≤1600
二等	≤1	≤2	≤400	≤750
三等	≤3	≤6	≤150	≤200
四等	≤5	≤10	≤80	≤100
五等	≤7.5	≤15	≤30	≤30

3.7.3 基坑监测

3.7.3.1 监测基准网

监测基准网是由基准点、工作基点组成的用于监测工作基点的监控网。

基准点不应受基坑开挖、降水、桩基施工以及周边环境变化的影响，应设置在位移和变形影响范围以外且位置稳定、易于保护的位置；工作基点选在相对稳定和方便使用的位置。

（1）竖向位移基准网

本工程竖向位移基准网共设置基准点3个，均为既有基准点（编号为E07～E09），工作基点5个（编号为BM1～BM5）。基准点采用现浇钢筋混凝土固定墩或挖坑埋石方式布设，工作基点采用道钉或者"L"形测标钻孔埋设。在监测过程中按照《建筑变形测量规范》JGJ8—2016的变形观测等级为二等的相关技术要求进行测量。竖向位移基准网络见图3-40。

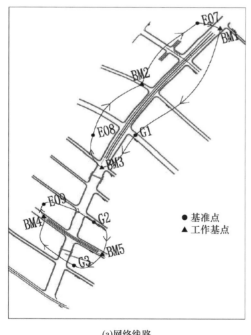
(a)网络线路

(b)基准点

图3-40 竖向位移基准网络

（2）水平位移基准网

本工程水平位移基准网共设置基准点 3 个，均为既有基准点（编号为 E07～E09），工作基点 6 个（编号为 BS1～BS6）。基准点及工作基点采用有强制对中装置现浇混凝土观测墩或者埋设专门观测标石的方式布设。水平位移基准网络见图 3-41。

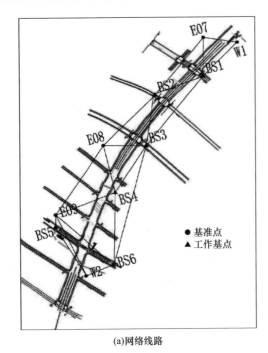 

(a)网络线路　　　　　　　　　　　　　　(b)基准点

图 3-41　水平位移基准网络

（3）水平位移基准网测量

1）GPS 静态测量

① 根据工程现场情况，对基准点采用卫星导航定位静态测量，具体观测采用大地三角形或四边形同步图形扩展方式进行布网，相邻同步环之间由 2 个公共测站相连，每个同步环由 3 或 4 个测站组成，每个环同步观测 2 个时段，每时段观测至少 60min。

② GPS 测量的基本技术要求见表 3-10。

GPS 测量基本技术要求　　　　　表 3-10

等级		二等
静态测量	卫星截止高度角（°）	≥15
	有效观测卫星总数	≥6
	有效时段长度（mm）	≥60
	数据采样间隔（s）	30
	仪器标称精度	≤3mm+1ppm
	PDOP 或 GDOP 值	≤5

2）全站仪边角测量法

① 采用全站仪对位移基准点及基准点与工作基点进行测量时，位移观测等级按照二

等进行,应符合以下要求:

a. 基准点及工作基点应组成多边形网,网的边长应不大于500m。

b. 应尽量在各基准点、工作基点上设置观测,观测应边角同测。

c. 视线高度及离开障碍物的间距宜大于1.3m。

d. 观测应在通视良好、成像清晰稳定时进行,应选择阴天或有风但不影响仪器稳定的时间进行观测。

e. 每站观测中,宜避免二次调焦,当边长悬殊较大需要调焦时,宜采用正倒镜同时观测法,该方向的2C值可不参与互差计算。

② 边角网水平位移监测控制网的主要技术要求见表3-11。

边角网水平位移监测控制网的主要技术要求　　　　表3-11

等级		二等
相邻基准点点位中误差(mm)		±0.3
平均边长(m)		≤500
测角中误差(″)		±1.8
最弱边相对中误差		≤1/80000
全站仪标称精度		±0.5″/0.6mm+1ppm×D
水平角观测测回数		4
距离观测测回数	往测	4
	返测	4

(4) 基准点的稳定性分析及处理

① 首期基准点(工作基点)测量及每期复测后,进行数据处理,对基准点稳定性进行检验分析。

② 对所有基准点(工作基点)按两两组合,计算本期平差后的数据与上期平差后的数据差值。

③ 当计算的所有差值不大于下列公式计算的限差时,认定基准点稳定。

$$\delta = 2\sqrt{2}\sigma_h \tag{3-14}$$

$$\sigma_h = 2\sqrt{n}\mu \tag{3-15}$$

式中　δ——高差差值限差(mm);

μ——对应精度等级的测站高差中误差(mm);

n——两个基准点之间的观测测站数。

④ 当差值超过限差时,应通过分析判断,找出不稳定的点。检查分析不稳定基准点相关的各期监测数据,剔除不稳定基准点的影响后,重新处理监测数据。

(5) 基准点的保护

① 采用现浇混凝土浇筑固定观测墩,墩顶设置强制对中基座,与混凝土浇筑成整体,确保基准点稳固。

② 对基准点应设置明显反光标识,以及警示牌,以防人为破坏。

③ 每1~2个月对工作基点进行一次常规复核,检验基点的稳定性;如出现异常情况,应进行加测。

④ 加强对基准点周边环境及地质构造变化的巡视,如发现基准点周边有裂缝、坍塌

或隆起等现象,应立即对基准点进行复核,确保监测数据的真实性。

3.7.3.2 主体结构施工监测

本工程施工过程的监测对象为基坑支护结构和周边环境。基坑支护结构监测对象主要为围护桩、支撑和立柱,周边环境监测对象主要为工程周边岩土体、地下水、建筑物、地下管线及市政基础设施等。

主要监测内容包括:围护桩(墙)圈梁及坡顶竖直和水平位移、基坑周围地表竖向位移、立柱竖向位移、桩体(土体)深层水平位移、支撑轴力、基坑外地下水位、周边环境。

测点的布设如下:

(1) 围护桩(墙)圈梁及坡顶竖直和水平位移监测

掌握围护墙体顶的水平位移和不同区段垂直方向上的位移差异,综合判断围护体系的稳定性。

布设方法:围护桩为SMW工法桩的在型钢顶部焊接"一"字形不锈钢棱镜杆;围护桩为灌注桩的在圈梁浇筑结束后用冲击电锤打孔埋设 $\phi12$ 膨胀螺栓,也可在圈梁浇筑前预埋 $\phi12$ 螺栓;坡顶测点采用长 0.8m、直径不小于 18mm 的钢筋打入地下。在螺栓或钢筋顶端上固定棱镜,用 $\phi200$PVC 管套住测点并固定在圈梁上加以保护,棱镜镜面高出 PVC 管口。测点用红漆标注,设置警示标示,以防破坏。

(2) 基坑周围地表竖向位移监测

通过对基坑周围地表沉降的监测,了解相应位置基坑内土方开挖对坑外土体造成的影响,分析土体及地下构筑物、地下管线的稳定情况。

基坑周围地表竖向位移测点应在施工前进行监测点的埋设工作,埋设步骤如下:非混凝土路面采用钢筋埋入土体中;硬化路面上直接用水钻开孔,打穿地表层,清孔后在孔内插入 30~50cm 钢筋头,放入少量细砂铺实,并放置套筒和盖板保护测点,防止行人和车辆对测点的破坏。测点埋设详见图 3-42。

(3) 立柱竖向位移监测

掌握立柱随施工工况竖向变化的情况,确保立柱及支护体系在基坑开挖土体回弹作用下的安全稳定,了解支撑的挠度。

立柱竖向位移监测点布置在立柱上荷载最大位置处,本工程设在基坑中部、多根支撑交汇处的立柱顶部的支撑上。

(4) 桩体(土体)深层水平位移监测

掌握基坑开挖过程中围护结构墙体的侧向位移情况,判断围护结构体系的稳定性。

钻孔灌注桩和SMW工法围护墙的测斜管埋设方法为绑扎埋设法。绑扎埋设通过直接绑扎或设置抱箍等将测斜管固定在钢筋笼或型钢上,测斜管长度不宜小于围护墙深度,绑扎和固定必须十分牢固,以抵抗地下水的浮力或混凝土的冲力作用。当测斜管埋设在土体中时,测斜管长度不宜小于围护墙深度的 1.5 倍,并应大于围护墙深度。以测斜管底部为固定起算点时,管底部应嵌入稳定土层中。

(5) 支撑轴力监测

掌握支撑轴力随施工过程变化的情况,确保支护体系在墙后水土压力传来的水平荷载等作用下的安全稳定。

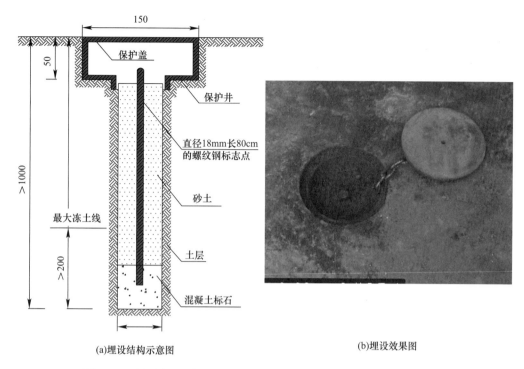

图 3-42 基坑周围地表竖向位移测点水钻成孔埋设示意图（单位：mm）

本工程支撑类型有混凝土支撑和钢支撑，其埋设方法如下：在混凝土支撑截面四角内部钢筋上埋设钢筋应力计，基于钢筋和混凝土共同工作、变形协调的同截面等应变原理计算支撑的轴力；通过焊接轴力计来监测钢支撑的轴力变化，一般设置在支撑端部的活络头侧。

（6）基坑外地下水位监测

通过监测可掌握不同季节、不同天气地下水位的变化，及时调整降水措施，防止地下水位的急剧抬高对围护结构造成不利影响。

可采用钻孔埋设水位管的方法进行地下水位监测。水位管埋设深度为地面以下10m，滤管长度为4～6m，并保证滤管埋设在承压水层中；若基坑开挖深度小于8m，水位管埋设底标高为坑底以下2m。水位管外用特殊土工布进行无缝包扎，水位孔下部滤管段用洗净的中、粗砂填充，孔顶附近填充膨胀泥球或水泥砂浆，以防地表水渗入。

（7）周边环境监测

用水准仪观测设在建筑物上测点的高程变化，了解基坑周围建筑物受施工的影响程度以及是否会影响其正常使用。测点应布设在竖向荷载承受结构上，可预埋或钉入"L"形测钉，并用红色油漆标明点号，做好测点的保护工作。

3.7.3.3 监测周期及频率

基坑工程监测频率的确定应能满足系统反应监测对象所测项目的重要变化过程而又不遗漏其变化时刻的要求；监测工作应贯穿于基坑工程和地下工程施工全过程；监测期应从基坑工程施工前开始，直至地下工程完成为止；对有特殊要求的基坑周边环境的监测应根据需要延续监测至变形趋于稳定后结束。

监测项目的监测频率应综合考虑基坑类别、基坑及地下工程的不同施工阶段以及周边环境、自然条件的变化和当地经验而确定。

本工程基坑监测频率根据设计图纸的要求,以及《建筑基坑工程监测技术规范》GB 50497—2009 的规定,如表 3-12 所示。

明挖基坑及周边环境监测周期及频率 表 3-12

监测部位	监测项目	监测周期	监测频率
明挖隧道围护结构	基坑周边地面沉降	全过程	开挖深度≤5m,1 次/2d;开挖深度>5m,1 次/d;底板浇筑≤7d,1 次/2d;底板浇筑 7~14d,1 次/3d;底板浇筑 14~28d,1 次/7d;底板浇筑>28d,1 次/10d
	围护墙顶竖向位移	全过程	
	围护墙顶水平位移	全过程	
	深层水平位移	全过程	
	立柱竖向位移	开挖至立柱拆除	
	支撑内力	支撑设置至立柱拆除	
	地下水位	全过程	
	巡视检查	全过程	
周边环境	周边建筑物变形	全过程	
	周边道路、管线变形	全过程	

注:1. 如超过预警值,应增加监测频率;
  2. 拆撑与换撑期间应加强监测。

3.7.3.4 监测预警

(1) 监测报警值

根据规范、设计要求提出监测报警值,由监测项目的累计变化量和变化速率值共同控制基坑安全。

(2) 预警分类

按照安全风险管理的要求,实施仪器监测、巡视等现场工作,针对不同的风险源及风险等级,建立不同的风险评估体系,提供预警建议,并开展监控信息的汇总整理、反馈及现场控制指导等相关咨询服务工作。根据现场巡视信息及监测数据及时分析,综合评定,必要时发送预警信息,同时加密观测频率及加大巡视力度。

其分类、分级情况如下:

① 监测预警

根据设计单位提出的监控量测控制指标值,将施工过程中监测点的预警状态按严重程度由小到大分为三级:黄色监测预警、橙色监测预警和红色监测预警。具体划分标准见表 3-13。

三级监测安全状态判定 表 3-13

预警级别	预警状态描述
黄色监测预警	"双控"指标(变化量、变化速率)均超过监控量测控制值的 75%,或双控指标之一超过监控量测控制值的 85%时
橙色监测预警	"双控"指标均超过监控量测控制值的 85%时,或双控指标之一超过监控量测控制值时
红色监测预警	"双控"指标均超过监控量测控制值,或实测变化速率出现急剧增长时

② 巡视预警

巡视预警是施工过程中通过巡视,发现安全隐患或不安全状态而进行的预警。根据预警等级，会同测量监测中心、监理单位、施工单位进行综合评判。

③ 综合预警

综合预警是施工过程中根据现场参与各方的监测、巡视信息，并通过核查、综合分析和专家论证等，及时综合判定出风险工程不安全状态而进行的预警。

（3）报警制度

当产生黄色或橙色预警时，监测数据接近控制值，由监理单位组织召开预警分析会，施工单位进行情况汇报，会议讨论决定风险处置措施，施工单位落实处理决定，监理单位加强巡视、监管，监测单位加强监测和巡视。

当产生红色预警时，监测数据大于控制值，由监理单位组织召开预警分析会，必要时组织专家论证，施工单位立即启动应急预案进行处理。

淤泥质土层大跨度变断面基坑施工关键技术研究

横江大道项目基坑有别于传统建筑基坑，其具有长宽比大、深度大、支护要求高等特点，属于狭长形基坑。狭长形基坑具有稳定性差与变形控制难度大等时空效应特点。本项目紧邻长江，土体多为含水率较高的淤泥质黏土与粉细砂，具有很高的蠕变性。目前对于狭长软土基坑的研究较少，基于此对狭长形软土基坑的蠕变特性、基坑变形规律及处理措施、开挖方式进行研究。同时，基坑采用 SMW 工法桩对基坑进行围护，目前 SMW 工法桩常存在型钢难拔出的问题，为解决型钢拔取问题，常通过室内实验及现场实验对减阻材料进行制配与测试。

针对本工程难题，为保障工程安全顺利进行，通过理论研究、现场监测、数值计算、模型试验等手段，开展以下关键技术研究：

(1) 淤泥质土物理特性研究；
(2) 淤泥质土基坑基本工作性状及分段作业划分；
(3) 淤泥质土层大跨度基坑开挖关键技术；
(4) 基坑关键节点加固关键技术；
(5) 隧道管廊共坑施工换撑技术；
(6) SMW 工法桩型钢高效减阻技术。

4.1 淤泥质土物理特性研究

为掌握本工程区域淤泥质土的基本物理特性及蠕变变形规律，开展土体物理特性室内实验，为数值模型及基坑变形分析提供依据。

4.1.1 室内实验

4.1.1.1 初始密度实验

用高 2cm，底面积 30cm² 的环刀切取满环刀土体，称取环刀与土体的质量（图 4-1），用称取的质量减去环刀自身的质量计算土体初始密度。

4.1.1.2 含水率实验

取适量原土样置于实验盒中，称取土样与试样盒的质量，将试样盒放入烘干箱，待土体被烘干后取出试样盒，称取试样盒及土体的质量，计算土体含水率。

4.1.1.3 土样液塑限实验

取适量土样放入温度为 105℃ 的干燥箱将土样烘干，取出土样后将其碾碎。电热恒温干燥箱如图 4-2 所示。

图 4-1　土体试样称重　　　　图 4-2　电热恒温干燥箱

取 3 份适量干土分别加入不同质量水，制取三份不同含水率的重塑土体，使液塑限测定仪（图 4-3）锥形小锤的入土深度分别为 2～4mm、7～9mm、14～17mm，取 3 次不同加水量的土体测试其含水率，根据含水率和入土深度绘制对数曲线，如图 4-4 所示。入土深度为 10mm 的含水率为土体的液限，入土深度为 2mm 的含水率为土体塑限。

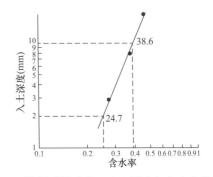

图 4-3　SDY-1 型液塑限测定仪　　　图 4-4　淤泥质粉质黏土入土深度与含水率曲线图

4.1.1.4　相对密度实验

将烘干土样碾碎，土样粒径小于 5mm，取 15g 烘干土粒倒入 100ml 比重瓶内，将比重瓶进行编号，称取比重瓶加干土的质量，注入蒸馏水至比重瓶的一半处，将其放入真空抽气设备并抽至真空，在真空环境中放置 2h，完毕后取出比重瓶并注满水，称取土样、比重瓶与水的质量，倒掉试样注入蒸馏水，称取比重瓶与蒸馏水的质量，最终获得土体的相对密度，如图 4-5、图 4-6 所示。

图 4-5　比重瓶　　　　图 4-6　真空抽气设备

4.1.1.5 黏聚力与内摩擦角实验

用环刀切取土样,通过直剪切仪测试土体的黏聚力与内摩擦角。实验仪器及土样如图 4-7、图 4-8 所示。

图 4-7 ZJ 型应变控制式直剪切仪　　　　图 4-8 实验结束土体试样

4.1.1.6 颗粒级配分析实验

用 Bettersize2000 粒度分析仪对土体进行测试,获得土粒粒径分布曲线,如图 4-9 所示。由图中可以看出,6 种土体曲率系数均处于 1～3 之间,其中淤泥质粉质黏土体不均匀系数大于 5,为级配良好的不均匀土;粉砂夹粉土①、粉砂夹粉土②、粉细砂①、粉细砂②及粉细砂③的不均匀系数均小于 5,为级配不良的均匀土。

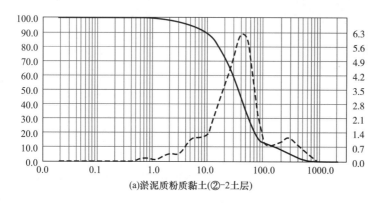

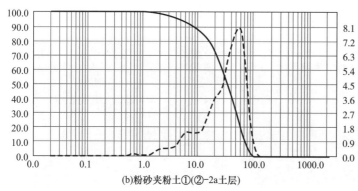

图 4-9 各土样粒度分析实验结果（一）

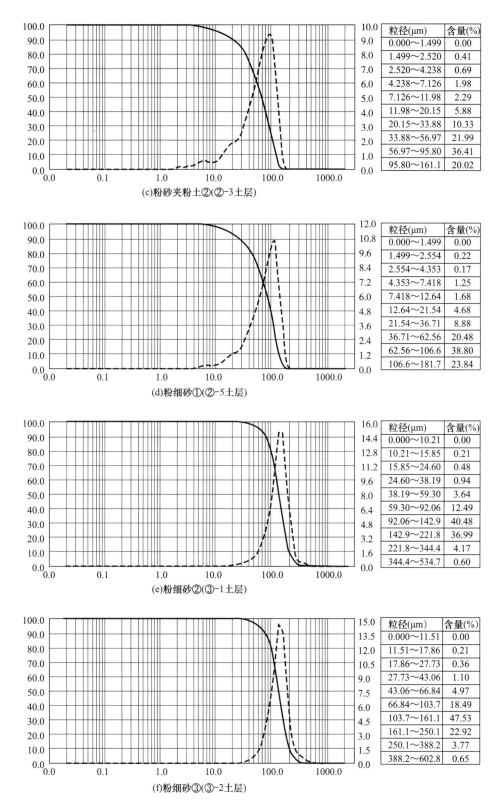

图 4-9 各土样粒度分析实验结果（二）

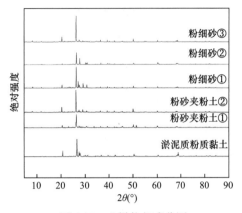

图 4-10 土样物相成分图

4.1.1.7 XRD 测试实验

用 X 射线衍射仪对土样的物相成分进行了测试，测试范围 5°～90°，速度为 5°/min。将测试数据通过 Origin 绘制物相成分曲线图，如图 4-10 所示。用 jade 软件对各土样进行物相分析，各土体所含物相匹配如图 4-11 所示。

对图 4-11 中的各物相成分进行含量分析，各土样物相成分及相对含量见表 4-1。从图 4-11 及表 4-1 可以看出淤泥质粉质黏土中 SiO_2 含量明显比其他土体少，SiO_2 具有较好的角形系数、均一的粒度分布，SiO_2 含量越高土体的疏松度与通气性越高，土体含水率越低。

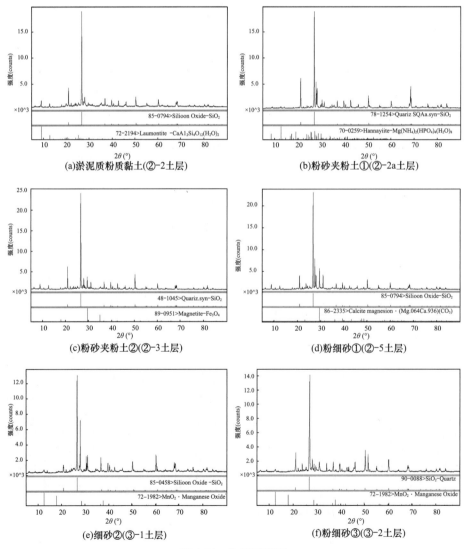

图 4-11 物相匹配图

4 淤泥质土层大跨度变断面基坑施工关键技术研究

各土样物相成分及相对含量　　　　表4-1

编号	对应土体	物相成分	各物质相对含量
1	淤泥质粉质黏土	SiO_2	13.4%
		$CaAl_2Si_4O_{12}(H_2O)_2$	86.6%
2	粉砂夹粉土①	SiO_2	35.9%
		$Mg_3(NH_4)_2(HPO_4)(H_2O)_8$	64.1%
3	粉砂夹粉土②	SiO_2	74.4%
		Fe_3O_4	25.6%
4	粉细砂①	SiO_2	79.3%
		$(Mg_{0.064}Ca_{0.936})(CO_3)$	20.7%
5	粉细砂②	SiO_2	86.5%
		MnO_2	13.5%
6	粉细砂③	SiO_2	93.7%
		MnO_2	6.3%

根据以上室内基本实验获得各土样的基本参数，实验结果见表4-2。

土体物理力学性质表　　　　表4-2

土层编号	土体名称	含水量（%）	初始密度	孔隙比	液限（%）	塑限（%）	压缩模量（MPa）	黏聚力（kPa）	内摩擦角（°）	不均匀系数
②-2	淤泥质粉质黏土	25.9	1.75	1.15	38.6	24.7	3.46	10.3	11.8	>5
②-2a	粉砂夹粉土	15.3	1.89	0.75			11.61	2.5	30.5	<5
②-3	粉砂夹粉土	12.1	1.88	0.78			11.76	2.2	32.6	<5
②-5	粉细砂①	14.9	1.86	0.76			12.44	2.1	32.4	<5
③-1	粉细砂②	15.1	1.90	0.73			13.19	2.1	33.3	<5
③-2	粉细砂③	23.4	1.88	0.74			13.12	2.3	31.6	<5

4.1.2 室内蠕变实验

本项目紧邻长江，土体为河漫滩沉积，且6月下旬到7月上旬为梅雨季节，年平均降雨量1106.5mm，雨水充沛，土体具有含水量高，承载力低，流变性大的特点。蠕变是在应力不变的条件下应变随时间的增加而增加的现象，土体的这种特性对施工具有很大影响，因此研究土体长期蠕变特性对施工和设计具有重要意义。一维固结蠕变实验在不同地区的非线性均较强，因此采用一维固结试验研究土体的蠕变特性。

4.1.2.1 土样制备及实验方案

采用一维压缩实验，条件为室温、双面排水，研究横江大道项目土体的蠕变特性，对六种土体进行一维固结实验，土样参数见表4-2，实验仪器为固结仪（实验装置见图4-12）。固结实验分为等比加载、分别加载两种加载方式，同时在固定压力下研究土体在不同含水率下的位移时间关系，根据土体初始密度及含水率制配土样（图4-13、图4-14），制备完成后用保鲜膜包裹防止水分蒸发，静置10小时后用固结仪进行固结实验，以保证土体具有相同的胶结性，实验方案见表4-3。

图 4-12　GZQ-1型全自动气压固结仪

图 4-13　制备不同含水率土样

图 4-14　土样

固结蠕变实验方案　　　　表 4-3

土样编号	对应土层	土层名称	加载方式	加载顺序（kPa）	含水率（%）
1	②-2	淤泥质粉质黏土	分级加压	50-100-200-400-800	25.93
2	②-2a	粉砂夹粉土①	分级加压	50-100-200-400-800	15.31
3	②-3	粉砂夹粉土②	分级加压	50-100-200-400-800	29.64
1	②-2	淤泥质粉质黏土	分别加载	200	25，30，35，40
3	②-3	粉砂夹粉土②	分别加载	200	25，35，40

4.1.2.2　实验结果分析

1. 分级加载实验结果分析

图 4-15 为土体等比加载下的应变-时间曲线，由图中可以看出土体在不同压力下加载初期均有较大的变形速率，随时间的增加变形速率逐渐减小；当应力为 50kPa 时，土体轴向应变较小，轴向应力为 800kPa 时，土体轴向应变最高达到 20%。

图 4-16 为各土样通过"陈氏法"后土体在各荷载下的应变-时间曲线，由图 4-16 可以看出，当应力水平较低时，土体应变不明显，当应力水平较高时呈现出明显的非线性趋势，说明应力大小对土体的次固结有较大影响。同时，淤泥质粉质黏土非线性稳定时间较长，蠕变特性明显。

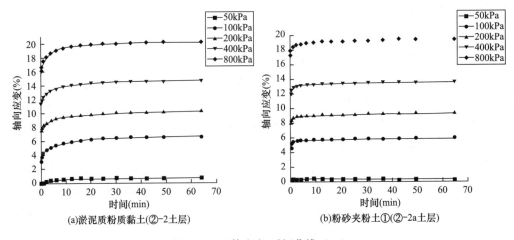

图 4-15　土体应变-时间曲线（一）

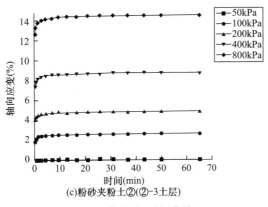

(c)粉砂夹粉土②(②-3土层)

图 4-15 土体应变-时间曲线（二）

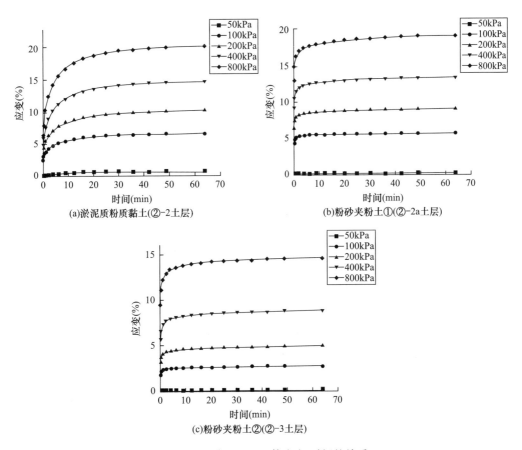

图 4-16 "陈氏法"土体应变-时间的关系

图 4-17 为等比加载下的应力-应变等时曲线。由图 4-17 可知应力-应变等时曲线是上凸的非线性曲线，并且随应力增加曲线凹向应力轴，说明应力水平越高，非线性程度越大。此外，土体均在 100kPa 处出现转折，前半部分斜率较大，后半部分斜率逐渐减小，根据应力-应变等时曲线上的转折点所对应的应力水平为屈服应力可得 100kPa 为等比加载下的屈服应力，100kPa 之前为弹性变形阶段，之后为塑性流变阶段，由图 4-17 可以得出土体塑性应变占总应变的主要部分，土体应变随时间逐渐减小，应变增加速率随应力增大逐渐增大。

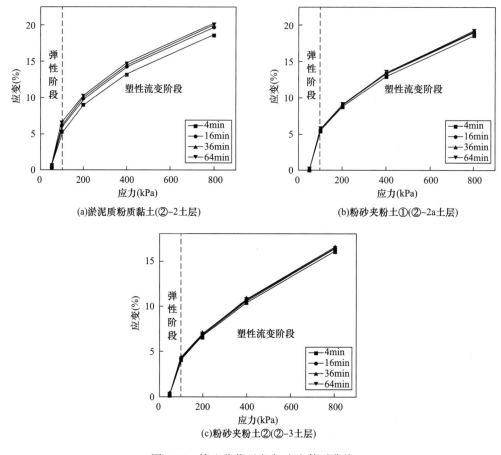

图 4-17 等比荷载下应力-应变等时曲线

2. 不同含水率实验结果分析

由图 4-18 可以看出应变-时间曲线呈非线性关系，随时间增加应变速率逐渐减小，表现为衰减蠕变，淤泥质粉质黏土随含水率的增加变形逐渐增加，且含水率越高试样位移速率越大。粉砂夹粉土②在 400 分钟内 35％含水率时位移最大，40％含水率的试样在 400 分钟变形还未稳定，仍然具有增长趋势，说明土体在高含水率情况下蠕变现象更加明显。

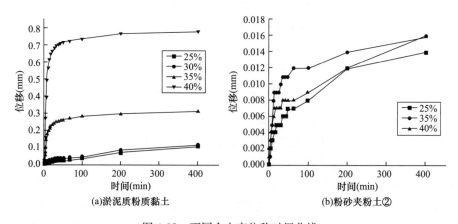

图 4-18 不同含水率位移时间曲线

4.1.3 蠕变模型

土体蠕变理论分析和数值模拟研究时采用的蠕变模型及参数如表 4-4 所示。

蠕变模型及所需参数 表 4-4

模型	应用特征	需要的参数
Drucker-Prager 模型	弹-理想塑性模型	剪胀角，内摩擦角，流应力比，参数 A、m、n
Viscous 模型	经典黏弹性模型	弹性体积模量，弹性剪切模量，动力黏滞系数
Burger 模型	Burger 材料黏弹性模型	弹性体积模量，Kelvin 弹性剪切模量，Kelvin 动力黏滞系数，Maxwell 剪切模量，Maxwell 黏滞系数
Cvisc 模型	Burger 的 M-C 扩展模型	弹性体积模量，黏聚力，密度，剪胀角，内摩擦角，Kelvin 弹性剪切模量，Kelvin 黏滞系数，Maxwell 弹性剪切模量，抗拉强度，Maxwell 动力黏滞系数
MCC 模型	硬化类弹塑性模型	最大弹性体积模量，初始容积
黏土塑性模型	塑性模型	塑性体积模量对数，应力比，初始屈服表面尺寸，流动应力比，wet 屈服表面尺寸
M-C 模型	弹-理想塑性模型	摩擦角，剪胀角，黏聚力屈服应力，绝对塑性应变

在以上模型中，Drucker-Prager 模型可以同时反映体积应力、剪应力和中间主应力对岩土强度的影响，较其他强度理论更能反映实际情况，且其收敛性好，模拟结果更精确，因此本项目数值模拟计算采用 Drucker-Prager 模型。Druker-Prager 屈服破坏准则、相关联流动法则与时间硬化法共同构成土体蠕变本构模型，分别如下：

① 屈服于破坏准则

塑性屈服面采用子午线为线性的 Druker-Prager 屈服面：

$$F = t - p\tan\phi - c = 0$$

② 流动势函数

蠕变应变率采用与塑性应变率相同的双曲线塑性流动势函数：

$$G^{cr} = \sqrt{(\varepsilon\sigma\mid_0\tan\psi)^2 + q^2} - p\tan\psi$$

③ 时间硬化模型

蠕变法则：

$$\dot{\varepsilon}^{cr} = A(\sigma^{cr})^n t^m$$

式中，A、m、n 为相关参数，其中，A 为反映土体蠕变变形速率的数量级，同时在一定程度上可以反映土体的组成与结构等特性；m 为控制蠕变随时间增长逐渐减小的速度；n 为反映应力对于蠕变变形的影响。

Drucker-Prager 中所需参数需要对实验测量参数进行转化，转化公式如下：

$$\tan\beta = \sqrt{3}\sin\phi$$

$$\frac{d}{c} = \sqrt{3}\cos\phi$$

$$\sigma_c = \frac{1}{1-\frac{1}{3}\tan\beta}d$$

式中，β 为 Drucker-Prager 中的摩擦角，是 $p\text{-}t$ 应力空间上的倾角；d 为 Drucker-Prager 中的黏聚力，是屈服面在 $p\text{-}t$ 应力空间 t 轴上的截距；σ_c 为单轴抗压强度。参数转化结果见表 4-5。

Drucker-Prager 模型参数 表 4-5

模型参数\土层编号	②-2	②-2a	②-3	②-5	③-1	③-2
β (°)	19.5	41.3	43	42.9	43.6	42.2
d (kN/m²)	17.5	3.7	3.2	3.1	3.0	3.4
σ_c (kPa)	19.8	5.2	4.6	4.5	4.4	4.9

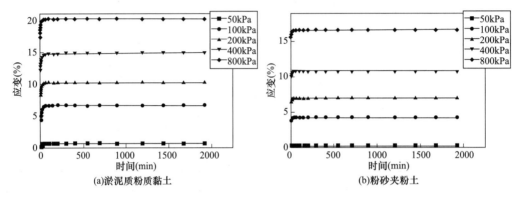

图 4-19 土体位移时间曲线

基于《土工试验规程》YS/T 5225—2016，固结实验前 24 小时为主固结阶段；通过对图 4-19 中的曲线 24 小时后的位移时间曲线进行拟合，得出时间硬化参数，蠕变参数见表 4-6。

三种土体蠕变参数 表 4-6

土类	淤泥质粉质黏土	粉砂夹粉土
A	5.7×10^{-7}	1.4×10^{-7}
m	-0.989	-0.985
n	0.606	0.715

4.1.4 小结

通过文献研究和室内实验，分析了工程所在区域的淤泥质土基本物理性质和蠕变特征，得到以下结论：

① 淤泥质土黏粒含量高、SiO_2 含量低、透水性差，含水率高，土体蠕变特性明显。

② 土体含水率越高、应力水平越大，蠕变性越强。

③ 通过室内实验获得了时间硬化蠕变模型参数，建立了工程所在区域淤泥质土的本构模型，为数值模拟分析奠定了基础。

4.2 淤泥质土基坑基本工作性状及分段作业划分

根据基坑所在区域淤泥质土基本物理力学性质及蠕变特征，基于 Drucker-Prager 模型及时间硬化模型，研究抽条宽度、高度、长度等参数对支护结构、坑底土体位移的作用规律，并基于抽条尺寸划分长距离基坑分段施工长度，研究基坑施工过程中支护结构变形、支撑轴力、土体侧向变形、地面沉降及坑底隆起规律,获得基坑基本工作性状,确定基坑整体作业程序。

4.2.1 基坑抽条加固

如图4-20所示,K15+890断面跨度大、开挖深度大,表层为厚为4.5m的淤泥质土,7.8m深度位置有一层淤泥质土厚4.1m,此断面为淤泥质土最厚的位置,土层条件典型,能较好地反映出淤泥质土基坑的变形特性。

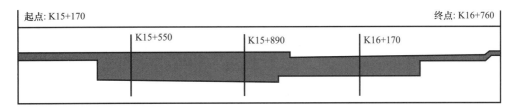

图4-20 典型断面位置示意图

抽条加固能够有效控制基坑变形,为获得抽条对大跨度长距离基坑的加固影响规律,分别对加固深度、宽度及间距进行研究。土体本构模型采用Drucker-Prager模型及时间硬化模型,SMW工法桩采用壳单元,内支撑及立柱桩采用线单元。围护结构为隔插工字钢,桩长23m。模型底部限制x、y、z三个方向位移,开挖方向限制x方向位移,垂直开挖方向限制y方向位移。建立如图4-21所示模型,研究抽

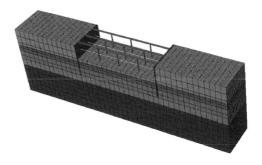

图4-21 抽条加固模型

条加固的尺寸对基坑变形的影响,模拟步序见表4-7。基坑开挖至基底的工期约为半月,因此对抽条加固尺寸及间距进行调整,研究蠕变15天土体的变形情况。

模拟步序		表4-7
模拟步序	工况描述	
1	初始地应力平衡,位移清零	
2	施作立柱桩,施作SMW工法桩,抽条加固,施作第一道混凝土支撑	
3	基坑开挖至-5m位置	
4	施作第二道钢支撑	
5	基坑开挖至-10m位置	
6	添加结构底板	

(1) 抽条加固深度

本项目抽条加固采用$\phi 850@600$mm的桩体,根据工程实际条件及工程经验,取抽条宽度2.65m、间距6m,通过改变抽条加固深度,研究加固深度分别为2m、3m、4m时对基坑变形的影响。图4-22为基坑变形模拟结果。

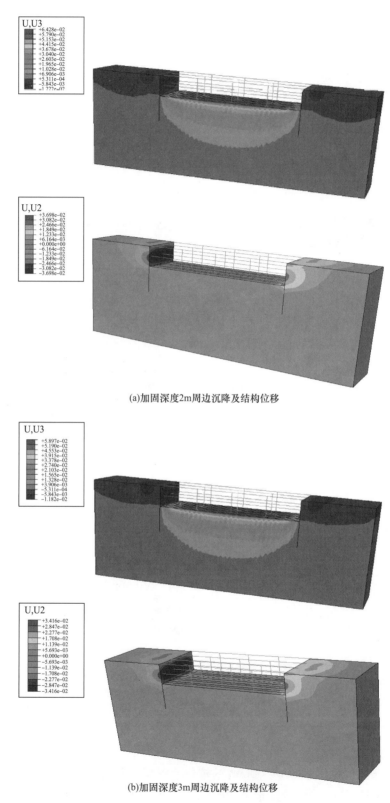

(a)加固深度2m周边沉降及结构位移

(b)加固深度3m周边沉降及结构位移

图 4-22 不同加固深度基坑变形情况（一）

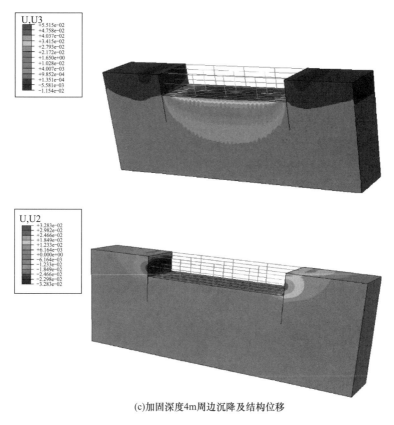

(c)加固深度4m周边沉降及结构位移

图 4-22 不同加固深度基坑变形情况（二）

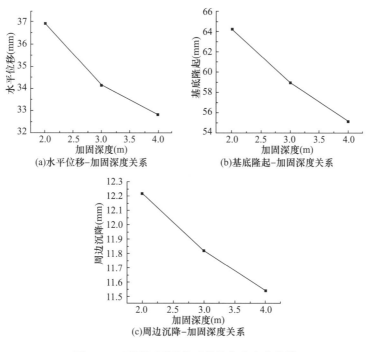

图 4-23 不同加固深度下基坑位移变化曲线

由图 4-23 可以看出，随加固深度的增加，水平位移、周边沉降、基底隆起均减小，且加固深度越大减小速率逐渐降低，可以得出加固深度变化对水平位移影响较大。根据《南京地区建筑基坑工程监测技术规程》DGJ32/J 189—2015 规定，基坑水平位移预警值为 35～55mm，周边地表竖向位移为 25～35mm，同时根据《建筑基坑工程监测技术标准》GB 50497—2019 规定，基底隆起预警累计值为 30～60mm。抽条加固深度为 2m 时已超出规范值范围，因此对深度为 3m 的加固体进行研究。

（2）抽条加固宽度

抽条加固深度取 3m，抽条间土条宽度取 3.35m，研究加固体宽度对基坑变形的影响，如图 4-24 所示。

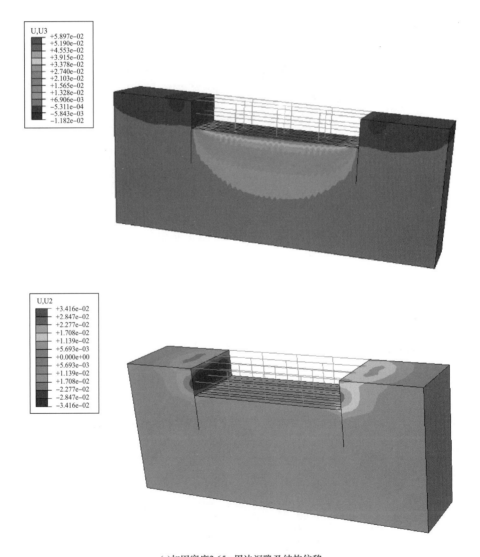

(a) 加固宽度 2.65m 周边沉降及结构位移

图 4-24　不同加固宽度基坑变形情况（一）

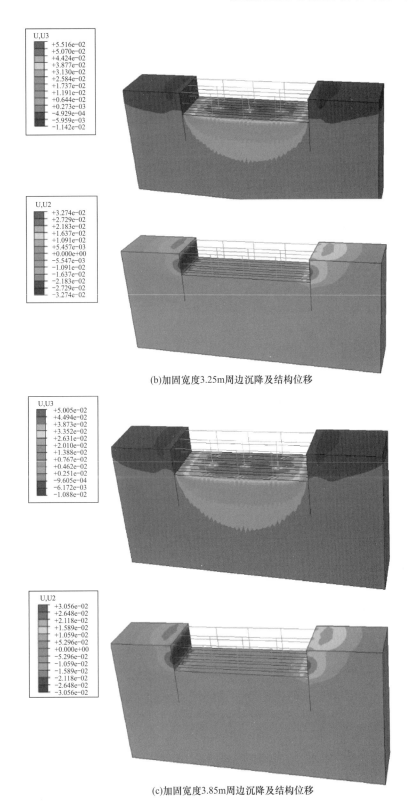

(b)加固宽度3.25m周边沉降及结构位移

(c)加固宽度3.85m周边沉降及结构位移

图 4-24 不同加固宽度基坑变形情况（二）

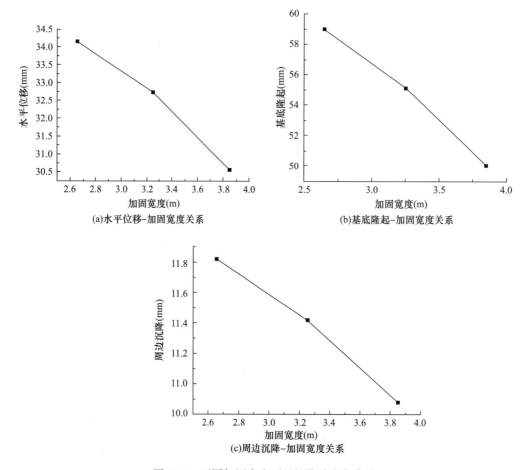

图 4-25 不同加固宽度下基坑位移变化曲线

由图 4-25 中数据变化情况可以看出，基坑位移随加固体宽度增加逐渐减小，减小趋势逐渐增加。其主要原因为抽条间隔中土条宽度为 3.35m，当加固宽度为 3.85m 时，抽条加固的作用更加明显。根据《南京地区建筑基坑工程监测技术规程》DGJ32/J 189—2015 及《建筑基坑工程监测技术标准》GB 50497—2019 要求，宽度为 2.65m、3.25m、3.85m 均在安全范围内。由深度与宽度模拟结果及安全性、经济性考虑，基坑抽条深度为 3m，宽度取 3.25m。

（3）抽条间距

根据对抽条深度及宽度的研究结果，可知抽条深度取 3m，宽度取 3.25m 较为安全，因此根据以上尺寸研究抽条间距对基坑变形的影响，如图 4-26 所示。

由图 4-27 中的数据变化情况可以看出在抽条尺寸不变的情况下，随抽条间距增加，基坑位移值逐渐增加，且在加固间距由 6m 增加至 7m 时，位移值增长迅速，原因为抽条间土条宽度大于抽条宽度，使抽条作用效果明显减小。根据《建筑基坑工程监测技术标准》GB 50497—2019 要求，加固间距为 7m 时基坑位移超出预警值 60mm，因此从安全性与经济性上考虑，抽条最优尺寸为 3m×3.25m（高×宽）、间距 6m。

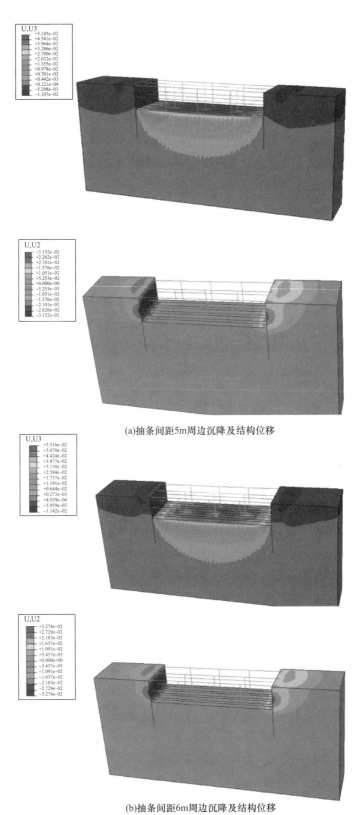

(a) 抽条间距5m周边沉降及结构位移

(b) 抽条间距6m周边沉降及结构位移

图 4-26 抽条不同间距基坑变形情况（一）

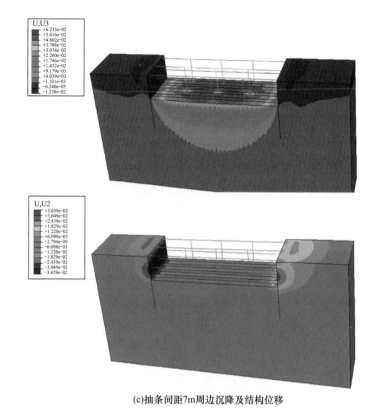

(c)抽条间距7m周边沉降及结构位移

图 4-26 抽条不同间距基坑变形情况（二）

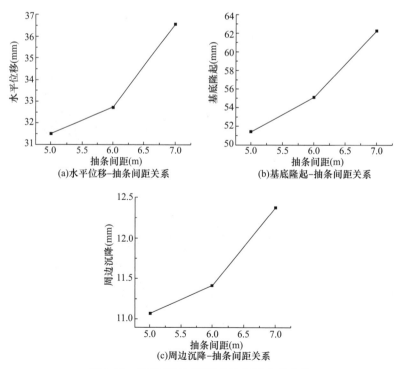

图 4-27 抽条不同间距下基坑位移变化曲线

4.2.2 长距离基坑分段长度划分

基坑开挖的变形与基坑长宽比关系紧密，本项目淤泥质基坑跨度变化较大，结合不同开挖深度，选取3个典型断面进行数值模拟计算，划分长距离基坑分段作业长度，位置如图4-28所示，具体特征见表4-8。根据基坑现场施工条件及施工安全性，将项目分为A、B、C三个先开挖的长基坑及G、H两个后开挖的短基坑。

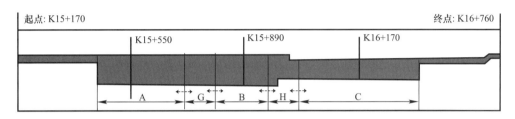

图4-28 典型断面位置示意图

典型断面位置特征   表4-8

断面位置	深度（m）	宽度（m）	主要特点
K15+550	9	60	表层为厚4.5m的淤泥质土，9.8m深度有1层厚2.7m的淤泥质土
K15+890	10	60	表层为厚4.5m的淤泥质土，7.8m深度有1层厚4.1m的淤泥质土
K16+170	9	40	表层为厚3.5m的淤泥质土，11.1m深度有1层厚3.1m的淤泥质土

4.2.2.1 K15+890断面基坑长度计算

典型断面K15+890处于B基坑区段，宽度为60m、深度为10m，采取数值模拟对长宽比分别为3∶1、3.5∶1、4∶1、4.5∶1的基坑进行分段长度研究。

基坑开挖模型如图4-29所示，基坑开挖深度为10m，宽度60m，长度分别为180m、210m、240m、270m。支护方法均采用SWM工法桩，长边隔插工字钢，短边密插工字钢，桩长23m。支撑为上下两层内支撑，首层为混凝土撑，二层为钢支撑。土体本构模型采用Drucker-Prager模型及时间硬化模型，SMW工法桩采用壳单元，内支撑及立柱桩采用线单元。模型底部限制x、y、z三个方向的位移，长边方向限制x方向位移，短边方向限制y方向位移。因为基坑开挖完毕到结构施工时间基本为半个月，所以本项目蠕变变形时间均考虑为15天。

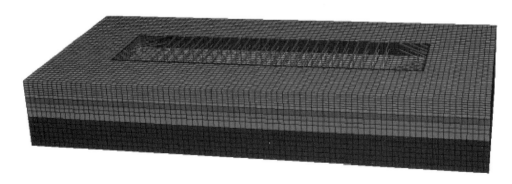

图4-29 240m淤泥质基坑模型

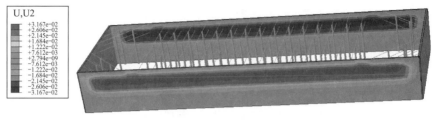

(a) B基坑开挖长度180m

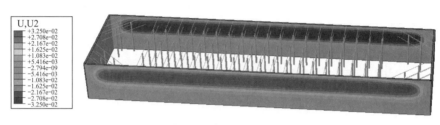

(b) B基坑开挖长度210m

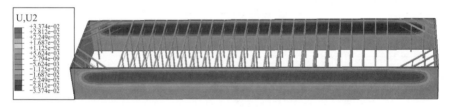

(c) B基坑开挖长度240m

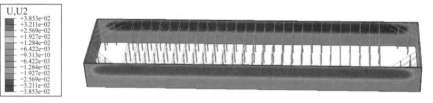

(d) B基坑开挖长度270m

图 4-30 不同基坑开挖长度围护结构位移

(a) B基坑开挖长度180m

图 4-31 不同开挖长度下基坑竖向位移变形（一）

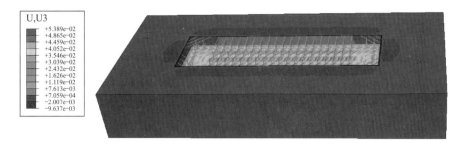

(b)B基坑开挖长度210m

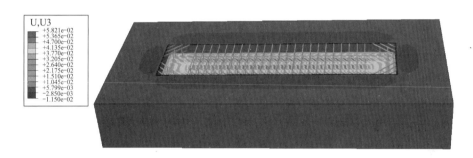

(c)B基坑开挖长度240m

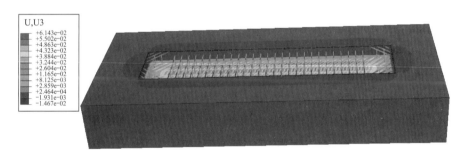

(d)B基坑开挖长度270m

图 4-31 不同开挖长度下基坑竖向位移变形（二）

计算结果 表 4-9

编号	长宽比	开挖长度（m）	围护桩最大水平位移（mm）	最大沉降（mm）	基底隆起（mm）
1	3∶1	180	31.67	8.95	50.43
2	3.5∶1	210	32.50	9.63	53.89
3	4∶1	240	33.74	11.50	58.21
4	4.5∶1	270	38.53	14.67	61.43

根据图 4-30、图 4-31 和表 4-9 进行分析，当基坑开挖深度为 10m 且开挖宽度为 60m 时，随着开挖长度变大，基坑的变形情况增长明显，当长宽比为 4.5∶1 时基底隆起为 61.43mm，根据《南京地区建筑基坑工程监测技术规程》DGJ32/J 189—2015 及《建筑基坑工程监测技术标准》GB 50497—2019 要求，基底隆起已超出规范值。对于断面 K15+890 位置，长宽比为 4∶1，基坑长度为 240m 时，位移值均在预警值内，考虑

图 4-32 转场基坑模型

现场设备及施工条件要求,基坑开挖长度最大为 240m。

4.2.2.2 K15+550 断面基坑长度计算

K15+550 断面处于 A 基坑划分区段,A 基坑与 B 基坑之间存在预留土体,根据现场实际条件取预留土体为 60m×60m,对基坑围护结构变形进行模拟,模型见图 4-32,预留土体左侧开挖深度为 9m,右侧开挖深度为 10m,基坑为两侧同时开挖,开挖工况为:①基坑进行圈梁及混凝土支撑施工;②两侧基坑同时开挖至 5m;③架设钢支撑;④两侧基坑开挖至基坑底部;⑤施作结构底板。模拟结果见图 4-33。

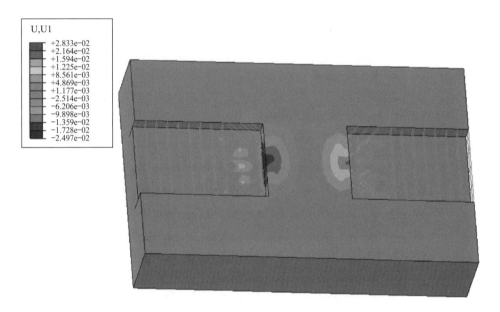

图 4-33 转场基坑位移情况

由图 4-33 可以看出基坑最大水平位移为 28.33mm,小于位移预警值。A、B 基坑同时开挖,两基坑互不影响,因预留土体处第一道支撑已经架设,对预留土体影响范围较小,因此转场基坑尺寸为 60m×60m,符合施工要求。

同样对宽度为 60m 的断面 K15+550 所处的 A 基坑整体进行数值模拟计算,开挖深度为 9m,较 K15+890 断面深度浅,同时断面 K15+890 所处的 B 基坑开挖长度为 240m,对两侧基坑进行建模,基坑开挖工况为两侧同时开挖,数值模拟结果见图 4-34。

A 基坑深度较 B 基坑浅,A、B 基坑同时开挖时,两基坑互不影响,基坑最大水平位移为 34.07mm,基底隆起最大值为 58.24mm,周边沉降为 12.85mm。根据《南京地区建筑基坑工程监测技术规程》DGJ32/J 189—2015 及《建筑基坑工程监测技术标准》GB 50497—2019 要求,基坑位移位于安全范围内,可以保证预留土体的安全。因此基坑开挖长度为 275m 时,基坑安全性可以满足。基坑划分见表 4-10。

(a) A、B基坑水平位移

(b) A、B基坑竖向位移

图 4-34　A、B基坑位移模拟

基坑划分			表 4-10
标准断面	里程	长宽比	开挖长度（m）
K15+550	K15+435～K15+710	约 4.5∶1	275
转场基坑	K15+710～K15+770	1∶1	60
K15+890	K15+770～K16+010	4∶1	240

4.2.2.3　K16+170 断面基坑长度计算

K16+170 断面处 C 基坑区段，宽度为 40m，开挖深度为 9m。基坑开挖宽度较 K15+550 窄，同时基于以上计算，初步取转场基坑 H 长度为 60m，确定 K16+010～K16+070 为转场基坑，其中包括两个阳角位置最后开挖，也可以降低开挖的复杂程度。所以需要对 K16+070～K16+350，长度为 280m 的基坑开挖进行安全性计算。

建立基坑开挖模型，开挖深度为 9m，宽度 40m，长度为 280m。支护均采用 SWM 工法桩，长边采用隔插工字钢，短边采用密插工字钢，桩长 23m。采用上下两层内支撑，首层为混凝土撑，二层为钢支撑。基坑模型位移见图 4-35。

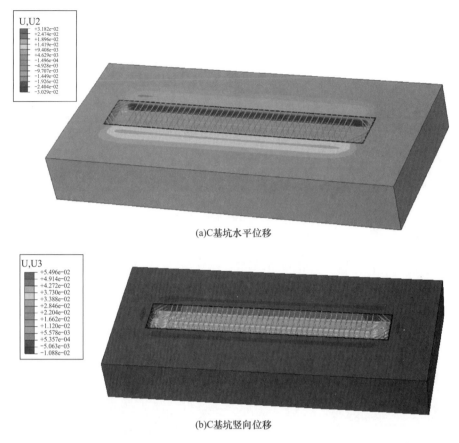

(a)C基坑水平位移

(b)C基坑竖向位移

图 4-35 C基坑模型位移情况

计算结果　　　　　　　　　　　　　　　　　　　　　　表 4-11

基坑	长宽比	开挖长度（m）	最大水平位移（mm）	最大沉降（mm）	基底隆起（m）
C	7∶1	280	31.82	10.88	54.96

从表 4-11 可以看出，当基坑开挖深度为 9m 且开挖宽度为 40m 时，采取 7∶1 的长宽比可以满足基坑的安全性能要求。最后得到基坑整体划分情况（表 4-12）。

基坑总体划分　　　　　　　　　　　　　　　　　　　　表 4-12

编号	基坑 A	基坑 G（转场）	基坑 B	基坑 H（转场）	基坑 C
节段	K15+435~ K15+710	K15+710~ K15+770	K15+770~ K16+010	K16+010~ K16+070	K16+070~ K16+350
长度（m）	275	60	240	60	280

4.2.2.4 A、B、C 基坑开挖计算

为确定全标段淤泥质基坑群的整体分段开挖方式，从安全性和施工效率出发，拟对基坑开挖过程中涉及的基坑 A、B、C 进行分段开挖步序数值模拟计算，如图 4-36 所示。经过以上计算，从沉降和变形角度来看，因为有转场基坑 G、H 过渡，A、B、C 三个基坑开挖互不影响。

当 A、B、C 三个基坑同时开挖时，效率最高，A、B、C 基坑由两侧向中间开挖。下面对开挖 A、B、C 基坑进行数值模拟计算，验证其安全性。

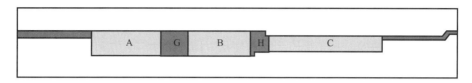

图 4-36 A、B、C 基坑分布图

建立 A、B、C、G、H 基坑模型，如图 4-37 所示。开挖前均对场地进行裙边抽条加固，围护结构采用 SWM 工法桩，长边采用隔插工字钢，短边采用密插工字钢，桩长 23m。采用上下两层支撑，首层为混凝土撑，二层为钢支撑。

图 4-37 基坑总体模型图

(a)A、B、C 基坑开挖水平向位移

(b)A、B、C 基坑开挖竖向位移

图 4-38 A、B、C 基坑开挖基坑变形

计算结果　　　　　　　　　　　　　　　　表 4-13

基坑编号	开挖长度（m）	围护桩最大水平位移（mm）	最大沉降（mm）	基底隆起（mm）
A	275	33.43	12.87	57.62
B	240	34.56	12.94	58.43
C	280	33.12	11.92	55.41

对图 4-38 及表 4-13 进行分析：当 A、B、C 三个基坑同时开挖，A、B、C 基坑开挖互不影响，围护结构最大水平位移为 34.56mm，最大沉降为 12.94mm，最大隆起为 58.43mm。A 基坑开挖宽度与长度均较大，因此 A 基坑位移值较大。同时，C 基坑开挖宽度较小，仅有基坑北侧立柱桩与围护结构的距离与 A、B 基坑接近，因此其位移值较小。根据《南京地区建筑基坑工程监测技术规程》DGJ32/J 189—2015 及《建筑基坑工程监测技术标准》GB 50497—2019 要求，基坑位移均在安全范围内。

4.2.3 小结

通过 Drucker-Prager 模型耦合时间硬化模型，研究考虑蠕变变形情况下的基坑分段开挖长度，坑底抽条加固技术及基坑单次开挖长度，得到以下结论：

① 确定了抽条加固尺寸为 3m×3.25m（高×宽），间距为 6m。

② 基于抽条加固尺寸研究结果，划分了整体基坑的分段作业长度：A 基坑 275m，B 基坑 240m，C 基坑 270m，G 转场基坑 60m，H 转场基坑 60m。

4.3 淤泥质土层大跨度基坑开挖关键技术

针对淤泥质基坑的时空效应，研究适用于开挖空间有限的大跨度淤泥质基坑的"L"形短台阶小步距施工方法。根据基坑分段开挖长度及抽条加固尺寸，通过数值模型分析"L"形短台阶小步距施工方法的可靠性，与常规台阶式开挖方法进行对比，形成效率高且满足安全性的开挖方法。

4.3.1 不同开挖方法基坑支护结构变形特性

通过对施工现场条件分析，本工程对基坑群的划分科学合理，并且支护结构的支护性能较好，所以在土方开挖过程中，提出了"L"形短台阶小步距施工方法。选取本工程中深度、宽度最大的 B 基坑作为研究对象，分别采用台阶式及"L"形短台阶小步距施工方法进行开挖，通过数值模拟方法研究两种开挖条件下基坑支护结构变形特性，进行对比优选。建立 B 基坑开挖模型进行计算。采用上下两层内支撑，首层为混凝土撑，二层为钢管支撑，基坑模型如图 4-39 所示。

图 4-39 B 基坑模型

（1）台阶式开挖

如图 4-40 所示，将基坑划分为 30m 一段，共 8 个施工段，进行台阶式开挖的数值模拟计算，具体开挖顺序见表 4-14。

施工段8	施工段7	施工段6	施工段5	施工段4	施工段3	施工段2	施工段1

图 4-40 施工段划分

台阶式开挖顺序　　　　　　　　　　　　　　　表 4-14

工况	开挖情况
1	施工段 1 开挖 5m 深度，架设钢支撑
2	施工段 2 开挖 5m 深度，架设钢支撑
3	施工段 1 开挖至基底
4	施工段 2 开挖至基底

根据如图 4-41、图 4-42 所示的模拟结果可以看出，采用台阶式开挖方法施工，支护结构最大变形量为 33.95mm，支撑轴力最大值为 742.3kN，位于角撑位置处，整体上支护结构变形量处于安全范围。但在淤泥质基坑开挖过程中，台阶式开挖方法施工时间较长，机械来回运转会增加对围护结构及土体的扰动次数，土体蠕变严重。同时，基坑内支撑体系严重影响坑内操作空间和渣土外运条件。针对以上问题，提出了"L"形短台阶小步距施工技术方法。

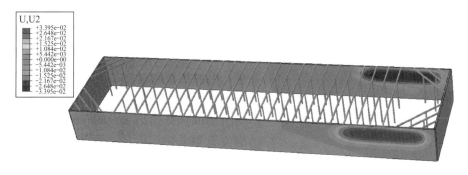

图 4-41　台阶式开挖围护桩变形

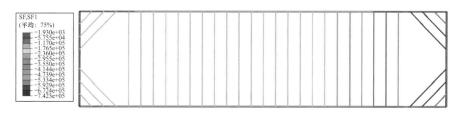

图 4-42　台阶式开挖混凝土支撑轴力

(2) "L"形短台阶小步距施工技术

"L"形短台阶小步距施工技术的工艺原理为：图 4-43 中基坑 A-A 部分采用放坡式开挖，在 5m 处留 3m 宽的平台供挖掘机操作；B-B 部分采用坡度比较小的斜坡进行放坡开挖。在 A-A 段开挖的同时，B-B 进行推进式开挖，待基底坡脚开挖至钢支撑下部时架设钢支撑。钢支撑架设完毕后，进行封底工作。

基坑 A-A 剖面采用放坡开挖，由 PC320 挖掘机在开挖面垂直向下开挖，PC400 挖掘机在开挖面一侧进行开挖。初始时由两台挖掘机同时将土体倒入渣土车，开挖至 3m 深度后，由 PC320 挖掘机将土体转给 PC400 挖掘机，再由 PC400 挖掘机将土体倒入渣土车。基坑开挖至 5m 后，在 5m 处留 3m 宽的台阶供挖掘机施工，基坑 5m 以下同样采用放坡开挖，此种开挖方法需要多台挖掘机相互配合出土。基底位置采用 PC320 挖掘机，待基坑开挖至基底，由基底处挖掘机将土体传递给5m台阶上的挖掘机，再由台阶上的挖掘机传递给基坑上部的挖掘机，由上部挖掘机倒入渣土车，三台挖掘机同时向前推进，具体施工步骤见图4-44。

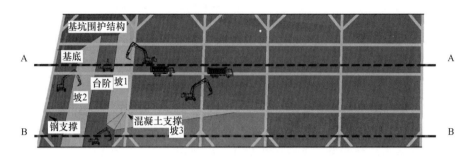

图4-43 基坑开挖平面图

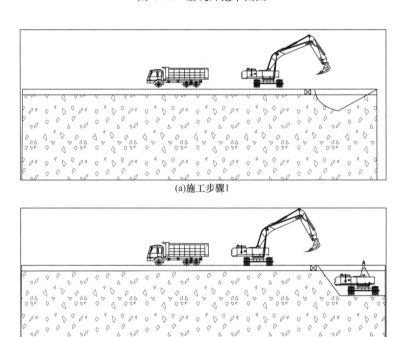

图4-44 A-A剖面开挖步骤（一）

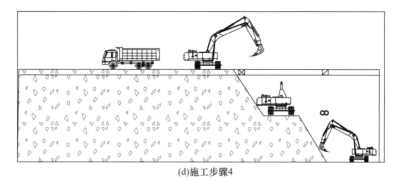

(d)施工步骤4

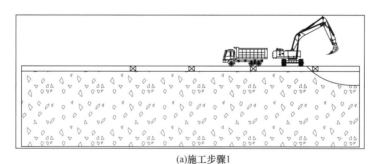

(e)施工步骤5

图 4-44 A-A 剖面开挖步骤（二）

图 4-43 中 B-B 剖面采用比 A-A 剖面坡度小的斜坡进行放坡开挖，开挖深度为 5m。开挖初始时，采用 PC320 挖掘机在工作面垂直向下开挖，PC400 进行放坡，开挖深度为 5m 后两挖掘机水平推进开挖。5m 处留有 3m 宽的台阶供挖掘机施工，基坑开挖深度 5m 以下同样采用与 A-A 剖面相同的坡度开挖。B-B 剖面开挖步骤见图 4-45。

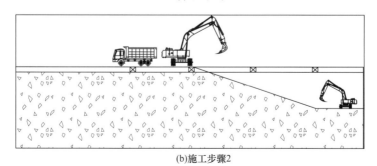

(a)施工步骤1

(b)施工步骤2

图 4-45 B-B 剖面开挖步骤（一）

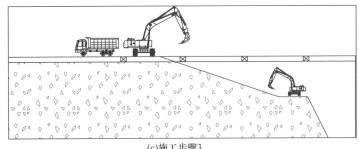

(c)施工步骤3

图 4-45　B-B 剖面开挖步骤（二）

A-A 剖面与 B-B 剖面沿长距离方向同时进行开挖，待开挖至坑角处，B-B 剖面处沿基坑长距离方向及基坑跨度方向同时开挖，最终对基坑进行收角，由渣土车在坑角处出土，具体施工步骤见图 4-46。

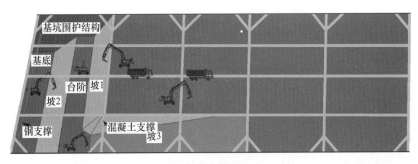

(a)施工步骤1

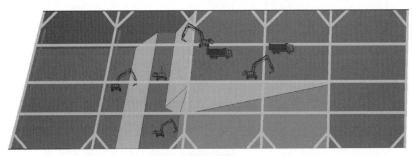

(b)施工步骤2

(c)施工步骤3

图 4-46　"L"形短台阶小步距施工方法

通过"L"形短台阶小步距施工方法模拟 B 基坑开挖,基坑开挖长度与台阶式开挖一致,均为 60m,模拟结果见图 4-47~图 4-49。由图中可以看出支护结构位移及支撑轴力与台阶式开挖相差不大,均在预警值以内,但"L"形短台阶小步距施工方法开挖面较大的一侧围护结构位移较大。

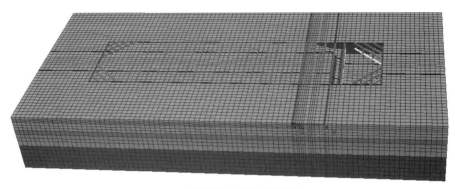

(a)"L"形短台阶小步距开挖步骤1

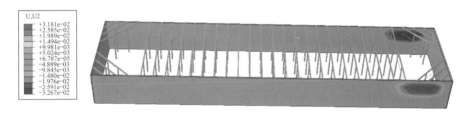

(b)"L"形短台阶小步距开挖步骤1围护结构位移

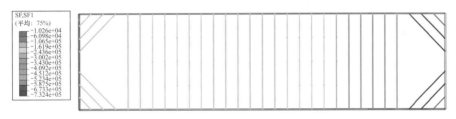

(c)"L"形短台阶小步距开挖步骤1支撑轴力

图 4-47 "L"形短台阶小步距开挖步骤 1 基坑变形图

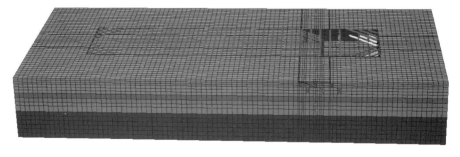

(a)"L"形短台阶小步距开挖步骤2

图 4-48 "L"形短台阶小步距开挖步骤 2 基坑变形图(一)

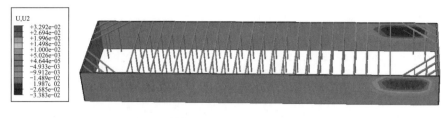

(b)"L"形短台阶小步距开挖步骤2围护结构位移

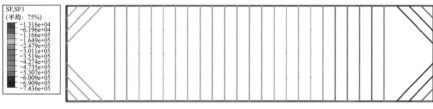

(c)"L"形短台阶小步距开挖步骤2支撑轴力

图 4-48 "L"形短台阶小步距开挖步骤 2 基坑变形图（二）

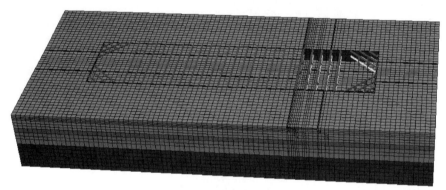

(a)两施工段开挖完毕

(b)两施工段开挖完毕围护结构位移

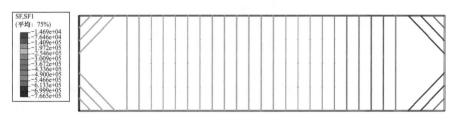

(c)两施工段开挖完毕支撑轴力

图 4-49 "L"形短台阶小步距开挖结束基坑变形图

4.3.2 两种开挖方法对比

根据图 4-41、图 4-42，图 4-47～图 4-49 及表 4-15，通过对比两种开挖方法支护结构最大变形量及混凝土支撑轴力最大值可以看出，"L"形短台阶小步距施工方法的开挖位移及混凝土支撑轴力均比台阶式开挖略大。根据《南京地区建筑基坑工程监测技术规程》DGJ32/J 189—2015 要求及综合本工程具体情况、类似工程经验确定混凝土支撑轴力预警值为 800kN，两种开挖方式均未超出安全值范围。从机械施工效率、操作空间及安全性方面考虑，"L"形短台阶小步距施工方法更适用于空间有限的淤泥质长距离基坑的开挖。

两种开挖方法对比　　　　　　　　　　　　　表 4-15

开挖方法	支护结构最大变形量（mm）	混凝土支撑轴力最大值（kN）
台阶式	33.95	742.3
"L"形短台阶小步距施工	34.69	766.5

4.3.3 支撑架设完成时间对支护结构的影响

施工过程中，地基加固、SMW 工法桩及混凝土支撑等均在开挖前施工完毕，"L"形短台阶小步距施工过程中二层钢支撑是在基底坡脚开挖至钢支撑下部时架设，支撑架设时机是影响基坑变形及稳定性的重要因素。确定支撑的架设时机，不仅可以提高基坑整体的安全性，也可以提高施工效率。基于"L"形短台阶小步距施工方法，对基底坡脚开挖至钢支撑下部时立即架设钢支撑、开挖至坡脚 2h、4h、6h、8h、10h、12h 后架设钢支撑进行模拟计算，计算结果如图 4-50、图 4-51 和表 4-16 所示。

(a) 开挖至坡脚立即架设钢支撑

(b) 开挖至坡脚 2h 后架设钢支撑

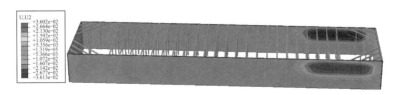

(c) 开挖至坡脚 4h 后架设钢支撑

图 4-50　钢支撑不同架设时间围护结构变形（一）

(d)开挖至坡脚6h后架设钢支撑

(e)开挖至坡脚8h后架设钢支撑

(f)开挖至坡脚10h后架设钢支撑

(g)开挖至基底12h后架设钢支撑

图 4-50 钢支撑不同架设时间围护结构变形（二）

(a)开挖至坡脚立即架设钢支撑

(b)开挖至坡脚2h后架设钢支撑

图 4-51 钢支撑不同架设时间混凝土支撑轴力（一）

4 淤泥质土层大跨度变断面基坑施工关键技术研究

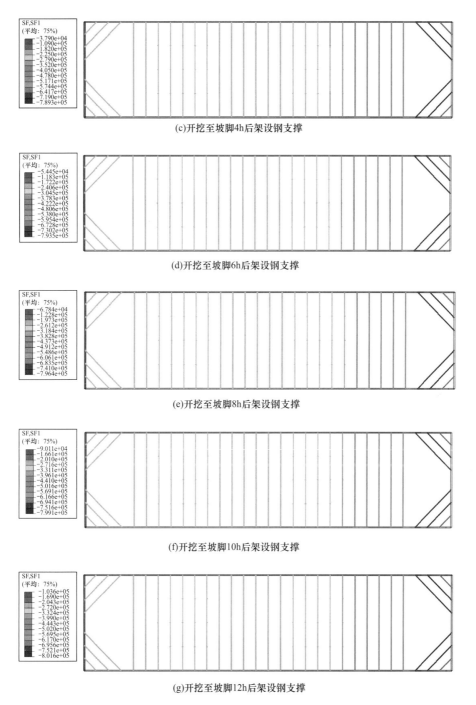

(c)开挖至坡脚4h后架设钢支撑

(d)开挖至坡脚6h后架设钢支撑

(e)开挖至坡脚8h后架设钢支撑

(f)开挖至坡脚10h后架设钢支撑

(g)开挖至坡脚12h后架设钢支撑

图 4-51 钢支撑不同架设时间混凝土支撑轴力（二）

计算结果　　　　　　　　　　　　　　　表 4-16

序号	支撑架设完成时间	围护结构最大水平位移（mm）	混凝土支撑轴力最大值（kN）
1	开挖至坡脚立即架设支撑	34.69	766.5
2	开挖至坡脚 2h 架设支撑	35.84	784.1
3	开挖至坡脚 4h 架设钢支撑	36.13	789.3

续表

序号	支撑架设完成时间	围护结构最大水平位移（mm）	混凝土支撑轴力最大值（kN）
4	开挖至坡脚 6h 架设钢支撑	36.29	793.5
5	开挖至坡脚 8h 架设钢支撑	36.40	796.4
6	开挖至坡脚 10h 架设钢支撑	36.49	799.1
7	开挖至坡脚 12h 架设钢支撑	36.56	801.6

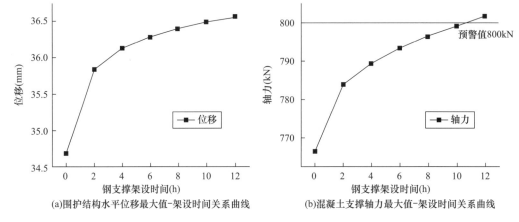

图 4-52 基坑位移混凝土支撑轴力随钢支撑架设时间变化曲线

结合图 4-52 对表 4-16 计算结果进行分析，直接架设时，基坑位移及支撑轴力均小于考虑架设时间的数值，说明时间对基坑位移变形有很大影响。基坑混凝土支撑轴力及基坑位移均随架设完成时间增加逐渐增加，增加速率均逐渐减小，蠕变变形主要集中在开挖结束后的前期，因此及时架设支撑可以有效减小蠕变变形对基坑变形的影响。根据《南京地区建筑基坑工程监测技术规程》DGJ32/J 189—2015，基坑水平位移处于安全范围值以内，同时根据《建筑基坑工程监测技术标准》GB 50497—2019 规定及类似工程经验可知，混凝土支撑轴力预警值为 800kN，基坑开挖至坡脚 12h 后架设钢支撑时混凝土支撑轴力已超出 800kN，开挖至坡脚 10h 后架设钢支撑时混凝土支撑的轴力仍在安全范围内。因此对于"L"形短台阶小步距施工方法，钢支撑架设完成时间应控制在 10h 以内。根据以上开挖方法及架设时机，进行开挖施工，施工过程中进行了支撑轴力及围护结构位移的监测，图 4-53 为基坑现场开挖图。

图 4-53 基坑现场开挖图

4.4 基坑关键节点加固关键技术

基坑 H 是形状不规则的转场基坑，存在两处尺寸分别为 10m×10m 与 10m×5m 的阳角，同时管廊与隧道标高不一致形成了深浅坑，上述基坑在开挖过程中稳定性较差。因此，研究淤泥质土基坑阳角及深浅坑处的加固方式具有重要的工程意义。

4.4.1 基坑阳角加固技术

图 4-54 为未采取加固措施、围护桩插入比为 1.50、水泥土加固区域尺寸为 5m×5m 三种情况下的围护桩位移模拟。由模拟结果可得，基坑阳角未进行加固时，围护桩的水平位移最大点向阳角发生偏移。围护桩插入比增大为 1.50 后，最大位移的位置不变，最大位移量减小。采用 5m×5m 的水泥土搅拌桩加固，围护桩最大位移位置回归到阳角长臂中部，说明此时阳角位置变形得到了较好控制。

未加固时，围护桩最大位移量为 34.44mm，优化插入比后最大位移量为 32.39mm，变形量减小了 6.0%，因此优化插入比可以控制阳角基坑的变形量。采取尺寸为 5m×5m 的水泥土搅拌桩加固阳角，围护桩最大位移量为 28.80mm，相比优化插入比变形量减小了 11.1%。

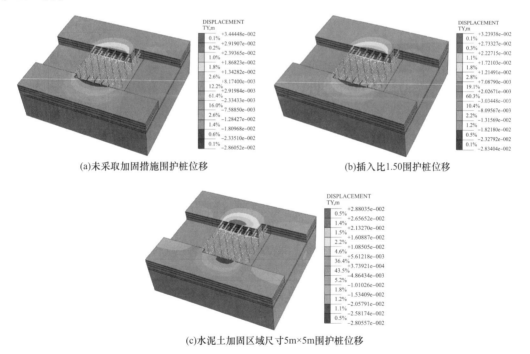

(a) 未采取加固措施围护桩位移

(b) 插入比1.50围护桩位移

(c) 水泥土加固区域尺寸5m×5m围护桩位移

图 4-54　阳角处不同加固情况围护桩位移情况

如图 4-55 为基坑阳角位置的整体位移。从图 4-55 中可以看出，随着加固体尺寸增加，阳角整体位移逐渐减小，因此可以通过增大加固体尺寸控制基坑阳角位移。

图 4-56 为不同加固体尺寸下两阳角的整体位移情况。由图 4-56 中可以看出，阳角尺寸不同，加固效果也不同，当加固体尺寸相同时，阳角越大其变形量也越大。

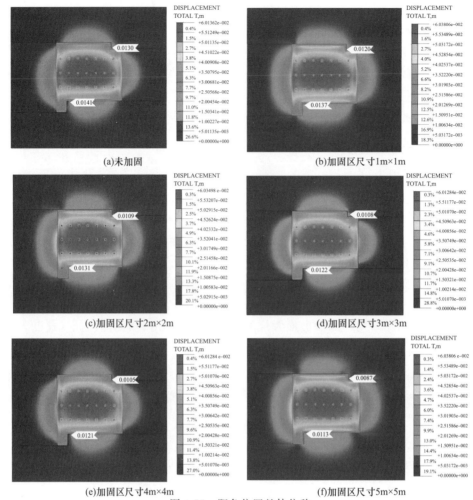

(a)未加固　　(b)加固区尺寸1m×1m　　(c)加固区尺寸2m×2m　　(d)加固区尺寸3m×3m　　(e)加固区尺寸4m×4m　　(f)加固区尺寸5m×5m

图 4-55　阳角位置整体位移

图 4-56　加固体尺寸与阳角位置土体变形量的关系

阳角尺寸为 10m×5m、加固体尺寸为 2m×2m 时，较未加固阳角变形量减小 16.2%，加固体边长为 5m 时，较未加固时阳角变形量减小 33.1%。当加固体边长从 2m 增大到 5m 时，阳角变形量减小 20.2%，但加固体面积增加了 5.25 倍，所以综合考虑安全性和经济性，采用尺寸为 2m×2m 的加固体。

阳角尺寸为 10m×10m、加固体尺寸为 3m×3m 时，较未加固阳角变形量减小 13.5%，加固体边长为 5m 时，较未加固阳角变形量减小 19.9%。当加固体边长从 3m 增大到 5m 时，阳角变形量减小 7.4%，但加固体面积增加了 1.78 倍，所以综合考虑安全性和经济性，采用尺寸为 3m×3m 的加固体。

4.4.2 深浅坑交界处加固技术

在管廊、隧道共坑位置，管廊与隧道之间存在5m的高差，若不采取加固措施，会导致坑内土体失稳破坏。通过数值模拟的手段，研究深浅坑的加固方法，基坑模型见图4-57，模拟工况见表4-17。

钻孔灌注桩具有无挤土、小振动，可以穿越各种复杂地层并形成较大单桩承载力等优点，因此选择钻孔灌注桩进行研究。建立数值模型，研究深浅坑界面支护桩长分别为10m、12m、14m、16m的Φ1000@1200钻孔灌注桩对基坑变形的影响。

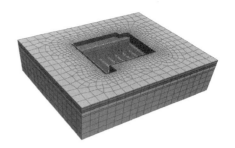

图4-57 深浅坑模型示意图

模拟工况 表4-17

模拟步序	工况描述
1	初始地应力平衡，位移清零
2	施作SMW工法桩，施作第一道混凝土支撑及抽条加固，进行深浅坑加固
3	基坑H开挖至−5m位置
4	基坑H开挖至−7m位置
5	基坑H开挖至−10m位置，施作第二道钢支撑

图4-58为不同桩长基坑开挖至基底时深浅坑位置及基坑围护结构变形图。从图4-58中可以看出，深浅坑交界处的钻孔灌注桩深度改变对SMW工法桩的变形影响较小。深浅坑交界位置采用桩长分别为10m、12m、14m、16m的钻孔灌注桩支护时，基坑整体的水平位移最大值分别为27.72mm、27.71mm、27.71mm、27.82mm，深浅坑交界处最大水平位移分别为28.42mm、28.38mm、28.30mm、25.83mm。采用钻孔灌注桩，深浅坑位置土体的水平位移小于30mm，并且随着灌注桩桩长增加，桩身附近土体位移逐渐减小。

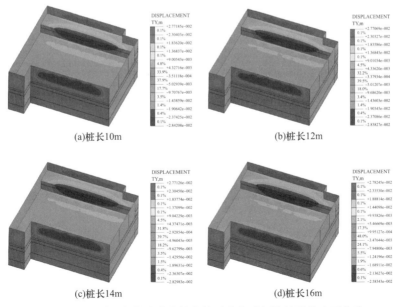

(a) 桩长10m (b) 桩长12m
(c) 桩长14m (d) 桩长16m

图4-58 不同长度钻孔灌注桩支护时基坑及围护结构的水平位移

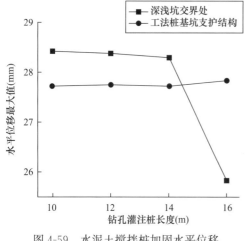

图 4-59 水泥土搅拌桩加固水平位移

图 4-59 为基坑深浅坑交界位置钻孔灌注桩长度不同时,基坑支护桩与深浅坑交界处围护结构位移变化情况。由图 4-59 中曲线可以看出采用钻孔灌注桩加固,对深浅坑土体位移控制较明显,并且当钻孔灌注桩的桩长小于 16m 时,深浅坑交界位置土体位移始终大于 SMW 工法桩时,当桩长增大至 16m,深浅坑交界位置土体位移最大值明显减小。与此同时,SMW 工法桩的位移值有增长趋势,说明控制深浅坑交界位置土体位移,会对基坑的围护结构变形有一定影响。从安全性与经济性考虑,采用桩长为 10m 的钻孔灌注桩。

4.4.3 淤泥质基坑变截面基坑开挖方法

H 基坑存在两个阳角且基坑宽度存在变化,基坑位置如图 4-60 所示,建立 H 基坑数值模型,如图 4-61 所示,H 基坑及监测点布置见图 4-62。

基于对 B 基坑研究得到"L"形短台阶小步距施工方法满足基坑要求,针对 H 基坑,拟采用"L"形短台阶小步距施工方法进行模拟计算。

图 4-60 基坑 H 位置

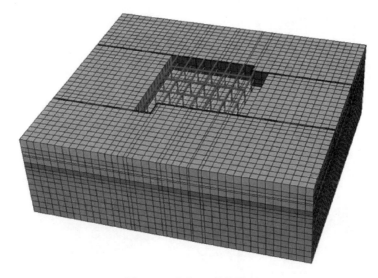

图 4-61 基坑 H 数值模型

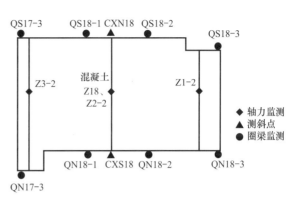

图 4-62　H 基坑及监测点布置

（1）基坑位移

H 基坑采用"L"形短台阶小步距施工方法开挖，数值模拟结果见表 4-18。基坑开挖完毕后最大水平位移为 29.90mm，最大位移位于基坑小阳角一侧。从时间效应角度分析，基坑开挖从小阳角一侧开始，小阳角暴露时间较长，蠕变对基坑变形影响明显。

"L"形短台阶小步距施工方法模拟结果　　表 4-18

开挖方式	位置	深层水平位移（mm）	周边沉降（mm）	基底隆起（mm）
"L"形短台阶小步距施工方法	大阳角一侧	28.68	10.01	51.83
	小阳角一侧	29.90	10.62	

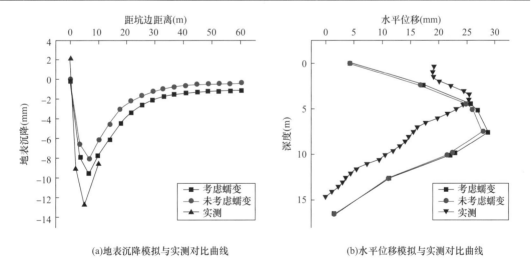

(a) 地表沉降模拟与实测对比曲线　　(b) 水平位移模拟与实测对比曲线

图 4-63　地表沉降、水平位移模拟与实测对比曲线

图 4-63 中实测结果为 CXS18 处的位移与沉降情况。由图 4-63 中可以看出基坑水平位移及周边沉降变化趋势与实际情况吻合较好，实测值与模拟值相差不大。地表沉降考虑蠕变变形比未考虑蠕变变形增加 27.6%，水平位移增加 3.2%，蠕变对基坑周边沉降影响较大。

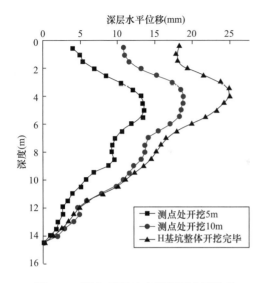

图 4-64 测点 CXS18 实测深层水平位移

如图 4-64 所示，从现场深层水平位移监测结果可以看出，随着基坑开挖，测点 CXS18 墙体水平方向变形逐渐增大，墙体最大水平位移位于 5m 位置，为 1/2 开挖深度，即第二道支撑位置处，随深度变化曲线呈"鼓肚"趋势。CXS18 测点深层水平位移受施工进度影响较大，说明基坑开挖空间效应明显。H 基坑整体开挖完毕后，基坑位移量仍在预警值范围内，采用"L"形短台阶小步距施工方法开挖 H 基坑可以满足工程要求。

图 4-65 为桩顶位移曲线。从图 4-65 中可知，基坑开挖过程中桩顶位移逐渐增加。钢支撑架设对桩顶位移影响较大，桩顶位移有明显减小趋势。开挖至基底架设完钢支撑后，随周边土体施工，测点桩顶位移有增加趋势，说明测点位置受周边土体施工影响较大。H 基坑整体开挖结束后，桩顶位移仍有增大趋势，主要为土体蠕变变形的影响。

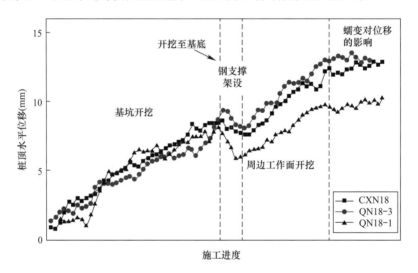

图 4-65 桩顶水平位移随施工进程变形曲线

（2）支撑轴力

按照"L"形短台阶小步距施工方法开挖基坑，开挖结束后，混凝土支撑与钢支撑轴力值见图 4-66、图 4-67。由图中可以看出基坑时空效应对支撑轴力影响较大，从空间效应分析，混凝土支撑轴力较大值主要集中在基坑中部；从时间效应分析，先开挖一侧轴力较大，其最大值为 733.0kN，钢支撑轴力受混凝土支撑轴力影响，最大值为 312.0kN。

根据《南京地区建筑基坑工程监测技术规程》DGJ32/J 189—2015 要求及相似施工经验可得，混凝土支撑轴力预警值为 800kN，钢支撑轴力预警值为 400kN，H 基坑"L"形短台阶小步距施工方法支撑轴力均在安全范围以内，因此采用"L"形短台阶小步距施工方法可以满足工程需求。

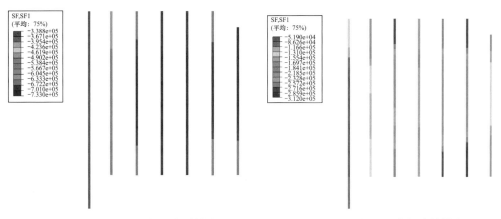

图 4-66 开挖至基底混凝土支撑轴力　　　　图 4-67 开挖至基底钢支撑轴力

如图 4-68、图 4-69 分别为基坑两个轴力测点的轴力监测值，基坑开挖至基底时，混凝土支撑轴力逐步增大至峰值 669.7kN，开挖至基坑中部前混凝土支撑轴力增长速率较小，当钢支撑下部开挖时混凝土支撑轴力增长速率明显增加，在基坑开挖至基底后有减小趋势，但降雨后又有增长趋势。同时，钢支撑架设施加预应力之后支撑轴力逐渐减小，减小至 130kN 左右时趋于稳定，同样由于降雨使支撑轴力明显增加。通过轴力监测可以看出，钢支撑安装与拆除过程中未出现轴力突变，且轴力大小始终处于控制值范围内。

通过模拟结果与实测结果可以看出，模拟混凝土支撑轴力与实测结果较接近，混凝土支撑轴力最大增加至 700kN 左右，钢支撑轴力增加至 250kN 左右，与模拟结果较接近。同时根据模拟结果可以看出，小阳角处是基坑开挖的初始区域，该处轴力与位移均大于大阳角处的位移值，表明基坑具有明显的时空效应。

4.4.4 小结

通过对基坑阳角及深浅坑交界处不同加固形式下基坑变化情况进行研究，得出以下结论：

① 对于基坑 10m×10m 与 10m×5m 的阳角，分别采用加固体尺寸为 3m×3m 与 2m×2m 的水泥土搅拌桩可以满足基坑安全性与经济性要求。

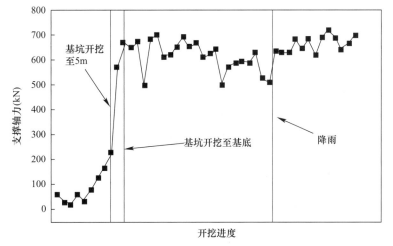

图 4-68 Z18 测点混凝土支撑轴力

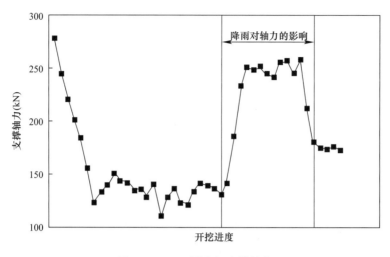

图 4-69 Z2-2 测点钢支撑轴力

② 对于深浅坑处,采用 10m 的钻孔灌注桩可以很好地控制围护结构变形。

③ 在淤泥质软土条件下,基坑空间效应更加突出,在实际施工中应对基坑尺寸变化部位进行加固处理并做好实时监测。

4.5 隧道管廊共坑施工换撑关键技术

基坑开挖至基底位置后,要进行主体结构施工,由于主体顶板的标高与第一层混凝土支撑的标高存在高度差,需要进行拆换撑。为提高施工效率节省工期,提出了隧道管廊共坑同步拆换撑施工方法。

4.5.1 管廊拆换撑技术

建立模型对基坑 H 的换撑施工进行模拟,已知第一层混凝土支撑的间距为 8m,所以拟定两种换撑布置形式:间距 8m(非加密)和间距 4m(加密),如图 4-70 所示。改变换撑的深度,研究不同间距与架设深度时,换撑施工对 SMW 工法桩的影响,钢支撑的架设深度分别设置为 1m、2m、3m、4m,工况设置见表 4-19。

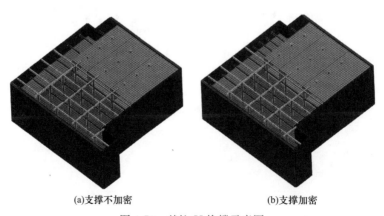

(a)支撑不加密　　　　　　　(b)支撑加密

图 4-70 基坑 H 换撑示意图

4 淤泥质土层大跨度变断面基坑施工关键技术研究

模拟工况   表 4-19

模拟步序	工况描述
1	初始地应力平衡，位移清零
2	场地地基加固，施作 SMW 工法桩，施作第一道混凝土支撑
3	H 基坑开挖至 −5m 位置
4	H 基坑开挖至 −10m 位置，施作第二道钢支撑
5	拆除第二层钢支撑，施作主体结构底板和侧墙
6	施作换撑钢支撑，拆除首层混凝土支撑，施作主体顶板

图 4-71 为钢管撑间距为 4m、8m，架设深度为 1m、2m、3m、4m 时，基坑 H 换撑后围护结构的水平位移模拟图。由模拟结果可以看出，内支撑拆除后，支撑拆除位置围护结构位移明显大于支撑未拆除位置围护结构的位移，并且拆除首层混凝土支撑后，桩顶位移明显增加，围护结构变形从"弓形"转为"悬臂形"。管廊段主体尚未施工，围护结构受拆撑影响较大，最大位移超过 32mm，而隧道段主体已经施工完毕，受拆撑、换撑影响较小，围护桩位移在 27mm 左右。

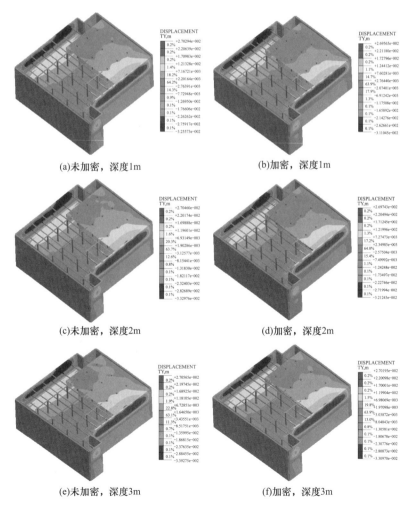

(a) 未加密，深度1m　　(b) 加密，深度1m

(c) 未加密，深度2m　　(d) 加密，深度2m

(e) 未加密，深度3m　　(f) 加密，深度3m

图 4-71　不同换撑形式围护结构水平位移（一）

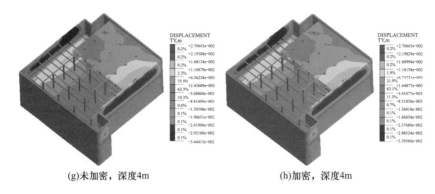

(g)未加密,深度4m　　　　　　　　(h)加密,深度4m

图 4-71　不同换撑形式围护结构水平位移（二）

由图 4-71 中可以看出支撑间距为 8m 时，不同支撑架设深度下，基坑围护结构最大水平位移分别为 32.56mm、33.30mm、33.93mm、34.44mm。随架设深度增大围护结构位移逐渐增大，越靠近顶板，围护结构位移越小，所以换撑的架设位置应尽量靠近顶板位置。当支撑间距为 4m 时，不同的支撑架设深度下，基坑围护结构最大水平位移分别为 31.10mm、32.12mm、33.10mm、33.94mm。随架设深度增大，围护结构位移也变大，降低支撑的架设深度可以明显减小围护结构水平位移量。

综合以上两工况可以看出，减小支撑的间距也能减小基坑变形，对比支撑间距为 8m 和 4m，支撑间距减小一半，围护结构水平位移量减小了 1~2mm，对基坑变形的影响较小。

由图 4-72 可以看出，钢支撑架设深度越大，对基坑的约束作用越小，围护结构的位移越大。图中未出现斜率变化的点，架设深度在 0~4m 内时，支撑架设位置越靠近桩顶，对基坑变形的约束作用越明显。因此建议换撑后钢支撑设置在尽量靠近主体结构顶板的位置，减小与原有混凝土支撑的距离，通过限制桩顶位移控制围护结构变形。

减小钢支撑的间距也可以起到减小围护桩水平位移的作用，但支撑间距缩小 1/2，围护桩最大水平位移量仅减小 1~2mm，从安全性与经济性综合考虑，支撑间距取 8m 可以满足基坑开挖要求，图 4-73 为管廊处换撑情况。

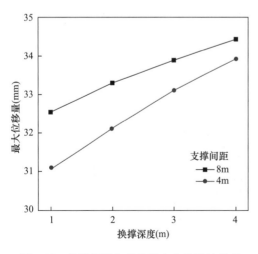

图 4-72　换撑深度与基坑最大位移量的关系

图 4-73　管廊处换撑情况

4.5.2 隧道管廊共坑施工拆换撑技术

在隧道管廊共坑条件下施工，为保证基坑安全，常规做法是底板结构达到设计强度后，拆除 5m 处钢支撑，施作管廊主体结构，待结构达到设计强度后，进行管廊处回填，待管廊回填完毕后，在隧道位置处施作钢管撑，安装完成后拆除第一道混凝土支撑，随后施作隧道结构顶板，待结构混凝土达到设计强度后，进行隧道土方回填。为了节省工期，在保证工程安全的前提下，基于结构力学计算理论和工程经验，充分利用内支撑灵活可靠的施工优势，采用隧道管廊共坑同步施工拆换撑技术。此技术在拆除 5m 处钢支撑后，施作隧道结构侧墙至第一道支撑下 0.5m 处，待结构侧墙达到设计强度后，在距侧墙顶部 0.5m 处施作钢支撑，钢支撑安装完成后拆除第一道混凝土支撑，拆除完毕后施作隧道结构顶板、管廊主体结构及污水管。待结构混凝土达到设计强度后，进行土方回填。在拆换撑过程中，围护桩的位移及支撑轴力会发生变化，B 基坑开挖深、跨度大，是典型基坑，通过数值模型对 B 基坑的换撑施工进行模拟研究。研究换撑深度为 0.5m，换撑间距为 8m 情况下的结构变形情况。施工模型见图 4-74，模拟工况见表 4-20。

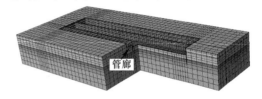

图 4-74 隧道拆换撑模型

模拟工况　　　　　　　　　　　　　　　表 4-20

模拟步序	工况描述
1	初始地应力平衡，位移清零
2	场地地基加固，施作 SMW 工法桩，施作第一道混凝土支撑
3	H 基坑开挖至 -5m 位置
4	H 基坑开挖至 -10m 位置，施作第二道钢支撑
5	施作主体结构底板和侧墙，拆除第二层钢支撑
6	施作换撑钢支撑，拆除首层混凝土支撑

由图 4-75 可以看出管廊一侧开挖深度较浅，对基坑围护结构位移影响较小，导致基坑管廊一侧位移较小，隧道一侧位移较大。在基坑管廊一侧靠近角撑处基坑位移明显，原因为管廊处土体开挖深度浅，角撑对土体位移控制作用较小。拆换撑后基坑位移最大值明显增加，说明拆除混凝土支撑对围护结构位移影响较大。根据《南京地区建筑基坑工程监

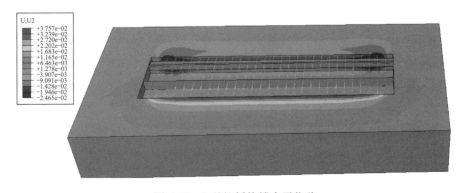

图 4-75 B 基坑拆换撑水平位移

测技术规程》DGJ32/J 189—2015，基坑水平位移处于安全范围值以内。根据图 4-76 可以看出管廊处支撑轴力较大，隧道一侧轴力较小，原因为管廊处围护结构仅为 SMW 工法桩，隧道一侧为混凝土侧墙与 SMW 工法桩结构共同作用，可以显著减小钢支撑轴力。由于基坑的空间效应，基坑阴角处轴力相对于基坑中部明显减小。根据《南京地区建筑基坑工程监测技术规程》DGJ32/J 189—2015 要求及相似施工经验，换撑轴力预警值为 800 kN，由模拟结果可知换撑可以满足基坑开挖安全要求，图 4-77、图 4-78 为基坑现场拆除混凝土支撑及钢支撑布置情况。

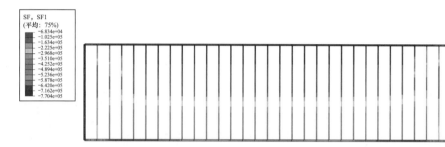

图 4-76　B 基坑拆换撑轴力

图 4-77　拆除混凝土支撑　　　　　图 4-78　隧道内钢支撑布置情况

4.5.3　小结

通过对管廊处及隧道处拆换撑形式进行分析，可得出以下结论：

（1）基坑位移随换撑间距及支撑架设深度减小而减小，架设深度比支撑间距的影响更加明显，换撑架设深度应尽量靠近结构顶板，本工程钢支撑换撑深度为 0.5m、架设间距为 8m。

（2）管廊一侧围护结构未施工结构侧墙，换撑后支撑轴力较大，由于开挖深度浅，围护结构位移较小。隧道一侧围护结构与侧墙同时作用，支撑轴力较小，由于开挖深度较深，结构位移较大。

（3）通过现场实施，验证了隧道管廊共坑施工拆换撑技术的可行性和优越性，既保证了工程安全，又提高了施工效率。

4.6　SMW 工法桩型钢高效减阻技术

4.6.1　新型减摩剂研制

通过上述关于 SMW 工法桩在施工过程中的问题，结合型钢水泥土界面机理和拉拔力大小的主要影响因素，对新型减摩剂进行研究。目前所使用的减摩剂主要成分为降解率低的沥青类油脂，对环境产生较大污染。通过现场调研发现部分型钢拔出困难，因此研制一种减阻效果良好的环保型减摩剂至关重要，减摩剂研究试验主要流程见图 4-79。

图 4-79　室内试验总体流程

4.6.2　试验方法

4.6.2.1　水泥土制备

采用湿土直接搅拌的方法制备水泥土，避免了晒土的过程，也无需测量土的含水量，减少了土体含水量不均给试验带来的误差，通过比重法控制泥浆配比，确保试验参数的可控性，制备流程如图 4-80 所示。

由干土制备水泥土时，水泥土各组分配比可以直接称量得到，但用湿土制备时，由于湿土的含水率未知，且天然土体的含水率不均匀，需要通过比重法控制水泥土的参数。比重法的原理为：对同一种天然土体，加水充分搅拌后得到一定相对密度的泥浆，泥浆中水与土

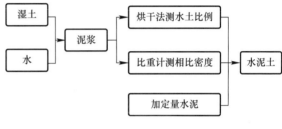

图 4-80　水泥土制备流程图

的比例是固定的，可以通过烘干测含水量的方法得到。因此，可以得到泥浆相对密度与水土比例之间的关系，再在一定体积的泥浆中加入定量水泥，得到某一相对密度的水泥土，该相对密度水泥土的配比也可确定。

采用强制式泥浆搅拌机直接搅拌原状土制备泥浆，再加入水泥搅拌得到水泥土，具体制备流程如下：①将现场挖取的工程土样，进行碾碎，并通过 5mm 筛，得到初步土样，加入搅拌机。②向搅拌机中分次加水，水一次不能加入太多，控制的标准是搅拌机中不能出现分散的水体。③测量泥浆相对密度，调整水的加入量直到得到所需的相对密度。④根据得到的泥浆与水泥土（水泥掺入量为土样的 20%，水灰比为 1.5∶1）相比密度的配比关系，加入适量水泥充分搅拌制备水泥土。

1. 室内模型试验方法

采用 525mm×380mm×285mm 的模型箱作为模型箱外边界，取现场土样将整个模型箱填满并夯实。从中挖出 300mm×200mm×140mm 的小型土坑，模拟工法桩浇筑；采用 Q235 钢片 150mm×30mm×3mm，以此简化模拟型钢插拔过程，在钢片一端开一个直径 8mm 的圆孔，以便试验拉拔。通过恒温恒速加热搅拌仪进行减摩剂的加热，水泥土采用比重法制备，各试验装置见图 4-81。每组减摩剂均设置 3 组平行试验，钢片插入时保持位置居中和垂直，确保每组钢片插入深度（150mm）相同，并对每组试验进行编号。14 天后进行拉拔实验，通过拉拔力的大小测试减摩剂效果。

2. 型钢减阻材料性能标准化测试装置

目前还没有对型钢减阻材料性能进行测试的装置，较难评价减阻材料的性能，以及拉

拔力大小与模型的大小、钢片的大小、入土深度的关系，没有形成统一的标准化测试方法。

图 4-81　模型试验使用器材

为了获得更稳定的拉拔力，提高装置的自动化程度，研制了标准化测试装置。标准化测试装置根据模型箱特点，通过挂钩与插入水泥土中的带孔钢片连接，由低转速电机带动加载装置施加拉力，由布置在挂钩上的传感器传递实时拉力值大小。室内模型试验时，打开电机开关，启动低转速电机，施加拉力，观察钢片起拔状态和拉力值大小变化，从而达到平稳施加拉力，准确记录拉拔力大小的目的，当钢片脱离水泥土后，关闭电机，这样就能很好的分析减阻材料的减摩性能。

根据试验要求绘制试验装置图，如图 4-82 所示。

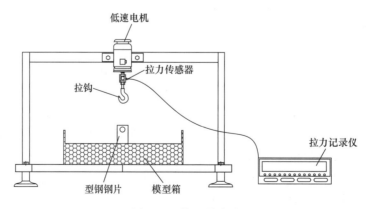

图 4-82　装置设计图

(1) 标准化测试装置所需的组件（表 4-21）

标准化测试装置组件　　　　　　　　　表 4-21

仪器名称	型号	生产厂家
材料力学多功能试验装置	QF11-3418	北京海富达科技有限公司
减速电机	5GU-50K	炜斗智能科技有限公司
拉力传感器	DM-BS	南京丹陌电子科技有限公司
不锈钢花纹螺栓	M12	泰州那美达不锈钢有限公司
模型箱	525mm×380mm×285mm	洲义塑业（常州）有限公司
带孔钢片	300mm×30mm×3mm	浩成金属制品有限公司
卷轮		自制
无纸记录仪	36 路标准记录仪	宁波科顺仪器仪表有限公司
滑轨		自制

(2) 设计步骤

首先将材料力学多功能试验装置进行切割改造，得到标准化测试装置的基本框架。通过自制滑轨（滑轨中间留 30mm 的间隔）、电机滑台及与减速电机匹配的卷轮，确保对模型箱不同位置处的钢片进行起拔，起拔数据通过传感器输出到无纸记录仪。

(3) 使用说明

在标准化测试装置留有间隔的一侧安装模型箱，钢片起拔时将钩子穿过钢片上的小孔，打开无纸记录仪，待无纸记录仪准备完毕，打开电机开关，进行钢片起拔。标准化测试装置组件见图 4-83，装置整体见图 4-84。

(a)标准化测试装置主体

(b)减速电机

(c)滑轨

(d)无纸记录仪

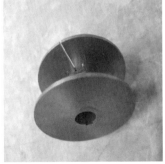
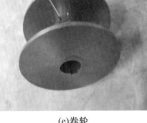
(e)卷轮

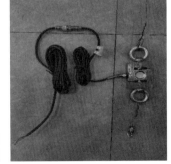
(f)拉力传感器

图 4-83　标准化测试装置组件

(4) 型钢减阻材料性能标准化测试系统的优点

①通过测力计测量起拔力,无纸记录仪记录实时数据,数据记录更加便捷精确。②起拔力可达 800kN。③可保证模型箱不同部位钢片起拔时的垂直度。

4.6.2.2 减摩剂制备

1. 主添加剂试验

(1) 试验材料

减阻材料试验组分及试验仪器见表 4-22、表 4-23。

图 4-84 型钢减阻材料性能标准化测试系统

减阻材料试验组分 表 4-22

试剂名称	规格	生产厂家
二甲硅油	分析纯	郑州澳宇化工有限公司
固体烃类混合物 A	分析纯	山东优索化工科技有限公司
白烃类混合物 B	分析纯	济南慧利化工科技有限公司
环氧树脂	分析纯	山东优索化工科技有限公司
高分子化合物 A	分析纯	山东优索化工科技有限公司
三乙醇胺	分析纯	山东优索化工科技有限公司
高分子化合物 C	分析纯	山东优索化工科技有限公司
高分子化合物 B	分析纯	山东优索化工科技有限公司
高分子化合物 D	分析纯	山东优索化工科技有限公司
减摩剂 2	—	杭州杰扬能源科技有限公司
减摩剂 1	—	杭州杰扬能源科技有限公司
普通硅酸盐水泥	P·O42.5	安徽海螺水泥股份有限公司
土	—	现场原位土样
隔离剂	—	济南山海化工科技有限公司

试验仪器 表 4-23

仪器名称	型号	生产厂家
标准化测试装置	—	自制
立式砂浆搅拌机	UJZ-15	沧州万祥仪器设备有限公司
电子精密天平	YP	上海光正医疗仪器有限公司
恒速加热机械搅拌机	XFK-JJA3H	方科仪器(常州)有限公司
模型箱	525mm×380mm×285mm	洲义塑业(常州)有限公司
烧杯、搅拌棒等	—	广州诚仪诺化玻仪器有限公司
带孔钢片	300mm×30mm×3mm	浩成金属制品有限公司

(2) 试验方法

烃类混合物 A 与烃类混合物 B 具有明显的润滑性,因此选取烃类混合物 A 与烃类混合物 B 作为基础材料。具体试验方法为将 1500g 烃类混合物 B、210g 烃类混合物 A 及添加材料加入恒速加热机械搅拌机,温度保持在 100℃,转速保持在 500r/min,保温搅拌 3h,搅拌均匀后得到减摩剂材料,试验添加材料配比见表 4-24。

试验材料配比   表 4-24

编号	基础材料	添加材料	添加含量（%）
1	烃类混合物 A＋烃类混合物 B	—	
2	烃类混合物 A＋烃类混合物 B	高分子化合物 A	10
3	烃类混合物 A＋烃类混合物 B	高分子化合物 B	10
4	烃类混合物 A＋烃类混合物 B	高分子化合物 C	10
5	烃类混合物 A＋烃类混合物 B	高分子化合物 D	10
6	隔离剂	水	75
7	现场用减摩剂		
8	厂商样品	—	
9	空白对照组	—	

（3）试验结果

由图 4-85 可以看出，试验组 9、10 均未拔出，试验组 1、2、3、5 平均拉拔力均小于试验组 7、8。其中试验组 3、试验组 5 的拉拔效果最优，但试验组 5 的 3 组平行试验数据比试验组 3 稳定，说明其减摩性能好、可信度高。同时，第二次试验采用高分子化合物 D 作为添加剂的试验组效果明显优于其他试验组，因此采用高分子化合物 D 作为添加剂进行下一步试验。

2. 减摩剂最优配比试验

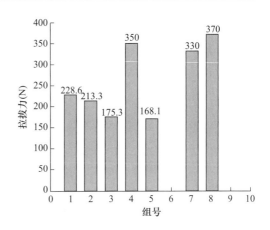

图 4-85 不同试验组极限拉拔力

（1）实验方法

高分子化合物 E 也是一种应用广泛的减摩材料，因此采取正交试验确定四种材料的含量，选出一种最优配比。采用四因素三水平正交试验，试验配比具体见表 4-25，其中高分子化合物 D 和高分子化合物 E 的含量为表 4-25 中（A＋B）质量百分数。各正交试验材料配比见表 4-26，同时设置现场涂抹减摩剂及未涂抹减摩剂组作为对照试验，编号分别为 10、11。

减摩剂制备试验步骤为：将烃类混合物 A、烃类混合物 B、高分子化合物 D 加入加热搅拌机中，转速增加至 150r/min 左右，保持温度在 130℃左右搅拌 1~2h。搅拌完成之后加入高分子化合物 E，保持温度在 150℃左右搅拌半小时，冷却后得到减摩剂。模型试验在 525mm×380mm×285mm 的模型箱中进行，待钢片插入水泥土 14 天后，由自制拉拔装置进行拉拔。

试验材料及配比   表 4-25

试验材料	含量		
烃类混合物 A（g）	25	40	55
烃类混合物 B（g）	200	250	300
高分子化合物 D（%）	10	15	20
高分子化合物 E（%）	1	3	5

正交设计表 表 4-26

编号	烃类混合物 A (g)	烃类混合物 B (g)	高分子化合物 D (%)	高分子化合物 E (%)
1	25	200	10	1
2	40	250	15	1
3	55	300	20	1
4	55	250	10	3
5	40	200	20	3
6	25	300	15	3
7	25	250	20	5
8	40	300	10	5
9	55	200	15	5

（2）试验结果

试验结果见表 4-27 和图 4-86～图 4-88 所示，图 4-86 为各组试验拉拔完毕后钢片表面材料黏结情况，可以看出钢片拔出后减摩材料有脱离现象。由图 4-88 试验结果可以看出，钢片拉拔力随烃类混合物 A 的增加逐渐增加，拉拔力随烃类混合物 B、高分子化合物 D 含量增加而减小，在高分子化合物 E 含量为 3% 的时候达到最小。根据模型试验拉拔力的正交试验得优化配合比为烃类混合物 A 为 55g，烃类混合物 B 为 300g，高分子化合物 D 含量为 20%，高分子化合物 E 含量为 3%。

各组试验极限拉拔力 表 4-27

编号	接触面积（mm²）	拉拔力大小（N）	单位面积拉拔力（MPa）
1	9900	356.0	0.036
2	9900	340.8	0.034
3	9900	341.8	0.035
4	9900	366.2	0.037
5	9900	317.1	0.032
6	9900	306.2	0.031
7	9900	337.2	0.034
8	9900	365.7	0.037
9	9900	380.3	0.038
10	9900	366.8	0.037
11	9900	—	—

3. 减摩剂配方性能试验

针对主要添加剂开展配方试验，测试其他辅助添加材料对整体减摩剂性能的影响程度。根据之前试验结果确定主要添加剂比例为：烃类混合物 A 为 55g，烃类混合物 B 为 300g，高分子化合物 D 掺入量为 20%（71g），高分子化合物 E 掺入量 3%（10.5g）。辅助添加材料的作用和含量如表 4-28 所示，试验分组及每组所含成分如表 4-29 所示。

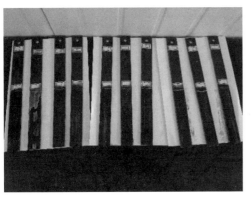
图4-86 试验结束后钢片

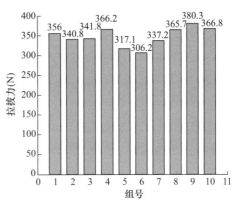
图4-87 各组试验极限拉拔力

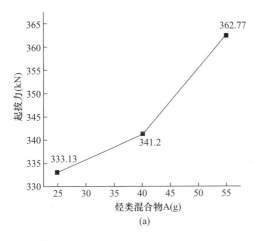
(a)

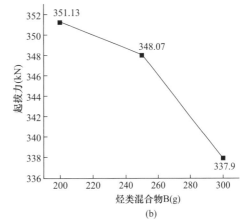
(b)

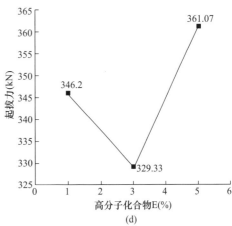
(c)   (d)

图4-88 拉拔试验正交分析

辅助材料作用及含量		表4-28
添加材料	作用	含量（g）
抗氧抗腐剂	抗氧抗腐	10
有机化合物	防腐	4

续表

添加材料	作用	含量（g）
阻燃剂	阻燃剂	2
醇酯化合物	有机溶剂	1.5
多酚类物质	抗氧去异味	1.5

试验组分　　　　　　　　　　　　　表 4-29

编号	烃类混合物 B	烃类混合物 A	高分子化合物 D	高分子化合物 E	辅助材料
1	300g	55g	71g	0g	不添加
2	300g	55g	71g	10.5g	不添加
3	300g	55g	71g	0g	添加
4	300g	55g	71g	10.5g	添加

（1）试验方法

将烃类混合物 A、烃类混合物 B、高分子化合物 D 加入加热搅拌机中，转速增加至 150r/min 左右，保持温度 130℃左右搅拌 1~2h。搅拌完成之后加入高分子化合物 E，提高转速，保持温度在 150℃左右搅拌 30min。添加辅助材料，保持转速与温度，搅拌 30min，冷却后得到减摩材料，如图 4-89 所示。利用 525mm×380mm×285mm 的模型箱，模拟工法桩浇筑，采用 Q235 钢片模拟型钢插拔过程。各组减摩剂设置 3 组平行试验，钢片插入时需保持钢片位置的居中和垂直，并确保各组钢片插入深度相同（150mm），并对每组试验进行编号。14 天后进行拉拔试验，通过拉拔力的大小测试减摩剂效果，试验过程如图 4-90 和图 4-91 所示。

（2）拉拔试验及结果

使用自制拉拔装置进行拉拔，如图 4-92 所示。试验结果如表 4-30 和图 4-93 所示。

图 4-89　减摩剂制备

图 4-90　水泥土搅拌

图 4-91 钢片插入水泥土中　　　　图 4-92 标准化装置减阻材料性能测试

减阻材料试验结果　　　　　　　　　表 4-30

编号	接触面积（mm²）	拉拔力大小（N）	平均拉拔力（N）	单位面积拉拔力（MPa）
1-1	9900	483.2		
1-2	9900	453.9	466.9	0.047
1-3	9900	463.8		
2-1	9900	450.9		
2-2	9900	430.0	437.2	0.044
2-3	9900	430.7		
3-1	9900	408.6		
3-2	9900	413.3	412.4	0.041
3-3	9900	415.3		
4-1	9900	388.9		
4-2	9900	406.6	398.1	0.040
4-3	9900	398.7		

由拉拔试验结果可知，各组内试件拉拔力大小较为接近，试验结果可信度较高。对比第一组与第二组试验，两者之间的区别为是否添加高分子化合物 E，高分子化合物 E 具有耐高温及低摩擦系数的特点，能够起到润滑的作用，从试验数据中可以看出，添加了高分子化合物 E 的平均起拔力较小，说明添加高分子化合物 E 具有一定的减摩作用。同样对比第三组和第四组试验，区别也为是否添加高分子化合物 E，结果仍有力的说明了高分子化合物 E 可以起到减摩效果。

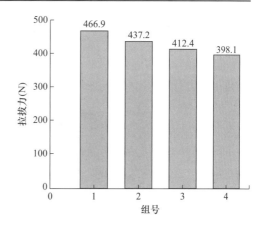

图 4-93 室内试验标准化测试结果

分别对比第一组和第三组，第二组和第四组，区别在于第三组和第四组添加了辅助材料。由试验结果发现，第三组和第四组拉拔力小于第一组与第二组。其原因为醇酯化合物作为乳化剂，使烃类混合物 A、烃类混合物 B、高分子化合物 D 更加充分、均匀分布，提高了减摩效果。所以，添加材料并不会影响主要材料的减摩性能，反而会有略微提升减摩性能。

根据试验结果确定了减摩剂的成分配比，如表 4-31 所示。

减摩剂配方　　　　　　　　　　　　　　　表 4-31

名称	含量（g）	名称	含量（g）
烃类混合物 A	300	抗氧抗腐剂	10
烃类混合物 B	300	有机化合物	4
高分子化合物 D	300	阻燃剂	2
高分子化合物 E	300	醇酯化合物	1.5
多酚类物质	1.5		

4.6.3　型钢减阻材料性能现场试验

4.6.3.1　实验装置及试验步骤

现场试验场地土层依次为淤泥质粉质黏土（4.54m）、粉砂夹粉土（3.3m）、淤泥质粉质黏土（4.1m），地下水的埋深为 11.3m；采用两根长 12m，尺寸为 700mm×300mm 的 H 型钢进行拉拔试验。两根型钢分别涂刷自制减摩剂与现场减摩剂形成对照组，研究两种减摩剂的减摩效果。现场试验通过电磁炉加热减摩剂，涂抹前将型钢表面进行清洁，防止灰尘、杂物及铁锈对试验产生影响，清洁完毕后在干燥条件下用滚筒刷涂刷减摩剂。涂刷时要保证减摩剂涂抹均匀，两型钢涂敷厚度控制在 1.5mm。使用 SWWT85 三轴搅拌机旋挖成孔，钻孔深度为 11m，直径为 0.85m。按照设计要求，水泥采用普通硅酸盐水泥，水泥掺入比为 20%，水灰比为 1.5:1。水泥浆液配制好通过注浆泵注入，注浆压力控制在 0.4~0.6MPa，钻杆在下沉和提升时需均匀、连续注入水泥浆，同时控制施工过程下沉速度与提升速度不大于 200cm/min。待水泥浆注入完毕，H 型钢在搅拌桩施工完成后 30 分钟内通过型钢导向装置插入指定位置。采用汽车吊将涂刷完减摩剂的 H 型钢吊起，通过振动锤将 H 型钢插入桩体，型钢插入深度为 11m。在型钢插入时，自制减摩剂型钢 51s 完成插入，现场减摩剂插入需要 65s，涂抹自制减摩剂的型钢相比涂抹现场减摩剂型钢插入快。型钢起拔时采用千斤顶作为起拔装置，监测装置由测力装置组成，如图 4-94 所示。型钢起拔时自制减摩剂耗时 19 分钟，现场减摩剂耗时 34 分钟，同样型钢起拔相比现场减摩剂快，现场试验具体步骤见图 4-95。

图 4-94　型钢起拔监测装置

图 4-95 减摩材料现场试验

4.6.3.2 试验结果

通过对现场试验监测数据进行整理，得出表 4-32 所示结果。

减摩材料现场试验结果　　表 4-32

涂抹材料	接触面积（m^2）	拉拔力大小（kN）	单位面积拉拔力（kN/m^2）
新型减摩剂	28.314	577.23	20.39
现场减摩剂	28.314	678.72	23.97

由表 4-32 可以看出，在型钢接触面积与涂抹厚度一致的情况下，新型减摩剂的减摩效果较好。起拔力-型钢拔出长度关系曲线见图 4-96。由曲线可以看出在开始阶段，型钢基本没有位移，应力极大；随着型钢起拔，在初始阶段型钢起拔力迅速减小，当减小到一定程度后起拔力下降缓慢。新型减摩剂在 A 点处起拔力有上升的趋势，其原因为起拔装置发生偏斜使起拔力增加，整体来看，自制减摩剂减摩效果优于现场减摩剂。

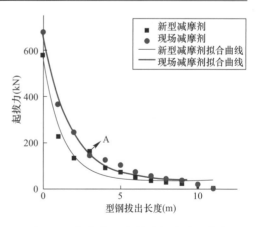

图 4-96 起拔力-型钢拔出长度关系曲线

4.6.4 小结

（1）本章研制出一种减摩效果好且环保的减摩材料，并通过室内模型试验及现场试验验证了新型减摩剂减阻性能优于常规减摩剂。

（2）本章研制出一种高自动化的型钢减阻材料性能标准化测试装置，并建立了配套的标准化测试方法。

基于BIM的公路隧道管廊建模与应用技术

本工程是南京市江北新区的重点工程，也是我公司在隧道管廊共坑施工工程的BIM试点应用项目。根据《关于推进建筑信息模型应用的指导意见》《2016—2020年建筑业信息化发展纲要》等文件、南京市政府及建设单位打造品质工程等方面的要求，结合本项目特有的结构形式及重难点问题，充分利用BIM技术的可视化、可模拟性、可优化性、可出图性等特点，确定了场站标准化建设、大型隧道管廊基坑开挖仿真、标准化安全设施多阶段动态资源配置等BIM应用点。以BIM深度应用来解决工程重难点问题，提高项目管理水平，提升现场施工效率，保证工程进度、质量和安全，助力项目打造品质工程和平安工地，同时形成一套BIM技术在隧道管廊共坑工程中的应用体系，并为其他公路与市政项目起到示范作用。

5.1 参数化BIM建模

建立精准的BIM工程模型是后续应用的基础。以下将对本工程中城市隧道、综合管廊等模型建立过程中采用的统一标准、参数化建模以及组装方法进行介绍。

5.1.1 BIM建模与工艺标准

5.1.1.1 建模依据

以设计模型、设计图纸和文档为数据来源进行模型细化和建立，资料包括但不限于工程勘察资料（含环境调查资料、管线、物探资料）、设计文件（含各阶段的图纸、文件、变更资料等）、设施设备信息表、施工方案（包括施工组织、场地布置等）、当地的相关规范和标准。

图5-1 项目基点设置

5.1.1.2 建模基本原则

建模开始前期，建立统一的坐标系统（大地2000）、标高系统和项目单位（图5-1、图5-2），实施前，采用绝对标高，与规划设计总图保持一致，所有模型均使用毫米作为项目单位，有效位数为3位。

具体实施步骤如下：

在Revit中，选取一点作为本项目的基点，并将该点的东西值设置为该点的绝对坐标X，南北值设置为该点的绝对坐标Y。构件的高程采用绝对标高。

5.1.1.3 模型数据格式统一

在采用 Autodesk 系列建模与应用软件时，模型文件的保存格式统一。

（1）Autodesk Revit 建模软件中有族样板、族、项目样板和项目，其中族样板文件的保存格式为"rft"、族文件的保存格式为"rfa"、项目样板文件的保存格式为"rte"、项目文件的保存格式为"rvt"；

（2）Dynamo 是参数化编程建模软件，其文件保存格式为"dyn"；

图 5-2　项目单位设置

（3）Autodesk Navisworks 软件在文件保存时，一般会同时保存 nwc、nwd、nwf 三种格式的文件，其中 nwc 格式文件是 Navisworks 的缓存文件，是由 Navsiworks 自动生成，不可直接修改；nwd 格式文件是 Navisworks 的数据文件，将所有模型数据、过程审核数据、视点数据等均整合在单一的 nwd 文件中，绝大多数情况下，在项目发布或过程存档阶段使用该格式；nwf 是 Navisworks 的工作文件，绝大多数情况下，在工作过程中使用该文件格式，用于及时查看最新的场景模型状态。

5.1.1.4 BIM 模型编码

BIM 编码是基于 BIM 数据模型，由 BIM 模型作为编码的载体，即所有编码都能找到物理模型对象，这种编码体系会使编码数据库更清晰、完整，且更有利于开展对数据库的应用。本工程中针对 BIM 模型构件分别进行 BIM 模型构件编码，形成完整的建筑信息编码组合。

5.1.1.5 BIM 模型精度

LOD 即 Levels of Development 的简称，是由美国建筑师协会（AIA）提出，在 BIM 概念中的 LOD 代表着建筑物在全生命周期中各阶段所被期待的 BIM 模型完整度。

BIM 模型在不同阶段的发展以及该阶段构件所应该包含的信息定义为 5 个级别，分别为 LOD100、LOD200、LOD300、LOD400 和 LOD500。

LOD100：一般为规划、概念设计阶段。包含建筑项目基本的体量信息（例如长、宽、高、体积、位置等）。可以帮助项目参与方尤其是设计与业主方进行总体分析（如容量、建设方向、每单位面积的成本等）。

LOD200：一般为设计开发及初步设计，包括建筑物近似的数量、大小、形状、位置和方向。同时还可以进行一般性能化的分析。

LOD300：一般为细部设计。这里建立的 BIM 模型构件中包含了精确数据（例如尺寸、位置、方向等信息）。可以进行较为详细的分析及模拟（例如碰撞检查、施工模拟等）。通常的 LOD350 的概念，就是在 LOD300 基础上加上建筑系统（或组件）间组装所需的接口（interfaces）信息细节。

LOD400：一般为施工及加工制造、组装。BIM 模型包含了完整制造、组装、细部施工所需的信息。

LOD500：一般为竣工后的模型。包含了建筑项目在竣工后的数据信息，包括实际尺寸、数量、位置、方向等。该模型可以直接交给运维方作为运营维护的依据。

在不同阶段根据需要建立相应的 LOD 模型。

5.1.2 工程参数化 BIM 模型搭建

本工程模型建立和项目组装工作量庞大，BIM 小组根据工程结构的特点，按分部分项对模型进行了拆分。首先考虑完成场地的建模；其次完成隧道、管廊以及附属设施等模型的建立。主体结构、附属设施等模型均需在场地模型的基础上建立。本项目中针对主体结构、附属设施等模型按照是否与路线走向有关选择了不同的建模方法，以下将分别进行介绍。

在建模过程中通过建立本工程协同工作机制，并以"中心文件"为核心，设置了统一的基点坐标，在本地建立模型并与"中心文件"进行实时同步。

5.1.2.1 场地布置

原始场地分析是后续设计的基础，通过建立原始场地的曲面，可以对原始曲面的高程进行分析模拟，为后期场地的开挖回填提供依据，避免场地的大挖大填，同时也为工程模型提供周边环境。

BIM 小组通过现场的测绘资料，利用 CAD、Revit 两款软件配合手动进行了场地建模（图 5-3）。

 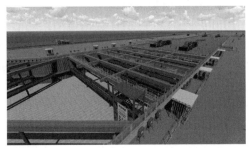

图 5-3 场地模型

5.1.2.2 主体结构

在本工程中主体结构为隧道与管廊工程，二者的走向皆与路线的走向一致，且均存在平曲线和纵曲线，如果仅采用 Autodesk Revit 软件无法精准完成其模型建立。因此本项目采用 Revit+Dynamo 建立模型。

1. 隧道

本工程隧道全长 1330m，其中 K15+220～K15+470 和 K16+320～K16+550 为敞开段，K15+470～K16+320 为暗埋段。采用明挖共坑法施工，其中暗埋段为双跨矩形框架结构，敞开段为"U 形槽"结构。基坑围护结构采用 SMW 工法桩与高压旋喷桩，基坑支撑形式为钢筋混凝土撑与钢支撑。

本项目隧道敞开段与暗埋段模型的建立流程一致，本书以暗埋段为例进行介绍。

（1）首先利用 Revit 创建暗埋段截面轮廓族；

（2）其次按照暗埋段路线里程桩号每隔一段间距计算出对应里程桩号的 X、Y、Z 的坐标值，并导入 Excel 中，如表 5-1 所示。

路线坐标表　　　　　　　　　　　　　表 5-1

里程桩号	X 坐标	Y 坐标	Z 坐标

（3）然后打开 Revit，新建一个公制常规模型族，并打开 Dynamo，编制暗埋段模型生成程序，读取暗埋段里程桩号范围内的路线坐标，生成模型（图 5-4）。

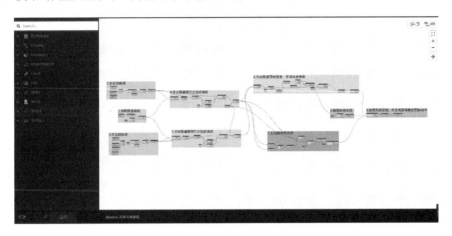

图 5-4　Dynamo 生成暗埋段模型

（4）导入 Revit 中，可得到暗埋段和敞开段模型（图 5-5、图 5-6）。

图 5-5　隧道暗埋段模型

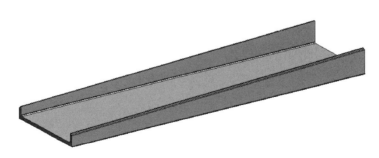

图 5-6　隧道敞开段模型

2. 管廊

本工程综合管廊，紧邻隧道，与隧道路线走向一致，结构形式为双舱断面（图 5-7）。

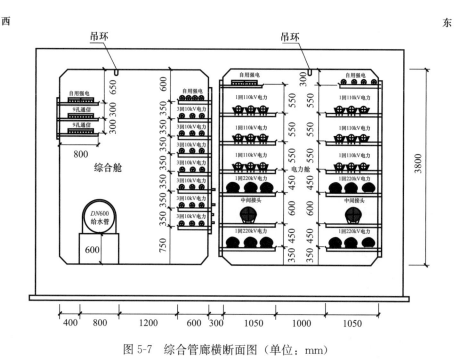

图 5-7 综合管廊横断面图（单位：mm）

管廊模型建立流程与隧道一致，首先利用 Revit 创建管廊截面轮廓族；其次采用 Dynamo 编制程序，读取管廊里程桩号范围内的路线坐标，生成模型；最终导入 Revit 中（图 5-8）。

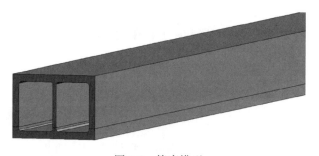

图 5-8 管廊模型

5.1.2.3 附属工程

附属工程是为主体工程做辅助的配套工程，是隧道、管廊等工程中必不可少的组成部分，包括地基加固、基坑围护、铺装层、防撞、路缘石、中央隔离带等。

1. 地基加固

本工程隧道和管廊地基采用水泥土搅拌桩抽条及裙边加固，即 $\phi 850@600$ mm 三轴搅拌桩。其中地基抽条及裙边实桩高度 3m，宽度 3.25m，如图 5-9 所示。

抽条加固以一幅为一组，采用 Revit 建立其族模型（图 5-10）。

在 Revit 公制常规模型族中以参照标高为工作平面通过拉伸命令建立族模型。

2. 基坑围护

基坑四周围护结构采用 SMW 工法桩和排桩相结合的形式，其中工法桩采用 $\phi 850@$

5 基于BIM的公路隧道管廊建模与应用技术

600钻孔灌注桩,内插H700×300×13×24型钢,根据基坑深度存在"密插""隔插"两种形式(图5-11、图5-12);排桩采用 $\phi1000@1200mm$ 钻孔灌注桩+$\phi850@600mm$ 搅拌止水帷幕。

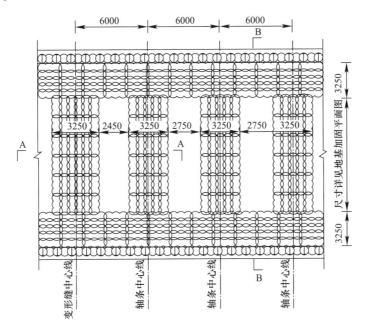

图 5-9 地基抽条及裙边加固示意图(单位:mm)

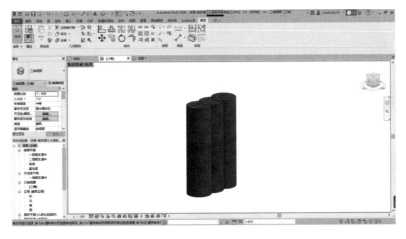

图 5-10 地基加固族模型

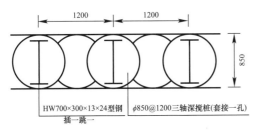 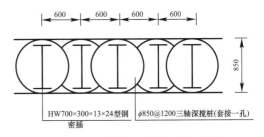

图 5-11 H型钢"隔插"法布置图(单位:mm)　　图 5-12 H型钢"密插"法布置图(单位:mm)

189

基坑内部支撑结构第一道采用 800mm×800mm 的钢筋混凝土支撑，其余采用 ϕ609 钢管支撑，钢管壁厚 16mm。

(1) 桩基族

1) 工法桩与排桩均为圆桩，二者虽在桩径、桩长等参数上存在不同，但可采用同一个族进行参数调整；

2) 在 Revit 公制常规模型族中以参照标高为工作平面，通过拉伸命令建立了桩基族，并将桩径、桩底与桩顶标高设置为参数化，如图 5-13 所示。

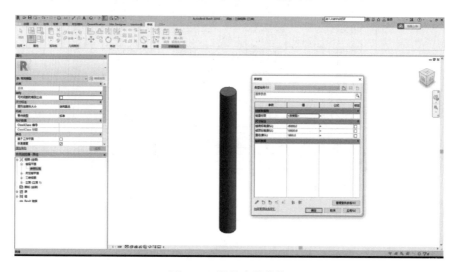

图 5-13　桩基参数化族

(2) 型钢族

1) 型钢尺寸一致，仅在布置时存在"密插""隔插"两种形式；

2) 采用 Revit 公制常规模型族，以参照标高为工作平面，通过拉伸命令建立型钢族，并将型钢的底标高与顶标高设置为参数化，如图 5-14 所示。

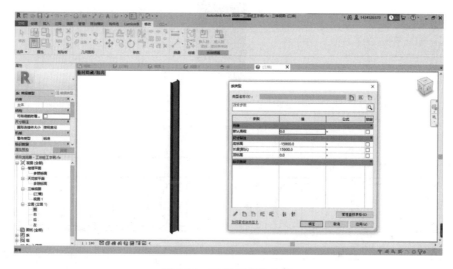

图 5-14　H 型钢参数化族

（3）混凝土支撑族（图 5-15）

混凝土支撑结构在每个基坑工程中不相同，没有可复制性。因此采用 Revit 的内建族建立模型。

图 5-15　混凝土支撑族模型

（4）钢管支撑族

第二道钢管支撑采用 Revit 公制常规模型，以参照平面与立面视图相结合，建立族模型，并将其长度进行参数化，如图 5-16 所示。

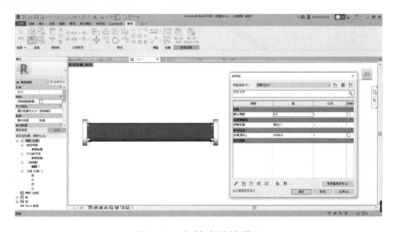

图 5-16　钢管支撑族模型

3. 铺装层

（1）铺装层包含混凝土铺装层和沥青铺装层，是具有一定厚度的复杂空间几何结构，采用 CAD、Revit、Dynamo 软件建模。

（2）按照隧道管廊路线里程桩号每隔一段间距计算出对应里程桩号的 X、Y、Z 的坐标值，并导入 Excel 中。

（3）若存在加宽时，需要得到铺装层的边线，边线从 CAD 中提取，提取处的铺装层边线应确保连续、圆滑和闭合。其中缓和曲线宜转化为样条曲线。

（4）采用 Revit 新建一个公制常规模型族，并打开 Dynamo，编制铺装层模型生成程序，如图 5-17 所示。

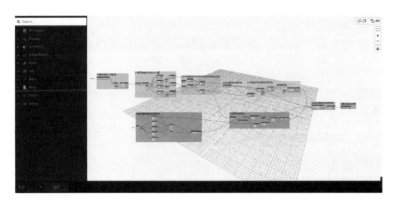

图 5-17　Dynamo 生成铺装层模型

（5）导入 Revit 中，得到如图 5-18 所示的铺装层模型。

图 5-18　铺装层模型

4. 防撞

（1）防撞是沿着隧道敞开段外边线变化的空间几何结构，建模时通过拾取其外边线作为模型放样的路线。

（2）采用 Revit 新建公制轮廓族，建立防撞轮廓族。

（3）其次采用放样功能，拾取敞开段外边线作为路线，并载入防撞轮廓族，进行放样生成族模型，如图 5-19 所示。

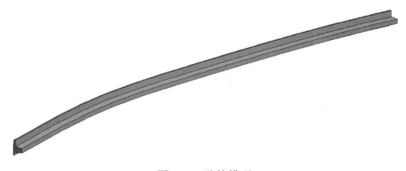

图 5-19　防撞模型

5. 路缘石

(1) 路缘石的走向与铺装层一致，通过拾取铺装层边线作为模型的放样路线。

(2) 采用 Revit 公制轮廓族，建立防撞轮廓族。

(3) 打开已建的铺装层项目文件，采用放样功能，拾取铺装层外边线作为路线，并载入路缘石轮廓族，进行放样，生成族模型，如图 5-20 所示。

图 5-20　路缘石模型

6. 中央隔离带（图 5-21）

中央隔离带的走向与路缘石一致，需要拾取路缘石的边线作为路线，建模方式与路缘石相同，此处不再叙述。

图 5-21　中央隔离带模型

7. 伸缩缝

(1) 伸缩缝安装在两个隧道管廊结构断面之间，直接采用 Revit 根据图纸建立其族模型。

(2) 采用 Revit 新建公制常规模型，以立面视图为工作平面通过拉伸命令建立伸缩缝族，如图 5-22 所示。

5.1.2.4　交通工程

交通工程设施是整个交通体系中必不可少的组成部分，它在规范指引出行的同时也提供了生命安全保障。交通工程设施包括路面标线、防眩板、标识、路灯等，这里对路面标线、交通标识和路灯三种结构模型的建立进行介绍。

1. 路面标线

(1) 路面标线包括车行道分界线与车行道边缘线，分界线为虚线，边缘线为实线，都与铺装层紧密贴合。

(2) 由于在建模时需要考虑到组装的问题，因此虚线通过 Revit 建立族模型。

(3) 打开 Revit，并新建公制常规模型，以立面视图为工作平面通过拉伸建立虚线族（图 5-23）。由于其立面存在一定坡度，因此需要将其长度、厚度及旋转角度进行参数化。

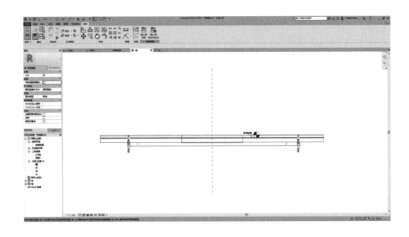

图 5-22 伸缩缝模型

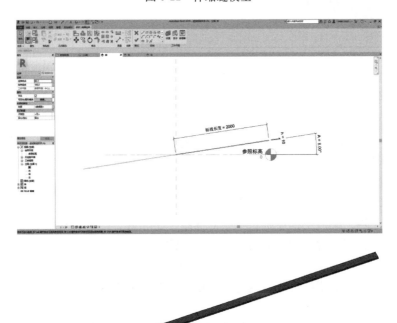

图 5-23 虚线标线模型

（4）实线标线的走向与铺装层一致，需要拾取铺装层边线进行偏移作为其路线，因此无需再单独考虑纵曲线的问题。

（5）打开 Revit，并打开已建立的铺装层项目文件，采用内建族放样生成实线模型，如图 5-24 所示。

图 5-24　实线标线模型

2. 交通标识

（1）交通标识主要为车道进出口标识、交叉口标识、行驶导向标识、分叉处标识等。

（2）各标示模型的建立方法相同，均采用 Revit 新建公制常规模型（图 5-25），以参照平面为工作平面通过拉伸建立标识立杆族，以立面视图为参照平面通过拉伸建立标识牌。

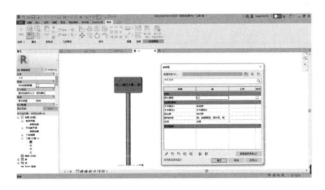

图 5-25　交通指示牌族

3. 路灯

（1）路灯分为单挑路灯和双挑路灯，分别采用 Revit 建立实体族。

（2）新建公制常规模型，以参照平面为工作平面通过拉伸建立路灯立柱及底座族，以立面视图为工作平面通过拉伸建立灯罩、路灯族。双挑路灯族只需将灯罩、路灯进行镜像即可。路灯族如图 5-26、图 5-27 所示。

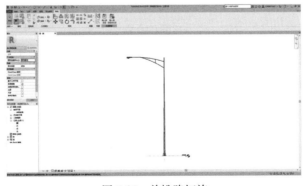

图 5-26　单挑路灯族

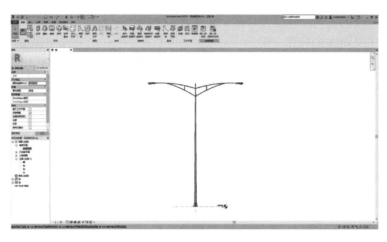

图 5-27 双挑路灯族

5.1.2.5 工程组装

工程组装是将建立的各个构件族导入 Revit 中进行拼装，形成一个整体的 BIM 工程模型，拼装顺序主要为：场地、基坑加固与围护结构、主体结构、其他附属工程、交通工程。针对在模型建立过程中已与基点坐标及整体模型相对应的构件，不再进行组装。以下对组装时的基本设置及组装的过程进行详细介绍。

1. 基本设置

（1）将 Revit、Dynamo 建立的构件族分别导入 Revit 项目样板文件中进行组装。

（2）在 Revit 项目样板文件中进行组装时进行以下设置：

① 建立了统一的项目基点，以坐标系统原点为基点；

② 项目样板文件中仅有一个标高；

③ 根据构件类型设置相应的材质。

2. 场地

场地是在项目样板文件中基于基点建立的，不用再进行组装。

3. 地基加固与围护结构

地基加固与 SMW 工法桩围护模型的组装过程一样，这里将两者的组装方法一起介绍。

（1）通过读取桩底几何坐标数据以及桩族模型的参数化数据，将相关数据列表，见表 5-2。

桩基参数表　　　　　　　　　　　　　　　　表 5-2

桩号	X	Y	Z	直径 D	桩顶标高 H_1	桩底标高 H_2

（2）在 Dynamo 中读取桩基参数表，得到其布置点坐标及直径、桩顶标高、桩底标高，将族布置于坐标之上并完成其族参数的修改，如图 5-28～图 5-31 所示。

5　基于 BIM 的公路隧道管廊建模与应用技术

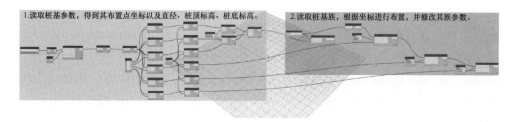

图 5-28　Dynamo 桩基布置节点

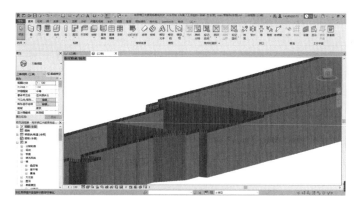

图 5-29　SMW 工法桩围护整体布置效果

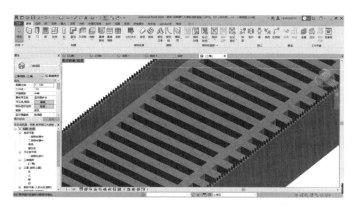

图 5-30　地基加固整体布置效果

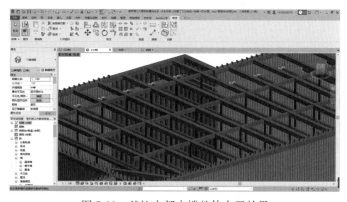

图 5-31　基坑内部支撑整体布置效果

4. 主体结构

隧道与管廊在模型建立时已与基点坐标、整体模型相对应，不用再进行组装。

5. 其他附属工程

铺装层、防撞、路缘石及中央隔离带均在模型建立过程中与整体模型相对应，不用再单独进行组装。

通过将伸缩缝族导入 Revit 工程模型项目文件中，采用对齐命令进行伸缩缝组装。

6. 交通工程

（1）路面标线组装

1）路面标线中的实线标线在模型建立时就已经与整体模型相对应，不用进行组装。

2）路面标线中的虚线标线组装时，需根据已建立的虚线标线参数化族，并采用 Dynamo 编制的布置程序进行布置。在布置时需拾取铺装层边线并进行偏移作为其路线，设置完虚线的间距后可一键式组装（图 5-32）。

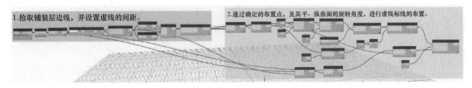

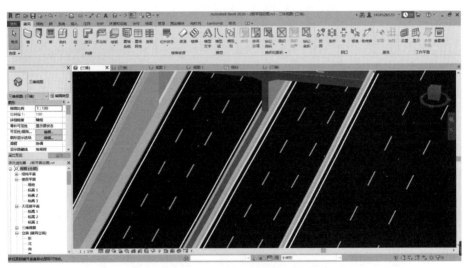

图 5-32　虚线标线整体布置效果

（2）交通标识组装

工程模型中的交通标识种类繁多，而且布置位置相互交错，很难根据坐标点进行布置。因此交通标识在进行组装时，通过将各个交通标识的族文件导入 Revit 工程项目文件中，对应各个标识的位置，通过对齐命令手动进行组装。

（3）路灯组装

1）路灯组装时根据已建立的路灯族并采用 Dynamo 编制的布置程序进行布置。

2）在组装时通过拾取路缘石边线并进行偏移作为路灯的路线，并对路灯的间距进行设置，通过读取路灯的布置点坐标及旋转角度进行组装，如图 5-33、图 5-34 所示。

图 5-33 Dynamo 虚线标线布置节点

图 5-34 整体布置效果

5.2 BIM 应用点

5.2.1 图纸审查

5.2.1.1 应用点概述

隧道管廊工程施工线路长,结构物设置多,在二维平面图纸设计过程中,难免会出现设计信息错误、缺失、碰撞等问题。在项目前期准备阶段,利用 BIM 技术,依据设计图纸建立工程 BIM 模型,模型建立的过程也是对设计图纸的一次复审,可以提前发现设计图纸中的问题,并提前进行变更,避免影响后期施工。

在利用 Revit 建立工程整体 BIM 模型时,发现隧道顶板与第一道混凝土支撑存在空间上的碰撞、污水管道顶管施工方案中顶进机头无法顺利吊出接收坑等问题(图 5-35)。针对采用 BIM 发现的这些问题,及时采取措施,避免影响工程质量与工期。

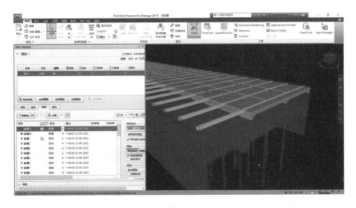

图 5-35 隧道顶板与第一道混凝土支撑间的碰撞

5.2.1.2 软件应用

图纸审查软件应用见表 5-3。

图纸审查软件应用 表 5-3

序号	应用软件名称	应用方向	取得的成效
1	Autodesk Revit	建立工程整体 BIM 模型、重难点施工方案模型	根据施工方案，建立模型，并进行整合，提前发现图纸中存在的错误
2	Dynamo	编制参数化程序、调用参数化族、整合模型	解决复杂曲面建模难题，通过 Dynamo 程序可快速调用各项族和数据，提升效率
3	Navisworks	碰撞检测	对工程 BIM 模型进行碰撞检测，找出碰撞点

5.2.1.3 工作流程

在工程准备阶段，根据设计图纸，采用 Dynamo 与 Revit 相结合的方式建立工程整体模型。首先将 CAD 图导入 Revit 中作为参照底图，再根据高程设置轴网，按照施工分部分项来分解模型。针对规则构件采用 Revit 进行参数化设置，并按照命名规则进行命名，形成族库，便于以后调用；针对异形构件采用 Dynamo 编制参数化程序，调用构件参数数据建立模型；最后将 Revit 与 Dynamo 结合进行整体工程模型的组装。

工程模型建立过程也是对设计图纸的一次审核，可以发现图纸中的不合理之处（图 5-36）。另外在施工各阶段，根据工程重难点施工方案，建立相应的工程 BIM 模型。各阶段均在模型建立之后导入 Navisworks 软件中，进行碰撞检测，针对碰撞情况，生成检测报告。在不同的施工阶段可以发现图纸中的错误，及时反馈给监理单位及建设单位，提前采取设计变更等措施，避免影响工期和质量。

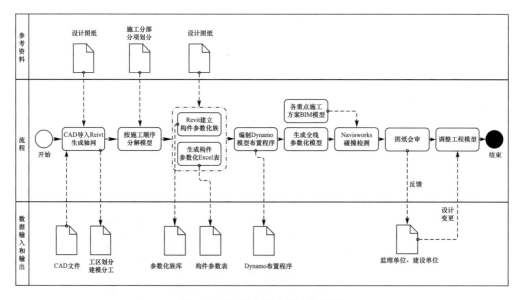

图 5-36　图纸会审应用点流程图

5.2.1.4 实施总结

由于 BIM 技术具有可视化的特点，在模型建立的同时也完成了对设计图纸的会审，快速找出图纸中存在的错误,并将发现的问题及时反馈给监理单位和建设单位,减少施工过中因设计错误而耽误工期的情况,同时也有助于减少施工损失,提高工作效率,保障工期。

在图纸会审应用点中,最基础的工作是进行工程整体 BIM 模型的建立,但对于基础设施工程来说,都存在线性特点,且都具有平曲线、纵曲线等,在建模方法上无法采用单一软件完成,需要多款软件配合,因此对建模人员的建模能力要求高。

5.2.2 场站标准化建设

5.2.2.1 应用点概述

为加强场站建设的合理性和规范性,依据建设单位要求,从结构设置及人员配备、选址和硬件设施等方面出发,提前利用 BIM 技术进行三维设计,得到了场站模型(图 5-37、图 5-38),并结合施工单位自身的工作需求进行了标准化建设的系统分析,提出了标准化硬件设施基本组成标准及布局规格等建议性规则,输出了可视化场站建设效果、图纸和材料表,优化了布局,节约了成本,促进了场站建设与标准化落地。同时也为提高工程建设质量及进度提供了参考依据。

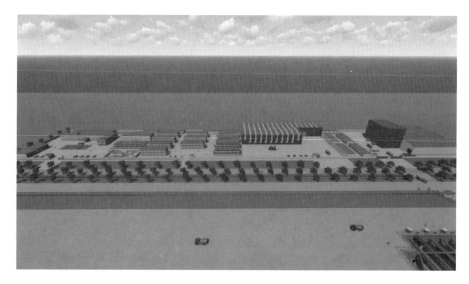

图 5-37 场站标准化建设效果图

图 5-38 场站建设实景图

5.2.2.2 软件应用

场站标准化建设软件应用见表 5-4。

场站标准化建设软件应用　　　　　　　　　　　　表 5-4

序号	应用软件名称	应用方向	取得的成效
1	Autodesk Revit	建立场站驻地模型	可视化展示驻地建设效果，优化驻地布局，节约成本
2	Lumion	图片渲染及漫游动画制作	提升总体模型展示效果，实现多角度精细化的动态展示
3	Adobe Premiere Pro CC	漫游动画剪辑、整合	对图片展示和漫游动画进行调整、整合

5.2.2.3 工作流程

根据设计文件和建设单位《标准化工地建设规定》的要求，进行了合理区域规划，编制场地布置方案，并提交建设单位审核；若不满足标准化要求，将对方案进一步进行优化，生成优化后的方案文件，再次进行审核；若在审核通过满足标准化要求后，按照场地布置方案，利用 Revit 建立场站标准化模型，并导出工程量明细表和施工图纸，其次采用 Lumion 进行可视化效果渲染，生成模拟视频、效果图，最终生成的模拟视频采用后期剪辑软件进行调整，用于施工交底（图 5-39）。

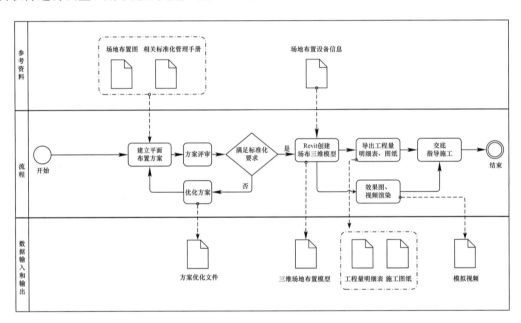

图 5-39　场站标准化建设工作流程

5.2.2.4 实施总结

通过利用 BIM 技术提前建立场站标准化模型，输出了可视化场站建设效果、图纸和材料表；优化了布局，节约了成本，使管理方式更加集约化、简单化、便捷化；提升了企业形象，也促进了场站标准化的落实。

期望后续 BIM 技术的应用应该在前期直接用 BIM 来进行设计，而不仅仅是优化布局，并且要进一步丰富企业的标准化族库。

码 5-1　大型隧道管廊基坑开挖模拟

5.2.3　大型隧道管廊基坑开挖仿真

基坑两台阶倒退式整体开挖方法可扫描码 5-1 观看。

5.2.3.1 应用点概述

本工程主体结构隧道与管廊采用明挖共坑法施工，土方开挖量大，同时，两层支撑之间净高 3~5m，空间狭小。为了满足工期要求，需选择合适的施工机械，制定高效的基坑开挖出土方案。

通过利用 BIM 技术建立基坑和临时设施模型 LOD 350。模拟三种不同基坑开挖方案中的开挖步序、机械选择与占位。

方案一（图 5-40）：先开挖至第一道混凝土支撑面以下 0.5m，待支撑浇筑完毕后，采用长臂挖掘机在基坑两侧开挖出土，其效率低下，很难满足工期要求。

图 5-40　方案一模拟效果展示

方案二（图 5-41）：第一道混凝土支撑浇筑完毕后，将运土车辆开入基坑内，此时需要设置坡道，并受支撑位置影响，需拆除部分临时支撑，安全风险大。

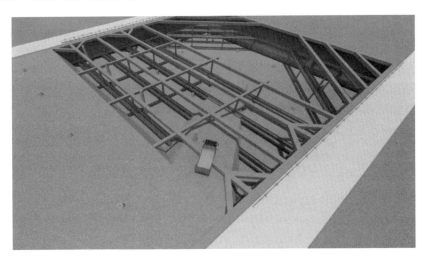

图 5-41　方案二模拟效果展示

方案三（图 5-42）：第一道混凝土支撑施工后回填作为运土车辆的作业平台，并分析小型挖掘机在两道支撑间穿梭所需空间、行车路径，调整水平支撑间净高，分台阶开挖。

 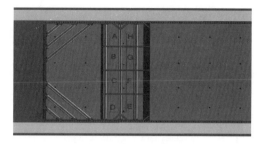

(a)基坑两台阶倒退式整体开挖方法　　　　(b)基坑开挖顺序平面图

图 5-42　方案三模拟效果展示

对比发现方案三满足工期要求，并对此方案的施工可行性进行了模拟验证，最终基于 BIM 技术提出了一种两台阶倒退式开挖方法（图 5-43），更好地保证工期和施工安全。

图 5-43　两台阶倒退式整体开挖现场图

5.2.3.2　软件应用

大型隧道管廊基坑开挖仿真软件应用见表 5-5。

大型隧道管廊基坑开挖仿真软件应用　　　　表 5-5

序号	应用软件名称	应用方向	取得的成效
1	Autodesk Revit	建立基坑开挖及临时设施模型	根据施工方案，建立施工模型、临时设施模型，并进行模型整合
2	Autodesk Navisworks	施工方案模拟	根据施工方案，对施工工艺进行模拟，综合确定工艺的合理性以及施工所需时间
3	Lumion	图片渲染及漫游动画制作	提升总体模型展示效果，为工程宣传提供资料

5.2.3.3　工作流程

在工程施工阶段，根据施工图及施工工艺资料，针对大型隧道管廊基坑的开挖方案进行研讨。在研讨过程中提出了不同的施工方案，但是均为纸上作画，不直观，各参与方很难快速理解，同时也不能确定其合理性。

根据施工方案，利用 Revit 建立了隧道管廊基坑、临时设施等精细化模型，在研讨过程中根据提出的不同施工方案进行模型调整，以及对机械的选择与占位进行布置。基坑开挖方案模拟流程如图 5-44 所示。

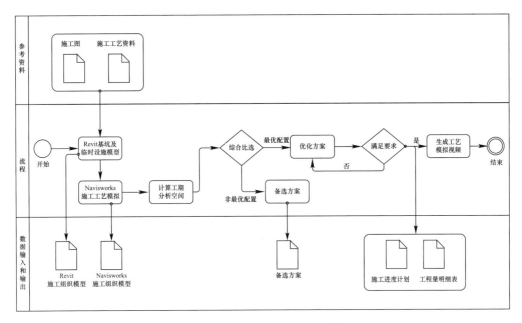

图 5-44 大型隧道管廊基坑开挖方案模拟流程图

在确定可采用的基坑施工方案后,对其模型进行了完善,然后将模型导入 Navisworks 中,并综合技术部、工程部、安环部、合约部等部门,对方案的技术、工期、安全、经济指标提出相应要求,进行方案模拟,对比分析各类指标,确定最优方案,并对最优方案进行持续优化,保障总工期,形成施工进度计划,导出工程量明细表,生成施工工艺模拟视频,用以指导施工。

5.2.3.4 实施总结

针对大型隧道管廊基坑在制定高效开挖方法难度大方面的问题,基于 BIM 技术的可视化与模拟性等特点,提前利用 BIM 技术对不同施工方案进行了详细模拟,且对各项方案的技术、工期、安全、经济指标进行了分析,最终选取了满足实际需求的方案,取得了良好的效果。

本应用点开展过程中的三种施工方案,涉及模型建立、工艺模拟等,同时还涉及结构受力分析和专家评审等,需要较多的专业技术人员,企业需储备充足的人才力量,否则依靠项目单体 BIM 实施,往往无法完成技术含量如此高的 BIM 应用任务。

5.2.4 主体结构与支撑体系施工协同优化

混凝土支撑拆除施工仿真可扫描码 5-2 观看。

5.2.4.1 应用点概述

本工程基坑开挖跨度大,且处于长江漫滩地区,地质条件差,基坑易变形失稳。按原设计的支撑体系,当主体结构的顶板施工时,受第一道混凝土支撑高程影响,需大量换撑、拆撑,以提供足够的施工空间。但是支撑的拆换,使得基坑整体受力体系转换频繁,安全风险大。

通过利用 BIM 技术进行主体结构模型与支撑体系模型的碰撞对比,

码 5-2 混凝土支撑拆除施工仿真

提出在设计允许范围内，提升部分第一道混凝土支撑的标高，以满足主体结构顶板施工的空间需求，并对施工全过程进行精细化模拟，以及对换撑前后基坑四周围护结构与隧道、管廊侧墙的整体受力情况进行计算，优化施工步序，降低工程成本（图5-45～图5-47）。

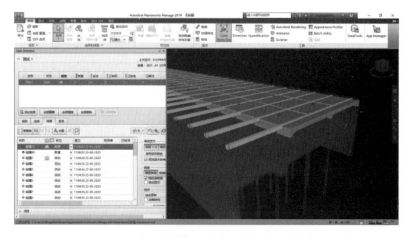

图5-45　主体结构与混凝土支撑空间碰撞

图5-46　换撑精细化模拟

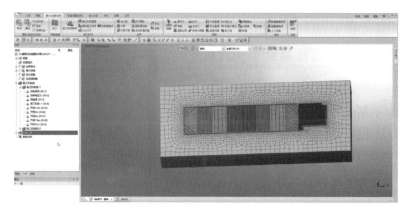

图5-47　基坑围护结构整体受力计算分析

5.2.4.2 软件应用

主体结构与支撑体系施工协同优化软件应用见表5-6。

主体结构与支撑体系施工协同优化软件应用　　　　　　表 5-6

序号	应用软件名称	应用方向	取得的成效
1	Autodesk Revit	建立基坑、主体结构及临时支撑等模型	根据施工方案，建立模型，并进行整合
2	Autodesk Navisworks	主体结构与支撑体系的碰撞比对，及换撑精细化施工模拟	计算主体结构顶板施工的空间需求，提升部分首层混凝土支撑的标高
3	Midas Civil	对换撑前后基坑围护结构与隧道、管廊侧墙的整体受力情况进行计算分析	通过计算分析，各受力值都在允许范围内，为施工过程的基坑稳定提供数据支撑

5.2.4.3 工作流程

主体结构与支撑体系施工协同优化流程如图 5-48 所示。

根据设计图纸，分阶段采用 Revit 建立了工程主体结构及临时支撑精细化模型 LOD 350，在模型建立过程中，发现了隧道顶板与第一道混凝土支撑在空间上存在碰撞的问题。

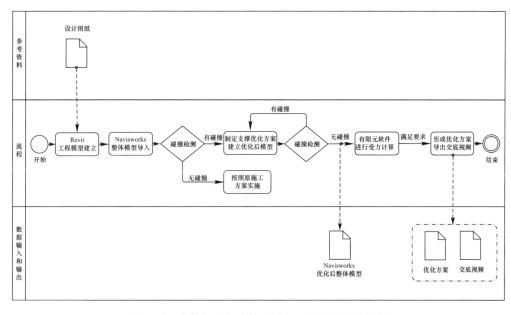

图 5-48　主体结构与支撑体系施工协同优化流程图

采用 Navisworks 对工程主体结构与临时支撑模型进行了集成，从多角度展示隧道顶板与支撑间的空间位置关系，并利用碰撞检测功能进行了硬碰撞检测，根据检测报告，准确反映出了二者存在碰撞的具体位置，及二者碰撞的距离。

依据碰撞检测的距离，以及在满足隧道顶板施工时所需的空间高度，对第一道混凝土支撑施工方案进行了优化，调整了第一道混凝土支撑的高度。建立了优化后的工程模型，将其导入 Navisworks 中进行再次验证，确保方案的可行性。然后采用有限元软件建立工程主体结构与支撑体系模型，设置边界条件、施加作用力等，对换撑前后基坑围护结构与隧道、管廊侧墙的整体受力情况进行计算分析，确定各受力值在允许范围内。最终导出优化后的施工方案模拟视频，辅助施工交底。

5.2.4.4 实施总结

本项目基于 BIM 技术优化型等特点,利用 Revit 建立精确的主体结构与支撑体系模型,应用 Navisworks 整合模型,并对主体结构与混凝土支撑进行空间碰撞检测分析,针对碰撞点部分,进行方案优化。最终生成施工工艺模拟视频,用于后续实际施工交底。

通过事前控制的方法,辅助项目部快速决策,并积极与相关部门进行沟通,展示精确的优化方案,取得了良好的效果。

本应用点的特殊性在于前期建模与分析工作耽误了大量时间,需要掌握更多的建模方法,以提高建模人员的效率。

5.2.5 标准化安全设施多阶段动态资源配置

安全设施部署可视化预览可扫描码 5-3 观看。

5.2.5.1 应用点概述

本工程主体为明挖隧道及管廊工程,基坑开挖最大宽度为 63.4m、隧道开挖最大深度为 10.8m,雨水泵房最大开挖深度为 16.18m,开挖体量大,开挖风险大,对临边防护及现场安全管理要求高。同时建设单位对施工高质量管控、打造平安工地和品质工程均提出较高的要求。

码 5-3 安全设施部署可视化预览

根据建设单位《标准化工地建设规定》和我公司《安全生产标准化建设实施图册》要求,应用 BIM 技术建立了精准的安全标准化设施 BIM 族库 LOD 300,包括工地围挡、基坑临边防护、配电箱及防护棚、城市护栏等,共计 15 个。所有的 BIM 安全设施族均严格规定了尺寸、型号、材质和颜色,并进行了参数化设定,如图 5-49 所示。

(a)工地围挡

(b)基坑防护

(c)城市护栏

图 5-49 安全标准化设施 BIM 族库

将本工程基坑划分为 9 个不同的基坑形式,采用五阶段施工,每阶段包含地基加固、基坑开挖、支撑架设、体系转换、主体施工 5 个主要步序(图 5-50),根据每阶段每个步序施工场地变换进行安全标准化设施的动态布置,可视化预览基坑防护、梯笼等设施布置效果,避免出现安全隐患,同时导出安全设施用量材料清单,辅助采购、加工与安装,实现资源的优化配置(图 5-51)。

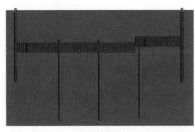
(a)地基加固

(b)基坑开挖

图 5-50 基坑施工主要步序(一)

5 基于 BIM 的公路隧道管廊建模与应用技术

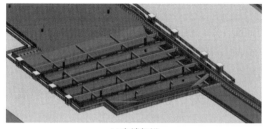
(c)支撑架设

(d)体系转换

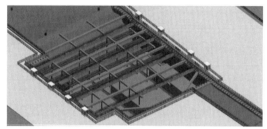
(e)主体施工

图 5-50 基坑施工主要步序（二）

图 5-51 安全设施部署可视化预览

5.2.5.2 软件应用

标准化安全设施多阶段动态资源配置软件应用见表 5-7。

标准化安全设施多阶段动态资源配置软件应用 　　　表 5-7

序号	应用软件名称	应用方向	取得的成效
1	Autodesk Revit	建立安全设标准化 BIM 族库、各阶段施工模型及模型整合	根据不同施工阶段的安全标准化设施部署方案，进行模型调整与优化，统计各阶段工程量明细表
2	Lumion	图片渲染及漫游动画制作	提升总体模型展示效果，为工程宣传提供资料

5.2.5.3 工作流程

标准化安全设施多阶段动态资源配置应用流程见图 5-51。

根据建设单位标准化管理的要求，利用 Revit 精准建立了工程施工过程中所需的安全标准化设施 BIM 族库。

在过程中根据各个施工阶段的安全部署方案，先采用 Revit 建立各阶段的工程模型，再进行安全标准化设施的可视化布置。

在方案评审阶段，对于不满足标准化要求的进行方案优化，并调整 BIM 模型，最终形成满足标准化要求的方案；根据优化后的方案，采用 Revit 导出各阶段安全设施用量清单，并应用 Lumion 进行可视化展示，同时生成视频及效果图，以指导施工。

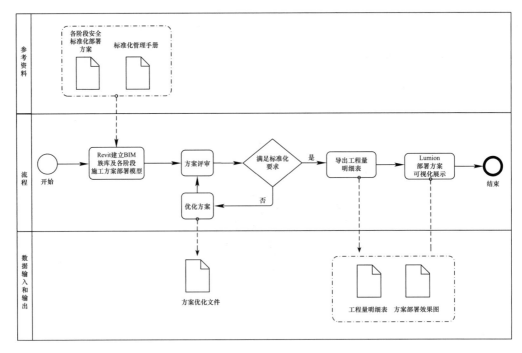

图 5-51　标准化安全设施多阶段动态资源配置应用流程图

5.2.5.4　实施总结

本项目根据各方要求及施工进度，提前利用 BIM 技术建立了安全标准化设施 BIM 族库；在各阶段施工前期按照部署策划方案，进行安全标准化设施的布置，可视化预览布置效果；在过程中根据现场场地的变化，优化安全方案，促进了本工程安全标准的落实，进一步提升了施工现场安全生产标准化管理水平和工作效率。通过在本项目中的技术积累和经验，为今后 BIM 技术在安全标准化建设中的广泛应用奠定了坚实基础。

本应用点开展过程中发现各地有各自的标准化要求，很难完全统一，且公司 BIM 族库不够丰富，使得过程中每个 BIM 族均需要新建，降低了工作效率。

5.2.6　二维码多样化应用

5.2.6.1　应用点概述

在长期的技术交底实践中，传统的技术交底往往流于形式，文字和 CAD 图纸内容死板，不够直观生动，对人员技术要求较高，一线作业人员理解有一定困难，而且纸质的方案、交底文件，在施工现场容易丢失、损坏，不易长期保存。

另外项目管理人员在施工现场很难实时了解作业人员的基本信息及其受教育情况等。

为了改善以上情况，本项目通过合理利用二维码技术开展了以下应用（图 5-52、图 5-53）：一是将各类施工方案、技术交底、工艺动画生成相应的二维码链接，制作成展板、宣传册或直接张贴在相应构件上等，让施工人员能从不同途径快捷方便地通过手机直接读取关键信息，辅助施工。二是将含有作业人员的身份基本信息、受培训教育等情况，传输至二维码链接中，生成二维码，并张贴在对应人员的安全帽上，便于现场管理人员进行查询与管理；三是利用二维码进行现场定点巡视打卡，提高工作效率。

图 5-52 现场二维码展板

图 5-53 二维码在现场的应用

5.2.6.2 软件应用

二维码软件应用见表 5-8。

	二维码软件应用		表 5-8
序号	应用软件名称	应用方向	取得的成效
1	草料二维码平台	资料平台、二维码生成	将各类资料传输至云平台，并生成具有企业文化标志的二维码

5.2.6.3 工作流程

二维码可视化交底流程如图 5-54 所示。

收集整理工程相关的各项施工方案、技术交底，针对本工程中的复杂构造、重难点技术问题进行梳理，建立精准的 BIM 模型，进行施工方案仿真，并输出不同形式的多媒体文件，对传统的施工方案、技术交底进行优化。

安全帽张贴人员信息二维码以及现场定点巡视打卡由工程部、安环部负责，工程部与安环部负责梳理现场施工管理人员与劳务作业人员的基本信息、受教育情况等，并提前规划施工现场定点巡视打卡位置。

各类文件收集整理完成之后，统一上传至二维码平台，按施工方案、技术交底、安全交底、工艺动画、人员信息、巡视信息进行分类录入，生成对应的二维码链接。根据生成的二维码，制作成相应的展板、贴纸，由各相关部门领取，张贴至构件上，或分发至对应的管理人员手里，以便让施工人员从不同途径第一时间获取施工关键信息。

5.2.6.4 实施总结

通过 BIM 可视化效果，对传统的施工方案、技术交底进行优化，对复杂结构、重难点施工工艺,可辅助交底人员理解。施工工艺模拟视频能使一线作业人员理解施工细节。通过二维码云平台的方式,保证了在任何时候,可通过扫描二维码获取相关资料。

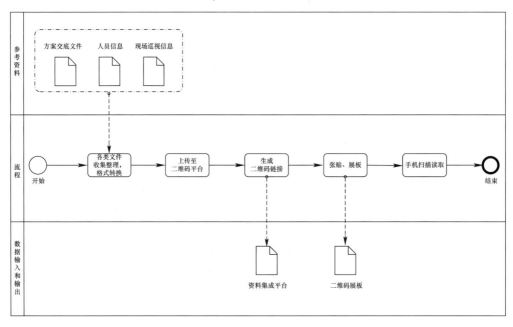

图 5-54　二维码可视化交底流程图

另外采用二维码的形式辅助现场人员信息及定点巡视管理,在一定程度上提高了现场的管理水平与工作效率。

在二维码应用中不仅有效辅助了工程顺利施工,同时也存在一些问题,即在大型工程中施工方案、技术交底内容繁多,方案优化、可视化交底工作量庞大,作为一个试点实施项目,需要大量的 BIM 实施人员花费大量的时间完成方案的优化和维护。

5.2.7　有限空间顶管施工路线角度优化

码 5-4　有限空间污水顶管施工仿真

有限空间污水顶管施工仿真扫描码 5-4 观看。

5.2.7.1　应用点概述

（1）初始顶管施工方案模拟

本工程污水管道采用顶管施工,初始顶进方案为顶管机头以 WL8 号工作井为起点向基坑内顶进,至 WL9 号接收坑吊出(图 5-55)。

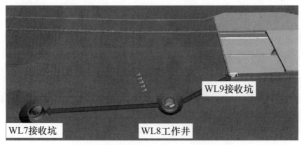

图 5-55　初始顶管施工路线

通过应用 BIM 技术对初始顶管施工方案全过程进行模拟验证（图 5-56），发现顶进路线与主体结构侧墙角度过大，致使顶管机头顶至 WL9 接收坑时仅一半处于检查井内，无法吊装出洞。

图 5-56　顶管机头与检查井碰撞

（2）顶进路线优化

综合考虑顶管机头长度、顶进路线与主体结构侧墙角度等参数，优化顶进路线，取消了 WL8 号工作井，将 WL7 号接收井作为工作井，并应用 BIM 技术对其进行了模拟验证（图 5-57），缩小了顶进路线与检查井的交角，使顶管机头可完全处于检查井中，顺利吊装出洞。

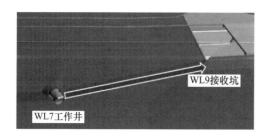 

图 5-57　顶进路线优化和顶管机头顺利出洞

5.2.7.2　软件应用

有限空间顶管施工路线角度优化软件应用见表 5-9。

有限空间顶管施工路线角度优化软件应用　　表 5-9

序号	应用软件名称	应用方向	取得的成效
1	Autodesk Revit	建立主体结构及污水顶管施工方案模型	根据优化前后的施工方案，分别建立模型，并进行整合
2	Autodesk Navisworks	进行污水管道顶管施工精细化模拟	提前进行施工仿真，发现顶管施工过程中存在的问题，并及时进行优化

5.2.7.3　工作流程

有限空间顶管施工路线角度优化应用流程如图 5-58 所示。

根据设计单位给出的污水管道顶进路线，制定相应的施工方案。在本阶段施工前，依据施工方案，采用 Revit 建立了精细化的 BIM 模型 LOD 350，并进行了整合，然后将整体模型导入 Navisworks 中，开展了施工工艺仿真。仿真过程中发现顶管机头在顶进过程中，未能顺利从接收坑中吊出，通过分析发现是由于顶进路线与主体结构侧墙角度过大，及时将问题反馈给监理及建设单位。

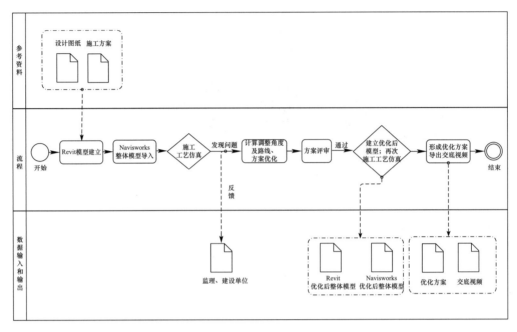

图 5-58　有限空间顶管施工路线角度优化应用流程图

结合 Revit 模型、CAD 图纸等材料精确计算出了顶进施工时所需要的角度及顶进路线，对施工方案进行了优化，将方案重新进行报批，在取得建设单位认可之后，采用 Revit 建立了优化后的工程模型，并再次利用 Navisworks 对施工方案进行仿真分析，导出工艺模拟视频，以辅助交底。

5.2.7.4　实施总结

基于 BIM 技术模拟性、优化性等特点，提前对污水管道顶管施工进行预演，发现机头顶进过程中出洞难的问题，及时反馈给监理及建设单位，并针对问题进行了研究，在各方达成一致的情况下优化了施工方案，既保障了工程质量安全，也保证了施工工期。

5.2.8　精细化进度管控

5.2.8.1　应用点概述

线性工程工作节点起点多，各工作节点逻辑联系不强。在施工过程中多次出现设计变更，需要施工单位重新编制施工方案，进行相关的技术论证和技术交底，重新安排施工进度计划，人力和时间成本增加，影响整体施工进度；施工进度编制的不合理也会造成进度的管理问题，以往施工进度的编制依赖于编制者的施工技术和经验，人为的疏忽会影响项目的进度；施工人员对图纸的理解，对施工工艺的熟悉程度等都有可能影响项目的施工进度；施工进度汇总统计繁琐，汇报展示不直观。

为了更好地把控项目的整体施工进度，制定了完整的进度协同作业流程，梳理各层级各部门的职责，联动协同各层级各部门，完成精细化的进度管理。

根据工程目标工期的要求，结合实际分包单位、作业班组、机械设备、材料供应等实际情况，编制 Project 施工进度计划，利用网络进度计划管理软件完善逻辑关系，并将工程模型与进度计划相关联，在工程初期进行虚拟建造，对不合理的地方进行调整，形成资源配置计划，为不同阶段的人工、材料、机械配置提供参考。每周对当前实际进度和计划进度进行对比，利用前锋线分析进度偏差，进行动态调整，调配劳动力及各种资源，优化关键线路和整体计划安排，确保实现目标工期（图 5-59）。

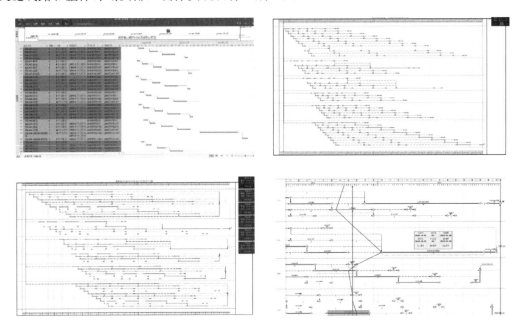

图 5-59 Project 工程进度计划及斑马前锋线调整

5.2.8.2 软件应用

精细化进度管控软件应用见表 5-10。

精细化进度管控软件应用   表 5-10

序号	应用软件名称	应用方向	取得的成效
1	Mircosoft Project	初始进度计划编制	快速编制初始进度计划，效率较高
2	广联达斑马进度	进度计划优化关键线路完善	快速读取 Project 进度计划，完善其关键线路，根据实际进度进行前锋线分析，把控当前工期对整体工期的影响
3	Autodesk Navisworks	施工工期模拟	可以对复杂施工工艺、重难点施工方案进行工期模拟，确定方案合理性
4	Adobe Premiere CC	动画整合剪辑	对各阶段施工进度模拟动画进行剪辑、整合，提高展示效果

5.2.8.3 工作流程

精细化进度优化与协同管理流程如图 5-60 所示。

由工程部牵头，BIM 小组、技术部、质量部配合，对整体施工组织设计进行分析，确定总体施工顺序，按施工顺序采用 Revit 建立总体 BIM 模型，确定需要细化模拟的方案和部位，初步确定各分部分项工程的施工方法。

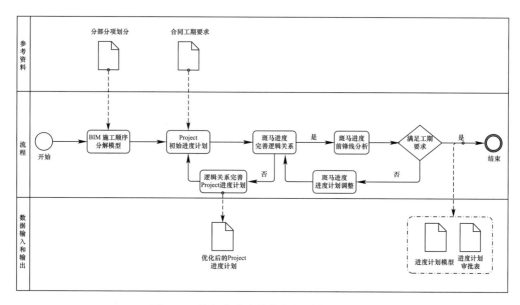

图 5-60　精细化进度优化与协同管理流程图

根据合同总体工期及部分节点工期的要求，结合预选的施工方法，编制 Project 初始进度计划，并应用斑马进度管理软件对 Project 进度计划进行优化，补全逻辑关系，完善关键线路，定期进行前锋线分析，把控当前进度对总体工期的影响，一旦出现进度超期的风险，立即对进度计划进行调整，将非关键线路的资源调配给关键线路，确保总体工期不受影响。

5.2.8.4　实施总结

本项目通过精细化的管理流程，综合应用 Project、斑马进度、Navisworks 等软件，实现了项目进度计划的精细化管控。避免了在复杂的工程中，应用传统方式可能出现的大幅度进度偏差。

5.2.9　质量、安全协同管理

5.2.9.1　应用点概述

本工程全线划分为 9 个基坑形式，有 4 个工区，在施工高峰期现场有 1470 人。原有沟通方式为微信、电话等，效率低下且无法保留沟通痕迹。质量安全问题种类多，表单无法系统性的归类统计。

为了确保 BIM 技术的顺利实施，实现精细化的质量安全管控，本项目采用建设单位的横江大道协同管理平台（图 5-61），并制定了完整的质量安全协同作业流程；梳理了各层级各部门的职责，联动协同各层级各部门。

通过手机 App 端将现场的质量安全问题直接拍照上传，并指定相应责任人、整改期限等，第一时间整改、消除隐患，实现质量安全问题流程跟踪，管理流程闭环，质量安全问题记录留痕（图 5-62、图 5-63）。同时通过协同平台 Web 端，对质量安全问题的种类和区域进行归集、分析，企业管理者可随时翻阅记录，把控施工现场。实现了建设、监理、施工等单位的质量安全隐患排查与整改协同工作。

5 基于BIM的公路隧道管廊建模与应用技术

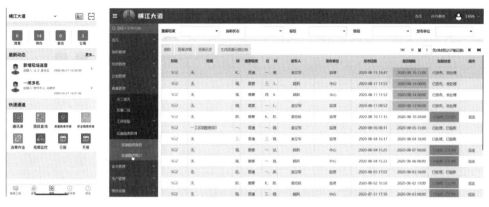

图 5-61　横江大道协同管理平台手机端、网页端

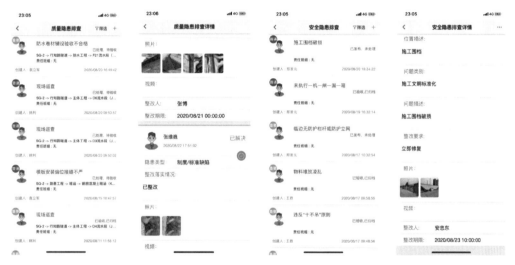

图 5-62　质量、安全问题信息采集、录入、指定责任人、处理反馈

图 5-63　质量安全隐患数据统计分析 Web 端

5.2.9.2　软件应用

项目质量安全协同管理软件应用见表 5-11。

项目质量安全协同管理软件应用　　　　表 5-11

序号	应用软件名称	解决的技术难题	取得的成效
1	横江大道协同管理平台	质量安全问题管理和统计信息	质量安全问题管理流程闭环，信息留痕，统计信息清晰

217

5.2.9.3 工作流程

协同质量、安全管理流程如图 5-64 所示。

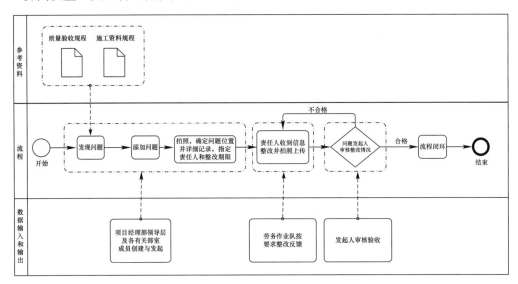

图 5-64 协同质量、安全管理流程图

监理单位、项目领导及各有关部室如在现场发现质量、安全问题，均有权限在平台中进行问题上传。按照问题解决流程，管理人员在现场发现问题后进行拍照，通过手机 app 即可在平台中添加问题，并对问题的信息进行录入，指定对应的责任人和整改期限，关联相关的负责领导，由责任人负责整改。

责任人在收到问题信息之后，及时到现场指导作业队按要求进行解决，并将整改后符合规定的照片上传至平台中，反馈至问题的发起人，由问题发起人进行审批，如达不到要求，则继续整改，如整改合格，则形成流程闭环。

5.2.9.4 实施总结

通过横江大道协同管理平台，提升了信息传递效率，解决了较多质量安全问题，并且实现了质量安全问题处理过程中的信息留痕，可通过平台快速查询，解决了信息丢失而造成的扯皮问题。生产例会上，通过 Web 端的数据统计，快速明了对质量、安全问题进行决策，提高了效率。形成了统一工作模式，降低了质量风险。同时通过后台，对质量、安全问题的种类和区域进行归集、分析，结合线上教育平台，有针对性地对施工人员进行质量、安全教育培训，保证工程安全有序的施工。

虽然协同管理平台具有诸多优势，但是一线施工作业人员水平往往参差不齐，对复杂的手机 app 的接受度依然不高，许多时候下意识的还是通过手机、微信来解决沟通问题。在后续的软件更新中，如果有针对性的对权限不同的管理人员开放不同的模块，简化 app 操作，将更有助于推动协同管理平台的应用。

5.2.10 资料协同审批管理

5.2.10.1 应用点概述

施工资料多为纸质版，而现场施工经常需要查阅对应的文件，线性工程范围较大，携带纸质文件不够方便，递送资料十分麻烦；同时各类文件具有审批周期，经常出现多个版本，无法保证资料的准确性；基础设施工程周期较长，常有人员变动的情况，交接不及时容易造成资料丢失。

基于横江大道协同管理平台，实现了各方案的在线审批管理（图5-65），提高了工作效率；同时在手机端app和web端实时更新图纸、方案、设计变更、安全技术交底等资料；另外平台中设有品质工程、平安工地模块，按照平台中设定的条目将品质工程、平安工地打造的过程数据实时上传，各参建方可协同调用、分享、推送，实现项目施工资料的统一管理，确保资料数据的安全性和版本唯一性，通过推送、下载等方式，便于随时随地查阅审批，实现移动化办公。

图 5-65　方案在线审批

5.2.10.2　软件应用

应用软件评价见表5-12。

应用软件评价　　　　　　　　　　　　　　　表 5-12

序号	应用软件名称	应用方向	取得的成效
1	横江大道协同管理平台	方案在线审批、资料协同管理	项目施工统一进度和标准，移动化办公

5.2.10.3　工作流程

资料协同管理流程见图5-66。

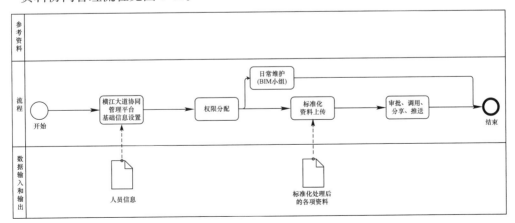

图 5-66　资料协同管理流程图

项目实施过程中平台管理人员对项目文档管理人员开放上传、下载、查看等全部权限，对其他参与管理人员根据部门职责，开放对应权限。

项目文档管理人员通过手机 app 和 web，实时将标准化处理后的图纸、工艺、方案、设计变更、交底等资料上传至协同平台中，各参建方可随时协同审批、调用、分享、传递，提高工作效率。

5.2.10.4 实施总结

在项目 BIM 实施过程中，通过采用横江大道协同管理平台开展资料协同管理，实现了各种方案的在线审批，提高了各方的工作效率；同时将工程相关的图纸、工艺、方案、交底信息等上传至平台，保证了资料版本的唯一性。各参建方可根据各自权限在平台中对数据进行协同调用、分享、推送，基本实现现场无纸化办公；确保了数据的安全性，避免了资料的遗失和损坏，保证了资料的完整性。

根据规范以及建设单位、监理单位的管理习惯，工程中的大量数据依然是以纸质文件的方式留存，与云端数据存储的理念相悖，是工程整体数据云端化的阻碍力量。应积极推动工程资料电子化、电子签章等高效、无纸化的工作流程，从而实现全部工程数据的云端化。

5.3 本章总结

通过 BIM 技术在本项目中的深入应用，实现了利用 BIM 技术提前建立并调用安全标准化 BIM 设施族库，策划工程安全部署方案，促进安全标准化的落地；紧随工程进度，有效了解决大型隧道管廊基坑开挖、支护、有限空间作业等重难点技术难题；基于 BIM＋智慧管理平台，实现了建设、监理、施工等各参建方在质量安全管理、资料审批管理等方面的协同作业，提高了工作效率，促进了精细化管控，取得显著的经济效益和社会效益。为项目的智慧建造提供了有力的数据支撑，也为进一步探索 BIM 技术在隧道管廊工程中的应用夯实了基础。

公路工程智慧工地建设与应用

住房和城乡建设部印发的《2016—2020 年建筑业信息化发展纲要》中明确提出：有条件的施工类企业应推进企业管理信息系统中项目业务管理和财务管理的深度集成，注重推进企业知识管理信息系统、商业智能和决策支持系统的应用，有条件的企业应探索大数据技术的集成应用，支撑智慧企业建设。

"智慧工地"系统的建设，旨在解决当前工地现场管理的突出问题，围绕现场人员、施工材料等重要资源的管理，构建一个实时高效的远程智能监管平台，有效地将人员考勤、位置定位、车辆进出现场管理、物料管理、施工现场监控和安全教育等资源进行整合。通过现场相关信息的采集、分析，为管理层实施人员调度、设备物资的监管以及项目安全、进度、经营管理提供决策依据。

6.1 数字工地平台

6.1.1 BI 平台

BI（Business Intelligence）即商业智能系统，是为提高企业经营绩效而采用的一系列方法、技术和软件的总和。通常被理解为将企业中的现有数据转换为知识并帮助企业做出明智业务决策的工具。

建立 BI 系统，首先需要收集数据，这个过程称为"数据仓库"。BI 通常具有强大的数据集成和维护功能。其次，需要数据分析来辅助企业建模的能力。BI 的一个重要特性是数据可视化。数据可视化是指通过适当的图表类型，以一种视觉上吸引人的方式显示信息，使每个人都能更快、更直观地理解数据。另外，BI 还有终端信息查询和报表生成功能。最后，当我们将一组关于业务的重要信息放在一起，并将其制成一个可视图表时，它就变成了"管理大屏"或"管理仪表板"。这样的过程形成了 BI 系统。

6.1.2 横江大道建筑工程 SG2 标智慧工地平台

为探索集成物联网、大数据、人工智能等信息技术，横江大道建筑工程 SG2 标搭建智慧工地统一平台，对接施工现场智能传感器设备，实现对数据的采集、分析、预警和处置功能，从而加强施工现场人员、机械、材料、环境的监控和处置能力，达到堵塞管理漏洞、提高资源利用效率目的，进一步促进施工现场精细化管理。应用数字化技术，采集丰富、及时、有效的项目数据，基于智能的分析模型，建立数据驱动的决策体系，通过分析项目丰富、及时、有效的数据，展示企业和项目指标，帮助施工企业提升项目管控能力。

智慧工地平台由项目 BI 和各类业务子系统组成，岗位及人员通过子系统进行日常工作，数据直接汇总至项目 BI。企业可以在手机端或者电脑端直接通过地图方式监控各个项目的工期、质量、人员、材料、环保等情况，能够及时发现风险隐患，进入风险项目掌控具体问题，制定解决措施。以此聚焦施工现场岗位一线作业层，通过"云大物移智＋BIM"等先进技术的综合应用，对"人、机、料、法、环"等各生产要素，进行实时、全面、智能的监控和管理，实现业务间的互联互通，数据应用，协同共享，综合展现，搭建一个以进度为主线、以项目为主体的多方协同、多级联动、管理预控、整合高效的智能化生产经营管控平台，更准确及时的数据采集、更智能的数据挖掘分析、更智慧的综合预测，保障工程建设质量、安全、进度目标的顺利实现。智慧工地项目看板如图 6-1 所示。

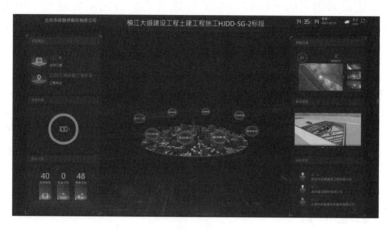

图 6-1　智慧工地项目看板

6.1.3　智慧工地平台模块

智慧工地平台架设在阿里云平台，分为电脑端和手机端，系统通过整合项目智慧工地碎片化系统信息，为项目部管理人员提供项目整体状态的信息，监控项目关键目标的执行情况以及预期进度完成情况，为项目保驾护航。其主要功能包括：项目概况、物料验收、安质管理以及智慧工地其他应用入口。

（1）项目看板（图 6-2）

项目看板页面直接显示项目概况，包含本工程的施工单位、监理单位、设计单位、建设单位以及项目合同额等基本信息。项目看板中央为施工单位风采介绍，右侧分别体现了项目进度情况和劳务人员出勤情况。

在项目看板下方主要展示设备概况和环境监测的相关指标，同时，项目看板上实施更新本项目新闻、动态等内容，供项目部成员随时查看。

（2）数字工地

数字工地以物联网为基础，通过结合 BIM 技术，在模型基础上定位现场各类智能硬件，深入联动项目所用到的各类智能硬件及系统，将其数据采集传输至平台进行汇总，并将数据进行整合分析及预警。

（3）环境监测

从环境监测版面可以了解实时环境的情况，包含温度、湿度、噪声、空气质量以及环境监测超标信息。

6 公路工程智慧工地建设与应用

图 6-2 智慧工地管理平台项目看板

（4）模型浏览与视频管理（图 6-3）

模型浏览与视频管理模块主要可以通过数字模型视频了解重点工艺流程模拟，也可浏览项目部、工人生活区、搅拌站以及工人生活区的数字模型。

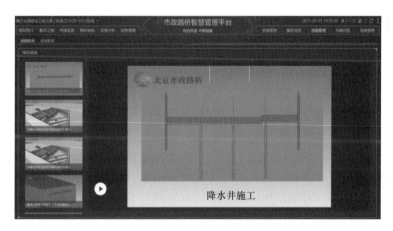

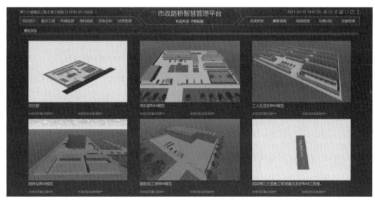

图 6-3 模型浏览与视频管理

（5）党建管理

本版块重点展示项目党政建设，通过项目部支部的党建生活线上展示，进一步强化基层党建工作，充分发挥基层党组在工作中的主动性和创造性，通过组织集体学习、竞技运动等相关的党建活动来增加项目员工的家庭感和归属感。

（6）其余功能模块

项目看板上其他功能模块主要包括：物料验收、劳务分析、视频监控等。这几部分作为横江大道 SG2 标智慧工地平台搭建的重点模块，将在后续章节详细介绍。

6.2　劳务管理

6.2.1　管理目标与建设思路

本项目同大部分公路项目一样，线形项目的复杂性和多样性，施工线路长、作业面广、工人作业分散，导致项目劳务人员管理困难，基于此的劳务管理面临很多问题，比如人员流动频繁，临时用工多，加上住宿分散性，无法做到及时登记；现场不封闭，工人进出没有唯一口，无法做到集中考勤，考勤难管理；施工线路长，工人作业分散，劳务人员现场管理难度大；此外，2020 年项目施工受"新冠疫情"影响，用工风险管控越发困难。

因此，本项目智慧工地劳务模块的建设将最要围绕实现进场实名制登记、安全教育、考勤管理、现场管理和统计分析的全业务流程管理，帮助项目提升管理能力的同时响应建筑行业政策要求，应用物联网和云计算技术，构建工人大数据库，高效管理劳务人员并提前把控企业及项目用工风险。

同时，达到企业及项目领导随时随地利用手机 App 可掌握项目在岗、在册、出勤、现场的人数情况，手机端自动形成班组、工人的周报、月报情况，方便领导及项目管理人员直接提取、查看、分析班组近期用工情况，把控用工风险，结合现场劳动力计划和现场人员工种分布情况对比，掌握生产情况。

为实现上述目标，项目部智能建造小组，结合现有智慧工地劳务管理系统及项目劳务管理的重难点讨论出两种管理方案。

（1）闸机人脸识别方案（图 6-4）

在现场大门口设定闸机＋人脸/IC 卡/安全帽联动考勤。此种方法区别于其他传统的闸机考勤方式，采用无线 4G 应用，减少电脑、网络设备等的硬件投入，为项目节省成本，减少电脑、网络问题频繁的困扰，同时提高项目管理水平和保证工人通行顺畅。此方案的优势在于整个项目的出入口唯一，劳务管理全面、精确，施工现场整洁、规范；缺点在于本项目施工线路长，工人作业分散，尤其是施工作业初期，多基坑同步出土，现场如果仅留一个出入口，对工期影响较大。

（2）智能安全帽＋工地宝方案（图 6-5）

利用智能安全帽＋工地宝方案无需设定施工围挡，通过现场布置工地宝定位设备，当工人佩戴智能安全帽进入施工现场并走进工地宝感应范围时，工地宝自动搜集人员标签信息，并记录考勤时间，同时利用无线 4G 传输实时上传云端，形成工人考勤记录。同时工地宝具备区域定位功能，可真实反映现场人员和工种分布情况，方便管理人员掌握各作业部位实时用工数据，现场巡察时可调取工人档案、出勤轨迹，记录现场发生的问题。提供人员出勤异常数据，区分队伍和工种，可监测人员出勤情况，辅助人员调配；提供人员异常滞留提醒，辅助进行人员安全监测。

图 6-4　闸机人脸识别方案

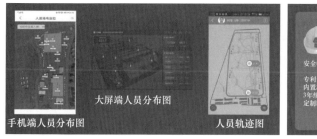

图 6-5　智能安全帽＋工地宝方案

本方案的优势在于解决了现场无法全封闭的问题，采用工地宝接收智能安全帽的信号；劣势主要是相对成本较高，需要给每位劳务人员配备智能安全帽，此外，工地宝的扫描半径有限，存在部分盲区。

综上所述，项目部的劳务管理，采用两个方案的组合形式，在施工区域的全区设置工地宝，为劳务人员配备智能安全帽，同时在施工区域的主门设置三通道闸机＋人脸识别装置，兼顾两种方案的优点，尽量提高劳务作业人员管理的精准性、高效性。

6.2.2　软硬件设置

（1）软件设置

建立企业级劳务管理平台（数字劳务信息管理系统），如图 6-6 所示，能实现三级管理机制，即集团、公司、项目分级责任管理，建立集团统一制度标准，保障制度规范化执行，实时掌握项目用工情况，有效防范项目用工风险，掌握用工规律，分析企业用工优势与劣势，帮助企业提升管理能力。

（2）硬件设置及安装（图 6-7）

为实现闸机＋工地宝智能安全帽的劳务管理模式，现场需要安装工地宝，并为每位施工人员配备智能安全帽，由于工地宝扫描智能安全帽的识别半径有限，因此，需要在一定距离内布置工地宝。

图 6-6 劳务管理平台（电脑端与手机端）

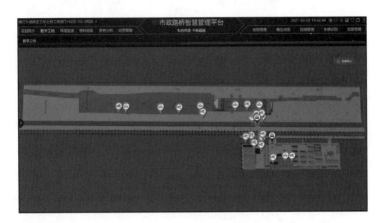

图 6-7 劳务模块硬件设置

此外，在施工区域大门布置三通道闸机及机房。

6.2.3 管理实现路径

劳务管理系统内置登记、通行、考勤等多种管理规则，项目部设定统一管理规则，有风险人员进场时，系统自动拦截或者提醒，提前把控企业及项目用工风险，并在平台提醒风险预警消息，帮助企业及项目掌控风险用工情况。

（1）进场登记（图 6-8）

工人进场，通过安全入场教育后，利用手持便携式设备"速登宝"，随时随地（办公区、生活区、宿舍区）扫描或拍照身份证进行自动识别，快速完成对工人信息的真实、准确采集，同时完善人员合同、资格证书、银行卡等其他信息，一次快速完成。

在登记的同时对比黑名单、年龄等不符合要求的人员，自动提醒和拦截，从源头降低用工风险。拍摄本人照片，与公安部网上身份证数据库进行人证比对，识别人员身份真伪信息，同时进行人证合一对比，保证人员进场的真实性。在速登宝扫描身份证同时，网页端自动形成工人身份证复印件，结合系统自动生成劳务队伍花名册，可快速导出、打印劳务花名册档案，减少了资料整理工作量，大大提高项目管理人员工作效率。

整合工人在集团内全部信息，形成工人电子档案卡（图 6-9），动态更新，持续丰富完善。档案信息可快速输出、打印。从工人的电子档案，可掌握工人全部从业信息，形成流动轨迹，作为判断人员素质能力的依据，吸纳和留住优秀的工人、班组、队伍。

6 公路工程智慧工地建设与应用

图 6-8 进场登记示意表

图 6-9 人员信息库

（2）劳动合同管理（图 6-10）

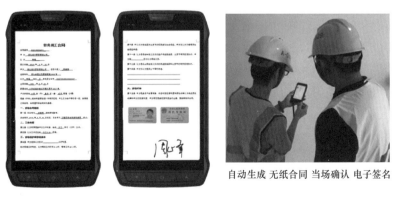

图 6-10 劳动合同管理示意图

在工人登记后,按照劳动合同模板,自动生成该人员的电子版合同,现场确认合同条款内容,可打印后现场签订,或电子方式签订。从源头确保本人对合同条款内容知晓,合同签订真实有效,可有效规避后期劳资纠纷问题的产生。

(3) 考勤管理(图 6-11)

本项目主要采用智能安全帽考勤+工地宝和闸机管理组合的方式。利用智能安全帽+定位芯片,无需设定电子施工围挡,通过现场布置工地宝定位设备,当工人佩戴智能安全帽进入施工现场并进入工地宝感应范围时,工地宝自动搜集人员标签信息,并记录考勤时间,同时利用无线 4G 传输实时上传云端,形成工人考勤记录。同时工地宝具备区域定位功能,可真实反映现场人员和工种分布情况,方便管理人员掌握各作业部位实时用工数据,现场巡察时可调取工人档案,出勤轨迹,记录现场发生的问题。提供人员出勤异常数据,区分队伍和工种,监测人员出勤情况,辅助项目进行人员调配;提供人员异常滞留提醒,辅助安全管理。

图 6-11 出入口闸机

6.2.4 数据分析与决策

(1) 长期未出勤异常预警(图 6-12)

我项目统一设定未出勤管控规则,一般情况下施工人员若超过 7 天未出勤,系统会自动发出预警,项目部可及时把控现场工人出勤异常状态,掌握现场真实用工情况,规避用工风险。此外,系统可以自动对于年龄超标人群、身份证过期人群、认证不符的相关人员做出预警提醒。

2020 年,全球暴发"新冠"疫情,项目部的劳务管理系统添加了人员进出场的体温记录,对于体温超过 37.3℃的人员进行预警。

(2) 考勤记录

使用考勤记录功能,项目部管理人员实时监控进出场作业时间、工种,采集出勤数据,自动生成考勤月报表,可以根据队伍、班组、个人姓名等关键字检索统计当日、当月或者某一时间段作业人员出勤信息。考勤记录功能的应用,一是为恶意讨薪提供查询依据,降低企业风险;二是可监控各队伍及班组实际出勤人数,为生产计划安排、工种配比、劳动效率分析、工人成本分析提供依据。也可随时随地利用手机 App 掌握项目在岗、在册、出勤、现场的人数情况,手机端自动形成班组、工人的周报、月报情况,方便领导及项目管理人员直接查看班组近期用工情况,把控用工风险,结合现场劳动力计划和现场人员工种分布情况对比,掌握生产情况。为实现劳务系统的使用功效,项目部制定相关制度为劳务管理的实现保驾护航。

图 6-12　劳务系统预警

(1) 劳务人员操作

项目部劳务管理员完成进场、退场登记,将考勤规则及相关文件进行公示,做好宣传工作,根据三级教育证明,进行登记,上传三级教育扫描件,核对劳务合同是否签订,身份证是否真实,特殊工种证书,年龄等,承担实名制登记第一责任人;根据分包班组填报的退场人员或通过系统长时间未进场人员进行系统退场操作,每月将花名册、考勤表、进、退场变更表、工资表导出打印,并将考勤表公示,全部表格由分包单位进行核对,并签字、盖章;劳务管理员每天或定期将系统首页数据(含实时在场人员、工种分布、各队伍出勤率、各队伍出勤人数)打印,报送项目经理。

(2) 经营人员操作

生产经营部管理人员实时关注各分包队实时在场人数与登记人数(图 6-13、图 6-14),发现出勤率不足 80%,及时与分包队/班组核实人员是否到场,是否经闸机进入,并给予提醒,生产例会上,通过系统导出各班组出勤率、排名,进行表扬和处罚。

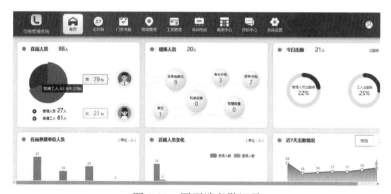

图 6-13　网页端考勤记录

各分包队伍的负责人在系统运行初期,上下班期间至少在门禁旁边指导、监督刷脸事项 5~7 天,拍照提交到生产经理,正式运行后,每月至少有 1 天全天指导和监督;班组及时提交退场人员名单到劳务管理员，办理人员离场事项，每月底核对系统数据，在工资发放记录表上填写工资发放等数据并签字盖章，作为后期处理纠纷问题的证明文件。

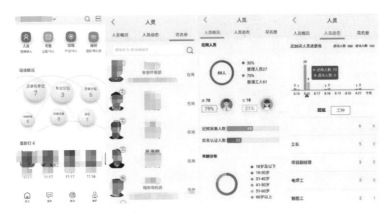

图 6-14　手机端考勤记录

6.2.5　应用效果与总结

横江大道 SG2 标段的长距离施工，使得本项目在人员管控上难度上升。本项目使用了劳务实名制系统后获得了第一阶段的成效：通过系统应用，项目部生产管理部门，能够在第一时间掌握现场劳动力的投入情况，并根据专业、劳务分包方投入的工种人员数量、现场施工进度和施工部位，合理提出劳动力调配要求，也为保证当期进度计划的落实和次月、次季度进度计划、劳动力用工计划的编制提供了数据支撑；此外，作业人员真实信息也能够被有效掌握。通过实名制前期采集工作，项目部对作业人员同时进行了全面、详细排查，准确掌握作业人员基本信息，在项目安全管理工作中具有重要意义。

近些年各地住房和城乡建设主管部门对于劳务工人实名制管理越来越具体，2019 年底提出了总包代发农民工工资的文案，且于 2020 年 5 月 1 日执行。但在本项目智慧工地劳务模块并未上线自动支付作业人员工资的功能。今后在其他的项目中，将会通过考勤来在线上自动生成工资表、在线审批，代发，得到银行自动回执。这样会进一步提高效率、节省时间，共同确认，使工资发放可监管、可预警，确保工资和考勤一一对应、无考勤数据自动提醒，有效评价并改善用工关系。

6.3　物资管理

6.3.1　管理目标与建设思路

在过去的项目管理中，项目施工过程中收料过程缺乏监管，难以保证材料真实、准确到场，自拌混凝土出现超耗，无法定位出现问题环节，难以进行针对性管控，缺乏监督管理措施落实的手段，难以掌控进出场物资数量、原材料的超耗风险以及对账结算的超结风险。

公司对于分包队伍大宗材料节超控制是工程控制难点，也是物资成本控制的关键。因信息滞后、核算不及时、数据失真等原因，很难做到实时分析、预判分包队伍供材料节超情况，及时采取奖惩措施。实时监控材料成本盈亏情况、预判或核算节超、及时追溯问题并纠偏等工作需处理大量的信息及数据支撑,造成基层作业人员需投入大量人力处理单据、报表,且无法保证数据的准确性、及时性和客观性。材料成本管控需多部门协作,如物资部门主控材料采购、验收、半成品生产,生产部门负责材料需用计划制定、现场签收、退转,经营部门负责材料成本核算及经济活动分析等。在跨部门协作面临同源数据(单据、报表)反复加工处理,交叉传递等情况,一方面浪费了宝贵的管理资源,另一方面不可避免地出现信息滞后、失真。

因此,本项目的物资管理必须堵塞漏洞,严防跑冒滴漏风险;实现管理有抓手、控制有依据;使得程序决策化、结构化。

6.3.2 软硬件设置

(1) 软件设置

本项目使用智能物料验收系统(图6-15),实现物资进出场全方位精益管理,运用物联网技术,通过地磅周边硬件智能监控作弊行为,自动采集精准数据;运用数据集成和云计算技术,及时掌握一手数据,有效积累并更新物料数据库;运用互联网和大数据技术进行数据监测,全维度智能分析;运用移动互联技术,随时随地掌控现场、识别风险,零距离集约管控、可视化决策。

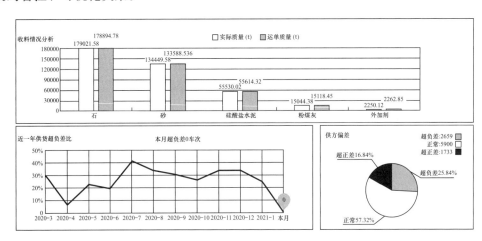

图6-15 智能物料验收系统

(2) 硬件设置及安装(图6-16)

本项目在入口处设置称重区及磅房,所有材料进出场均从此口进入,称重区由称重仪、红外对射和车前、车后、车顶摄像头组成;磅房由磅单打印机、高拍仪视频监控显示屏和设备电源组成。

6.3.3 管理实现路径

(1) 车辆进场(图6-17)

车辆进场后上称,数据与地磅对接,确保任何人都不能修改称重数据,从数据源头上确保真实性和准确性;避免手工失误等人为因素的存在;材料实称实入库,保证材料真实到场。同时,系统自动识别并填写车牌,抓拍车牌照片,避免手工录入车牌耗时耗力,提升过磅效率,更重要的是车牌照片留存,实现可视化监管。

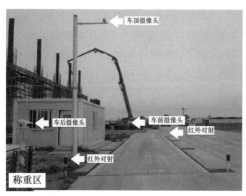 

图 6-16 硬件设置

图 6-17 车辆进场

(2) 称重监控（图 6-18）

车辆上称时，通过红外对射，监测回皮时车辆不完全上磅造成皮重减轻的情况；如发生系统预警立即终止过磅，纠正后才能继续称重；避免人为因素造成皮重变轻、净重虚增，材料进场就亏的情况产生。车前、车后、车顶、磅房内部四个摄像头使监控全方位覆盖，一名过磅员在磅房内就能完成验收操作、监控不合规行为，及时发现问题、处理问题，节约人力、精力投入；进场称重、出场称重时各抓拍 4 张图片，与磅单一起留存，可以随时调出，追溯问题、纠纷处理有依据。

图 6-18 称重及数据抓取

采用此套设备，项目部物资人员可以快捷留存运单、质量证明等原始信息，与磅单、抓拍图片一起以备核查；如发生纠纷，无需多处凑齐资料，打开一个磅单，即可获取称重信息、抓拍图片、运单等完备信息，支撑合理诉求。同时，自动生成带二维码的磅单，防止人为因素影响，确保原始单据客观、准确，并且提升整体验收效率，由原来验收一车材料手工作业需5分钟，提升至1分钟即可完成。

同时，本套系统设定机制控制同一车辆未回皮不准再次称毛，杜绝反复称重、避免一车多买的材料成本潜亏的现象（图6-19）；此外，项目部根据供料方情况预设额定皮重及合理波动范围，作为车辆皮重监控的阀值，如回皮时超过额定范围，系统自动警示，提示过磅人员和相关管理人员，及时发现、制止违规行为。

图 6-19　系统拒绝车辆反复称重

通过一系列电子监控，有效解决了物料验收时数据失真、耗费人工等问题，物资管理人员通过系统将各种材料账一键生成电子账单（图6-20），大幅提高做账效率，释放人员精力。此外，物料信息的集成也对下一步对物料的节约控制，厂家供货情况的分析提供了基础数据。

第1次打印　　　　总承包一部　　　　物资收料单　　　　车牌号×××××××

发料单位：×××发展有限责任公司　　　　　　　　　日期：2021/1/31

工程名称：横江大道SG2标　　　　　　　　　　编号：20210131-HJDDJSGC-01-0023

材料名称	规格型号	毛重(t)	皮重(t)	净重(t)	实际质量(t)	实际数量(t)	备注
中粗砂	粒径2.3~3.0mm	67.200	18.140	49.060	49.060	49.060	

备注：

工长：　　　　　　　　　　　保安：　　　　　　　　　　　材料员：
一联为存根联　　　　　　　　二联为记账联　　　　　　　　三联为结算联

图 6-20　自动填写物料验收单

6.3.4 数据分析与决策

通过将施工过程中材料进场记录、各厂家的供货记录的数据集成汇总在智能物料验收系统中，项目部即可对物料管理数据进行分析，作为进一步决策的数据支持。

(1) 核心数据分析（图6-21）

从智能物料验收系统首页可以直观获取多维度核心数据，收发料、风险预警、正负差偏差等指标一目标然，通盘掌握整体情况，集约化管理有支撑、有抓手。

智能物料验收系统上可从时间、材料、供应商、来源、偏差等视角查看收发料明细分析、汇总分析，即时动态更新，客观、真实、准确地反映收发料情况，以此进行实际采购、实际到货、实际收发料分析，为采购计划、资金计划、用料安排、工程进度等提供依据。

图 6-21 收发料偏差分析

(2) 供应商分析（图6-22）

除对材料收发情况进行分析以外，项目部也对供应商的相关情况进行分析，按供货偏差情况进行排名，认真核查各厂家真实供货信誉，从供货数量辅助识别，评价优质供应商，与其长期合作，对劣质厂商进行处罚甚至纳入黑名单，从而优化供货来源，以此提高供货保障。

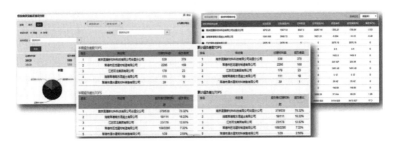

图 6-22 供货商分析

(3) 风险与异常处理（图6-23）

在项目进程中，通过系统分析对于发生的问题形成即时触发预警，从后台将问题隐患推送至相关岗位和管理人员，项目部相关管理人员不仅掌握问题的发生，而且可监管问题发生后是否能够及时分析原因、进行处理并确认处置结果，变事后控制为事中控制，可知情、可追溯、可跟踪。

此外，项目实施中经常会产生补录、修改等问题，通过系统可以对补录、修改、作废和退货等非常规操作进行授权操作、集中监管，既满足现场管理的灵活性，又对可能出现跑冒滴漏的情况进行有效监管，管控有依据、有抓手。当然，在出现特殊情况碰到供货商和项目部记录出入较大时，项目部也可根据硬件采集数据真实、准确地追溯原始信息，核查有依据；结合移动 APP 实时进行数据挖掘、分析，调取现场图片影像，满足不同管理要求，直接监管现场作业，集约化、可视化管控有据可依，以防止供应商扯皮，排除伪造、冒用单据，避免多算、错算，防止对账结算环节的成本损失。

最后，通过业务数据深度分析，主动识别非正常情况，自动推送至相关管理人员，解决信息繁杂，查找、识别非正常情况耗时耗力，变被动管控为主动管控、智能管控。

图 6-23　风险预警

6.3.5　应用效果与总结

在项目实施过程中，物料管理方面的数据对比主要依靠物资部人员整理现有纸质资料，需花费大量时间才能发现问题，并上报管理人员。但是，在本项目开始之初，使用智能物料系统上传相关数据，由系统进行统计分析，查缺补漏，辅助决策。

通过超负差走势（图 6-24）辅助分析供货超负差是否下降，是否需要加强管理措施；即便超负差趋势下降，还要通过超负差应用趋势深入分析原因，是超负差真的得到有效控制，还是运单填写率、偏差设置率降低导致非正常负差率下降。

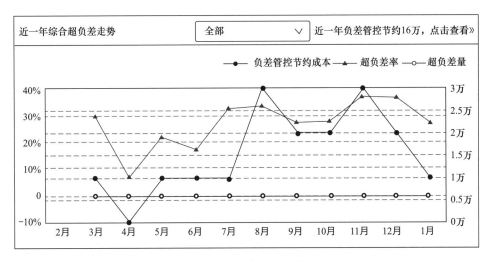

图 6-24　负差走势图（单位：元）

在材料方面，通过材料总量对比、偏差情况、环比走势、扣量走势等，监控变化趋势、识别管理重点、分析问题原因，辅助材料计划、资金计划决策。

供应商方面（图6-25），通过供应商负差、扣量、供货等排名，识别供应商真实供货信誉、供货质量、供货实力，辅助供应商招采决策、评估决策。比如通过数据分析识别出一家供应商，对多个项目同时供货，供货量大、供货及时且数量有保障，说明这家供货商实力强、信誉有保障。

图6-25　厂商供货情况

当然，在人员方面，系统通过作业人员收发料排名、识别超负差次数/超负差率排名，快速、真实、客观地掌握人员贡献，为绩效考核提供依据，作为工作效益评估标准，辅助人员评价决策、选拔决策。

通过数据智能看板，监控材料、供应商、人员等的变化趋势，聚焦管理重点，辅助管理，从依靠制度从上往下驱动的同时，通过数据从下往上驱动，以数据为支撑，改变之前决策靠经验、非结构化、程序化决策风险高的现状，按各管理视角提供更加有效的数据决策依据，辅助科学决策、智能决策。

6.4　环境监测

6.4.1　管理目标与建设思路

根据南京市《市政府办公厅关于对全市建设工程工地实施差别化管理的通知》的相关要求，需在现场相应位置安装环保在线监测、自动降尘等设备，在线监测、自动降尘系统必须有效运行，相关数据信息接入全市统一"智慧工地"监管平台。相关监管部门可通过网络平台，远程查看监控数据和施工现场视频。此外，施工期间我单位将遵守国家和地方所有关于控制环境污染的法律和法规，按ISO14001环境管理体系的要求运行，采取一切措施防止施工中的燃料、油、化学物质、污水、废料和垃圾以及其他固体废弃物等有害物质对河流、池塘及地下土壤的污染。坚持管生产必须管环境保护的原则；坚持生产与环境保护同步实施的原则；坚持全员负责环境保护的原则，杜绝施工现场污水、废弃物不达标排放；杜绝重大环境污染。此外，建立现场车辆自动冲洗平台，避免车辆出场造成城市污染。

项目部成立环境保护领导小组。成员由项目经理、副经理、专职安全员和兼职安全员等组成,由项目经理担任环境保护领导小组的组长。环境保护领导小组的职责是认真贯彻执行环境保护政策、法令和规章制度;制订环境保护计划;落实和完善各部门、各施工队和各施工班组的环境保护责任;及时研究解决环境保护中的难题。

环境监测体系建设思路如图 6-26 所示。

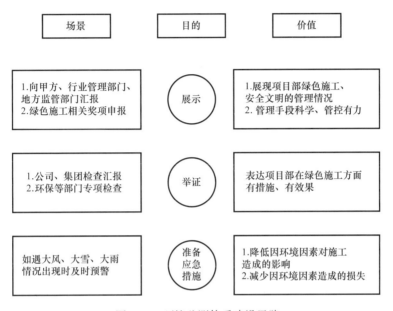

图 6-26 环境监测体系建设思路

6.4.2 软硬件设置

环境检测设备可收集扬尘、噪声、气温、湿度、气压等信息,可通过手机端和网页端平台查看实时的监测信息。

硬件配置见表 6-1、表 6-2、图 6-27、图 6-28。

环境监测设备及安装位置　　　表 6-1

序号	设备名称	规格型号	数量	安放位置	是否联动
1	雾炮机		1 台	搅拌站大门处	是
2	喷淋设备	200m	1 套	搅拌站料仓大棚、上料台	是
3	喷淋设备	3400m	1 套	施工现场围挡上	是
4	雾炮机		3 台	施工现场大门	否
5	雾炮机		4 台	施工现场各工区	否

扬尘、噪声在线监测设备及安装位置　　　表 6-2

设备名称	规格型号	数量	固定位置
扬尘噪声在线监测设备	JH-EXT33-FCWS	1 台	拌合站内
扬尘噪声在线监测设备	JH-EXT33-FCWS	3 台	施工现场

图 6-27 环境监测系统网页端

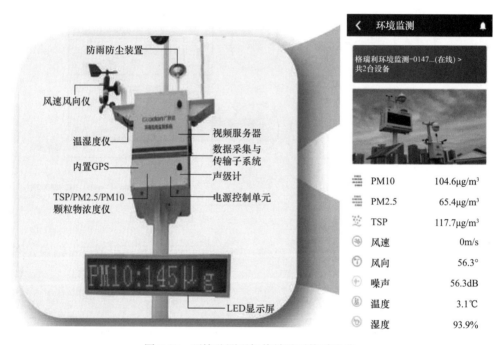

图 6-28 环境监测现场终端及系统手机端

6.4.3 应用与分析决策

（1）现场应用

通过现场终端设备对扬尘、噪声、气温、湿度、气压等信息进行监测，在现场安装环境检测设备可收集以上信息，同时可通过手机端和网页端平台查看实时的监测信息，将实时值、小时均值、日均值可视化呈现，辅助管理人员判断项目短期、长期扬尘噪声保持力度、扬尘是否超标等问题，以便进行针对性管理，同时相关数据信息接入南京市统一"智慧工地"监管平台。相关监管部门可通过网络平台，远程查看监控数据。

（2）处置与决策

在项目施工工区、生活区和办公区均设置污水排放检测系统，对污水排放进行监测。

平台设置预警阈值,在实时监测数据超出规定阈值时,以短信通知相应管理人员,达到实时环境管控的目的。

此外,环境监测系统中自动统计每小时环境监测平均值,可体现现场扬尘变化的详细趋势,可判断扬尘超标后是否及时进行了降尘,反映的是项目每天的降尘措施执行情况。检查扬尘管理中是否有局部的超标,根据时间节点寻找超标的原因,辨别是否为经常性发生事件,并制定整改措施。将项目扬尘(本项目以 PM10 数值)报警次数与喷淋次数同框显示,并记录扬尘报警与恢复时间,完成扬尘管理闭环,即"报警—喷淋—恢复";通过扬尘报警与自动喷淋完成的智能管理闭环,证明扬尘与喷淋联动的良好管理成效。

同时,环境检测系统页面还可展示当地气象局监测数据,通过灾害天气预警及实况天气、天气预报等识别可能对施工造成的影响,以便于管理人员采取应急措施。

6.4.4 应用效果与总结

环境检测系统主要利用现场终端对扬尘、噪声、气温、湿度、气压等信息进行监测并通过设置预定阈值来接收超标预警,整体运用简洁、方便,使用效果好。当有大风、大雨和扬尘、噪声达到监管限制前提前预警,以便于采取应急措施,有效降低了环境因素对施工工期造成的影响,有效降低了因环境因素造成的损失。同时,在满足南京市差别化管理的相关要求下,也为工程申报优质工程等奠定基础。

6.5 视频监控

6.5.1 管理目标与建设思路

根据《国务院关于印发打赢蓝天保卫战三年行动计划的通知》(国发〔2018〕22 号)和《南京市工地视频监控和环保在线监测信息系统建设实施方案》的相关要求,我项目综合考虑工程监督、项目进度管理、设备及人员的安全管理等方面,建设一套有效的视频监控。通过远程视频监控系统,可以了解现场的施工进度,可以远程监控现场的生产操作过程,可以远程监控现场材料的安全。视频监控系统,通过组织树的样式,上到企业整体,下到基层项目,实现监控的全面集成,通过组织树可以快速切换不同项目,呈现视频信息及设备状态,实时查看重点区域监控视频,及时掌控项目一线动态。

本项目在工地制高点,及各个工区安装能够满足覆盖施工作业区要求的视频监控;在每个工程车辆出入口(有封闭围挡的)安装具有高清抓拍功能的摄像头,满足夜间施工抓拍和录像需要,符合《公共安全视频监控联网系统信息传输、交换、控制技术要求》GB/T 28181—2016 及《建筑工程施工现场视频监控技术规范》JGJ/T 292—2012 的相关要求。

6.5.2 软硬件设置

本项目视频监控系统主要由软件系统平台和现场硬件终端组成,由摄像机、硬盘录像机等硬件组成,数据传导至视频监控系统。安装时相关要求见表 6-3、表 6-4,项目部视频监控总机及手机端视频监控见图 6-29。

视频监控硬件及安装位置 表6-3

序号	设备类型	规格型号	数量	安装位置	覆盖方位
1	高清网络球机	海康威视 DS 2DC7220IW Λ	1台	拌合站	拌合站
2	高清网络球机		1台	一工区	一工区
3	高清网络球机		1台	二、三工区	二、三工区
4	高清网络球机		1台	四工区	四工区
5	高清枪式摄像机	海康威视 DS-2CD3T20D-15	1台	拌合站大门	拌合站大门
6	高清枪式摄像机		3台	施工现场大门	现场大门
7	硬盘	8T	2个	监控室	

视频监控硬件安装标准 表6-4

性能要求	球形高清摄像机装于项目现场制高点位置
	每个工程车辆出入口（有封闭围挡的）、搅拌站出入口，球形高清红外摄像机1台
	其他具体性能参数参考《建筑工程施工现场视频监控技术规范》JGJ/T 292—2012
安装要求	支持至少20倍光学变倍，支持360°水平旋转，具体安装参数参考《建筑工程施工现场视频监控技术规范》JGJ/T 292—2012
数据采集	支持最大1920×1080@30fps高清画面输出，本地存储时间不低于72小时，符合《公共安全视频监控联网系统信息传输、交换、控制技术要求》GB/T 28181—2016
	具备加密传输能力的远程视频监控专用网络，每路摄像机带宽不低于4M，保证单路1080P视频流畅传输

图6-29 项目部视频监控总机及手机端视频监控

6.5.3 应用与决策

视频监控模块硬件设施布置在钢筋加工厂、混凝土拌合站、施工主要道路和施工现场，实现作业区域全覆盖。通过视频监控系统，管理者可以实时了解到现场的施工进度和现场的生产操作过程，也可以远程监控现场物资材料的安全，实现项目的远程监管。

本项目通过视频监控系统实现以下功能：

（1）实时视频监控

通过手机端和电脑端平台可以实时掌握施工现场的一切情况，对所辖区域的任一摄像机进行控制，实现遥控云台的上/下/左/右和镜头的变倍/聚焦，对摄像机的预置位和巡航进行设置，控制应具有唯一性和权限性，同一时间只允许一个高权限用户操作。

（2）录像回放

本地存储设备将对监控视频进行实时存储，记录报警前后的现场情况，记录工地的施工过程；通过网络调用回放录像，提供事故发生时的资料，为事故分析和事故处理提供帮助，并为事故处理和标准化作业教学提供宝贵的资料。

此外，本项目开工至完工期间，相关视频数据均传输至南京市监管平台；相关数据根据权限分配至市、区的建设、生态环境、城管等部门和市、区发改、有需求的街道管理机构等部门，可通过移动终端APP和门户网站实时查看。视频监控设备非正常停止运行时，相关信息实时传入监管平台，并短信通知现场负责人、设备运行管理人员；每周对非正常停止时间、次数形成统计报表发送至市、区的建设、生态环境、城管等部门和市、区发改、有需求的街道管理机构等部门。通过项目部自查、公司级视频监控系统定期巡查和南京市相关部门共同监管，确保顺利施工，降低安全风险。

6.5.4 应用效果与总结

南京横江大道项目在使用视频监控模块时，主要以图像采集为主，对于有智慧公司平台的项目，还可以和平台的AI算法结合，通过平台AI算法大数据分析功能，对项目未佩戴安全帽、未穿反光衣、现场明火、车牌进行自动识别预警。除此之外，还可以设置巡检抓拍，定时抓拍，自动巡检，每天按时自动记录形象进度，节约人力，这也将是智慧工地中视频监控模块高效应用的一个重要方向。

6.6 车辆管理

6.6.1 管理目标与建设思路

为更加高效监管现场车辆进出场和车辆离场时冲洗情况，根据《南京市工地视频监控和环保在线监测信息系统建设实施方案》，本项目在施工现场工程车辆进出口安装远程视频监控设备，监控设备接入车辆未冲洗自动抓拍系统。系统结合施工现场车辆冲洗装置，对离场车辆进行实时探测、自动识别和抓拍未冲洗车辆，对号牌不清、污损、破损、遮挡号牌车辆实时抓拍。

6.6.2 软硬件设置

在物料管理模块和视频监控模块的配合下，增加车辆未冲洗抓拍系统，相应配置见表6-5、表6-6。

车辆未冲洗抓拍系统硬件及安装位置　　　表6-5

序号	设备名称	规格型号	数量	安放位置
1	车辆未冲洗抓拍设备	JH-EXT03-FCWS	1台	搅拌站洗车平台处
2	车辆未冲洗抓拍设备		3台	现场洗车平台处

车辆未冲洗抓拍系统硬件表　　　　表 6-6

序号	名称	硬件要求
1	摄像机	CMOS 图像传感器，图像分辨率 1920×1080，自动识别上传车型、车牌位置、车牌颜色
2	地磁	磁阻传感器作为前端传感器，通过放大器放大、模数转换（AD）传送给 CPU，通信距离 200m，锂亚电池
3	地感	工业双路地感，灵敏度可调，自动漂移环境补偿，工作频率 100kHz，延时 0～4.5s 等
4	联网控制箱	工业级 4G 路由器，3 网通用，支持 VPN，DNS 动态域名，MAC 内容过滤，看门狗自动重启检测等
5	智能水雾分析	自动识别冲洗槽所在像素区域，喷雾设备检测，喷雾设备开启状态及时间检测

安装的车辆抓拍系统（图 6-30）支持自动识别所有出场车辆的车牌号码、车牌颜色、时间等信息；抓拍照片分辨率大于 1920×1080 像素；对出场未冲洗车辆自动识别并记录；符合 GB 4208—2008 外壳防护等级标准的 IP67 等级；电动变焦、支持自动补光；支持开关量信号输出，可连接控制道闸开关，支持外接报警设备。

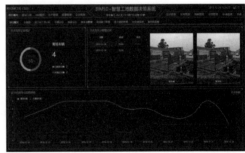

图 6-30　车辆识别和冲洗系统

6.6.3　应用与决策

（1）车牌进出场管理（图 6-31）：利用高清网络车牌识别系统将施工现场经常进出且经审核登记的车辆号牌存入服务器，在这些车辆经过施工便道入口时车牌识别系统可自动识别车牌号码，系统将判定车辆允许通行，并自动打开车辆闸机；车辆进门或出门后利用雷达系统自动关闭车闸，有助于项目部准确掌握车辆进场频率、时间等信息。在项目部的钢筋加工厂大门、施工现场大门处设置车辆识别系统，管控施工车辆。

图 6-31　智慧管理平台网页端车辆识别模块与钢筋加工厂大门车辆识别

(2) 车辆进出场自动冲洗：对离场车辆进行实时探测、自动识别和抓拍未冲洗车辆，对号牌不清、污损、破损、遮挡号牌车辆实时抓拍；同时应满足夜间施工抓拍和录像需要，在封闭围挡的施工现场工程车辆进出口安装远程视频监控设备。利用 AI 智能分析，自动报警，实时统计项目离场车辆洗车情况，有效预防项目施工对城市道路的污染。将历史数据留存以方便查询，加强相关部门对项目环保管控。通过洗车台管理趋势分析，体现项目对于减少城市道路污染的管理水平，提高整体环境保护意识，降低环保部门的处罚次数。

在施工现场有车辆出场未冲洗情形时，通过系统消息、短信等方式通知现场责任人采取相应应急措施，并同时通过系统消息、短信等方式通知市、区的城管、生态环境、建设等部门和有需求的街道管理机构等部门的相关监督人员。相关监测设备非正常停止运行，相关信息实时传输至监管平台，并短信通知现场负责人、设备运行管理人员。每周对非正常停止时间、次数形成统计报表发至市、区的城管、生态环境、建设等部门和有需求的街道管理机构等部门。

6.6.4 应用效果与总结

本项目通过开展车辆进出场管理协助项目进行安全保卫工作，快速完成项目部进出场车辆检验、记录等工作，方便对异常车辆进行进出场信息追溯，显著提高项目部车辆的管理效率，能有效地控制、监测、管理施工现场的车辆。留存历史数据，以方便查询，加强相关部门对项目环保管控，体现项目对于减少城市道路污染的管理水平，提高整体环境保护意识。

6.7 BIM＋智慧工地

6.7.1 模型管理

项目智慧工地平台搭建了模型浏览模块（图 6-32、图 6-33），将项目的 BIM 模型导入平台，通过模型展示项目及单体，也可通过 BIM 模型漫游了解工程概况、项目各主要设施布置情况和施工工艺等。此外，项目部定期更新 BIM 施工模型和现场施工航拍，全方位实时介绍施工概况。

图 6-32　智慧管理平台网页端视频管理模块

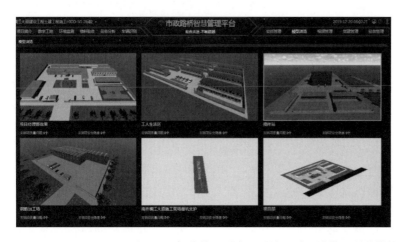

图 6-33 智慧管理平台网页端、手机端模型浏览模块

6.7.2 可视化交底

在施工场地设立二维码信息展示牌,展示牌内录入特种设备管理二维码、质量管理二维码、安全技术交底二维码,其中特种设备管理二维码中录入大型特种设备的基本信息,包括重量、功率、主要使用信息和保养情况;质量管理二维码中录入当前施工进度情况下施工所用的技术方案和技术交底,方便施工人员查询并对照质量标准;安全技术交底二维码中录入了方案的安全交底内容,牢记安全知识要点。

6.7.3 VR 安全体验

项目部设置 VR 安全体验区,供项目部人员及现场施工人员接受安全教育与安全体验(图 6-34)。相比传统安全体验区仅能放下为数不多的体验项目,更丰富的听视觉感受,让安全培训更有趣味性,也更具教育价值。不仅可以利用系统提高工人的安全意识,也可以让项目管理人员通过该系统,更好地掌握事故发生后的应急处理技能。

图 6-34 项目人员参与 VR 设备体验

VR 安全体验区采用先进成熟的 VR 技术,结合 VR 设备全面考量现场施工的安全隐患,以三维动态的形式全真模拟出工地施工真实场景和险情,达到施工安全教育和培训演练的目的,体验者可通过 VR 体验馆"亲历"施工过程中可能发生的各种危险场景,并掌握相应的防范知识及应急措施。体验者戴上 VR 眼镜后,仿佛身临其境,整个工地逼真地展示在眼前,似乎触手可及。

新兴 VR 科技体验激发了工人参加安全教育的兴趣,工人对安全事故的感性认识增强了很多。虚拟场景建设不受场地限制,可模拟真实场景下的安全事故。

本项目采用的 VR 安全技术共有 5 大模块,主要包括:

(1)触电:配电箱触电、线路触电、电焊机触电。

（2）高处坠落（图6-35）：脚手板坠落、电梯坠落、楼梯边坠落、支撑梁坠落、基坑边坡坠落、预留洞口坠落、吊篮坠落、塔式起重机作业坠落。

图 6-35　VR 设备体验

（3）机械伤害：电锯伤害、汽车倒车伤害、汽车溜车伤害、汽车转弯伤害、施工电梯伤害、塔式起重机倾覆伤害、机械维修伤害。

（4）火灾体验：违规吸烟火灾、焊接作业火灾、电器短路火灾、氧气瓶爆炸火灾、车辆自然火灾、脚手架火灾。

（5）物体打击：塔式起重机落物伤害、挖掘机伤害、渣料抛撒伤害、平台物体掉落伤害、工具掉落伤害、材料掉落伤害。

新型的科技体验激发了工人参加安全教育的兴趣，工人对安全事故的感性认识也会增强，使工人在虚拟的项目中进行安全体验，教育体验效果更好。同时，虚拟场景建设不再受场地限制，可模拟真实场景下的安全事故和险情。

6.8　智慧工地应用总结与展望

本项目智慧工地重点应用了劳务管理、物料管理、视频监控、环境监测、车辆进出场管理等模块，在解决劳务关系、物资验收、安全监控等方面大有成效。

未来我公司也将本着"智慧建造、绿色施工、人文工地"的理念，充分应用智慧建造管理平台实现对工地的创新管理，形成数字化的追踪，坚持所建设的智能工地感知系统符合相关标准或导则的要求。在项目开展过程中将充分运用信息化手段，围绕施工过程管理，建立互联协同、智能生产、科学管理的施工项目智能管理平台。提升智能工地管理平台的物联监测数据标准，以满足国家智能建造数据标准要求，同时保证物联监测数据具备汇聚到 IOT 平台的能力，使得智能工地管理平台能够完成施工现场的业务管理、感知系统的集成和数据汇聚，实现多功能、多平台、多数据联动，并且提供智能工地平台接口，在虚拟现实环境下与物联网采集到的工程信息可以进行数据挖掘分析，提供过程趋势预测及专家预案，实现施工可视化的智能管理以提高工程管理信息化水平，从而逐步实现绿色建造和生态建造，进而实现智慧建造的理念。

建筑业是我国超大规模市场的重要组成部分，也是推动形成以国内大循环为主体，国内国际双循环相互促进新发展格局的重要阵地。建筑业信息化是建筑业发展战略的重要组成部分，也是建筑业转变发展方式、提质增效、节能减排的必然要求，对建筑业绿色发展、提高人民生活品质具有重要意义。虽然建筑业发展的手段和方式也在不断创新，但其核心的业务没有变，那就是项目，围绕项目开展生产经营和管理活动是建筑行业业务形态的显著特点，项目管理的水平决定了企业生存与发展的问题，也影响着行业的发展，而项目工地现场是项目交付的重要环节，也是信息化落地的最后1km。提高项目各阶段管理数据信息的采集、传输与集成应用水平，使项目智慧工地信息与企业、政府监管平台数据互联互通，是实现加快推动信息技术与建筑业发展深度融合，充分发挥信息化技术的引领和支撑作用，促进建筑业转型升级和高质量发展，也是为智慧城市建设奠定基础的重要途径。

随着《国务院办公厅关于促进建筑业持续健康发展的意见》（国办发〔2017〕19号）、《建筑业发展"十三五"规划》《住房城乡建设科技创新"十三五"专项规划》《关于推动智能建造与建筑工业化协同发展的指导意见》《关于加快推进国有企业数字化转型工作的通知》等国家各项政策不断落地，数字建模、传感互联、虚拟全息、增强交互、人工智能等技术得到广泛应用，建筑产业转型升级的"一个方向"也开始明晰——将建筑业提升至现代工业化水平。多项政策均指出："2025年，我国智能建造与建筑工业化协同发展的政策体系和产业体系基本建立，建筑工业化、数字化、智能化水平显著提高，劳动生产率明显提高。要重点开展建筑信息模型、三维数字化协同设计、人工智能等技术的集成应用，提升施工项目数字化集成管理水平，推动数字化与建造全业务链的深度融合，助力智慧城市建设，着力提高BIM技术覆盖率，创新管理模式和手段，强化现场环境监测、智慧调度、物资监管、数字交付等能力，有效提高人均劳动效能"。

建筑业要走出一条具有核心竞争力、资源集约、环境友好的可持续发展之路，需要在数字技术引领下，以新型建筑工业化为核心，以信息化手段为有效支撑，通过绿色化、工业化与信息化的深度融合，对建筑业全产业链进行更新、改造和升级，再通过技术创新与管理创新，带动企业与人员能力的提升，推动建筑产品全过程、全要素、全参与方的升级，摆脱传统粗放式发展模式，向以装配式建筑为代表的工业化、精细化方向转型。但无论建筑业怎么转型，其主要特征始终是围绕项目开展生产和经营活动，项目成功决定着企业的健康运营，影响着产业的可持续发展。新的项目生产过程，涵盖建筑全生命周期，通过实体建筑与虚体建筑相互融合，最终提高工程建造的整体运营效率、管理效率和决策效率等，实现精细化、智慧化数字施工。数字化、在线化、智能化的"三化"，是"数字建筑"的三大典型特征。其中，数字化是基础，是围绕建筑本体实现全过程、全要素、全参与方数字化解构的过程。在线化是关键，通过泛在连接、实时在线、数据驱动，实现虚实有效融合的"数字孪生"的链接与交互。智能化是目标，通过全面感知、深度认知、智能交互、自我进化，再基于数据和算法逻辑无限扩展，将实现以虚控实、虚实结合进行决策与执行的智能化革命。

作为施工企业，要围绕建设工程项目全生命周期，立足施工现场一线作业岗位层级，对"人、机、料、法、环"等各关键要素的实时、全面、智能的监控和管理，更好实现以项目为核心的多方协同、多级联动、管理预控、整合高效的创新管理体系，保证工程质量、安全、进度、成本建设目标的顺利实现。为贯彻落实住房和城乡建设部等13部委《关于推动智能建造与建筑工业化协同发展的指导意见》文件精神，进一步促进新一代信息技术与建筑业融合发展，打造"中国建造"升级版，加快建筑工业化升级，未来企业必将着力提升企业信息化水平，积极提升信息技术创新能力，加强 BIM、物联网、大数据、云计算、人工智能等技术的集成应用，推进企业及项目管理信息系统的升级，提升企业核心竞争力；加大对数字技术、智能设备研制等方面的支持力度，开展工程项目管理数据信息采集、传输与集成应用技术研究，以及信息化技术在工程项目招标投标、数字交付、运营维护方面的研究，探索企业、项目智慧工地信息化管理平台与政府监管平台数据互联互通，消除数据壁垒，为尽早实现智能建造贡献力量。

公路品质工程创建实践

7.1 品质工程创建方案

7.1.1 整体进度安排

横江大道项目的品质工程创建分为三个阶段进行。

(1) 启动创建阶段（2019年4～5月）

结合项目实际情况，编制品质工程实施方案。组织全体人员学习公路水运品质工程相关文件。制订创建计划，将任务分配至各部门，责任明确到人。

(2) 深化创建阶段（2019年6月～2020年12月）

积极参加各项创建活动，学习交通运输部办公厅《关于印发公路水运品质工程评价标准（试行）的通知》（交办安监〔2017〕199号）文件精神，抓住"标准化、信息化、绿色化"的核心内容。深刻理解品质工程建设内涵，进一步完善品质工程实施方案。工程质量稳步提升，确保横江大道创南京市"品质工程"示范项目，争创江苏省"品质工程"示范项目。

(3) 总结推广阶段（2021年1～3月）

结合以往的创建经验进行总结提高，参与经验交流，凝练管理经验和技术成果。为落实以"标准化、信息化、绿色化"为核心的公路品质工程的评价体系，引导我单位扎实推进品质工程建设，特将品质工程目标进行分解。

7.1.2 任务分解

任务分解见附录1。

7.2 工程管理

7.2.1 理念提升

党的十九大做出了建设质量强国、交通强国的决策部署，是以习近平同志为核心的党中央在新的历史方位作出的重大决策部署，也是党和人民赋予交通运输行业的新使命。交通强国的建设，强在要在国际中达到领先水平，将我国交通运输能力提高一个台阶，同时也要引领经济发展，满足于解决我国的主要矛盾。交通强国不是只注重速度，目前来看，主要的侧重点是质量，如何在提升速度的前提下保证质量，是我国今后一段时间需要面临的问题,通过补短板、提品质、强服务、优环境,推动质量变革,促进转型升级,提升行业发展质量和效益,全面实现交通运输现代化。

2010年8月17~19日,交通运输部在厦门召开全国公路建设座谈会。会议上表扬了我国取得的新成就,分析了我国建设面临的形势,要求项目管理上层次;吸收借鉴国际先进经验,融合以适合我国发展的理念推动项目管理,"发展理念人本化、项目管理专业化、工程施工标准化、管理手段信息化、日常管理精细化"是会议传达的精神,也是要求。

(1)人本化

人本化是一种新的理念和价值取向。正确理解科学发展观的深刻内涵,坚持以人为本,就是要贯彻人本化核心理念,创造和谐的工作环境,尊重劳动者,增强其归属感。充分发挥个人特点,调动工人的积极性,全面提高企业职工和一线施工人员素质。

(2)专业化

项目管理专业化是现代大型工程建设项目的基本特征,包括两个层面:

1)项目建设管理单位。其所具备的专业技能素质,对工程质量优劣标准的把握,对项目建设目标的认定,都决定了建设项目的最终结果。

2)项目分包单位。健全专业化分包管理制度,加强分包管理,推进施工作业层面专业化。

(3)标准化

标准化施工是达到精细化施工目的的保证条件。只有通过统一的技术标准、管理标准和检验标准,才能打造统一、规范、有序的施工标准体系,进而实现对过程、安全、质量、工期的有效控制。

(4)信息化

通过广泛应用信息技术,搭建信息化管理平台,实现管理过程的全面控制。面对繁重的建设任务和信息化技术的快速发展,需在工程中推行信息化技术。目前管理信息化建设主要体现在两个方面:探索"互联网＋基础设施"发展新思路,将实时数据与管理系统相连,实现关键信息的互联共享;推进建筑信息模型(BIM)技术,积极推广工艺监测,安全预警,隐蔽工程数据采集,远程视频监控等设施设备在施工管理中的集成应用,推行"智慧工地"建设,提升项目管理信息化水平。

(5)精细化

顾名思义精细化就是注重细节,保证每个施工细节都符合标准。其中,注重细节、立足专业、科学量化,是精细化管理的三大原则;精、准、细、严是精细化管理的四大要求。提倡日常管理精细化,就是要把粗活做细、把细活做精,保证工程局部和细节都满足技术要求。

自交通运输部发出打造公路水运品质工程的倡议以来,江苏省把"品质工程"创建工作作为江苏省交通工程建设的主线和核心,通过系统谋划、示范引领,使品质工程创建工作按计划全面推进,并取得了一定实效,主要做法有以下三点:

1)系统谋划,全面推进品质工程创建活动。江苏省深入贯彻落实交通运输部打造公路水运品质工程的要求,2017年6月,出台《江苏省打造公路水运品质工程的实施方案》《江苏省品质工程创建行动计划》,明确江苏品质工程创建工作目标和重点任务,部署"设计品质提升、工程管理创新、工程质量控制、科技信息集成、绿色安全保障、发展环境优化"六大行动,提出江苏特色公路水运品质工程创建路径,引导全行业推进品质工程建设。

2)全面动员,全省统筹部署整体推进。江苏省成立公路水运品质工程建设领导小组,加强品质工程创建统筹规划和整体推进,建立"一月一通报,一季一调度,半年一观摩,年度一总结"的工作机制,负责全省交通建设品质工程创建活动的组织、指导。注重加强省市联动,通过定期通报全省品质工程创建活动开展情况,组织现场观摩交流,总结阶段性成果,梳理推进存在的困难、问题和薄弱环节,有针对性地提出阶段工作安排,促进形成全省品质工程创建"一盘棋"。目前江苏全省各设区市均成立了领导小组,全省市级品质工程示范创建项目有82个,已有73个市级示范项目完成实施方案编制,累积形成工艺工法、制度体系等成果409项。

3)对标先进,科学有序推动示范项目创建。当前各省市在设计标准化、生产装配化、管理信息化等方面有了很大突破和提升,江苏省积极采取"走出去,引进来"的方法,深入分析当前江苏省交通建设特征和奋斗方向,制订全省品质工程创建总体实施计划,遴选出江苏省第一批公路水运省级品质工程示范项目10个。通过这10个省级示范项目品质工程创建,总结凝练标准化、绿色化、信息化等方面技术和标准,逐步形成江苏省可复制、可推广的试点经验。

7.2.2 横江大道品质管理

"品质工程"是交通运输部在新时期提出的工程建设新理念和新要求,其内涵远远超出传统项目建设质量管理的范畴。在交通运输部出台打造"品质工程"指导意见之后,北京市政路桥积极开展"品质工程"创建活动,通过制定印发《"横江大道建设工程SG2标品质工程"创建活动方案》,多措并举,大力推进项目管理与现场管理能力建设。

在管理专业化方面,健全专业化分包管理制度,加强分包管理,着力提高专业化施工能力。应用质量、健康、安全、环境四位一体管理体系(QHSE管理体系),统筹做好检查指导与教育培训管理,提升精细化、专业化施工能力,培育精益求精的工匠精神,打造高素质工匠队伍,培养产业工人。做好材料质量监管,不在业主提供的供应商名录中的原材料坚决不用,坚决杜绝伪劣、低劣产品进入工程实体,切实把好材料质量关。

在工程施工标准化方面,积极推广工程化生产、装配化施工,推进施工工艺标准化,施工场站建设规范化,逐步推进工程建设向产业化方向发展;在工程管理精细化方面,强化主体结构与附属设施的施工精细化管理,推动实施精益建造,提升工程整体质量。建立"实施有标准、操作有程序、过程有控制、结果有考核"的管理体系。

在工程管理信息化方面,明确质量控制底线,以信息化手段进行质量检测数据的采集和处理,推广成熟适用的数字化、可视化与智能化技术在隐蔽工程和关键部位施工中的应用,积极应用具有便捷、无损、数据自动采集与传输等特征的先进检测装备,提高检测技术能力和服务水平。推进大数据与项目管理系统深度融合,逐步实现工程关键信息的互联共享。推进建筑信息模型(BIM)技术,积极推广工艺检测,安全预警,隐蔽工程数据采集,工程视频监控等设施、设备在施工管理中的集成应用,推行"智慧工地"建设,提升项目管理信息化水平。

在管理规范化方面,建立健全施工班组管理制度,强化班组能力建设。加强施工技术交底，实行班前教育和工后总结制度。推行班组首次作业合格确认制，强化班组作业标准化、规范化和精细化。全面推行班组人员实名制管理，强化班组的考核与奖惩，夯实基层基础工作。

努力践行创新、协调、绿色、开放、共享五大发展理念，落实"四个交通"发展要求，深化现代工程管理，以建设优质工程、平安工地为前提，全面提升公路建设品质管理理念、管理水平，全力打造以优质耐久、安全舒适、经济环保、社会满意、自然和谐为主要特征的"品质工程"，构建具有北京市政路桥特色的品质管理体系。

7.2.3 品质管理实践

7.2.3.1 目标管理

本项目结合当前项目建设管理形势，在总结国内外公路项目建设正反两个方面经验教训的基础上，以"质量、安全、进度"同步推进为中心，逐渐形成一套符合自身定位和条件的目标管理方法体系。宏观上，提高站位，从系统全局的高度，通过抓住工程项目系统中主要矛盾进行整体优化，抓大放小，在项目系统现有的内外条件下，实现项目最好的经济效益，并不断形成持续改进的良性循环。微观上，结合项目自身特点，以管理目标专业化为核心理念，分别制定既相互独立又相互联系的目标，主要包括：

质量目标。杜绝发生重大质量事故和一级一般质量事故，有效预防二、三级一般质量事故，尽可能减少质量问题；积极推行新工艺、新工法，不断总结经验，持续提高质量水平。交工验收高于95分，竣工验收评定为优良，个别项目要求关键质量指标一次抽检合格率不低于95％。争创南京市"品质工程"示范项目及市级、省级、国家级优质工程。

进度目标。以项目通车节点为第一时间目标，又好又快推进项目建设，确保全线通车目标，尽快实现社会效益和经济效益，努力实现南京市公共工程建设中心既定建成目标。

安全保障目标。以科学发展观为指导，贯彻"安全第一、预防为主、综合治理"的方针，坚持抓基础、抓示范、抓关键的原则，全面开展"平安工地"建设，着力推进安全管理标准化建设，不断提升安全生产管理水平和能力，促进项目安全生产形势的持续稳定。通过开展创建"平安工地"建设活动，落实安全生产法律法规、技术标准等，全面夯实安全生产基础工作，有效控制安全风险，实现零伤亡责任事故的安全生产目标，标段争创"平安工地"，整个项目争创"平安工程"。按照江苏省交通运输厅有关"平安工地"建设的相关规定，创建市级示范"平安工地"。开工3个月后平安工地考评达到70分，半年内达到85分。

环境保护目标。在环保水保方面，坚持做到"少破坏、多保护；少扰动、多防护；少污染、多防治"，使环境保护监控项目与监控结果达到设计文件及有关规定，贯彻执行率和覆盖率达100％，并落实"三同时"制度（环境保护与工程建设同时设计、同时施工、同时交付使用）。污染物排放达标，最大限度节能降耗、营建绿色低碳工程。

7.2.3.2 制度管理

（1）制度规划。制度建设是实现科学管理、保障品质工程有序推进的重要前提。在确定建设目标的前提下，结合实际，制定了安全、工程、预算、物资设备、综合管理方面的制度。目前，项目部在公司章程的基础上已建立规章制度约90项，现有业务均有章可循，实现规范高效运作，从制度层面确保项目部"实施有标准、操作有程序"。

(2) 会议制度。在完善制度建设的基础上,通过组织召开质量技术交流会议等专项会议,精准解决问题。例如针对品质工程创建工作,组织开展品质工程进展会、讨论会等专项会议,有效加强全体人员基建管理意识,提高整体基建管理水平。

(3) 检查制度。紧紧控制住工程建设质量这一制高点,以开展质量综合大检查为主,辅以专项检查、日常巡(检)查等方式,督促各项目加强质量管理,落实质量管理责任,提高工程质量。例如,由项目部组织对所属项目开展月度质量综合大检查以及施工专项检查;有效规范施工相关监督、检查、指导和服务,做好相关监督检查、指导和服务。

(4) 技术交流制度。注重技术交流,通过内部交流与外部交流相结合的方式,学习总结先进经验。例如,组织召开内部交流会,集中学习高压旋喷桩、SMW工法桩等交流会,讨论工艺流程。邀请北京市高强混凝土有限责任公司技术总工李彦昌对混凝土抗渗性、抗冻性、抗腐蚀性等进行了讲解。赴横江大道建设工程SG1标参观学习钢筋加工的流程及成品质量,赴扬子江大道快速化改造工程探讨管廊施工技术。及时掌握行业新标准、新要求。

7.2.3.3 品质工程氛围

秉承"和合共进,不断超越"的工作精神,以优质耐久为核心,强素质、重执行、讲规范,逐渐形成了独具特色的质量管理模式,使工程质量稳步提升,品质工程深入人心。积极开展内部与外部之间的建设先进经验的交流与推广活动。项目部开展品质工程管理经验的交流学习、宣贯、现场观摩等活动,推动项目管理水平均衡发展。

注重对现场管理人员和一线作业人员的教育培训,通过邀请专家授课培训,组织项目内外交流学习、各标段之间相互学习等相结合的学习模式,让广大员工尤其是现场管理人员对"品质工程"创建活动达成共识。大力倡导创新工艺、先进工法,提出以设备保工艺、以工艺保质量、以质量提品质的理念。大力推广机械化、智能化施工与先进适用的工艺工法,加强施工信息化监控管理,对部分材料生产、运输环节,关键施工环节进行实时监控。积极组织人员开展先进管理、工艺、装备、产品、技术等的交流和推广活动,树立管理和实体标杆示范,促进项目管理水平均衡发展。项目部组织开展了焊接技术比武和测量技术比武等活动、专题培训会和"最美班组"评选会。这些活动有效地发挥示范带头作用,进一步提高了项目部及班组作业人员的工程质量意识、技能水平和管理水平。

7.2.3.4 专业化

(1) 建立专业化建设管理体系

综合考虑不同建设管理模式的适用条件,项目部合理选择管理模式、管理体系和组织架构,推进建设管理队伍的专业化。强化项目管理规范化,注重建章立制、公开透明的规范化高效管理需求,建立健全专业化分包管理制度,严格履行基本建设程序,保证工程建设依法合规进行。着力加强质量安全目标管理体系、责任体系、溯源体系、考核体系等建设,建立健全责任界面清晰、责任履职可量化、可追溯的项目管理机制,加强对项目的考核评价和监督管理,推动主体责任落实。从项目实际出发,注重团队培养,顺理上下级管理与考评机制,建立健全激励机制,通过技术创新提升工程质量,提高各层级工作人员创新、学习、履职的积极性,培育企业竞争优势。

(2) 着力完善专业化施工管理体系

明确施工队伍的准入条件,规范和强化合法专业分包备案管理,强化对专业分包单位和劳务合作单位的准入管理、合同管理、信用管理以及业绩考核与能力认证。以专业化施工能力、安全信用作为选择分包队伍的必要条件,提升工程分包的专业化水平。推进施工作业"机械化减人、自动化换人、信息化树人",加强施工装备专业化。

(3) 加强专业化工匠队伍建设

严格实行"上岗必考、合格方用",着力培养一批具备现代化工程管理能力和专业素养,满足隧道专业化建造所需要的优秀工匠。加强对作业人员的专业技能和职业道德培训,开展多样化的在职培训,搭建一线从业人员培训平台,提升劳务队伍作业技能。通过多种方式,积极完善优秀技师培育与激励机制,提高从业人员的职业认同感、参与感、获得感和归属感,推动劳务大军向产业工人转型。

7.2.3.5 标准化

(1) 工地建设标准化(图 7-1)

依据《关于打造公路水运品质工程的指导意见》(交安监发〔2016〕216 号)和《关于印发江苏省打造公路水运品质工程实施方案的通知》(苏交质〔2017〕6 号),立足于推进工程现代化组织管理模式,积极推广工厂化生产装配化施工。

(a) 项目部经理部

(b) 工人生活区

(c) 钢筋加工场

(d) 混凝土拌合站

图 7-1 工地建设标准化

本项目认真落实工地建设标准化,实现施工场站选址合理、安全风险可控,功能分区科学,满足施工标准化和安全生产要求。以提高生产效率为中心,积极推行工点工厂化管理。通过全面实施工地标准化建设与管理,改善生产、生活环境,保障从业人员的安全和健康,促进施工现场的集约化管理,工厂化生产、专业化施工和工程质量、安全管理及文明施工水平的提高，营造出良好的安全文明施工氛围，全面提升企业文化，实现一流的施工现场管理、一流的施工现场形象、一流的施工作业环境、一流的项目管理水平，提升建设管理水平和工地形象。

本项目对临建工程及项目建设实行标准化管理并印发了《标准化管理手册》。在工地建设方面，实行方案评审及验收制度，审查通过方可施工。过程中加强对方案落实的检查，最终验收合格后方可投入使用。项目驻地均体现"以人为本"的要求，办公、住宿环境整洁、优美，拌合站及钢筋加工场布局合理，功能满足要求。通过临建标准化建设，在项目建设伊始就树立了标准化管理的意识。

驻地场地内绿化不小于30%，树木、乔木、花木和草坪搭配；项目经理部内种植蔬菜。每间办公室配置两盆以上花草盆景，会议室重点布置。为满足项目部人员的文体生活需要，驻地内还应设有一定的文体设施，例如健身器材、乒乓球台、篮球场等。

（2）施工工艺标准化

施工标准化是提升建设管理水平的有力措施，是保证工程质量安全的有效手段，是凝聚行业共识的良好平台。施工作业标准化通过优化施工工艺，严格工艺管理，提高施工效率和实体工程质量。规范质量检验与控制，强化各类验证试验和标准试验，做到检测项目完整、齐全、检测频率符合要求、检测数据真实可靠。加强对隐蔽工程、关键工序的过程控制和验收，确保工程各项指标抽检合格率达到规范要求。着力推进施工工艺标准化，施工管理模式体系化，逐步推进工程建设向产业化方向发展。

项目部结合自身特点，积极推行工艺标准化，以强化标准化管理。根据现场施工进度、阶段性、针对性地对现场施工容易出现的质量通病、重点工序、关键工序下发作业指导书、标准化施工方案等，指导现场规范化施工，严格落实交通运输部《高速公路标准化管理指南》和江苏省交通运输厅标准化建设相关规定。积极推行首件工程认可制与标准化管理，不仅针对工程主体结构制定首件验收考核办法，还进一步要求首件制拓展延伸至各附属工程。严格执行首件验收制度，由项目部对工程实体质量实行首件验收，达不到首件标准或在后续施工中出现质量下滑的，将重启首件验收程序。及时总结提炼相关经验，减少不合格产品返工率。对每一个分项工程，在开工前从技术培训、技术交底、施工工艺、技术要求、质量控制等方面进行分析、论证。按施工组织设计中的工艺技术要求先完成样品工程，随后对样品的各项质量指标进行检测，并对检测结果进行分析、对比，再对施工组织设计进行修改完善，最终方可正式施工。适时开展专项检查，对质量反复下滑，管理变形走样的，要求重新做首件，严厉打击"首件制"与全面施工两张皮现象。

（3）落实施工管理标准化

项目建立了"实施有标准、操作有程序、过程有控制、结果有考核"的标准化管理体系，全面推行施工标准化，建立了施工标准化长效机制，落实了项目经理部、钢筋加工厂、混凝土拌合站、试验室等临建设施标准化建设，施工现场标准化建设，施工技术标准化和施工管理标准化。规范操作规程，提高了项目管理水平，保证了工程质量和施工安全。同时推进了科技创新成果在施工标准化中的应用，全面推行了"首件工程制"，推行了施工标准化与施工机械化、精细化的有机结合，使传统生产方式向工程预制构件工厂化生产与现场装配化施工转换，提高了生产效率和工程质量，降低了施工成本。项目部十分重视工程质量，严格、认真、如实的做好隐蔽工程、关键工序的过程控制和验收。

(4) 落实施工安全标准化

坚持"安全第一"原则，在施工过程中同步做好安全管理，树立了"全员、全过程、全方位"安全管理理念。健全了安全生产标准化制度，规范程序管理，编制了《风险分级管控制度》，以强化风险意识，将落实施工安全风险管控转化为自觉和日常管理行为，项目部以《施工现场安全生产标准化建设实施图集》为蓝本，结合其他项目成熟经验以及本项目实际情况，制定了《北京市政路桥横江大道建设工程SG2标安全防护标准化图集》，并装订成册印发各部门贯彻学习，以实施标准化防护管理，实行安全生产网格化管理，以打造安全生产责任体系工程。注重信息化自动检测技术的应用，建立隐患排查和风险管理的清单化、台账化、信息化和闭环化的大数据管理方式。开展了"平安工地"等专项活动，落实施工安全各项要求。

(5) 落实试验室标准化

明晰试验室的职责，构建符合试验室特征的标准化体系。定期组织相关培训以提高试验检测工作的技术与管理水平，使试验室更好发挥合理控制工期、工程质量和工程费用，保障安全的作用。

7.2.3.6 精细化

(1) 工程管理制度精细化

质量、安全、进度、造价是工程建设管理的四项核心内容，项目部以南京市公共工程建设中心及北京市政路桥股份公司对建设管理的基本要求为根本，贯彻落实建设管理五化要求及品质工程建设内涵，制定了工程管理制度。以此作为本项目开展工程管理工作的行动准则和指南，内容涉及行政管理、综合事务、工程质量、进度控制、安全管理、计划合同、征地拆迁、财务管理等。

(2) 施工质量管理精细化

工程质量是整个项目建设的核心内容，项目部以《南京市公共工程建设中心标准化工地建设规定（试行）》为蓝本，结合其他项目成熟经验以及本项目实际情况，制定了《北京市政路桥横江大道建设工程SG2标精细化管理措施》《品质工程创优指南》等一系列管理制度，并装订成册印发各部门贯彻实施，全面贯彻落实施工工序、施工作业标准化管理，同时在过程中进行了修编，从制度层面确保"实施有标准、操作有程序"。

(3) 严控施工方案可行性与落实

项目部制定了工程建设质量管理办法，建立质量保障体系，明确施工职责与责任。项目部高度重视施工组织设计和方案审批；严格落实专项施工方案编制、专家审查论证，确保技术方案合理可行；全面推行首件验收制，未经首件工程施工总结不得组织大规模施工，并规定在施工过程中，当工艺、设备、材料发生变化时，必须重新按程序进行首件验收，为工程质量全面受控提供了前提。通过质量管理多措并举，进一步规范了质量管理行为，使得项目主体工程、附属工程施工质量均处于受控状态。

(4) 推行台账管理

项目部制定隐蔽工程、关键工序、追踪落实、汇总统计4大台账，狠抓桩基施工、"三背"回填、隧道防水等关键工序和隐蔽工程，落实全员、全过程精细化管理。

7.2.3.7 信息化

在工程建设过程中，积极推行工艺监测、结构风险监测预警、隐蔽工程数据采集、工程项目管理信息化、远程视频监控等技术在施工管理中的应用。项目部在工程质量、安全生产、试验检测、档案管理方面推行管理手段信息化。例如，充分利用"互联网＋"技术，发挥 QQ 群、微信工作群、微信公众号等平台作用，及时记录发现的质量安全问题，及时跟踪落实整改；利用办公自动化（OA）办公系统，大大提高办公效率。此外，通过安装隐患排查系统、特种设备管理系统、重要工点视频监控系统、门禁及人员定位系统等，确保安全生产。

智慧工地是指运用信息化手段，通过三维设计平台对工程项目进行精确设计和施工模拟，合理运用传输传感，人工智能技术，围绕施工过程管理，建立互联协同、智能生产、科学管理，将数据、信息进行挖掘分析和展示，以提高工程管理信息化水平，从而逐步实现绿色建造和生态建造。

将"智慧工地"建设要求落实到工程建设中来，结合自身特点打造"智慧工地"，同时立足"智慧建造"，注重提升建设管理效能，围绕施工过程管理，建立互联协同、智能生产、科学管理的信息化管理生态圈，实现工程施工可视化智能管理，提高工程管理信息化水平。依托"互联网＋"技术，以"质"的转变提升工程管理水平；依靠"大数据"平台，以"量"的转型提高工程质量安全分析水平。在搭建"智慧工地"平台时，以质量、安全、进度、环境管理为主要着眼点。现场应用通过小而精的专业化系统，充分利用建筑信息模型（BIM）技术等先进信息化技术手段，适应现场环境的要求，面对施工现场数据采集难，监管不到位等问题，提高数据获取的准确性、及时性、真实性和响应速度，实现施工过程的全面感知，互通互联，智能处理和协同工作。对于集成管理通过数据标准和接口的规范，将现场应用的子系统集成到监管平台，创建协同工作环境，搭建立体式管控体系，提高监管效率。同时，基于实时采集并集成的一线生产数据，建立决策分析系统，通过大数据分析技术对监管数据进行科学分析、决策和预测，实现智慧型的辅助决策功能，提升项目管理者的科学决策分析能力。

7.2.3.8 规范化

项目部强化班组规范化管理。注重班组专业技能，在合同中对劳务人员的技能以及特殊人员需持证上岗进行约定，进场后除基本考评外，对其进行技术交底和岗位培训，每日对施工班组进行安全教育，定期对施工班组进行施工标准化学习。通过现场各工序严格验收，形成班组自然淘汰机制，对各项检查中存在严重质量问题的班组坚决清场，对相关责任人进行处罚、教育，逐步建立施工班组、员工"优胜劣汰"的忧患意识，努力打造符合品质工程创建要求的高素质工匠队伍。

项目部推行"最美班组"评选活动，主要对进场施工 3 个月以上且评比时仍在场的施工班组，按照项目部制定的评比细则开展考评评比和奖励。经最终考核认定为优秀的施工班组，项目部予以通报表扬，颁发"最美班组"荣誉证书，并给予一定物质奖励。经考核被认定为不合格的施工班组，项目部将予以通报批评并要求对其限期整改。项目部内部还设立"优秀技工""最美工匠"等奖项，定期对施工班组、员工实施奖励，通过竞争和激励机制，激发参建全员的工作热情，营造技能比拼的良好氛围。

7.2.4 制度汇编

制度汇编见附录 2。

7.3 工程质量

7.3.1 品质工程质量管理理念及体系

7.3.1.1 质量重要性

工程质量不仅关系工程的适用性和建设项目投资效果,而且关系到人民群众生命财产安全的问题。随着我国现代化建设事业的蓬勃发展,建设工程的规模越来越大,一旦发生质量问题,直接影响公共利益和群众安全。所以工程建设质量越来越成为人们关注的重点和热点。质量就是准则,质量就是忠诚,质量就是责任。质量是工程建设的灵魂和生命,"百年大计,质量第一"是我国工程建设的基本方针之一。无论是企业的发展、工程建设行业的发展,还是国家的发展,质量贯穿其始终。

"品质工程"是内在质量和外在品位的有机统一,以优质耐久,安全舒适,经济环保,社会认可为建设方针的系统工程。"品质工程"要求质量管理以保障工程耐久性为基础,体现建设与运营维护相协调,工程与自然人文相和谐,工程实体质量、功能质量、外观质量和服务质量均衡发展。在工程建设中,质量是建设的关键。任何一个环节,任何一个部位出现问题,都会给整体工程带来严重的后果,直接影响使用效益,甚至返工造成巨大的经济损失。因此,质量是工程的生命。

7.3.1.2 工程质量与品质工程的关系

"品质工程"指导意见中具体从以下四个方面加强质量管理,提升工程质量水平。

(1) 落实工程质量责任

建立质量关键人质量责任登记制度,明确质量管理关键人岗位职责,做好记录实时更新。建立责任人质量履职信息档案,实现质量责任可追溯,推动落实质量责任终身制。

(2) 推进质量风险预防管理

工程项目应开展工程质量风险评估,建立工程质量重难点分析清单,质量控制、监测措施有效,实现质量风险可知、可控。健全施工组织设计编制、审查和执行落实体系,严格专项施工方案论证审查制度,强化技术方案分级分类审核责任,全面推行首件工程制,夯实工程质量管理基础。

(3) 加强质量过程控制

严格执行工序自检、交接检、专检"三检制"。深入实施质量通病治理,实施成品及半成品验收标识、隐蔽工程过程影像管理等措施,强化质量形成全过程闭环可追溯。

(4) 强化工程耐久性保障措施

加强工程耐久性基础研究工作,创新施工工艺,加强关键结构、隐蔽工程和重要材料的质量检验和控制,切实提高工程耐久性。

7.3.1.3 横江大道质量理念

经过探索与积累,形成了一套完善且独具特色的工程质量管理措施,有效确保了工程的建设质量。"和合共进、不断超越"是北京市政路桥公司对工程质量的要求。质量管理以保障工程耐久性为基础,体现建设与运营维护相协调,工程与自然人文相和谐,工程实体质量、功能质量和外观质量均衡发展。

本项目运用多种措施手段提升工程质量。积极推动信息化技术在工程管理中的应用，采用多种信息化手段提高项目管理水平，最终达到提升工程质量的目的。其次，积极推行标准化管理，通过落实首件工程制度、工艺标准化流程、作业机械化、智能化等推进了标准化实施。运用技术创新提升工程质量，创新是工程质量与工程安全的硬件保证。为有效抑制工程质量通病，促进质量提升，在追求"品质"的过程中，横江大道SG2标紧紧扭住"智慧"这个核心，以科技为引领，加强管理理念、技术工艺、装备设施的创新，推广"四新技术"，创新工艺工法，提升工程质量。

7.3.2 质量过程控制

7.3.2.1 质量管理措施

（1）进场人员一机一档。对每位进场工人按照工区和工种实行登记、考核、教育、记录，编制进场人员一人一档台账。

（2）机械设备一机一档。按照工区和工种，对每种施工设备实行登记、检验，保障机械安全可靠，编制机械设备一机一档。

（3）原材料进场检验。做好原材料进场前的准入管理，同时做好原材料使用过程中的检验检测工作，坚决杜绝伪劣、低劣产品进入工程实体，切实把好原材料质量关。

（4）优选设备与工艺工法。积极使用环保工艺、设备。鼓励创新，大力推广机械化、智能化施工与先进适用的工艺工法。

（5）技术方案编制和交底。根据工程特点与现场情况，编制了切实可行的施工方案，并按照规定程序进行报审，编制相应的作业指导书并按相关程序进行交底。

（6）现场施工。严格落实施工方案的要求，根据现场不同工序施工情况，在每道工序施工时，留设过程影像，并在每根桩施工过程中填写施工现场原始记录表，后期进行资料整理和归档。

（7）质量检验。严格实行钻孔灌注桩质量检验程序，实行项目经理部及监理同时检测，保证工程施工质量。

7.3.2.2 质量控制实施

1. 落实质量责任

（1）制度明确

项目开工前编制《质量管理办法》，规定了工程质量责任制，建立健全责任明晰、控制严谨的质量保证体系和质量岗位责任制。

（2）责任登记制

明确各部门、各岗位质量责任，提高各操作层质量责任意识。对具体实施人员全部登记，落实到具体分部工程，登记内容包括人员身份证、职称、实施时间、负责内容等关键信息，做到了施工质量可追溯。

（3）质量责任人档案制

建立了工程质量责任人档案制，将各单位工程的质量责任人全部登记在案，档案中包含质量责任各方人员的身份证号码和手机号码等信息，单位工程质量实现具体责任人终身追溯。

（4）首席质量官制度

本项目设置首席质量官，分管工程项目质量管理工作。首席质量官要坚持"创新、协调、绿色、开放、共享"的发展理念，建立健全项目质量管理体系，负责按照项目质量管理体系制定施工质量管理体系并有效运行，定期组织开展项目施工质量管理体系内审并持续改进，组织质量策划，开展质量改进、质量攻关、质量考核，强化质量文化建设，增强工程质量综合管理能力和竞争力，全面推进现代工程管理，全力打造品质工程。

(5) 质量三检制

各级设立专职质检人员，持证上岗，对施工过程的质量实施检查控制，做好隐蔽工程的自检工作。分级进行分项、分部和单位工程的质量评定。在分项工程施工过程中，采取定期检查与自检、互检、交接检相结合的"三检"制度。专业工程师进行自检，若不合格，要求其整改，整改合格后通知现场监理进行报检，报检合格后进行下一步工序。

2. 推进质量风险管理

质量风险管理是一个系统化的过程，是在产品整个生命周期过程中，对其进行风险识别、衡量、控制以及评价的过程。质量风险预防是指采取预防措施，以减小质量问题损失发生的可能性及降低损失程度。质量风险预防管理属于质量风险管理的一个部分。

创建"品质工程"，提升项目工程质量，本项目成立现场质量事故应急处理领导小组以推进质量风险预防管理，加强质量风险分析与评估，完善质量风险控制措施和运行机制，健全施工组织设计编制、审查和执行落实体系，严格专项施工方案论证审查制度，强化技术方案分级分类审核责任，全面推行"首件工程制"，夯实工程质量管理基础。

(1) 开展质量风险识别

针对质量风险预防，项目编制了《质量风险评估报告》《质量风险评估及控制措施》等管理制度。《质量风险评估及控制措施》明确了项目质量风险防范及对策，确定了项目管理质量风险管理职责，对主要质量风险源进行了分析，明确了作业活动的风险因素，提出控制措施；《质量风险评估报告》针对风险因素，重点加强相关施工专项方案的审查，强化质量风险防控体系。

(2) 质量隐患提前排查

项目开工前，根据项目自身工程特点对整个项目的常见质量隐患点及关键质量控制点进行排查梳理，并明确相关责任人，定期巡查、不定期抽查，实时更新、动态评估，最大限度消除质量风险因素。

(3) 建立项目质量指标台账

建立项目质量指标台账，涵盖江苏省交通运输工程质量监督站综合评比检查的主要指标以及业主单位明确提出的质量通病，并结合项目工程实际进行排查梳理。在施工过程中通过自检、监理日常检查、项目业主组织的每月综合大检查及专项检查等手段，对质量指标进行梳理分析、通报、追踪，促进实体工程质量全面提升，努力消除质量通病。

(4) 制定关键工程"质量红线"

制定了关键工程质量管控指标，实施重点管控。分别设定了"红线合格率"和"目标合格率"，明确低于"红线合格率"的，一律返工处理，对综合低于"目标合格率"较大范围的，对合格率指标相对较低的结构物进行返工，以保障"目标合格率"。通过施工过程中动态管控，有效保障关键工程施工质量。

(5) 材料、设备管理制度

项目实施关键材料、关键设备、大型构件模板的准入和清退机制，从源头加强施工质量控制。

1) 原材料准入制度

项目所用材料皆为业主方的"原材料合格方名册"中材料供应商的材料。制定了材料的准入方式与清退制度。首先在合同中明确原材料准入范围和准入条件,对生产企业的注册资金、生产能力、经营业绩、产品质量证明资料等做出明确规定,产品质量被质量监督主管部门通报的产品不得采用。为督促供货商注重产品质量,针对原材料设立"供应商考核清退制度",对质量检测结果不合格的产品,则将该项目进场的该批次所有产品按退货处理。如果该品牌材料检测结果累计2次不合格,则严禁该品牌产品在该项目中使用。

2) 机械设备管理制度

设备进场前,须按合同规定将设备规格、型号、功率、产品质量合格证明等信息上报总监理办公室,经监理单位审批后方可进场。

(6) 严把方案关

严格实行施工组织计划审批及专项施工方案审查制度,切实做到方案审批在先,现场施工在后。须严格按照批复的方案进行施工。

1) 严格落实重大施工方案审查机制

进场前,先对工程规模、地形地貌、沿线地材、工程重难点等进行充分研判,据实编制总体施工组织计划,并由公司技术负责人审核签字,盖公司公章后方可上报审批;对重大专项施工组织方案,同样由公司技术负责人进行审核把关,签字确认后可上报,充分发挥企业的技术保障作用。

2) 保障方案落实

施工过程中重点检查各道工序是否严格按照批复方案实施,进行动态管理。对不按方案实施的人员采取严厉处罚措施。方案出现重大变化时,应重新审批,确保严格按方案实施。

(7) 严抓首件工程

"首件工程"是指所有同类型的分项工程中第一个施工工程。施工过程中加强控制,精心组织实施,并做好相关记录,及时修正作业指导书和施工工艺。首件工程完成后,由项目业主和总监理办公室联合对该工程施工工艺、施工质量等进行综合评价及总结,达到优良工程标准后作为示范工程予以推广,后续同类型工程的施工质量均不得低于示范工程标准。

首件验收完成后编制形成施工作业指导书,并向各施工班组宣贯和交底。建立首件工程台账和信息公式,针对完成较好的关键部位首件工程可组织全线现场观摩等进行全线推广,通过树立全线首件标杆,严明质量要求和底线。

3. 加强过程质量控制

(1) 优选设备及工艺

为切实提高项目质量管理水平,鼓励"四新技术",推动机械化施工作业水平,改进施工工艺,提高施工效率,倡导资源有效利用,强化安全生产,本项目大力开展创新型施工工艺、施工机具和创新技术的推广应用。

(2) 全面推行机械化施工

为切实提高机械化作业水平,努力消除人为不稳定因素对工程实体质量产生的影响,有效改善工人作业强度和施工环境，提高工作效率，本项目成立机械设备部，在推广机械化施工方面进行了大胆尝试和创新应用。五轴搅拌桩机、全自动泥浆固化机、立式数控钢筋弯曲机、全自动钢筋调直切断机、液压静力压桩机等一大批先进设备机械已在本项目应用，确保了工程施工质量稳定可靠。

（3）信息化管理

1）拌合机安装自动采集数据、预警系统

拌合机安装自动采集数据、预警系统，自动采集拌合站生产数据和每盘混凝土配比超差，当配比误差超过设置阈值时，通过短信通知相关责任人，杜绝不合格混凝土应用于实体工程。拌合站水泥罐罐体内安装冷却水管及温度感应计，在质量管理系统模块中显示水泥罐体实时温度，便于进行水泥使用时的温度监管。

2）利用无人机或监控加强质量管控

利用无人机航拍施工现场等，对日常管理薄弱环节进行辅助质量管控，实现全过程管控。

3）采用"南京市公共工程建设中心"线上管理

采用"南京市公共工程建设中心"线上管理，对监理、业主发现的质量问题第一时间进行整改。

（4）督促"三检制"落实

"三检制"是为保证产品质量，企业建立的自检、互检、专检相结合的质量检查制度。"三检制"是在施工过程中控制产品质量、减小质量累积风险最有效的管理措施，本项目狠抓"三检制"的落实，避免在工程中流于形式，明确工程质量目标及相关质量保障措施，并将相关质量控制措施落实到每个分部、分项与工序实施中，通过痕迹资料的留存备案，线上线下同时进行严格质量控制。

（5）质量通病治理，提升耐久性

质量通病是指在现有的管理水平、施工水平及常规施工工艺情况下普遍出现的质量不达标情况，反映了工程领域的平均水平。质量通病的发生一般有三个关键要素：施工管理、施工工艺、施工材料。质量通病治理的主要思路就是在合格的材料、优良的设计条件下，积极推行标准化施工，采用有效的管理手段，通过预防为主、防治结合的方法达到理想效果。

针对质量通病问题编制了《质量通病防治手册》，将常见的质量通病以手册的形式进行反映，开展了《质量通病防止手册》宣贯培训与现场考核，以加强管理人员对质量通病的认识。本项目从方案、过程、总结、再提高四个方面建立了质量通病治理机制，有效地控制了质量通病发生，提升了工程品质，保障了实体工程耐久性。

（6）强化工地例会

积极参与由业主、监理组织的月度工地例会，通过对比分析当月质量突出问题，制订下阶段的工程质量管理计划及控制重点，对工程质量进行系统性管理，使每月工地例会切实发挥质量监管作用。

（7）班组质量管理

班组是完成运营任务的基本单位，班组管理水平高低、班组人员素质如何，直接影响着产品质量。建立健全项目班组管理制度、奖惩制度、培训制度等，覆盖项目部对班组管理的各个环节。

通过实施班组考核和奖惩机制，推行班组首次作业合格确认制和清退制度，建立施工班组信用评价制度，并将考核评分作为班组选用标准，推动班组作业标准化。

优选专业施工队伍。一是通过严格执行现场各项工序验收制度，形成班组自然淘汰机制，对各项检查中存在严重问题的班组坚决清场，逐步建立施工班组"优胜劣汰"的忧患意识；二是项目推行"优秀班组"评选活动，定期对专业素养优良和业务技能熟练的施工班组进行奖励，激发一线工人的工作热情，营造技能比拼的良好氛围；三是积极主动地对施工班组做好技术交底和培训，进一步加强施工队伍管理，完善施工班组制度，从而不断提升施工班组的竞争能力，努力打造符合横江大道品质工程创建要求的高素质工匠队伍。

（8）激励机制

高度重视现场施工质量管理，为提高工人质量意识，项目部针对各项质量管理持续进行了严格考核，制定了相关考评办法，推出相关考评活动。同时开展了一系列质量考评奖惩活动，营造浓厚的"比、学、赶、帮、超"氛围，通过精神奖励和物质激励，使广大建设者充分认识到工程质量管理的重要性，将施工标准化向"品质工程"稳步推进。

1）严格考评，促进质量管理稳步提升

为促进项目质量管理，顺利实现项目质量管理目标，本项目对施工质量管理成效实施严格考评，纳入项目绩效考核管理办法，每季度考评一次，考核结果同主要领导及个人的奖惩、评优挂钩，将质量管理责任层层落实。

2）开展评比活动，弘扬现代工匠精神

为大力弘扬、传承和培育精益求精的现代工匠精神，激发广大职工爱岗敬业的积极性，确保"横江大道品质工程"创建活动顺利推进，本项目面向所有工人组织开展了"最美班组""最美工匠""优秀个人"评比活动，极大地激发了广大员工的责任感、使命感。

7.3.3 质量提升措施

7.3.3.1 信息化提升工程质量

积极推动信息化技术在工程管理中的应用，采用多种信息化手段提高项目管理水平，通过信息化管理，适时掌握项目工程建设状态，及时把控项目建设总体质量，打造智慧工地，全面提升工程品质。

（1）项目办公管理信息化

采用北京市政路桥质量监督管理系统、协同办公OA系统，全面实现办公管理信息化。

（2）现场监管手段信息化

大力推动技术创新，应用数据自动采集及无线传输与视频监控系统、质量控制预警系统等对工程关键部位进行质量监控，显著增强关键部位质量管控力度，针对前场和后场出现的各种指标异常情况，系统自动分权限进行报警，可通过横江大道APP动态跟进整个施工过程，实现了对施工质量全过程"掌"控。

1）借力信息化管理，提高现场施工管理效率（图7-2）

一是普及了工地试验室和搅拌站信息化管理系统，实现数据同步传输，质量问题及时预警；二是建立了工地试验室、搅拌站、现场重要工点的视频监控系统，实时掌握作业情况；三是应用南京市公共工程建设中心的质量管理系统，实时掌握原材料、工程实体质量检测数据波动情况，以实体数据指导管理；四是在隧道管理中积极应用BIM技术。

图7-2 视频监控系统

2）施工过程中信息化管理（图7-3）

在日常检查、巡查过程中，通过日常收集工作信息，将存在的质量隐患信息系统地录入该数据库平台，针对录入的相关问题及检测数据进行统计分析，了解现场施工存在的不足及薄弱环节，重点跟进存在的问题，确保工程质量。

图7-3 质量隐患系统

3）积极探索二维码信息技术在原材料管理中的应用（图7-4）

通过扫描现场的二维码，在手机中显示料仓材料型号、进场材料指标、使用结构部位、材料筛分、使用结构物配合比等信息，大大提高原材料管理效果。

（3）BIM技术的推广应用

依托BIM技术实现对工艺流程的验算、现场进度的三维模拟、各项资料的归档汇总等，有效把控现场施工质量、安全、进度等信息，结合传感技术，加强施工全过程监控，从整体上提升质量安全管理水平。

7.3.3.2 标准化提升工程质量

（1）落实"首件工程制"

认真落实"首件工程制"，加强对路基工程、桩基工程、主体工程等工程的管理，对不符合"首件工程制"要求的，坚决要求重做首件，确保工程质量。从源头把控质量，重点监控过程，确保"首件工程制"真正有效落实。

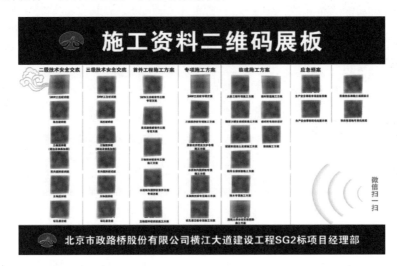

图 7-4 二维码展示板

图 7-5 工艺标准化

（2）推行工艺标准化（图 7-5）

根据现场施工进度，阶段性、针对性地对现场施工容易出现的质量通病、重点工序、关键工序下发作业指导书、施工方案等，指导和规范现场施工。

（3）作业专业化、智能化、机械化（图 7-6）

积极推行施工装备专业化、智能化以及施工作业机械化，推广钢筋剥肋滚丝机、钢筋调直机、立式数控钢筋弯曲机、GPS 液压静力压桩机、全自动泥浆固化机等机械。施工装备专业化、智能化及机械化不仅极大提高了施工效率，同时大幅度提高了施工水平，确保施工质量稳定、优质。

7.3.3.3 技术创新提升工程质量

大力推广性能可靠、先进适用的新技术、新设备、新工艺，淘汰影响工程质量的落后工艺、工法和设施设备，推动工程技术全面提升；发挥技术标准先导作用，坚持品质工程目标导向，切实提升工程质量。

（1）创新机具

1）易安特新型模板。本工程中广泛采用了易安特新型模板，如图 7-7 所示，取代了传统的木模板和钢模板施工，具有施工方便灵活、耐腐蚀性强的特点。本工程隧道和管廊主体结构施工工期紧、任务重，传统模板施工中模板重量大、拆除困难，为提高施工效率，拟采用塑料模板施工，该模板具有重量轻、强度高、易拆装，可提高施工效率、降低工人劳动强度；防水耐腐，稳定性高，周转次数高。使用该模板不仅可有效缩短工期，减少材料投入及浪费，同时还实现了节能环保、低碳作业的施工目标。

(a)GPS液压静力压桩机

(b)全自动泥浆固化机

(c)立式数控钢筋弯曲机

图 7-6　作业专业化、智能化、机械化

2）全自动泥浆固化机。施工过程中产生的泥浆水主要为隧道管廊围护结构和地基加固施工泥浆水，项目部将产生的泥浆暂时存放于泥浆池中，随后经过泥水分离机，在泥浆分离机内经过处理后排出，分别排放到指定处循环利用。

3）GPS液压静力压桩机。精准定位每根桩的位置，这种施工方法节约钢筋和混凝土，降低工程造价，采用的混凝土强度等级可降低1～2级，配筋比锤击法可节省钢筋40%左右，而且施工时无噪声、无振动，无污染，对周围环境的干扰小。

图 7-7　模板现场应用照片

4）立式数控钢筋弯曲机。该类型钢筋弯曲机已成为棒材钢筋加工弯曲的主流设备，在很多地区已经代替了人工的棒材加工弯曲模式，这种设备性能更佳、操作简便、使用成本低而且免维护。

5）全自动钢筋调直切断机。实现钢筋调直，同时又能实现钢筋同步自动切断和脱料。另外全自动钢筋调直切断机不仅有调直功能，还有定长的作用。

（2）创新工艺

1）五轴搅拌桩技术（图7-8）。针对部分地基抽条和裙边加固工作量大，采用三轴搅拌桩机施工可能造成工期严重滞后的问题，本项目决定采用五轴搅拌桩代替三轴搅拌桩，其能够减少搭接次数，具有提高质量，加快施工速度，减少环境污染的优势。

图7-8 五轴搅拌桩机

2）深基坑自动监测技术（图7-9）。施工过程中难免会受到地质、水文、施工及外界等各种因素的影响，设计无法全面考虑到所有因素，只能在施工过程中采取综合系统性的监测，才能够对支护结构和周围的土体具有进一步的了解。本工程通过对深基坑工程的监测和监控技术进行研究，确保深基坑工程能够安全顺利进行，尽可能避免事故发生。

(a)自动化测斜仪　　　　　(b)振弦式水位计

(c)监测平台

图7-9 深基坑自动监测技术

7.4 科技创新

7.4.1 背景

党的十八届五中全会提出了包含创新在内的5个发展理念，对企业创新能力的提升寄予了厚望，如何把愿景变成可操作的具体措施，是企业亟须探索的命题，建立企业科技创新体系，可作为一个切入点。

技术创新、知识创新和制度创新在创新体系中要实现互动。研究的水平越高，对客观规律的认识就越深入，创新的视野和思路就越宽阔，创新成果的影响力就越大。因此，公司必须和科研机构和高校联合，实现"产、学、研"一体化，促进企业与高等院校和科研院所之间的知识流动和技术转移。

党的十九大强调要加快建设创新型国家，提出建设交通强国。秉承这一理念，多年来，北京市政路桥积极响应和实施国家创新战略规划，与诸多省市及优秀企业建立了良好的战略合作伙伴关系，形成了良好的政企、企企合作模式，助推了合作地区的经济发展，成为当地乃至连片区域经济新的增长点。

7.4.2 创新理念

科技创新，是培育交通运输发展新动力的重要引擎。加强科技创新，是把握交通运输发展黄金时期的重要路径。为努力提高建设项目的内在质量和外在品位，本项目创建"品质工程"，强化科技创新引领作用，发挥各方人力智慧，让创新的活力在"品质工程"建设活动中竞相迸发，实现项目内在质量与外在品位的整体提升，最终的归属点都是为社会、为老百姓提供更加优质的服务。在建设和管理上，努力突破技术难关，实施创新驱动发展战略，紧密结合生产管理实际，对隧道以及信息化管理等方面的关键技术难题进行科研攻关，对多项新技术、新工艺和新材料进行研究与开发。

7.4.2.1 研究助力创新，科研成果服务生产管理实际

开展专题研究，破解项目建设难题，是"品质工程"的保障基础。本项目紧密结合生产管理实际，开展了多项新技术、新工艺和新材料的研究与开发，加大科技成果的推广应用力度。

7.4.2.2 创新保障平安，创新是工程质量硬件保证

安全是品质的基础，筑牢"平安"之路，才能打牢"品质工程"的根基。本项目将平安交通的理念贯穿于项目建设的全过程，坚守"安全是底线，安全是红线"的思想防线和责任防线，强化项目安全管理。创新是工程质量与工程安全的硬件保证。为有效抑制工程质量通病，促进质量提升，在追求"品质"的过程中，本项目紧紧扭住"智慧"这个核心，以科技为引领，加强管理理念、技术工艺、装备设施的创新，筑牢"平安"之路。

积极推行创新型施工工艺和施工机具，倡导以设备保工艺、以工艺保质量、以质量提品质的理念，鼓励创新，大力推广机械化、智能化施工与先进适用的工艺工法，施工现场安装了视频监控系统和主要试验仪器设备的数据采集系统，在现场拌合站安装数据采集系统，并实时采集数据上传，实现了信息化质量管控。

7.4.2.3 智慧提高效率，引入"互联网+"打造"智慧工地"

通过引入"互联网+建设"，致力于打造"智慧工地"，以解决工程建设中数据真实性、信息分散、问题难追溯、隐蔽工程难监管等管理短板。2016年，交通运输部颁布《交通运输科技"十三五"发展规划》，鼓励应用BIM（建筑信息模型）新技术。应用BIM技术将本项目相关的信息全部录入，实现人、料、机、法四个维度信息数据共享，联动管

理，形成了信息数据库，做到了质量责任和施工信息可追溯，为后期运营维护奠定了基础。同时，建立可视化模型，借助可视化审查、碰撞纠错完善施工方案，通过三维推演优化施工方案和开展工人技术交底，实现质量、安全、进度协同管理。

7.4.3 创新体系与模式

7.4.3.1 创新模式

（1）自主创新的模式。企业根据现有的人力、物力、财力进行自主研发，企业内部的科研组织系统不断地创新研发、试验拥有自主知识产权的独特的核心技术以及在此基础上开发新产品，这种创新模式叫作自主创新。企业的研发实力、资金实力以及技术创新是否处于领先地位，都是限制企业自主创新的重要因素。因此，企业要在开展自主创新时与企业自身的实力、市场需求紧密结合，在具备充足的研发资金后制订严密的研发计划，从而获得最具有价值的科研成果。

（2）加强合作的创新模式。合作创新是目前我国解决交通技术问题的有效模式，是推动高速公路交通工程行业发展的一个重要选项。高速公路交通工程企业之间通过人才的相互配合、资源的相互利用，实现优势互补，有效地降低了企业进行技术创新的风险与成本，为企业之间一些重大的研究课题提供保障。

（3）引进技术模仿的创新模式。为了获得更大的利润，在自身实力难以满足技术创新的前提下，企业需要引进已有的创新技术，将新材料、新设备、新技术引进企业，再根据自身的条件进行进一步创新，这种创新模式能够迅速提高企业各方面的技术水平，更好适应市场发展的需求，提高企业在市场中的竞争力。模仿创新是指通过模仿和学习其他企业的技术创新的思路、工艺、技术、材料等开发模式，研究其内部的技术创新，然后运用企业自身的技术创新。这种创新需要将外界的创新模式与自身的创新进行很好结合，同时也是快速提高企业技术的一种方式。

7.4.3.2 创新体系

（1）确立创新主体、加快技术中心的建设。企业要构筑自身的技术中心，使其成为企业自身发展的支撑与依托。技术中心的建设要紧密结合生产现场，紧紧围绕降低成本、提高工程质量、加快施工进度进行技术创新。依照精干、高效的原则，以现有的科研力量为基础进行扩展，形成决策层、管理层、开发层的一体化，紧密型管理与松散型管理相互结合的组织机构。

（2）建立企业内部的创新文化和企业精神。企业创新文化是技术创新的根本动力，它是企业内部在长期积累的条件下形成的，是企业制度的精髓，建立健全创新文化能够提高当前企业的技术创新的竞争力。企业在发展过程中的经营决策对技术创新的重视程度、创新目标的把握以及对创新成果的运用的落实力度，都对整个企业的技术创新具有重要意义。

（3）建立健全工程建设质量保障体系。将质量意识渗透给广大职工，对职工进行质量建设专题教育讲座，运用通俗易懂的讲授让职工深刻明确质量管理的重大意义，认识到各施工环节可能对整个工程质量起着决定性作用，不仅涉及技术和细节问题，而且还影响着公司的长远发展和国家的安全稳定。质量管理人员应该在现场对施工情况进行督促和检查，发现问题及时解决，尽量减少质量瑕疵和事故，提高施工效率。

(4) 规范工程监督制度。改变落后的工程管理思路，树立科学的管理理念，创新管理方式，更新落后的工作方式和流程，使各工作部分更好地协调和衔接。发挥先进的管理经验作用，实现与信息技术的良好促进，积极有效地监督工程市场，促进管理的实效性。

7.4.3.3 创新方式与动力

本工程涉及各种复杂地质构造，涵盖了各种道路、隧道等结构形式，从建设初期的征地拆迁到工程建设中的方方面面难度都非常大。从工程涉及区域、范围等内在和外在条件来看，项目部层面着眼全局，发挥工匠精神，考虑到内外在动力因素，着力从管理制度和技术革新角度出发，在工程上提倡和实施优质优价，优监优酬等激励机制，在科研和关键工艺专题上加大支持力度，充分调动和激发了各类人员和岗位的激情，从而由被动创新到主动创新，为解决问题提升工程品质等提供了可能与条件。

在科研与成果转化方面，本项目持续加大对科研工作的支持力度，鼓励员工不断学习，不断突破，攻克隧道、BIM 应用等方面的技术难题，开展相关新技术、新工艺和新材料的研究与开发，加大科技成果的推广应用力度，做到学以致用，做好智慧工地谋划，逐步打造集调度指挥、公众查询、投诉咨询等功能为一体的智能工地管理平台，加大对大数据的应用和挖掘，发展增值服务。

项目部改变传统的隧道建设方式，依托"互联网+"平台，围绕施工过程管理，建立互联协同、智能生产、科学管理的信息化管理生态圈，实现工程施工可视化智能管理，大力推行"机械化换人、自动化减人、信息化树人"的建设新方式。本项目以创新理念和创新体系为指导，积极进行各项科技创新和微创新。

7.4.4 四新技术与应用

本工程采用的四新技术应用清单如表 7-1 所示。

四新技术应用清单　　　　　　　　　　　　表 7-1

序号	内容分类	应用范围	简介
1	五轴搅拌桩技术	地基抽条和裙边加固	可以代替三轴搅拌桩，减少搭接次数，具有提高质量、加快施工速度、减少环境污染的优点
2	深基坑自动监测技术	深基坑开挖	在基坑开挖过程中，通过传感设备对支护结构和周围土体稳定性进行监测，保障基坑开挖安全
3	自动控制真空复合降水工法	基坑降水	采用自动控制真空循环复合降水的方法，解决了地下工程中弱透水层水和界面水残留的难题
4	BIM 技术	场地优化设计、进度管理、二维码可视化交底	对机械设备、环保设备、临电、安全防护等的布置和车辆进出场路线方案进行模拟，对施工工序进行模拟，为工人提供二维码可视化交底
5	复合材料组合模板	综合管廊结构混凝土施工	长纤维增强热塑性复合材料组合模板具有质量轻、强度高，易拆装、提高施工效率、降低工人劳动强度等优点，可取代传统木模板、钢模板等进行综合管廊结构主体施工
6	全自动泥浆固化机	泥浆处理	可以有效控制施工用泥浆的浆水质量，对泥浆进行固液分离，提高桩基成孔率，降低泥浆成本，实现泥浆废渣的环保运输与浆水排放，满足环保施工的现场要求

续表

序号	内容分类	应用范围	简介
7	立式数控钢筋弯曲机	钢筋加工厂	这种设备性能更佳、操作简便、使用成本低而且免维护
8	全自动钢筋调直切断机	钢筋加工厂	实现钢筋调直,同时又能实现钢筋同步自动切断和脱料。另外全自动钢筋调直切断机不仅有调直功能,还有定长的作用
9	液压静力压桩机	PHC管桩	液压静力压桩利用静压力(压桩机自重及配重)将预制桩逐节压入土中。这种方法节约钢筋和混凝土,降低工程造价,采用的混凝土强度等级可降低1~2级,比锤击法相比可节省钢筋40%左右,而且施工时无噪声、无振动、无污染,对周围环境的干扰小

7.4.5 科研支撑和专题研究

本项目位于长江漫滩地区,土质为淤泥质土层,属于典型的软弱土层。施工区土体物理力学性质复杂,由极细的黏土颗粒、有机物、氧化物等固相物质组成,具有含水率高、孔隙比大、压缩性高、强度低、渗透性差、结构性差和流变性显著等特点。在开挖过程中基坑会产生较大变形,坑底易发生隆起,由于淤泥质土的蠕变特性,变形稳定时间长。项目基坑工程是长距离、大跨度、形状不规则、边界条件复杂的变断面基坑。基坑时空效应明显,分部、分序开挖,支护结构体系种类多,结构转换频繁,基坑群中各基坑的开挖深度和形状不同,界面相互交织,形成受力体系复杂的围护结构和支撑体系,基坑开挖和支护的技术难度大。依托南京横江大道SG2标基坑工程,开展淤泥质土大跨度变断面基坑施工关键技术研究,对于解决横江大道项目技术难题,掌握淤泥质土层深大基坑施工技术及大跨度变断面基坑受力变形规律具有重要的实际意义。

7.5 安全保障

7.5.1 安全理念

《交通运输部关于打造公路水运品质工程的指导意见》指出,打造品质工程是今后一个时期推动公路水运工程质量和安全水平全面提升的有效途径。可见,安全保障和安全管理在公路水运品质工程中处于同样重要的地位。

安全管理以追求工程本质安全和风险可控为目标,促进工程结构安全、施工安全和使用安全协调发展。具体从以下四个方面加强安全管理,提升工程安全保障水平。

第一,加强工程安全风险管理基础体系建设。推行工程安全生产风险管理,建立安全风险分级管控和隐患治理双重预防体系,推动重大安全风险管控和重大事故隐患治理清单化、信息化、闭环化动态可追溯管理,夯实安全管理基础。

第二,提升工程结构安全。树立本质安全理念,强化隧道等施工和运行安全风险评估工作,切实加强工程结构安全关键指标的实时检测和分析,积极探索智能预警技术,确保工程结构安全状态可知、可控。

第三,深化"平安工地"建设。加强施工安全标准化建设,推进危险作业"机械化换人、自动化减人",提升机械化作业程度。推行安全防护设备设施工具化、定型化、装配化。落实安全生产责任，健全安全工作制度，强化安全管理和风险预控，加强隐患排查治理，提升针对性应急处置能力，确保施工安全。

第四，提升工程安全服务水平。加强隧道交通安全评价，强化管理和服务设施的科学合理配置，加强隧道等安全运行监测与预警系统建设，提高工程运行管理水平和应急服务能力。建立健全工程巡查排险机制，提升工程安全防护设施和管理服务设施的有效性。

7.5.2 管理理念

在建设过程中，以企业文化底蕴为基础，突出以人为本的理念，正确处理安全与生产、安全与发展的关系，始终把安全放在一切工作的首位，做到"不安全不生产，生产必须安全"。坚持安全生产是永恒的主题，不断丰富安全理念的内涵，从而有力地促进安全生产。

理念是行动的先导，项目部安全管理积极践行安全管理理念。"用制度管人，用体系管事"，建立健全安全管理制度，编制安全管理网络图，落实各个层次、每个岗位的安全生产职责，逐步形成了"全员履责、齐抓共管"的氛围，严格按制度落实教育培训、会议、经费、检查、隐患整治、考核评价、应急管理、责任追究等安全管理要素，确保体系高效运转。

安全是发展的前提和基础，是员工幸福的保证。意识决定行为，行为产生后果。没有强烈的安全意识，就难以产生严格规范的安全行为。项目部上下内化思想，外化行为，不断提升员工的安全意识，强化安全责任落实，加强安全管理，及时消除安全隐患，叫停违章违规作业，把安全第一变成每个员工的自觉行为。通过加强安全生产管理标准化建设，搭建成熟的安全制度体系、应急预案体系、教育培训体系、检查考核体系，推动标准化、规范化管理，构建"平安工地"示范项目。

7.5.3 制度建设

根据国家有关安全生产的法律、法规、规范、标准，项目部修订了《安全生产管理制度》，目前已形成了安全生产责任制度、"平安工地"建设制度、施工人员出入场登记制度、人员管理制度、机械设备管理制度、安全物资管理制度、劳动防护用品配备使用管理制度、安全生产建档制度、安全会议管理制度、安全教育培训制度、特种作业人员管理制度、安全技术交底制度、临时用电安全管理制度、临时用房和临时设施安全管理制度、消防安全责任制度、动火作业管理制度、危险品安全管理制度、安全生产费用管理制度、危险性较大工程安全管理制度、安全生产条件检查制度、项目负责人施工现场带班生产制度、季节性施工安全管理制度、有限空间作业安全管理制度、施工场内交通安全管理制度、文明施工管理制度、危险源辨识监控管理制度、施工安全风险告知制度、事故隐患排查和治理制度、安全检查和整改制度、安全考核及奖惩制度、应急救援管理制度、安全生产事故报告和调查处理制度、安全生产分析评价制度、夜间施工安全管理制度34项安全管理制度。在工作中严格执行，真正实现了以制度流程促进安全工作管理的标准化。

7.5.4 责任落实

本项目积极推行安全责任落实，健全安全管理责任机制，明晰各层级、各岗位安全职责。全面实行"一岗双责"安全生产责任制，将安全和生产放在同等重要的位置，建立主要领导负总责，分管领导牵头负责，完善"横向到边，纵向到底"的安全生产责任链；将安全责任体系及其运行情况纳入检查内容，形成切实有效的安全管理责任追究机制。

强化内部责任落实，要求管理人员必须担当责任、履职尽责。将"一岗双责"抽查写入安全管理制度，与个人奖金挂钩，结合安全生产大检查、每季度安全生产责任制考核一并实施。对全体人员进行考查，内容包括岗位安全职责熟知情况和岗位履职情况。考查方式包括座谈、查阅个人工作记录、闭卷考试等。在工程现场，以问题为导向，倒查管理人员"一岗双责"履职情况，即不管具体做哪项工作的人员，分管哪项工作的领导者，除了把本职工作做好外，同时还要承担安全生产的责任，对履职效果差、安全意识淡薄的，采取警告、离岗再教育、清退等措施并通报，树立方面典型，对安全检查和考核中个人安全责任差的工区，采取上黑榜、罚款、通报批评、约谈等措施。

7.5.5 风险管控

隧道项目本身具有复杂性，经常穿山越岭、跨越河流，建设条件复杂，并且涉及众多利益，投资巨大，在技术上存在许多难点和亟待解决的问题，在组织协调与管理上存在一定的复杂性，对项目建设中潜在的风险因素，进行风险辨别、风险分析和综合评估，为管理者提供可靠的决策依据，具有十分重要的意义。

本项目建立健全了危险源辨识及风险分级管控制度，明确重大危险源安全管理与监控责任，制定重大危险源安全管理与监控实施方案。认真落实各阶段安全风险评估，构建风险管控机制。通过开展设计安全风险评估，优化设计方案，提升工程施工安全水平；通过全面辨识施工中的风险源，根据风险程度高低，进行风险分级。确定风险等级后，编制出风险点、危险源清单，绘制风险点、危险源电子分布图。制定相应的风险防控措施并予以落实，实现对风险源的全方位防控。

在工程开工前，依据工程实际及设计、施工阶段安全风险评估情况，制定工程项目重大事故隐患清单，重大事故隐患清单附件包括危险性较大工程及需组织专家论证审查的工程一览表，组织相关部门人员对重大事故隐患清单进行评审，并根据审查意见修改，完善后报监理单位审查，通过后由项目经理发布，并报施工企业及工程项目监理单位、建设单位备案。建设过程中加强重大事故隐患清单的动态管理工作，每月根据工程建设实际施工情况，对重大事故隐患清单进行梳理，当工程建设条件、施工环境、施工作业内容等发生变化时，相应的重大事故隐患清单也需及时进行调整，并上报监理，经审核通过后重新备案。针对重大事故隐患清单制定相应的预控措施，同时将重大事故隐患清单纳入岗前教育培训，并在相应作业区域公示。

7.5.6 隐患排查

紧抓现场检查，构建隐患治理预防机制。建立完善的隐患排查治理制度，制定符合实际的隐患排查治理清单，明确和细化隐患排查的事项、内容和频次，并将责任逐一落实，持续开展全员、全过程、全方位的隐患排查工作。同时,推动全员参与自主排查隐患,尤其要强化对存在重大风险的场所、环节、部位的隐患治理。隐患排查治理工作做到四个结合:一是与安全生产专项整治结合,狠抓薄弱环节,解决影响安全生产的突出矛盾和问题;二是与日常安全生产监管结合,完善应急体系,建立长效机制;三是与安全生产监督检查结合,联合各职能部门开展抽查,加强督促指导;四是与强化安全管理的技术进步结合,强化安全标准化建设,现场管理加大和落实安全投入,夯实安全管理基础,提升安全度。

7.5.6.1 安全生产检查

发现隐患、消灭隐患,是预防事故发生的重要手段。安全检查整改实际效果的好坏直接影响生产建设安全。为此,项目部成立了安全生产小组,参与项目的安全生产大检查、专项检查及特殊时段安全检查。对检查发现的安全隐患,及时下发检查通报,并要求作业队伍按照"三定"原则(定责任人、定措施、定期限)整改落实到位,真正做到全覆盖、零容忍。

7.5.6.2 风险隐患排查

(1)排查机制

为了加强隐患排查治理及监管监控,找寻规律,推动隐患治理工作常态化、制度化,探索和建立了一系列的制度机制,进一步完善隐患排查制度体系,确保把隐患消除在萌芽状态。

1)积极组织各施工队伍开展突发事件风险隐患排查和整改,建立风险隐患排查治理台账,制定隐患整改措施,同时组织有关技术人员,对各类风险隐患的成因、易发时间、地点及发生概率、紧急程度和可控性、造成的危害、受影响区域内其他风险隐患情况、多灾种耦合的可能性、应急能力储备情况等进行全面深入的分析评估,同时对风险进行分类分级,结合已有的风险评估成果,有效运用,制定有针对性的防范和整改措施。

2)加大工作强度,强化责任追究。严格按照排查整改要求认真组织实施,全面排查,彻底整改,不放过一个风险,不漏掉一个隐患;对高危风险点积极组织安全专项检查,制定管控措施,集中排查和消灭风险隐患。对未按要求开展排查和整改、排查不全面、不彻底或发现问题没有采取有力措施及时整改防控的,严肃追究相关人员责任。

3)加大对重大风险点、危险源的监管力度,定期对风险进行分析,及时发布预警信息,有效降低事故风险。强化重大风险点、危险源的隐患、问题闭环管理机制,对产生高风险的重大隐患,要采取一切可行措施及时排查,降低风险。

4)创新工作手段,强化日常监管,及时总结,建立长效机制。充分依靠QQ、微信等信息化手段及时沟通,广泛动员各施工队伍参与风险隐患排查治理工作,做到早发现、早报告、早处置,把风险隐患消灭在萌芽状态。

(2)方式方法

以施工安全风险监控为核心,通过现场安全风险巡视、远程视频监控、安全预警报警、安全隐患统计与整改闭合、信息发布等形式,全面、及时地掌控风险,避免或减少安全事故,从而改善目前安全生产监管工作基础差的问题,大大提升了施工安全风险管控效果。

使用手机APP(应用程序)对风险源进行实时管控。针对项目基坑宽度和深度大、风险点（源）多面广的实际，为便捷开展风险管控和隐患排查，创新工作方式，将"互联网＋安全生产"的理念和技术引用到施工现场，建设单位联合第三方研发了手机端风险管控软件，将项目前期已编制的风险点、危险源，评级管控与绘制的风险点、危险源分布电子图导入系统软件数据库，利用手机 APP 对风险源进行实时管控，动态反馈施工现场风险源处置进展情况，做到"隐患不整改，预警信息不消除"。同时，创建了安全隐患排查治理平台，提高隐患排查的效率。管理人员可利用手机 APP 即时下发现场安全隐患整改通知单，指定相关责任人整改，整改人完成整改后在手机 APP 上回复；整改期限内未处理的，系统将在相关责任人手机 APP 上报警显示并告知上级管理人员；未按要求整改但上传 APP 进行回复的，上级管理人员可通过软件要求重新进行整改，这样使上级管理人员能够及时了解整改的情况与进度，大大提高了安全管理工作的效率。

7.5.7　应急管理

通过推动应急预案的简明化、专业化，实现应急宣传教育与安全培训全员化、常态化、系统化，增强员工的应急救援意识，全面提升应对各类生产安全事故的能力，切实保障现场施工人员生命安全。定期组织开展应急演练活动，让从业人员进一步熟悉、掌握、运用应急救援知识及救助程序和方法；提高从业人员的应急管理及应急救援水平，提升人员自救、救急能力；及时发现应急预案中可能存在的不足和缺陷，并依次对预案及其管理系统进行持续改进，增强应对安全突发事故的快速反应能力、应急能力和协调能力。

7.5.7.1　应急预案体系

项目部成立之初就组织人员编制了《横江大道建设工程 SG2 标生产安全事故综合应急预案》，根据综合应急预案，编制相应应急预案和现场处置方案。

根据工程特点、范围以及周边环境编制生产安全事故应急预案。对于三种以上风险种类、可能发生较大以上事故的项目，制定生产安全事故综合应急预案；对于潜在风险较大施工作业，通过危险源辨识和施工阶段风险评估结果，制定专项应急预案。专项应急预案编制范围主要如下：《防车辆伤害应急预案》《防火灾爆炸应急预案》《防汛应急预案》《预防食物中毒应急预案》《物体打击应急预案》《群体治安事件应急预案》《机械伤害事故应急预案》及《高空坠落事故应急预案》等。

在专项应急预案的基础上，对于危险性较大的重点场所、设施设备，制定重点工作岗位的现场处置方案，对于一般的作业活动只编制现场处置方案。现场处置方案要突出针对性和可操作性，主要是明确事故类型特征、事故发生的区域及地点或装置名称、事故前可能出现的征兆、事故可能引起的次生衍生事故、应急组织及工作职责、应急处置（报警、逃生、自救、他救及现场应急处置措施等程序）、重要资料、机具的抢救控制程序及各类注意事项等。

7.5.7.2　应急演练

适时展开应急演练，能够增强员工应对突发事件的应变能力，增强作业人员的安全意识和逃生、自救、互救能力，减少事故造成的人员伤亡和降低财产损失。

（1）消防应急演练（图 7-10）

2019 年 6 月，项目部组织开展了消防应急演练。演练主要针对隧道施工过程中可能存在的火灾事故，模拟消防演练，开展火灾警报、人员疏散、火灾扑救、物资抢运、安全警戒、医疗救护、清理现场等应急救援处置措施。同时，使用交通移动应急通信指挥平台，检验平台音频传输能力以及各种通信系统和网络连接能力。

（2）机械伤害事故救援应急演练（图7-11）

2019年11月，项目部组织开展了机械伤害事故救援应急演练，演练包括7个项目：机械伤害报警、人员疏散、展开救援、医疗救护、安全警戒、物资保障、清理现场。通过演练，普及了应急知识，提高了项目部全体职工风险防范意识，增强了自救、互救等灾害应对

图7-10 现场消防应急演练

能力，检验了项目应急预案体系的科学性、可行性，检验了应急成员对应急预案的熟悉理解、执行程序和实际操作技能的掌握，应急设备及物资完好状况和备战情况，强化了各部门的协作机制，锻炼了搜救队伍，提高了对事故处理的组织、协调和指挥能力。

图7-11 机械伤害事故救援应急演练

（3）高处坠落与触电应急演练（图7-12）

2020年6月，项目部组织开展了高处坠落与触电应急演练。演练过程中，全体参演人员能服从指挥，听从命令，各环节均能按方案要求快速、安全、有序进行，演练取得圆满成功，得到了上级单位的肯定。

图7-12 高处坠落与触电应急演练

7.5.8 教育培训

安全教育培训是安全生产管理工作的一个重要组成部分，是实现安全生产的一项基础性工作。进行安全教育培训，目的是增强施工作业人员的安全生产意识，提高安全生产知识，有效防止人的不安全行为，减少人为失误。安全教育培训中，要加强思想教育，推进和加强安全教育标准化，促进培训结果的最终转化，使"安全"两字根植于员工的心中，最终提升员工的安全意识和素质水平，实现员工和公司价值的共同增长。

7.5.8.1 教育培训制度

按照公司管理办法和细则要求加强安全生产宣传，营造以人为本的安全氛围，开展安全文化建设。加强对从业人员的安全教育培训，严格按规定对所有员工进行上岗前、转岗前安全生产教育培训并考试，开展全员安全教育，保证员工掌握应具备的安全生产知识，熟悉有关的安全生产规章制度、安全操作规程和岗位安全生产职责，掌握本岗位的安全操作技能，了解事故应急处理措施，知悉自身在安全生产方面的权利和义务。未经安全生产教育培训合格的人员，不得上岗作业。

健全并落实安全生产培训教育责任体系，制定安全生产培训教育制度和工作计划并落实和实施；保障安全生产教育培训经费的投入；落实"三项岗位"人员持证上岗和从业人员先培训后上岗制度，实施有关行业或岗位从业人员准入制度；自主选择教育培训方式，组织本单位从业人员开展各类安全生产教育培训和岗位经常性安全生产教育培训；建立健全从业人员安全生产教育培训档案；保证参加安全生产培训教育的从业人员享有法律、法规和制度要求的脱产学习时间且脱产学习期间的工资、福利待遇不受影响。提供必要的学习条件；建立安全生产教育培训绩效考核制度，将安全生产教育培训考核结果纳入安全生产综合考核内容，通报安全教育培训考核结果，并将安全生产教育培训的情况作为员工聘用、轮岗和年度绩效考核的重要依据；同时，对本单位在安全生产教育培训工作中取得突出业绩或做出特别贡献、获得主管部门或上级单位通报表彰或授予荣誉的从业人员，给予精神或物质奖励。

7.5.8.2 教育培训方式

一线员工的安全生产教育已成为项目管理的重中之重。员工的安全意识淡薄，将极大地影响施工安全。通过创新改变以往枯燥无味的安全教育培训方式。安全教育方式推陈出新，采用多媒体视频教学、安全体验馆等多种途径，使得员工真正意识到施工安全的重要性。

（1）安全教育实名制

响应交通运输部、江苏省交通运输厅关于做好进城务工人员安全教育培训实名制、信息化、培养新时期产业工人等要求，结合项目一线施工人员职业技能较低、安全意识较差、流动性较大等实际情况，建立了一人一档的教育系统，实现了未经安全生产教育培训合格的人员，不得上岗作业。

（2）建立 VR 安全体验馆

通过亲身体验 VR 设备及出现危险瞬间的感受，有效提高工人安全生产意识，加强自我安全防范的自觉性和主动性。

借助科技力量，向工人普及安全生产知识。VR 安全体验馆设有火灾伤害、触电伤害、高空坠落伤害等17个体验项目，可借助VR技术，让施工人员通过视觉、听觉、触觉等"身临其境"的方式，体验施工现场危险行为的发生过程，掌握安全施工的知识和技能，从而达到"安全说教再多，不如一次体验"的目的。

(3) 班前安全教育

项目建立安全教育讲台，大力开展班前安全会，交底当班安全情况和注意事项，着重分析判断可能出现或预想的危险及隐患。

(4) 二维码运用

基层的管理者和施工工人不具备足够的安全意识和安全技能是建筑施工安全事故居高不下的主要原因。本项目积极采用多种形式，对人员和机械信息进行二维码管理，通过扫描二维码可以查看施工人员的工种、班组等信息。不断提高基础安全管理人员的一线作业人员的安全意识，大大减少不安全行为的发生，从而确保项目安全生产。

7.5.9 平安工地建设

7.5.9.1 总体规划

基于安全生产目标，严格按照项目专用文件、设计文件、国家和部级现行的有关技术标准、规范进行施工，执行江苏省公路水运工程"平安工地"建设考核评价标准。本工程严格按照《南京区交通工程安全文明标准化图册》的要求进行安全文明施工。

7.5.9.2 建立健全组织机构

建立以项目经理为组长、项目总工程师为副组长的创江苏省公路水运工程"平安工地"领导小组，具体负责本工程的创建工作，工程部协助工作，各施工队队长和主管技术的副队长负责各自管段项目的创平安工地工程工作。

7.5.9.3 创"平安工地"保障措施

(1) 职责

1) 创建工作职责

提高项目全员安全生产意识，将安全生产管理各项工作措施落实到位，处理施工现场的紧急安全情况，确保项目安全生产态势的持续稳定和安全生产工作的顺利进行。

2) 职责分工

项目经理是"平安工地"建设工作第一责任人，全面负责本项目"平安工地"建设工作。

项目副经理负责"平安工地"建设活动日常督促检查工作，实施阶段性考核评价。

项目总工程师负责"平安工地"建设方案审核，参加阶段性考核评价。

项目安保部负责"平安工地"建设方案编制及活动的日常开展，参加阶段性考核评价。

项目各部室负责人负责"平安工地"建设活动各项措施的落实。

(2) 全方位安全教育保障

1) 项目部制订了安全教育培训计划，对一线的工人进行安全教育，教育内容贴近实际，针对性强，正确指导施工。

2) 开展每日班前安全教育，对人员的进场情况进行核查，确保没有教育不进场，没有交底不施工。

3）通过制定落实奖惩制度，规范了一线人员从进场到上班、班中、班后的行为，增加了作业人员安全保障。

（3）安全大检查

利用每月1次的领导带队安全大检查，检查"平安工地"达标的负责人的责任落实情况，通过自我的安全评价和考核，发现缺陷弥补不足。

（4）施工期间安全管理保障

项目部针对各个工区现场危险源不同制定防范措施，专门安排项目部管理人员与各个工区对接；项目部项目经理、项目副经理和项目总工程师每天根据带班计划进行带班检查，专职安全员每天进行全线巡查并有书面记录，对现场技术人员进行明确分工，各负其责，主抓工区负责人的安全管理工作；工区负责人和兼职安全员负责每日对本工区进行不少于5分钟的班前教育和班前检查；通过考核工区安全工作，从而考核工区负责人的责任落实情况，彻底扭转工区安全工作方式和工作思路，使工区安全工作真正达到"我的工区我负责""我的现场我控制""我的人员我教育"，从基础上控制安全事故的发生。

（5）经费保障

项目部安全经费实行专款专用，通过"平安工地"的达标创建工作，加大安全经费的投入，使安全防护设施标准化、可靠化；使劳动用品的使用文明化、正确化，使安全经费管理规范化、标准化、长效化和制度化。项目部开展《江苏省公路水运工程安全生产费用管理办法》的学习，使安全经费有计划、有落实，确保长效投入。

（6）落实奖惩制度

项目部制定奖惩制度，对于平安工地达标的，项目部依据考核责任分工进行奖惩。

（7）建立网络管理平台

项目部为了监控各工区班前教育的真实性，建立网络管理平台，各工区负责人和兼职安全员，每天将班前教育的照片或视频发到网络平台上，专职安全员每日检查真实性。在节假日、高温、雨期、汛期等特殊节点，安环部及时提醒，进行口头通报和对表现良好的工区进行表扬。

7.5.10 安全服务水平

7.5.10.1 组织管理保证措施

（1）项目经理部成立以项目经理为首的安全领导小组（表7-2），配备专职安全员，负责全面的安全管理工作。

安全管理机构人员配置　　　　表7-2

序号	岗位	人数	序号	岗位	人数
1	项目经理	1	4	安全总监	1
2	项目副经理	1	5	安全员	5
3	总工程师	1			

（2）主要人员安全生产职责

建立严格的安全生产责任制。建立"一岗双责"制度，明确规定各职能部门、各级人员在安全管理工作中所承担的职责、任务和权限。形成一个"人人讲安全，事事为安全，时时想安全,处处要安全"的氛围。

在本工程施工中,贯彻执行安全生产责任制,从领导到施工工人层层落实,分工负责,使"安全生产,人人有责"落到实处。

1) 项目经理

项目经理对本工程安全生产工作承担全面领导和管理责任,为安全生产第一责任人。认真贯彻执行国家有关安全生产的方针、政策和法规。结合实际情况,制定本工程的安全生产制度、规定及措施,定期组织安全教育。随时了解掌握本工程项目安全生产状况,每月定期召开一次安全生产例会。对项目所出现的各类安全事故承担相应的责任。

2) 项目副经理

项目副经理负责项目部安全生产工作的组织及落实,贯彻执行上级和本单位有关安全生产、劳动保护工作的方针、政策和规程、文件,为安全生产直接责任人。负责审定安全技术措施,签署安全技术交底单,定期组织安全生产检查,监督安全隐患的整改情况。负责施工现场安全生产管理。深入施工一线,检查施工方法、工艺、施工布置、生产机具设备、安全防护设施等方面落实情况,纠正制止违章指挥、违章作业。

3) 项目总工程师

项目总工程师负责项目部安全生产技术管理工作。针对关键工序(部位)施工、吊装作业、焊接作业、冬雨期施工、高空作业及其他危险性较大的工程,组织制定专项安全技术措施,向参加施工的作业人员进行安全技术交底,并检查措施落实执行情况。制定季节施工措施,特别是防暴雨、防大风、降温等安全措施,并督促其实施。参加安全生产检查、安全事故调查处理,提出整治方案。

4) 专职安全员

专职安全员监督检查项目部贯彻执行国家有关安全生产的方针、政策、法规及上级部门颁发的规定、制度、管理办法等的情况,组织开展安全生产活动。

负责制定本工程安全生产管理办法、安全操作细则、安全措施,并监督检查落实执行情况。配合有关部门进行"三级安全教育"。

制止违章指挥、违章作业,对检查出的问题以书面通知的形式通报,并监督检查整改落实情况。

参加安全生产会议,参加安全事故的调查分析,提出整改措施和要求。负责伤亡事故报告和事故统计工作。

7.5.10.2 安全检查

通过安全检查增强项目部成员及各工区工人的安全意识,促进项目部对劳动保护和安全生产方针、政策、规章制度的贯彻执行,解决安全生产上存在的问题。

(1) 项目部每月定时组织两次全面的安全大检查,安全检查由项目经理、项目总工程师亲自牵头,安全领导小组成员及各工区专职安全员参与。

(2) 检查的内容和重点

1) 施工现场安全用电(配电箱、线路、闸刀盒等);
2) 安全情况(现场临边防护情况、灯光等);
3) 操作人员的劳动防护用品正确佩戴和使用;
4) 试验室、配电房、生活区、钢筋加工厂等;

5）安全生产内业台账记录以及月度安全生产计划等。

（3）安全检查发现的事故隐患以及"三违"现象，要责令作业班组立即进行整改。不能及时进行整改的，要求制订整改计划，限期消除隐患。发现有危及操作人员生命安全的重大隐患，要立即停止作业。

（4）作业班组存在事故隐患或违章作业时，工区要下达《隐患整改通知书》，限期进行整改。

（5）对严重违反劳动纪律、违章指挥、违章作业的班组和个人，应在大会上予以通报批评。情节严重的，依照制定的《安全奖罚制度》有关条款进行经济处罚和行政处理。

（6）加强季节性和节假日的安全巡查。积极配合业主或指挥部组织的安全大检查。安全检查要从严、从细，不走过场。

（7）安全检查要有详细记录并进行整理归档，安全检查档案由专职安全员负责建立。

7.5.10.3 职业健康与安全

（1）场地布置及临时设置建设

1）施工现场办公区、生活区应与施工区分开设置，并保持安全距离；办公区、生活区的选址符合安全要求。

2）施工现场应设置办公室、宿舍、食堂、厕所、浴室、农民工夜校等临时设施。

3）施工现场临时搭建的建筑物要符合安全使用要求。

（2）作业条件及环境安全

1）施工现场必须采用封闭式硬质围挡，高度不得低于1.8m。

2）施工现场出入口、施工起重机械、临时用电设施、脚手架、出入通道口、桥梁口、基坑边沿等危险部位，设置明显的安全警示标志。安全警示标志必须符合国家标准。

3）施工前编制针对建设工程毗邻的建筑物、构筑物和地下管线安全的各项专项方案，确保安全施工。

4）在不同的施工阶段及季节、气候和周边环境发生变化时，施工现场应采取相应的安全技术措施，达到安全文明施工条件。

（3）职业健康

1）施工现场在易产生职业病危害的作业岗位和设备、场所设置警示标识或警示说明。

2）为施工人员配备安全帽、反光背心及与所从事工种相匹配的安全带、安全鞋等个人劳动防护用品。

3）高温作业时，为现场定期发放防暑降温用品和应急药品。要求各工区合理安排作息时间，避开高温时间段进行施工。

4）焊接作业时，操作工人佩戴防护面罩、护目镜及手套等个人防护用品。

（4）卫生防疫

1）施工现场人员膳食、饮水、休息场所符合卫生标准。

2）食堂要有相关部门发放的有效卫生许可证，各类器具规范清洁。炊事员应持有效健康证。

3）施工人员发生传染病、食物中毒、急性职业中毒时，及时向发生地的卫生防疫部门和建设主管部门报告，并按照卫生防疫部门的有关规定进行处置。

7.5.10.4 危险性较大的分部分项工程专家论证

严格按照《公路桥梁和隧道工程设计安全风险评估指南》中的规定，在危险性较大的分部分项工程施工前编制专项方案；对于超过一定规模的危险性较大的分部分项工程，组织专家对专项方案进行论证。

7.5.10.5 安全资金使用保证措施

安全生产保障制度是施工单位财务制度的一个重要组成部分。必要的资金保障是安全生产的经济基础，也是促进施工生产发展的一项重要措施。为加强项目安全生产资金保障管理，建立项目安全生产投入长效机制，特制定以下保证措施：

（1）安全生产费用管理按照"公司提取、安委监管、确保需要、规范使用"的原则进行。

（2）安全管理小组根据安全生产费用的规定使用范围、项目部安全生产情况、相关分部、分项工程投资计划及年度安全生产费用提取预算额。

（3）年度安全生产费用投入计划报送项目负责人审批。

（4）按照国家有关规定及项目部生产计划提取安全生产资金，纳入年度财务预决算，实行专款专用。要建立健全安全生产费用台账。

（5）安全生产费用使用时，各相关人员应填写安全生产费用月度预算表。由安全员审核，项目负责人确认签字后，方可使用。

（6）用于安全生产投入的材料，在领用时相关人员应开具材料领用单，到安全员处办理领用手续。安全员对用于安全生产投入的出库材料单独建账，并填写《安全生产投入材料出库明细表》。

（7）安全生产费用的提取，按照本项目年度实际生产产值为计提依据，采取超额累退方式按照以下标准逐月提取：安全费用当年结余，可转入下年使用；当年计提安全费用不足的，超出部分按正常成本费用列支。

（8）对于安全生产工作成绩优异的项目部、班组、个人给予适当奖励，奖励资金不得使用公司安全生产专项资金。

7.5.10.6 工序作业安全保证措施

（1）模板作业

1）现浇混凝土模板的支撑系统必须经设计计算后方可搭设，支撑模板的立柱材料必须符合要求，立柱底部应加设垫板，立柱间距及纵横向支撑应符合规定。

2）模板存放时必须有可靠的防倾倒措施，模板组装或拆除时，操作人员必须站在安全可靠的地方操作，拆除区域由专人监护。

（2）混凝土作业

1）混凝土在浇筑施工时，振捣人员要穿绝缘鞋，戴绝缘手套。

2）混凝土振捣棒应有良好的绝缘措施，并设漏电保护装置。

3）混凝土罐车、泵车等运行时，不得用铁钎等深入，出现故障应停机检查，再运行时，应经试运转正常后，方可使用。

（3）钢筋作业

1）焊接操作者必须按规定穿干燥清洁的防护工作服、防护手套和绝缘鞋。

2）焊接工作开始前，应首先检查焊机和工具是否完好和安全可靠；焊钳和焊接电缆的绝缘是否有损坏的地方。不允许未进行安全检查就开始操作。所有焊机必须接地,焊接导线及焊钳导线处,都应可靠绝缘。

3) 在狭小空间作业时,操作者脚下必须垫有橡胶板或其他绝缘垫。旁边有一名监护人员随时注意操作人员的安全情况,遇有危险情况立即切断电源进行抢救。

4) 推拉闸刀开关时,脸部不允许直对电闸,以防止短路造成的火花烧伤面部。

5) 更换焊条一定要戴皮手套,不能赤手操作。

6) 身体出汗后衣服潮湿时,切勿在带电的钢板上或工件上作业,以防触电。

7) 工作地点潮湿时,地面应铺有绝缘材料。

8) 下列操作必须切断电源才能进行:

① 改变焊机接头时;

② 更换焊件需要改接二次回路时;

③ 更换保险装置时;

④ 焊机发生故障需要进行检修时;

⑤ 工作完毕或临时离开工作现场时。

9) 钢筋加工机械必须安装触电保护器,并做到"一机一闸一漏一箱一锁",转动部位应有防护罩,钢筋切断时应注意安全距离,避免手指碰伤。

10) 在钢筋的运输及绑扎过程中,要前后呼应,防止碰伤、撞伤,严禁踩踏钢筋及在上面行走、作业。

(4) 脚手架、支架施工

1) 支架搭设注意事项

① 脚手架进场前必须提供合格证及出场检验报告单。钢管、扣件、螺栓的质量应符合规范规定。不准使用锈蚀、弯瘪、滑牙和有裂缝的金属杆件。

② 脚手架纵距、横距、步距应通过安全检算,满足结构安全需要,脚手架搭设前必须对支架、配件、加固件进行检查,不合格的严禁使用。脚手架搭设场地应清理、平整密实,并做好排水。

③ 基础上应先弹出支架立杆位置线,底座安放位置应准确。

④ 不配套的支架与配件不得混用于同一脚手架。支架安装自一端向另一端延伸,不得相对进行。搭完一步后检查,调整其水平度与垂直度。

⑤ 交叉支撑、水平架应紧随支架的安装及时设置,连接支架与配件的锁臂,搭勾必须锁住。

⑥ 加固杆、剪刀撑必须与脚手架同步搭设。水平加固杆应设于支架立杆内侧,剪刀撑应设于支架立杆外侧,并扣接牢固,加固件与支架采用扣件连接,扣件规格必须与所连钢管外径相匹配,扣件螺栓拧紧,扭力矩宜为 $50 \sim 60 \text{N} \cdot \text{m}$,并不得小于 $40 \text{N} \cdot \text{m}$。

2) 支架拆除注意事项

承重部位的支架拆除前混凝土要达到设计强度的75%,拆除时按照先中跨、后边跨,先上后下,先水平杆和持力杆后底模的顺序对称均匀拆除,拆除时严禁抛扔,各种材料必须由上而下传递,集中堆码整齐。

脚手架拆除注意事项:

① 脚手架必须待混凝土强度达到设计要求后才能拆除，严禁早拆。
② 拆除脚手架前，应清除脚手架上的材料、工具和杂物。
③ 拆除脚手架时，应设置警戒区和警戒标志，并由专职人员负责警戒。
④ 脚手架的拆除应在同一指挥下，按后装先拆、先装后拆的顺序及下列安全作业的要求进行：
　a. 脚手架的拆除应从一端向另一端、自上而下逐层地进行。
　b. 同一层构配件和加固件应按先上后下、先外后里的顺序进行。
⑤ 在拆除过程中，脚手架的自由悬臂高度不得超过两步，当必须超过两步时，应加设临时拉结。
⑥ 扫地杆和剪刀撑等，必须在脚手架拆卸到相关的门架时方可拆除。
⑦ 工人必须站在临时设置的脚手板上进行拆卸作业，并按规定使用安全防护用品。
⑧ 拆除工作中，严禁使用榔头等硬物击打、撬挖，拆下的连接棒应放入袋内，锁臂应先传递至地面并放室内堆存。拆卸连接部件时，应先将锁座上的锁板与卡钩上的锁片旋转至开启位置，然后开始拆除，不得硬拉，严禁敲击。拆下的钢管与配件，应成捆用机械吊运或由井架传送至地面，防止碰撞，严禁抛掷。

（5）起重吊装

1）为保证在起重吊装作业中正确操作机械，操作人员在作业前必须对工作现场环境、行驶道路、架空电线、建筑物及构件重量和分布情况进行全面了解。

2）现场施工负责人应为起重机作业创造必备的操作条件，提供足够的操作场地，清除或避开起重臂起落及回转半径内的障碍物，以保证机械安全作业。

3）各类起重机应组装有音响清晰的喇叭、电铃或汽笛等信号装置。在起重臂、吊钩、平衡重等转动体上应标以鲜明的色彩标志。

4）起重吊装的指挥人员必须持证上岗，作业时应与操作人员密切配合，执行规定的指挥信号，不得违章指挥。

5）起重机的变幅指示器、力矩限制器、起重量限制器以及各种行程限位开关保护装置，应完好齐全、灵敏可靠，不得随意调整或拆除。严禁利用限制器和限位装置代替操作机构。

6）起重机作业时，起重臂和重物下方严禁有人停留、工作或通过。重物吊运时，严禁从人上方通过。严禁用起重机载运人员。

7）在吊装过程中，操作人员应按规定的起重性能作业，不得超载。

7.5.11　费用管理

安全生产费用是指按照规定标准提取，在成本中列支，专门用于设置安全防护设施、落实安全措施、改善安全条件、加强安全管理等所需的费用。安全生产费用遵照"安规提取，政府监管，确保需要，规范使用"的原则进行管理。

7.5.11.1 安全生产费用使用范围

以公司印发的相关管理办法为依据，将安全生产费用的使用范围划分为9大类，包括：①设置、完善、改造和维护安全防护设施设备支出；②配备、维护、保养应急救援器材、设备支出和应急演练支出；③重大风险源和安全事故隐患评估、监控和整改支出；④安全生产检查、评价、咨询和标准化建设支出；⑤配备和更新现场作业人员安全防护用品支出；⑥安全生产宣传、教育、培训支出；⑦安全生产试用新技术、新标准、新工艺的推广应用支出；⑧安全设施及特种设备安装及维护支出；⑨其他安全生产费用支出。

在以下范围内发生与安全生产相关的费用，不列入安全生产费用，按正常工程费用渠道列支和管理的部分费用划为9大类，包括：①为工人办理的团体人身意外伤害险或个人意外伤害险费用；②为职工提供的职业病防治、工伤保险、医疗保险费用；③按照"三同时"要求，初期投入的安全设施费用；④除管理处与监理单位认定外，与外界的隔离、围挡设施费用以及保证施工期间交通安全而设置的临时安全设施和标志、标牌费用；⑤爆破作业及穿越村镇、公路、河流、地下管线的施工现场进行防护、隔离等设施费用；⑥按正常施工作业所设置的基坑围护、防失稳支撑、支架、安全用电等设备费用；⑦考核奖励费用；⑧合同工程量清单中已经单列的与安全生产有关的其他费用；⑨管理处和监理单位共同认定的其他不列入安全生产费用支出的费用。

7.5.11.2 安全费用的管理与支付

（1）施工过程中，根据每一计量周期投入安全生产费用使用情况，按照合同文件规定，编制安全生产费用工程量清单计量申请表和下期使用计划，经安全员、安全生产负责人与项目经理签字盖章后，报送驻地监理审核。

（2）安全生产费用的使用管理要求审批手续完备、账目清楚、凭证齐全、内容真实、核算准确、监督措施有力，确保资金合理、合规使用。

（3）设立安全生产费用使用台账，健全安全生产费用痕迹管理资料台账，包含安全生产费用使用环节的监控和有关票据凭证、使用情况佐证照片（影像）等资料。

（4）根据实际需要投入安全生产费用，发生工程变更时安全生产费用相应进行调整，调整额为变更增减金额的1.5%。

（5）安全生产费用按实际投入结算，工程结算时安全生产费用未计量部分原则上不再计量支付。

7.5.11.3 检查与监督

定期检查安全生产费用使用台账及专户管理情况。检查安全生产费用管理台账、费用审核情况。检查如发现存在以下行为，须进行经济处罚。

（1）无安全生产费用使用台账或台账不清。

（2）未按规定为施工人员办理意外伤害保险。

（3）没有重大危险源、事故隐患的评估以及事故隐患的整改和预防事故等安全措施费用。

（4）未按国家规定提取安全生产专项费用。

（5）没有安全设施、更新安全技术装备、职工安全培训教育、劳动保护用品配备的资金投入。

（6）挪用或挤占安全生产费用。

（7）将安全生产费用转嫁给劳务队伍承担。

（8）安全生产费用计量凭证（发票）及使用情况证明照片、影像等有弄虚作假。

7.6 绿色环保

7.6.1 背景及建设思路

党的十八大首次把"美丽中国"作为生态文明建设的宏伟目标，把生态文明建设摆上了中国特色社会主义"五位一体"总体布局的战略位置。品质工程建设紧跟生态文明建设要求，坚持生态优先，绿色发展，把生态环境保护摆上优先地位，重视生态文明建设，在工程设计、施工、运营期间实现沿线生态环境保护。

随着我国的建设发展，自然环境、土地资源对建设工程的影响越来越突出，公路建设对绿色环保的要求也越来越高，国家对自然环境的保护越来越重视。因此，在工程建设时，必须将绿色环保的理念贯穿其中，积极打造绿色环保工程。品质工程在绿色环保方面的要求主要分为生态环保、资源节约和节能减排三个方面。生态环保包含生态环境保护和监测两项内容，针对因施工造成的破坏进行修复，精细化管理施工，减少废水、弃渣、扬尘、油污等对周边环境的污染，并针对生态敏感区开展监测工作。资源节约包含节约用地与再生利用两项内容，因地制宜采取措施减少耕地及农田占用，重视临时用地恢复，充分利用废料，实现资源再生利用。节能减排包含节能措施与减排措施两项内容，施工建设期间采用节能技术、产品、设备和清洁能源，合理控制能耗。

7.6.2 绿色提升

本项目结合品质工程在绿色环保方面的要求，深入落实并研究生态文明保护工作的开展方式，从生态环保、资源节约、节能减排的角度出发，采用相关措施实现绿色环保。

在生态环保方面，首先，开展隧道沿线生态资源保护工作，以实现对沿线动植物资源、水土资源的保护；其次，采用污水净化设施对沿线生活、施工废水进行处理；最后，针对工程建设期间环境破坏进行修复，达到绿色环保。

在资源节约方面，一方面重视资源节约利用，另一方面强调自然资源再生利用。通过土地资源合理利用规划，结合"永临结合"设施，实现对土地资源的节约利用；结合项目沿线表土资源、水资源的分布及使用情况，开展再生利用研究工作，实现了珍贵资源利用效率的最大化。

在节能减排方面，从能源节约和减少排放的角度出发，针对性开展研究工作。在能源节约方面，使用节能设备；在减少排放方面，采用合理的污水处理措施，污水经处理后再排放，最大限度地降低对环境的污染。

深入贯彻落实品质工程的相关要求，在品质工程要求的基础上积极探索，加强隧道沿线生态环境保护，坚持人与自然和谐相处，统筹沿线资源利用，实现资源节约利用，创新节能减排措施，落实优质工程举措。结合交通运输部、生态环境部、建设单位等主管部门对绿色环保工程建设的要求，从生态环保、资源节约、节能减排、人与自然协调发展等几个方面出发，对先进做法及经验进行总结和提炼。

7.6.3 生态环保

生态环境资源是人类生存与发展不可或缺的一部分，应时刻得到保护与利用。我公司按照绿色发展理念，对隧道沿线的原生植被资源、动物资源、水源以及其他生态敏感区、保护区，坚持保护为先、利用为辅，采用环保设计方案，实现了对生态环境的保护，减少了自然资源的消耗，将隧道建设成绿色之路、生态之路、可持续发展之路。

7.6.3.1 生态植物资源保护

植被是陆地生态系统的重要组成部分，是陆地生态平衡的主体。项目施工建设时，往往直接将沿线植被随意砍伐，不加以使用，造成了严重的资源浪费，同时对沿线绿色资源造成了严重破坏。为避免项目沿线绿色资源的消失，我公司坚持绿色环保工程建设的要求，结合现场林木覆盖情况，积极推动树木移植培育保护工作，并对建设范围之外的绿色资源建立"生态红线"保护区，制定严格的生态破坏处罚制度，以减少因施工不当对绿色资源的影响。树木移植培育工作和"生态红线"保护区建设的开展，不仅产生了较好的经济效益，同时也带来了无价的生态效益，最大限度地降低了对当地自然环境的破坏，实现了对沿线动植物资源的有效保护。

（1）原生树木移植

原生树木移植保护工作是指在施工清表过程中，将红线范围内有价值的树木移植到培育基地进行培育，待到项目进行景观绿化施工时，再将树木移栽到隧道两侧等地。原生树木移植保护工作具有较好的经济效益、生态效益和社会效益。其中在社会效益方面：

1）保护了原生生态资源：将红线内的原生大树进行保护性移栽，并应用于绿化工程中。不仅减少了外购大规格苗木的数量，节约工程造价，而且避免项目影响区内原生大树的清理砍伐，保护了生态资源。

2）提高了项目绿化景观质量：将原生大树用于绿化工程，不仅能够避免植物对该地区环境的不适应，同时能够以最快、最经济的方式打造生态环保的优质景观路。

3）具有推广应用价值：作为一种先进的环保理念，原生大树移栽完全符合国家推行的"资源节约型、环境友好型"可持续发展战略要求，在公路、铁路、城市绿化等诸多重大工程中具有广泛的推广应用价值。

为了更好地保护具有一定价值的原生树木，对项目沿线生态植被资源的品种、类型、生长习性等进行了细致调研，通过与林业管理单位、相关科研单位交流，确定植被资源对生态环境的影响效应，根据现场调研和分析，稳步推进树木移植培育工作，实现了原生树木生命的延续和植被资源的保护。

（2）生态红线保护

生态保护红线所包围的区域为"生态红线"保护区。生态保护红线的实质是生态环境安全的底线，目的是建立最为严格的生态保护制度，对生态功能保障，环境质量安全和自然资源利用等方面提出更高的监管要求，从而促进资源环境相均衡、经济社会生态效益相统一。

江苏省自然资源丰富，建设项目沿线条件复杂，项目施工沿线涉及大量生态环境保护区、珍稀动植物物种保护区以及水源保护区。在项目实施过程中，必须采取有效可行措施以减少对当地动植物的影响，始终坚持"不破坏就是最大的保护"的指导方针，生态保护从项目建设前期开始着手，从设计、施工以及后期养护管理角度出发，设置"生态红线"保护区，减少对原始自然生态的干扰，实现人与自然的和谐统一。

在施工场地之外设置项目级"生态红线"保护区，对非建设区域以合理的方式实施保护，制定严格的检查与处罚制度，将生态环境的保护列入考核指标。通过设置"生态红线"保护区，降低了现场施工对已有自然环境的影响。

7.6.3.2 沿线水土资源保护

建设过程中会不同程度地扰动原地貌，使其原有的水土保持设施功能降低或丧失，若不及时采取有效的水土保持防治措施，就会造成人为水土流失现象的加剧，增加水土流失面积和流域输沙量，对周边区域的生态环境及水土资源的可持续利用造成不良影响。水土资源保护是指针对自然因素或人为活动造成水土流失而采取的预防和治理措施。目前，水土保持方法主要由3大类措施组成：水土保持农业技术措施、水土保持林草措施和水土保持工程措施。

项目围绕水土保持方法进行积极探索，始终重视水土保持工作，从优化施工工艺，减少对土体开挖，水资源收集并循环利用，采用工程措施与林草措施恢复破坏区域等方面着手，实现水土资源保护的目标。在水土保持方面将工程措施与林草措施相结合，有效地控制了项目沿线的水土流失，极大地降低了对沿线自然环境的干扰，实现了对原有生态环境的恢复，提高了生态效益。

（1）扬尘污染控制措施

① 施工现场主要道路100%进行硬化处理，土方集中堆放。裸露的场地和集中堆放的土方应采取覆盖、固化或绿化措施。

② 施工现场由专人负责环保工作，配备相应的洒水设备，及时洒水，减少扬尘污染。

③ 施工现场设置密闭式垃圾站，施工垃圾、生活垃圾分类存放。施工垃圾清运时提前洒水，并按规定及时清运消纳。

④ 土方、渣土及施工垃圾运输，必须使用密闭式运输车辆。

⑤ 施工现场设置洗车池和冲洗车辆设备，出场时必须清理干净。同时设置沉淀池，废水不能直接排入污水管网，经二次沉淀后循环使用或用于洒水降尘。

⑥ 铣刨作业时，采用冲洗等措施，控制扬尘污染。

⑦ 遇四级以上大风天气，不进行土方回填、转运以及其他可能产生扬尘污染的施工。

（2）噪声污染控制

施工期间严格执行《声环境质量标准》GB 3096—2008的有关规定。

① 施工现场的电锯、电刨、大型空气压缩机、施工机械等强噪声设备要搭设封闭式机棚，尽可能设置在远离居民区的一侧，减少噪声污染。

② 本项目存在大量的必须连续作业项目，需要在22时至次日6时期间进行施工。需要提前报请相关主管部门批准后，方可进行夜间施工，并向附近居民公告。

③ 进行夜间施工作业的项目，采用隔声布、低噪声振捣棒等，最大限度减少施工噪声。

④ 夜间材料运输的车辆，进入施工现场严禁鸣笛，装卸材料做到轻拿轻放，最大限度减少噪声扰民。

⑤ 施工现场进行噪声监测，噪声值不超过国家及江苏省南京市的相关标准。

(3) 水土污染控制

① 油类、漆料等化学品不得堆置于河流、鱼塘、湖泊及饮用水井附近，须备有够遮盖的帆布，防止雨天化学品随雨水进入水体。

② 收集和处理施工过程中产生的污水，防止其直接流入河流。

③ 施工现场设置的临时厕所化粪池应做抗渗处理。

④ 生活污水经处理达到排放标准后，方可排入市政管网。

⑤ 施工现场食堂，设置简易有效的隔油池，指定专人定期掏油。

(4) 有害气体排放控制

① 施工现场严禁焚烧各类废弃物。

② 施工车辆、机械设备的尾气排放应符合国家规定的排放标准。

(5) 施工固体废弃物控制

① 施工中减少施工固体废弃物的产生，及时对固体废弃物进行全部清除。

② 施工现场安排专人清扫垃圾，并按规定及时清运消纳。

7.6.3.3 生态敏感环境区保护

生态敏感环境区是指那些对人类生产、生活活动具有特殊敏感性或具有潜在自然灾害影响，极易受到人为不当开发活动影响而产生生态负面效应的地区。由于生态敏感环境区生态条件往往比较脆弱，一旦遭到破坏较难以恢复，因此项目建设若涉及生态敏感区，应根据生态敏感区具体情况，结合项目施工自身特点，采用路线规避、优化施工工艺等方式减少对生态敏感区的干扰。本项目途径水源保护区——十里长河。

为了保护十里长河及周边生态环境，对施工方案进行适当优化调整，调整后绝不在十里长河设置吸水点及排水点，最大程度减小工程对水源保护区的影响。

7.6.3.4 生态环境保护设施

(1) 降噪设施

声环境的保护对于沿线居民、动植物的生存和正常生活具有重要的意义。施工噪声将对动植物的生存及生活造成严重的影响，甚至危及其生命。为实现对沿线声环境的保护，我公司在施工场界对噪声进行实时监测与控制。使用低噪声、低振动的机具，采取隔声与隔振措施，避免或减少施工噪声和振动。同时结合当地文化特色和服务理念，设置符合当地特殊的施工围挡，以减少噪声对沿线居民的影响。

(2) 污水净化设施

如果污水不加处理，直接排入市政管网，将会产生极大的负面影响。我公司用于污水处理的设施为沉淀池以及污水处理设备。

沉淀池是利用重力沉降作用将密度比水大的悬浮颗粒从水中去除的处理构筑物，是污水处理中应用最广泛的处理单元之一，可用于污水的一级处理、生物处理的后处理以及深度处理。

生活区生活污水处理的实质是利用各种手段和技术将废水中的污染物分离出来或转化为无害物质，从而使污水得以净化。主要方法是物理、化学和生物处理法。我公司结合实际区域特点，选择恰当的位置设置沉淀池，进行污水处理，在生活区采用一体式污水处理设备进行污水处理，提高了水资源的利用效率。

7.6.4 资源节约

7.6.4.1 水资源

雨水资源和建设用水的收集与再利用可有效缓解水资源紧张的问题。雨水资源化、建设用水经处理后再利用可直接解决施工现场及生活区的用水问题，同时有效提高水资源的利用效率。自然资源再次资源化和水资源二次利用技术符合资源节约型、环境友好型社会建设的要求，值得推广和鼓励。

（1）雨水资源再利用

项目部根据当地地形、地势、气候、植被等自然环境特征，制定方案以实现水资源的回收利用。本项目所处地区属于亚热带季风气候区，全年气候温暖，光照充足，水资源丰富，年平均降雨量为1047mm。项目部采用了雨水收集方式实现雨水资源化，解决了绿化养护用水的问题，并且在生活区采用一体式污水处理设备，将生活污水回用处理，经该系统处理后的污水可用于冲厕、绿化灌溉。雨水收集利用不仅改善了服务区的水环境和生态环境，还改善了区域小气候，实现了项目部水资源的可持续发展。

（2）水资源循环利用

施工现场使用泥水分离设备，可实现水资源的循环利用，提高水资源的利用效率，进一步优化水资源的利用方式。

施工过程中主要的泥浆水为隧道管廊围护结构和地基加固施工泥浆水，项目部将产生的泥浆暂时存放于泥浆池中，随后经过泥水分离机，在泥浆分离机内经过处理后排出，排放到指定处循环利用。

项目施工期生产废水经处理后回用于施工场地洒水防尘，合理利用了水资源，从而达到了节约用水、环保施工的目的，分离后的泥块经处理后便于处理和填埋；施工生活污水经地埋式一体生化处理设施处理后可用于农田灌溉。

7.6.4.2 土地资源

开展沿线土资源保护工作，提高水土保持与植被修复成效，不仅能够保障区域生态安全，而且对于建设一条绿色、环保的生态隧道具有重要的意义。

项目部根据施工规模及现场条件等因素合理确定临时设施（临时加工厂、现场作业棚及材料堆场、办公生活设施等）的占地指标。临时设施的占地面积应按用地指标所需的最低面积设计，布置二层及以上临时驻地。合理规划用地面积。在原有道路上修筑施工便道，有效节约了占地面积。

7.6.5 节能减排

节能减排是关系交通运输行业生存发展，关系全面建设小康社会的全局性、战略性问题，是促进交通运输发展方式转变的有效途径，是交通运输行业面临的长期任务，也是我国政府对国际社会做出的郑重承诺。为实现上述目标，交通运输部鼓励全行业做到"五个结合"，即节能减排要与发展现代交通运输业相结合，与交通运输结构调整相结合，与强化行业管理相结合，与推广科技创新相结合，与完善交通运输发展政策相结合。

采用节能技术、产品、设备和使用清洁能源，取得了明显的节能效果。例如，在施工组织设计中控制车辆、机械、设备能耗以及采取合理的减排措施,较好地降低了工程成本和对大气环境的影响。在公司的领导下和业主的要求下,坚持把建设绿色环保工程作为项目建设的一个重要方向,积极推广使用先进适用的环保、节能技术措施、环保材料、环保产品、节能产品,取得了显著的成就。

国家发展和改革委员会发布的《节能低碳技术推广管理暂行办法》,针对节能技术和低碳技术的内涵给出了明确的定义:节能技术是指促进能源节约、集约使用,提高能源资源开发利用效率和效益、减少对环境影响,遏制能源资源浪费的技术。节能技术主要包括能源资源优化开发技术,单项节能改造技术与节能技术的系统集成,节能型的生产工艺,高性能用能设备,可直接或间接减少能源消耗的新材料开发应用技术,以及节约能源,提高用能效率的管理技术等。低碳技术是指以资源的高效利用为基础,以减少或消除二氧化碳排放为基本特征的技术,广义上也包括以减少或消除其他温室气体排放为特征的技术。

节约资源是我国的基本国策,国家实施节约与开发并举、把节约放在首位的能源发展战略,符合经济社会可持续发展的要求。项目部鼓励积极探索清洁能源在建设工程中的应用方式,针对如何提高能源利用效率和降低环境污染,如何将环境保护和工程建设要求相结合提出了更高的期望。项目部通过与相关科研、企业单位合作,就清洁能源的应用和降低环境资源的消耗开展了一系列科学研究,并将其研究成果应用于实际工程中,取得了良好的效果。这从根本上提高了能源的利用效率,同时降低了经济和生态成本,实现了对环境的保护。

(1)厉行节约用电。项目部从节约每度电做起,堵塞浪费漏洞。不仅杜绝长明灯,白昼灯情况的出现,还要加强用电设备管理。使用电脑、打印机、复印机等办公自动化设备时,要求尽量减少待机消耗,长时间不用和下班后要求及时关闭。每月张贴用电量,具体到每间每户,限额使用。

(2)临时用电优先选用节能电线和节能灯具,临电线路合理设计、布置,临电设备宜采用自动控制装置。采用声控、光控等节能照明灯具,采用时控的方式进行项目部日常生活的照明。

(3)照明设计以满足最低照度为原则,照度不应超过最低照度的20%。

(4)加强节约用水。加强用水设备的日常维修管理,养成随手关自来水龙头的习惯,防止滴漏,坚决杜绝长流水现象的发生。司机冲洗车辆一律使用自备水桶和清扫工具作业,禁止使用高压清洁水冲洗车辆。这些措施最大程度上降低了水资源的使用量。拌合站内设置三级沉淀池、洗车池,一方面对搅拌站废水进行沉淀处理后排放,另一方面防止进出车辆污染原材料和社会道路。洒水车、雾炮机的水源来源于地下降水,从本质上做到物尽其用。

(5)合理利用公车。项目部用车实行统一管理,办公室派车考虑是否顺路,尽量做到多人同行,减少多辆车同时出动的情况。短距离公务外出尽量步行或骑自行车,现场施工技术人员上下班均提供补贴使用电动车,加强车辆使用管理,实行车辆定点定车加油,单车燃油消耗登记等制度。加强车辆日常保养,对发现的一般性问题和故障,要及时排除,尽可能减少人为因素造成的损耗。

(6)大力控制办公用品消耗。逐渐转化为无纸化办公,利用指挥部提供的"横江大道 APP"充分发挥办公自动化优势，有效利用电子公文传输系统收发文件，与监理单位及业主单位的资料交流均通过线上文件管理系统进行，有效减少了消耗纸张数量；办公用纸双面打印或重复利用，草拟文件一律使用单面废弃纸张。打印机、复印机的墨粉用完后，重新灌装，重复使用。对每一种办公用品都实行登记领用制度，严禁浪费。

7.7 软实力

7.7.1 素质提升

建设知识型、技能型、创新型劳动者大军是推动发展转型升级的重要支撑。转型要升级，关键靠人才，根本在人才。打造公路精品，需要重视人才培养和队伍建设，促成专业、诚信的从业者在公平公正，统一开放，竞争有序的市场中茁壮成长。客观方面，公司底子薄，优良资产少，经济效益差；主观方面，管理和技术人员紧缺且来源复杂，需要磨合，两重双难一直困扰着公司。

为了打破困局，项目部牢牢把握人才这一资源，贯彻落实以人为本的发展理念，通过重视人才队伍建设，推动开展技术创新，提升核心竞争力。一方面，重视从业人员合法权益的管理和保障，推动农民工向专业化产业队伍的转变。另一方面，加强劳务人员专业技能培训、建设管理人员素质培养和继续教育，拓宽从业者职业发展空间。

7.7.1.1 企业人才培养

我公司以海纳百川的胸怀，以开放包容的心态，集聚各种专业管理背景的人才。项目部拥有员工 63 人，其中高级工程师 5 人、工程师 9 人，助理工程师 20 人。在这一发展过程中，从不同层面推出多项举措，降低人才进入门槛，拓宽人才上升渠道，搭建集成创新平台。

在个人成长发展方面，通过创造有利条件促进员工和企业的和谐发展，共同成长，给予员工家庭般温暖的关爱和关怀，在感情上为员工的成长提供鼓励和支持；通过完善薪酬激励体系，建立绩效管理制度，提供培训和发展机会，强化员工的知识、技能和能力，激发员工的理想、热情和创造精神，改进员工的行为、业绩和服务，使人力资源成为公司可持续发展的核心竞争力之一。

在人才集聚效应方面，公司综合考虑不同人才的专业技术工作经历，按专业特点和以老带新的原则，组建了多个专业的技术小组，以统筹现有优秀专业技术人员，发挥好技术小组的技术支撑保障作用，从而推进项目建设。专业小组的工作任务是发挥各自专业优势，立足本职岗位、服务公司全局。专业小组成立以来，对公司所属项目建设过程中的重大技术方案、重大工程问题处理、关键技术难点等提供了过程咨询和技术支持，适时向公司提交了有关技术管理建议或提案等，很好地引领各项目开展质量问题的事前预判，预防和预控，强化现场专业问题的事中事后处理、处置，达到了预期目的。

7.7.1.2 工匠集群培育

当前，我国正处在从交通大国向交通强国迈进的关键时期，培育和弘扬严谨认真、精益求精追求完美的工匠精神对于建设交通强国具有重要意义。为此，要以树匠心育匠人、出精品为抓手,大力弘扬工匠精神,为推进交通运输行业的"品质革命"提供源源不断的动力。

树匠心是践行工匠精神的根本。工匠精神,匠心为本。有没有工匠精神,关键是看有没有一颗安于默默无闻,执着追求卓越的匠心。树匠心,就要坚守初心、执着专注,秉持赤子之心,摒弃浮躁喧嚣,在本职岗位上坐得住,做得好,做到专心专注,追求至精至善,将产品的每个细节都尽可能做到极致。树匠心需要良好的社会文化环境,尊重劳动、尊重知识、尊重人才、尊重创造成为社会共识,才能让工匠精神薪火相传,发扬光大。

育匠人是传承工匠精神的基础。工匠精神,匠人为基。广大技能人才是工匠精神的主要传承者、实践者、创新者。拥有一支技艺超群、敬业奉献的交通建设技术人才队伍,是建设交通强国的坚强保障。只有培养大批专业人才,才能有力支撑交通强国建设。培育专业人才既要激发其内在动力,又要构建有效激励机制。应在健全制度、落实措施方面做好顶层设计,建立健全培养、考核、使用、待遇相统一的激励机制。

出精品是践行工匠精神的目的。工匠精神,精品为重。精品就是优质产品。习近平同志指出,要弘扬"工匠精神",精心打磨每一个零部件,生产优质的产品。出精品要以精益求精的追求,从创新上找动力,在产品和服务两方面下苦功。在产品方面,应注重改进施工工艺,保障公路工程内在质量。当前,应严格执行工序标准,加强从人员进场、原材料供应、机械设备报验、隐蔽工程验收到资料收集的过程管理。在布局工匠集群培育方面,主动提高站位,以班组规范化管理为抓手,按照现代产业工人要求,与时代发展同步,与行业发展同行,促进劳务工人向从业工人转变,将劳务作业层纳入用工企业的一体化管理,打造一批追求工程极致的产业工人和工匠队伍,造就一支支技术精湛、作风过硬的不同专业的产业工人队伍,用行动践行以"精益求精、追求极致"为特征的工匠精神。

积极落实班组规范化管理制度。在实际工程建设过程中,要求各施工单位、施工班组进场后,加强实名制管理,及时建立或补充完善对应的人员实名制花名册。同时,主动探索以信息化管理手段为媒介的班组实名化管理制度,进一步提升班组管理水平。例如,项目部使用了智能劳务工管理系统,可对各分包队伍的劳务工建立档案信息,进行劳务工资料登记录入(包括身份证信息、进场信息、联系方式等),并采用面部考勤机采集人脸信息建档与平时考勤核对。

为打造品质工程,大力弘扬工匠精神,全面推进工匠集群培育,调动一线工作者的积极性和创造力,激励广大施工作业人员大干快上的施工热潮,以崇尚质量、精益求精、匠心建造的"工匠精神"在项目上开展"优秀技工""最美班组""最美工匠"等评选活动,并对获奖班组和个人给予物质奖励并授予相关荣誉证书。同时,项目部定期举办劳动技能竞赛,比如钢筋焊(连)接技能比武、测量技能比武、电工技能比武及安全知识竞赛等,在技能比赛中邀请施工人员、现场试验人员代表进行现场实际技能操作及评比,并对获奖人员和团队发放获奖证书和奖金等。这些举措极大地提高了工人的施工热情,提高了班组施工的专业水平,使得工程实体质量得到提高。

班组文化建设对于培养班组成员爱岗敬业、积极进取等精神有着至关重要的作用。以员工积极参与为原则,培养员工服务奉献,争创一流的精神,引导员工树立诚实守信、奉献社会的良好职业道德风尚。为此,项目部采取了多样的文化建设形式和方法,体现企业和项目对员工的关怀,例如:充分发挥亲情感染作用,设立定时沟通机制,关心班组提出的需求和问题，并提供适当的帮助，与班组成员团结一致，共建品质工程；充分展现作为项目主体的担当作用，借助节假日等时机，举行关爱工友、慰问群众的送清凉、送温暖、集体生日会、节日慰问祝福等活动，春节期间对背井离乡的工友派送爱心车票，组织工友免费参加体检等，充分联动班组成员，打造和谐团队，促进班组文化的健康发展。

7.7.2 培育品质工程文化

7.7.2.1 理念

（1）坚持以人为本，树立安全至上的理念

在建设工程中体现"以人为本"的要求，就要改变"建设就是发展"的传统观点，坚持把"用户需求置于公路工作的核心"，树立"用户第一，行者为本"的新理念，把不断满足人们的出行需求和促进人的全面发展，作为交通工作的最终目的。

在人的诸多需求中，安全是首要因素。改善公路线形，完善交通设施，对预防交通事故，提高行车安全具有积极作用。在工程设计中，勘察设计工作应综合考虑公路功能、行车安全、自然环境等因素，既要坚持地形选线、地质选线，更要做到安全选线；既要充分考虑公路设施的自身安全和运营安全，又要消除公路事故多发点和安全隐患；要尽量采用改善平纵线形的措施，从根本上解决行车安全问题，尤其要对长陡纵坡行车安全问题给予足够的重视。

（2）坚持人与自然和谐，树立尊重自然、保护环境的理念

在公路建设过程中，要树立"不破坏就是最大的保护"的理念，坚持最大限度地保护最低程度地破坏，最强力度地恢复，使工程建设顺应自然、融入自然。要把工程防护与生态防护结合起来，把设计作为改善环境的促进因素，摒弃先破坏，后恢复的陋习，实现环境保护与公路建设并举、公路发展与自然环境相和谐，努力建成环保之路、景观之路、生态之路。

（3）坚持可持续发展，树立节约资源的理念

公路建设决不能以浪费土地、破坏资源环境为代价。要坚持"统筹规划、合理布局、远近结合、综合利用"的原则，正确处理适当超前与可承受能力的关系，合理利用线位资源，确定合理的路线方案，避免重复建设或工程衔接不合理造成的资源浪费；合理确定建设规模，以满足功能为主要目标，不片面追求不符合实际需要和经济能力的高标准，不建盲目追求政绩的形象工程；合理确定建设方案，能利用老路进行改扩建的不要新建，确需新建的要尽量避免占用耕地良田。在满足功能要求的前提下，合理采用技术指标。

（4）坚持质量第一，树立让公众满意的理念

公路规划及勘察设计阶段要充分考虑区域社会经济的发展要求，从实际出发，尽可能满足绝大多数人民群众的利益要求。公路选线应尽量避开村镇和环境敏感建筑物，尽量避免由于公路阻隔影响居民往来，农耕和水资源利用，尽量避免大规模的拆迁安置，并要充分体现国家安置补助政策。农用通道要保证排水通畅、使用方便。

（5）坚持合理选用技术指标，树立设计创作的理念

要正确理解和执行标准、规范，切忌不分强制性标准还是推荐性标准，照抄照搬。要加强总体设计工作，充分考虑地区之间，不同地理条件之间的发展差别和不同情况，坚持针对工程项目所处的自然、地理、地质条件的特点，尊重每一个区域的特殊性和差异性，

在满足安全性、功能性条件下，通过对工程方案和技术经济等方面进行比选，科学确定技术标准，合理运用技术指标。同时，要以追求自然、朴实为导向，强化景观设计。

（6）坚持系统论的思想，树立全寿命周期成本的理念

要树立全寿命周期成本的理念，在可能的条件下，宁可先期投入大一些，也要减少后期养护费用，延长使用寿命，从而减少交通干扰，提高综合服务能力。另一方面，要坚持从国情出发，从实际需要出发，不盲目追求力所不能及的高指标、高要求，继续倡导科学合理的经济设计理念，用好建设资金。要增加成本意识，采用合理的工程规模、技术标准和建设方案，在确保安全和使用功能的前提下，努力降低工程造价，节约工程投资。还要积极采用新材料、新工艺、新技术、新设备，通过提高技术含量，达到最佳的技术经济效益。

7.7.2.2 党支部建设

1. 思想文化建设情况

（1）加强意识形态教育，认真做好应急工作

项目部党支部按照相关制度规定配合公司党委加强信访维稳制度建设，根据党组织实际工作情况，为做好信访事件接待及突发事件处置工作，建立了信访维稳工作领导机构，成立信访事件工作领导小组，严格执行公司信访工作制度，建立信访维稳突发事件工作预案，定期做好矛盾排查，按时填报信访线索统计月报表，切实做到小事不出单位，大事不出集团，信访有接待，上访有答复，专案有负责，诉求有反馈，事后有回访。截至目前，我支部尚未出现信访事件和负面事件。

（2）强化政治理论武装，推进思想政治工作建设

认真学习贯彻习近平新时代中国特色社会主义思想，教育引导广大党员干部增强"四个意识"、坚定"四个自信"、做到"两个维护"，强化思想政治理论武装，持续开展"两学一做"学习教育活动，按照年度学习计划安排，采取自学、集中学习、座谈讨论相结合的方式组织党员开展学习。截至 2020 年 11 月，我支部累计组织党员集中学习 12 次，座谈讨论 2 次，包括党章党规党纪、党的十九大精神、习近平总书记系列重要讲话精神、党和国家的路线方针政策以及公司党委要求的文件资料等学习内容，并坚持在组织学习中做到有计划、有资料、有记录，使党员加深对党的路线、方针、政策的理解，树立正确的世界观、人生观、价值观，全面增强党员干部党性意识，不断锤炼硬朗作风。

在加强思想理论武装的同时，项目部党支部严格贯彻落实思想文化宣传工作，认真执行基层党组织思想政治工作制度，围绕公司建设发展大局，严格落实上级要求的内宣外报工作，截至 2020 年 11 月，上报公司内部宣传稿件 42 篇，南京市公建中心外部宣传稿件 1 篇，包含重点工程建设、特色亮点、技术应用、先进典型等多方面宣传内容，坚持内聚人心、外塑形象，加强正面宣传，弘扬主旋律，传播正能量，充分发挥鼓舞人心和激励人心的重要作用。

2. 基层党组织建设情况

（1）严格选人用人程序，激发基层组织队伍活力

按照新形势下基层党组织建设的要求，项目部党支部从加强制度建设入手，扎实推进党支部规范化建设，于 2020 年 8 月完成了党支部的换届选举工作，产生了新一届支委会，

以便更好地开展支部建设和组织生活。

项目部党支部还积极参与总公司各项培训班，加强项目部中层干部人员队伍建设，大胆培养选用优秀年轻职工，突出事业为上、以事择人，在选人用人过程中，通过集体研究和民主决策，选拔出经过实践考验的高素质优秀年轻干部，多名"90"后青年职工进入中层干部序列，激发队伍活力。

（2）完善组织制度建设，丰富基层组织生活内容

项目部党支部认真执行组织生活会、"三会一课"等多项工作制度，认真落实"一岗双责"责任制，切实履行支部书记第一责任人职责，班子成员带头履行抓党建的工作责任，坚持做到党建工作与业务工作一起研究部署、一同推动落实，真正形成责任明确、齐抓共管的党建工作格局。在施工紧张过程中依然重视基层党建工作，坚持重视生产也重视党建的工作态度，将各项工作按规矩执行、按要求落实。

在公司党委的正确领导和项目部全体职工的共同努力下，我支部被公司党委评为2020年度"先进基层党组织"、2020年度"星级支部"、2019年度"优秀集体"，在参加的南京市公建中心2019年度劳动竞赛中，荣获"南京市五一劳动奖状"称号。

除此之外，项目部党支部严格规范党务各项工作，加强党支部档案管理工作，做好会议材料、组织生活记录、党员档案的规范管理；规范并做好党费收缴工作；认真做好党员发展和管理工作，确保把政治标准放在首位，严把党员入口关，发展预备党员和接收入党申请书两不误，积极发展壮大党员队伍，吸收优秀青年加入党组织。

项目部党支部通过加强组织生活的各项建设，提高了党员参与组织生活的积极主动性，更好地教育和激励全体党员坚定理想信念，坚持不忘初心、牢记使命。

3. 党建带群建工作情况

（1）坚持党建带工建，工建促党建

项目部党支部强化工会规范化建设，成立工会小组，配备兼职工会人员，完善职工入会信息；设置企务公开栏和职工意见箱，按规定实行企务公开，切实保障职工切身利益。

项目部党支部认真落实公司工会的相关规定，努力做好群众性经济技术创新工作落实，积极成立创新工作室，努力推进创新工作取得成效；建立职工小家，丰富"党员活动室"建设内容，组织职工积极参与文体活动，精心打造成为学习教育的课堂、沟通交流的平台和精神建设的家园。在总公司工会的指导下，于2020年9月组织开展了"不忘初心 薪火相传项目部横江大道建设工程导师带徒暨青年员工交流会"活动，充分发扬"传帮带"精神，帮助青年职工获得成长、一展才华、实现人生价值。

（2）落实以党建带团建，发挥共青团重要职能作用

项目部重视青年团员的教育培养工作，组织团员学习习近平新时代中国特色社会主义思想和党的十九大精神、学习团章团史和企业文化等，鼓励团员青年为企业发展贡献青春力量。

在深化"推优入党"工作中，2020年发展的党员同志严格按照相关工作程序进行团员推优入党；围绕企业中心工作，成立项目管理型青年突击队，鼓励青年志愿服务活动。在疫情防控和复工复产工作中，两名青年团员主动放弃春节休假，坚守项目驻地一线，为疫情防控和推动复工复产贡献力量，获得公司党委表扬；在夏季汛情来袭，南京发布红色预警情况下，团员青年主动报名参与抗洪抢险任务，多次赶赴受灾社区，深入防汛一线，

圆满完成防汛抢险任务,我项目部获得驻地社区政府表扬,切实的发挥团员青年生力军作用。

2020年项目部党支部全面从严治党工作取得了实际成效,但我们仍存在很大的进步空间,还需要领导班子和全体职工的共同努力,继续巩固党建工作成果,使基层党建和生产经营紧密结合、相互促进,全力推进全面从严治党向纵深发展。

附录1

项目具体任务分解

序号	重点工作	业主工作要求	具体任务分解	责任单位或责任人
一、工程管理创新行动					
1	规范项目管理体系	深入推行现代工程管理,引导专业化管理、专业化施工,鼓励施工人员技能专业化	明确单位应定期进行技能培训和考核的要求	办公室
			落实单位管理的办法和施工专业分包办法	
2	建立项目首席质量官制度	设立项目首席质量官	按项目首席质量官管理办法,组织首席质量官培训和考核	首席质量官
			严格执行项目首席质量官制度	
3	深入推进工程标准化建设	继续开展施工标准化活动,重点交通工程项目80%以上实现施工标准化,构造物装配化施工比例达到30%以上	按照相关行业要求,落实施工标准化指南及考核办法	工程部
			推动工厂化生产、装配化施工,落实施工班组实名制	
二、工程质量控制行动					
4	严格落实工程质量责任	健全工程质量责任体系,严格执行工程质量终身制	明确质量管理体系,提出单位质量责任清单,落实质量终身制的具体措施	质控部
5	推进工程质量诚信管理	建立企业、从业人员信用评价结果的关联管理机制	落实失信企业及从业人员处理办法和惩戒措施	
6	落实优质优价和合理工期管控制度	建立合理品质工程专项费用确定机制和合理工期保障制度	落实优质优价、合理工期招标范本技术要求,以及专项审核要求	
7	强化工程质量检验检测	建立第三方质量检测制度,加强试验检测过程管理	落实第三方独立检测、巡检管理制度,明确第三方检测、巡检的资质要求、检测流程、职责及惩罚措施等要求	
8	健全质量通病治理长效机制	总结以往经验,提出质量通病长效机制,落实具体措施	强化项目风险源辨识、评估、风险的管理,加强对关键结构、隐蔽工程的检测,开展通病治理工作	
			推行班组首次作业合格确认制度,开展QC小组、小发明、微创新等活动	
三、科技信息集成行动					
9	推广"四新技术"	推进"四新技术"应用,发布清单和技术成果	重点推进长寿命建设技术、绿色施工技术、智能化施工技术、全周期的检测和监测技术	工程部、技术部
10	实施成套关键技术攻关	研究交通建设中需要的成套关键技术,组织攻关,形成成果	推进成套关键技术的研究和应用	
			落实成套技术攻关的相关激励措施和成果推广的政策	

续表

序号	重点工作	业主工作要求	具体任务分解	责任单位或责任人
11	建立项目全过程的信息化体系	使用信息化现代技术，实现项目全过程的信息化管理，形成工程质量"信息档案"	建立交通建设项目的统一数据库	工程部、技术部
			落实"智慧工地"建设要求	工程部、技术部、安全保卫部、环保部
12	推进BIM技术应用	加强BIM技术开发；提出BIM发展激励措施，实现重点项目应用比率达30%	在工程的隧道、管廊、重要节点的施工过程中使用BIM技术，提出BIM技术在各阶段应用要求	工程部、技术部
四、绿色安全保障行动				
13	实施绿色交通建设	倡导绿色建设理念，制定建设指南，开展绿色示范工程项目建设	按照公路绿色发展指导意见，开展绿色建设示范项目创建	办公室、安全保卫部、环保部、物资设备部
14	完善工程安全管理体系	建立全过程、全领域的双覆盖"网格化"安全生产管理体系，安全风险分级管控与隐患治理"双控"预防体系，提高应急处置能力	执行安全风险管控管理办法、隐患治理管理办法、应急运行管理办法及重大安全风险、重大事故隐患清单，完善应急处置机制	
15	开展施工安全标准化建设	推行安全防护设备设施工具化、定型化、装配化，促进安全生产标准化建设的规范化和制度化，提升本质安全	按照安全防护设备设施相关规范，明确安全防护设备设施范围、质量要求、相关责任主体单位等	
			督促建设单位严格落实安全防护设备设施相关规范中的相关要求	
16	深化"平安工地"创建	加强"平安工地"过程管理，巩固"平安工地"建设成果	根据"平安工地"考核评价管理办法，积极开展"平安工程"建设	
五、发展环境优化行动				
17	深化品质工程理念和文化	弘扬"工匠精神"，提升"品质理念"	开展品质工程创建活动宣贯；开展知识讲座、文化竞赛；积极申报各项奖项；通过典型培树，弘扬工匠精神	办公室、安全保卫部、环保部、质控部
18	提升从业人员专业素质	开展专业管理人员素质提升活动，建立技术工人培训考核制度	引进和培养综合型高素质工程管理骨干人才	办公室、工程部、技术部、安全保卫部、环保部、质控部
			完善管理人员岗位培训考核制度和办法，明确人员岗位培训考核主体、培训考核内容、奖惩措施等	
			开展职业技能竞赛	

续表

序号	重点工作	业主工作要求	具体任务分解	责任单位或责任人
19	执行品质工程评价标准与技术政策	执行交通运输部及江苏省公路水运品质工程评价标准，以及保障品质工程实施的制度和技术政策	执行公路水运品质工程评价相关制度，明确品质工程评价主体、品质工程评价办法等	办公室、工程部、技术部、安全保卫部、环保部、质控部

附录 2

横江大道 SG2 标制度汇编
第一部分　　综合部分
工程概况
项目成立文件
项目组织机构设置
岗位责任制

第二部分　　安全管理
安全生产责任制度
安全教育培训制度
安全计划管理制度
安全技术交底制度
安全生产检查制度
安全生产例会制度
生产安全隐患及事故报告制度
安全应急救援制度
安全奖惩制度
安全生产挂牌制度
特种作业人员持证上岗制度
特种设备安全管理制度
消防安全制度
安全与职业卫生用品管理制度
项目部管理人员签订遵守职业道德承诺书制度
工程技术人员安全值班制度
治安保卫制度
群众安全生产监督员制度
劳动防护用品使用管理制度
重大事故隐患排查整改及备案督察制度
临时设施检查验收制度
危险源的识别和管理制度
现场危险告知制度
安全专项施工方案及专家论证、审查制度
安全生产费用管理制度
意外伤害保险制度
拆除工程安全施工措施制度
安全资金保障制度
安全管理目标及考核制度

工伤事故报告、调查、处理制度
环境保护制度
临时用电管理制度
施工动火证管理制度
安全事故隐患排查治理制度
重大风险源及项目部领导带班制度
片区安全包保制度
事故处理接洽制度

第三部分　　工程技术管理
施工现场调查制度
工程地质复核制度
施工质量管理制度
临时工程管理制度
工程调度管理制度
施工技术档案管理制度
试验检测人员管理制度
试验检测仪器设备管理制度
参考标准和有证标准物质管理制度
样品管理制度
化学品（试剂）管理制度
试验室环境管理制度
标准、文件管理制度
试验检测记录、报告管理制度
试验检测质量管理制度
外委试验管理制度
档案资料管理制度
不合格报告制度
检测事故分析报告制度
人员培训、考核制度
试验室廉政管理制度
试验室安全管理制度
内部考核管理制度
试验室信息化管理制度
工程质量试验检验工作管理制度
试验检测工作管理制度
工程科技创新制度
定期召开工地例会制度
开工报告制度

设计文件及技术标准复核制度
变更设计管理制度
施工组织设计编制制度
工艺/技术方案编制制度
专项施工方案及专家论证、审查制度
编制作业指导书制度
施工技术交底管理制度
施工测量双检制度
工序签认、验收制度
大型临时设施审批制度
检验批、分项、项目、单位工程质量检查、申报和签认制度
工程日志填写制度
技术人员安全值班制度
隐蔽工程检验制度
工程技术逐级报告和责任追究暂行制度
征地拆迁制度
环境保护制度
水土保持制度
安全文明施工措施

第四部分　　预算合同管理
部门管理制度
招（议）标管理制度
劳务队伍管理制度
合同管理制度
结算管理制度
零星用工、零租机械管理制度
验工计价管理制度
计划、统计与进度管理制度
农民工工资拖欠应急预案及拖欠隐患排查制度
责任成本管理制度
二次经营管理制度
合同索赔管理制度
清收工作方案
班组长管理考核制度

第五部分　　物资设备管理
物资管理办法
施工机械设备管理办法

第六部分　　综合管理
关于印发《项目部日常管理制度》的通知
公文管理制度
汽车管理制度
印章管理制度
请销假管理制度（暂行）
食堂管理制度
食品加工、销售、饮食企业卫生"五四"制
食堂采购验收管理制度
门卫管理制度
浴室管理制度
宿舍管理制度
餐厅管理制度
厕所管理制度
调离人员工作交接管理办法
培训管理制度
项目部员工绩效考核办法

第七部分　　财务管理
财务管理及内部控制制度

参 考 文 献

[1] 中华人民共和国住房和城乡建设部. 建筑信息模型应用统一标准 GB/T 51212—2016 [S]. 北京：中国建筑工业出版社，2017.

[2] 中华人民共和国住房和城乡建设部. 建筑信息模型施工应用标准 GB/T 51235—2017 [S]. 北京：中国建筑工业出版社，2018.

[3] 郑小云. BIM 技术在设计优化及智慧工地建设的应用研究 [D]. 杭州：浙江大学，2018.

[4] 何清华，钱丽丽，段运峰，等. BIM 在国内外应用的现状及障碍研究 [J]. 工程管理学报，2012，26 (2)：12-16.

[5] 秦鹏. BIM 技术在高速公路工程项目管理中的应用研究 [D]. 济南：山东大学，2020.

[6] 郭颖，王坦. BIM 技术在我国的发展及应用前景简述 [J]. 中阿科技论坛（中英阿文），2020 (5)：67-68.

[7] 叶锦华，贾惠文，王利伟，等. BIM 技术在北京新机场高速 3 标中的创新应用 [J/OL]. 土木建筑工程信息技术：1-12 [2021-07-12].

[8] 李云贵，何关培，邱奎宁. 建筑工程施工 BIM 应用指南 [M]. 2 版. 北京：中国建筑工业出版社，2017.

[9] 焦向军. 港珠澳大桥澳门口岸管理区项目施工 BIM 应用与实践 [M]. 北京：中国建筑工业出版社，2018.

[10] 李云贵. 建筑工程施工 BIM 深度应用：信息化施工 [M]. 北京：中国建筑工业出版社，2020.

[11] 王树英，阳军生，唐鹏，等. 八车道明挖湖底隧道结构受力现场测试与安全性评价 [J]. 土木工程学报，2014，47 (11)：120-127.

[12] 郑欣. 富水地层大跨特长公路隧道设计 [J]. 公路，2020，65 (12)：126-131.

[13] 白鹏程. 超浅埋暗挖大跨隧道下穿既有隧道的沉降控制技术 [J]. 现代隧道技术，2020，57 (3)：175-181.

[14] 杨果林，胡敏，申宗球，等. 大跨连拱隧道复合式中墙承载模式研究 [J]. 现代隧道技术，2020，57 (1)：136-141.

[15] 赵文娟，吕宝山，宋晓可，等. 超浅埋垂直叠合大跨综合管廊隧道建造关键技术研究 [J]. 市政技术，2019，37 (6)：146-150.

[16] 林永贵，马辉，杨春山. 高速公路深覆土超大跨明挖隧道断面形式研究 [J]. 隧道建设（中英文），2019，39 (S1)：303-309.

[17] 方刚，丁春林，贾润枝，等. 变截面大跨隧道开挖施工力学特性分析 [J]. 现代隧道技术，2018，55 (S2)：258-263.

[18] 付大喜. 城市大断面明挖隧道断面形式研究 [J]. 隧道建设，2017，37 (8)：1026-1031.

[19] 姚坚. 城市明挖道路隧道结构设计方法分析与研究 [J]. 城市道桥与防洪，2014 (7)：384-387＋28.

[20] 欧孝夺,吴红营,黄颂扬,等. 超大断面箱形明挖隧道施工监测与力学特性分析[J]. 土木工程学报,2013,46(7):133-140.

[21] 魏学虎,李佳豪,安永林,等. 横琴大跨隧道立交近接施工研究[J]. 公路,2020,65(9):283-287.

[22] 赵红,鲍娇娟. 郑东新区龙湖区域隧道群设计要点[J]. 公路,2016,61(11):269-273.

[23] 黄融. 上海崇明越江通道长江隧道工程综述(一)——长江隧道工程设计[J]. 地下工程与隧道,2008(1):2-8+60.

[24] 黄融. 上海崇明越江通道长江隧道工程综述(二)——长江隧道工程实施[J]. 地下工程与隧道,2008(2):1-7.

[25] 董如何,肖必华,方永水. 正交试验设计的理论分析方法及应用[J]. 安徽建筑工业学院学报(自然科学版),2004(6):103-106.

[26] 魏立新,刘芳,陈艳平. 广州市城市车行隧道建设技术现状及展望[J]. 隧道建设,2007(2):4-8.

[27] 宫志群,唐聪,龚益军,等. 基坑及隧道群施工对邻近建筑物的叠加影响研究[J]. 地下空间与工程学报,2020,16(S2):752-761.

[28] 段运启,疏义广. 浅覆盖型岩溶地质条件下明挖隧道深基坑工程设计[J]. 工程建设与设计,2020(17):41-42+45.

[29] 张烨. 分析软土地区大型深基坑工程的监测[J]. 建筑技术开发,2020,47(2):157-158.

[30] 肖晶. 软土地区大型明挖隧道结构开裂实测研究[J]. 江西建材,2017(21):150+152.

[31] 严宗雪,朱炯. 明珠隧道基坑监测与变形分析[J]. 公路交通技术,2016,32(3):107-111.

[32] 张杰. 大型基坑工程中的局部深坑土方开挖技术及支撑体系的优化[J]. 建筑施工,2016,38(2):119-121.

[33] 叶东昌. 大型基坑工程变形监测方案优化及应用研究[D]. 广州:华南理工大学,2015.

[34] 杨校辉,朱彦鹏,郭楠,等. 西北地区某大型深基坑群优化设计与施工分析[J]. 岩土工程学报,2014,36(S2):165-173.

[35] 朱桂新. 大型基坑群基坑工程施工方案优化设计[J]. 水利与建筑工程学报,2012,10(4):151-155.

[36] 梅勇文. 明挖法施工城市隧道与综合管廊共建技术探讨[J]. 北方交通,2018(6):138-142.

[37] 王寿生. 大型隧道与综合管廊一体化设计研究[J]. 地下空间与工程学报,2017,13(S1):170-174.

[38] 李曦淳,储庆. 天津滨海新区中央大道工程综合管沟的设计[J]. 中国给水排水,2008(16):59-62.

[39] 广东省南粤交通投资建设有限公司. "南粤品质工程"理念与实践系列丛书[M].

北京：人民交通出版社，2019.

[40] 杨磊，章仁财. 钱江隧道关键技术创新与实践［M］. 北京：中国建筑工业出版社，2013.

[41] 胡之锋，陈健，周兴涛，等. 钢支撑滞后架设对深基坑围护结构及地表沉降的影响［J］. 科学技术与工程，2019，19（1）：213-220.

[42] 于新豹，刘松玉，缪林昌. 连云港软土蠕变特性及其工程应用［J］. 岩土力学，2003（6）：1001-1006.

[43] 雷华阳，贾亚芳，李肖. 滨海软土非线性蠕变特性的试验研究［J］. 岩石力学与工程学报，2013（z1）：2806-2816.

[44] 周秋娟，陈晓平. 软土蠕变特性试验研究［J］. 岩土工程学报，2006（05）：626-630.

[45] 陈晓平，周秋娟，朱鸿鹄，等. 软土蠕变固结特性研究［J］. 岩土力学，2007，28（S1）：1-10.

[46] 雷华阳，贾亚芳. 滨海软土剪切蠕变特性研究［J］. 工程地质学报，2013，21（3）：416-421.

[47] 李佐良，许再良，杨爱武，等. 德州松软土蠕变特性及其模型研究［J］. 工程地质学报，2013，21（6）：967-972.

[48] 汪益敏，邹超，高水琴. 考虑蠕变效应的软土地基加筋土挡墙变形［J］. 华南理工大学学报（自然科学版），2013，41（4）：113-118.

[49] 陈晓平，朱鸿鹄，张芳枝，等. 软土变形时效特性的试验研究［J］. 岩石力学与工程学报，2005，24（12）：2142-2148.

[50] 郭海柱，张庆贺，朱继文，等. 土体耦合蠕变模型在基坑数值模拟开挖中的应用［J］. 岩土力学，2009，30（3）：688-692.

[51] 杨超，戴国亮，龚维明，等. 望江地区典型淤泥质粉质黏土蠕变特性试验［J］. 土木工程学报，2015，48（S2）：47-52.

[52] 尹振宇，朱启银，朱俊高. 软黏土蠕变特性试验研究：回顾与发展［J］. 岩土力学，2013，34（S2）：1-17.

[53] 蔡国军，陈世豪，赵大安，等. 饱和砂土蠕变特性及其影响因素试验研究［J］. 工程地质学报，2019，27（5）：1048-1055.

[54] 吴谦，毛雪松，王常明. 结合水对软土次固结特性的影响机制研究［J］. 中国公路学报，2020：1-13.

[55] 万星，戈铭，贺智江，等. 南京软土地区基坑墙体变形性状研究［J］. 岩土工程学报，2019，41（S1）：85-88.

[56] 雷华阳，王学超，丁小冬，等. 软土主次固结划分及影响因素探讨［J］. 工程地质学报，2014，22（3）：489-497.

[57] 张先伟，王常明，张淑华. 软土蠕变数据处理方法的对比分析［J］. 吉林大学学报（地球科学版），2010，40（6）：1401-1408.

[58] 王艳芳，蔡燕燕，蔡正银. 饱和砂土蠕变特性实验［J］. 华侨大学学报（自然科学版），2017，38（1）：31-37.

[59] Feng W, Yin J, Chen W, et al. A new simplified method for calculating consolidation

settlement of multi-layer soft soils with creep under multi-stage ramp loading [J]. Engineering Geology, 2020, 264: 105322.

[60] Wang W, Luo Q, Yuan B, et al. An investigation of time-dependent deformation characteristics of soft dredger fill [J]. Advances in Civil Engineering, 2020, 2020: 1-11.

[61] Mira E. S. P., CORREIA A A S, Venda Olivelra P. J., Mitigation of creep deformations by preloading: laboratory study [J]. Proceedings of the Institution of Civil Engineers - Geotechnical Engineering, 2013, 166 (6): 594-600.

[62] Liu L, Cai G, Liu S, et al. Deformation characteristics and control for foundation pits in floodplain areas of Nanjing, China [J]. Bulletin of Engineering Geology and the Environment, 2021, 80 (7): 5527-5538.

[63] 杨丽春，庞宇斌，李慎刚. 超长基坑开挖的空间效应 [J]. 吉林大学学报（地球科学版），2015, 45 (2): 541-545.

[64] 冯超元，张勇. 佛山软土地区狭长型基坑长边效应研究 [J]. 长江科学院院报，2018, 35 (7): 106-110.

[65] 谢秀栋，刘国彬. 深基坑施工围护结构变形的时间特性研究 [J]. 地下空间与工程学报，2012, 8 (6): 1261-1266.

[66] 王芳，郭红仙. 带阳角基坑空间效应的三维数值分析 [J]. 铁道建筑，2006 (12): 69-72.

[67] 潘泓，周陈发，曹洪. 复合土钉墙的角部空间效应及变形性状分析 [J]. 岩土力学，2008 (2): 333-336.

[68] 崔高航，刘守花，王兆亮，等. 冻胀环境下哈尔滨市某桩锚支护深基坑工程监测研究 [J]. 工程地质学报，2016, 24 (2): 331-338.

[69] OU C, Chiou D, Wu T. Closure to "three-dimensional finite element analysis of deep excavations" by Chang-Yu Ou, Dar-Chang Chiou, and Tzong-Shiann Wu [J]. Journal of Geotechnical and Geoenvironmental Engineering, 1998, 124 (5): 459.

[70] 李文技，江春明. 基坑支护阳角处的变形控制技术 [J]. 建筑施工，2019, 41 (6): 1010-1012.

[71] Tan Y, Wei B, Diao Y, et al. Spatial corner effects of long and narrow multi-propped deep excavations in shanghai soft clay [J]. Journal of Performance of Constructed Facilities, 2014, 28 (4): 4014015.

[72] 董淑海，张雪东，沈宇鹏，等. 北京某深基坑开挖过程的阳角效应分析 [J]. 路基工程，2017 (4): 175-179.

[73] 沈启炜. 基于FLAC~（3D）数值模拟的地铁异型深基坑开挖阳角效应研究 [J]. 铁道建筑技术，2017 (7): 1-6.

[74] 周豪. 软土基坑设计的关键问题研究 [J]. 建筑工程技术与设计，2014 (32): 129.

[75] 师新业. 软土基坑支护的设计与施工监测 [J]. 城市建设理论研究（电子版），2014 (16): 939.

[76] 张江涛. 滨海地区综合管廊深基坑开挖变形模拟及支护优化 [D]. 福州：福州大

学，2017.
- [77] 张乃烨. 滨海花岗岩残积土地层异型深基坑开挖的变形特性研究 [D]. 福州：福州大学，2017.
- [78] 张凯. 基坑工程桩锚支护阳角部位空间效应分析 [D]. 郑州：河南大学，2019.
- [79] 张波. 软土的蠕变—固结特性及软土地基固结有限元分析 [D]. 武汉：武汉大学，2004.
- [80] 张先伟. 结构性软土蠕变特性及扰动状态模型 [D]. 长春：吉林大学，2010.
- [81] 陈文苏. 软土蠕变沉降的数值模拟 [D]. 天津：天津大学，2004.
- [82] 高洲. 考虑淤泥蠕变效应的深基坑开挖变形特性分析 [D]. 扬州：扬州大学，2021.
- [83] 黄湖亮. 软土地区窄型基坑稳定性研究 [D]. 广州：广州大学，2019.
- [84] 谢秀栋. 软土地区深基坑施工变形安全性状的时间特性研究 [D]. 上海：同济大学，2007.
- [85] 陈晓庆，丁文其，曲红波，等. 珠海深厚淤泥地层中大直径桩插入比对基坑变形特性的影响 [J]. 中南大学学报（自然科学版），2020，51（9）：2514-2524.
- [86] 房师军，付拥军，姚爱军. 某地铁工程深基坑排桩围护结构变形规律分析 [J]. 岩土工程学报，2011（S1）：223-226.
- [87] 周勇，叶炜钠，高升. 兰州地铁某车站深基坑开挖变形特性分析 [J]. 岩土工程学报，2018，40（S1）：141-146.
- [88] 任建喜，张引合，张琨，等. 西安地铁车站深基坑变形规律FLAC模拟研究 [J]. 铁道工程学报，2011（3）：90-93.
- [89] 谷任国，邹育，房营光，等. 引入非线性瞬时弹性模量的软土流变模型 [J]. 岩土力学，2018，39（1）：237-241.
- [90] 王常明，王清，张淑华. 滨海软土蠕变特性及蠕变模型 [J]. 岩石力学与工程学报，2004（2）：227-230.
- [91] 朱鸿鹄，陈晓平，程小俊，等. 考虑排水条件的软土蠕变特性及模型研究 [J]. 岩土力学，2006（5）：694-698.
- [92] 何利军，孔令伟，吴文军，等. 采用分数阶导数描述软黏土蠕变的模型 [J]. 岩土力学，2011，32（S2）：239-243.
- [93] 李军世，孙钧. 上海淤泥质黏土的Mesri蠕变模型 [J]. 土木工程学报，2001（6）：74-79.
- [94] 王元战，王婷婷，王军. 滨海软土非线性流变模型及其工程应用研究 [J]. 岩土力学，2009，30（9）：2679-2685.
- [95] 陈晓平，白世伟. 软土蠕变-固结特性及计算模型研究 [J]. 岩石力学与工程学报，2003（5）：728-734.
- [96] 刘柱辉. 软土直剪蠕变试验分析与本构模型研究 [D]. 广州：广州大学，2018.
- [97] He L, Wang Y, Li S, et al. Practical method and application study for predicting cyclic accumulative deformations of the saturated soft clay [J]. Journal of mountain science, 2017, 14 (11): 2348-2358.

[98] 赵明华,肖燕,陈昌富. 软土流变特性的室内试验与改进的西原模型[J]. 湖南大学学报(自然科学版),2004(1):48-51.

[99] Li D,Fan J,Wang R. Research on visco-elastic-plastic creep model of artificially frozen soil under high confining pressures[J]. Cold Regions Science and Technology,2011,65(2):219-225.

[100] OU Z,Fang Y. The Influence of organic matter content on the rheological model parameters of soft clay[J]. Soil Mechanics and Foundation Engineering,2017,54(4):283-288.

[101] 郑榕明,陆浩亮,孙钧. 软土工程中的非线性流变分析[J]. 岩土工程学报,1996(5):5-17.

[102] 张敏江,张丽萍,张树标,等. 结构性软土非线性流变本构关系模型的研究[J]. 吉林大学学报(地球科学版),2004(2):242-246.

[103] 李雪梅,韩艳. 考虑开挖分段长度对于软土基坑变形的数值模拟[J]. 四川建材,2017,43(1):72-73.

[104] 王常明,陈英姿,张淑华. 软土非线性蠕变压缩模型[J]. 吉林大学学报(地球科学版),2004(3):420-424.

[105] 任建喜,张引合,张琨,等. 西安地铁车站深基坑变形规律FLAC模拟研究[J]. 铁道工程学报,2011(3):90-93.

[106] 任鹏,王鹏,唐印. 考虑初始应变的成都黏土分数阶导数经验蠕变模型[J]. 地下空间与工程学报,2020,16(2):431-438.

[107] 谢星,赵法锁,王东红. 西安地区Q_2黄土非线性流变模型[J]. 长安大学学报(自然科学版),2009,29(5):41-46.

[108] 郑俊杰,章荣军,丁烈云,等. 基坑被动区加固的位移控制效果及参数分析[J]. 岩石力学与工程学报,2010,29(5):1042-1051.

[109] 崔天麟,严文荣,王晓睿,等. 基于SMW工法的城市深基坑开挖稳定性分析[J]. 人民黄河,2012,34(1):145-146.

[110] 李哲琳,倪晓荣. 北京地区深基坑支护SMW工法的创新应用[J]. 施工技术,2013,42(1):47-49.

[111] 陈辉. SMW工法中型钢-水泥土共同作用的研究[J]. 建筑科学,2007(7):78-80.

[112] 王健. H型钢-水泥土组合结构试验研究及SMW工法的设计理论与计算方法[D]. 上海:同济大学,1998.

[113] 张璞,柳荣华. SMW工法在深基坑工程中的应用[J]. 岩石力学与工程学报,2000(S1):1104-1107.

[114] 李志伟. SMW工法型钢起拔力有限元分析[D]. 天津:天津大学,2008.

[115] 张冠军,徐永福,傅德明. SMW工法型钢起拔试验研究及应用[J]. 岩石力学与工程学报,2002(3):444-448.

[116] 顾士坦. 基于层间应力的SMW工法型钢起拔力分析[J]. 地下空间与工程学报,2008(01):166-169.

[117] 郑刚,张华. 型钢水泥土复合梁中型钢-水泥土相互作用试验研究 [J]. 岩土力学, 2007, 28 (5): 939-943, 950.

[118] 顾士坦,施建勇. 深基坑 SMW 工法模拟试验研究及工作机理分析 [J]. 岩土力学, 2008 (4): 1121-1126.

[119] 郑刚,李志伟,刘畅. 型钢水泥土组合梁抗弯性能试验研究 [J]. 岩土工程学报, 2011, 33 (3): 332-340.

[120] 校月钿. SMW 围护桩的研究和应用 [J]. 岩土工程技术, 2003 (2): 73-76.

[121] 薛玉庭,李向阳. SMW 工法中型钢有关问题综述 [J]. 中国高新技术企业, 2009 (9): 134-135.

[122] 周燕晓,麻志刚,黄新. 型钢水泥土复合构件粘结应力分布规律的试验研究 [J]. 建筑科学, 2009, 25 (1): 62-66.